KB271575

진인진

메가아시아 연구 입문: 역사, 시각, 방법

Introduction to Mega-Asia Studies: History, Perspective, and Method

신범식 유성희 엮음

신범식 고일홍 조민재 윤대영 권헌익 유성희 윤종석 최경희
황의현 최윤정 김효섭 구기연 심우진 허정원 박선영 지음

진인진

메가아시아 연구 입문: 역사, 시각, 방법

초판 1쇄 발행 | 2022년 12월 30일

엮   음 | 신범식, 유성희
저   자 | 신범식, 고일홍, 조민재, 윤대영, 권헌익, 유성희, 윤종석, 최경희, 황의현, 최윤정, 김효섭, 구기연, 심우진, 허정원, 박선영
편   집 | 배원일, 김민경
발행인 | 김태진
발행처 | 진인진
등   록 | 제25100-2005-000003호
주   소 | 경기도 과천시 별양상가 1로 18 614호(별양동 과천오피스텔)
전   화 | 02-507-3077-8
팩   스 | 02-507-3079
홈페이지 | http://www.zininzin.co.kr
이메일 | pub@zininzin.co.kr

ⓒ 서울대학교 아시아연구소 2023
ISBN 978-89-6347-537-0 93300

** 이 저서는 2020년 대한민국 교육부와 한국연구재단의 지원을 받아 수행된 연구입니다(NRF-2020S1A6A3A020 65553).

발간사

메가아시아연구총서를 펴내며

2022년은 우리를 둘러싸고 있는 세계가 얼마나 급박하게 변하고 있는 지 체감한 한 해였습니다. 2019년 처음 시작되어 지금까지도 진행 중인 코로나(COVID-19) 사태는 세계질서와 시장의 거대한 변화를 가져왔고, 그것에 대응하는 한국의 위상과 접근에 큰 변수로 작용하고 있습니다. 우크라이나와 러시아간의 전쟁을 비롯해서 한반도 주변을 둘러싸고 있는 강대국들간에는 새로운 긴장감과 갈등들이 표출되고 있습니다. 이와 같은 상황은 사회의 변화를 읽고 적절한 대안을 제시하는 것을 존재 이유로 삼고 있는 고등교육기관의 연구소들에게는 그 역량을 평가할 수 있는 도전이자 기회이기도 합니다. 특히, 모든 국가가 자신들이 처한 지역적, 역사적, 그리고 사회문화적 특수성에 근거하여 각각 다른 대응을 하는 것을 지켜 보면서, 다시 한번 아시아 지역에 대한 체계적인 이해와 깊이 있는 비교연구의 필요성을 절감할 수 있었습니다.

서울대 내에서 아시아연구소 설립이 추진되기 시작한 것은 아시아가 세계정치, 경제, 문화의 새로운 강자로 부상한 2000년대 중반이었습니다. 세계질서의 급격한 변동 속에서 한국으로서는 새로운 기회와 더불어 도전들이 가시화되기 시작한 시점이었습니다. 서울대학교 구성원들의 헌신적인 노력과 정부의 적극적인 지원에 힘입어 2009년 서울대 아시아연구소가 출범했고, 이후 대학연구소로서는 예외적으로 독립된 연구소 건물을 신축했을 뿐만 아니라 아시아연구 저변 확대를 위한 연구예산을 확보하였습니다. 그리고 2020년에는 한국연구재단의 HK+사업 해외지역연구소(메가아시아와 아시아들: 역동성, 정체성, 그리고 데이터텔링)로 선정되어 HK교수와 연구교수 등의 전임연구원을 확보하는 등 중요한 결실을 맺기도 했습니다.

한국연구재단 HK+사업은 '대학연구소의 연구기반 구축 및 연구역량 강화를 통해 세계적 수준의 인문학연구소를 육성하는 것'으로 규정하고 있습니다. 아시아연구소가 가지고 있는 연구진과 운영조직, 그리고 연구소의 비전은 한국연구재단의 HK+사업의 성공을 위한 최적의 조건을 제공한다고 자부합니다. 독립된 연구공간과 예산에 덧붙여 연구소 전임연구인력까지 확보함으로써, 지난 2019년 창립 10주년에 선포한 '지역과 주제를 결합한 융복합 연구소로서 아시아연구의 세계 3대 허브로 거듭나겠다'는 비전 실현의 토대를 갖추게 된 것입니다.

저희 메가아시아연구사업단은 '아시아를 국가나 권역 단위의 '부분'으로 파악하는 시각을 넘어 메가아시아(Mega-Asia), 즉 아시아 전체를 하나의 연구단위로 설정하고 개념적으로 현상적으로 규명하는 과감한 연구를 진행하고 있습니다. 아시아는 49개국과 전세계 인구의 약 60%인 46억명을 가진 방대한 대륙입니다. 그리고 글로 기록된 역사만 해도 1만년이 넘습니다. 지리적 방대함과 오랜 역사, 그리고 연구분야의 다양성으로 인해, 몇몇 연구자들이 그 내용을 요약하고 정리하는 것이 현실적으로는 불가능해 보이기도 합니다. 아시아의 '지역과 주제'를 엮는 구체적이고 효과적인 방법이 무엇인지에 대해서 고민을 거듭할 수밖에 없었습니다.

오랜 기간 고민의 결과는 국내외의 연구자와 지역전문가, 그리고 지역에 관심을 가진 일반인들이 같이 모여 지식과 자료를 공유하고, 의견을 나눌 수 있는 아시아 지역연구의 허브역할을 제공해야 한다는 것이었습니다. 아시아연구소 내에 존재하고 있는 역량을 집결하여 포괄적인 데이터 수집 및 분석을 포함하여 연구 과정과 성과는 해외지역 연구기관과의 네트워킹과 아시아지역 정보공유시스템을 통해 공유하는 것을 최우선 과제로 삼고 있습니다. 이를 위해 설정한 목표는 첫째, 기존 지역연구 전통의 심화 및 확대를 통해 아시아 비교지역연구를 체계화하고, 둘째, 아시아 지역들의 정체성과 메가아시아 형성의 동력을 탐색하고, 셋째, 인문·사회과학·데이터사이언스를 결합한 융복합 지역연구 기반을 구축하고, 넷째, 메가아시아 및 아시아비교지역연구 전문가를 양성하는 것이었습니다. 이러한 연구를 토대로 메가아시아 시대 한국의 역할을 제시하는 것이 사업단의 궁극적인 목적입니다. 무엇보다도 해외지역인문학 센터(AsIA지역인문학센터)를 아시아연구소와 HK+사업단의 성과들을 지역과 국가, 그리고 세계를 대상으로 확산하는 데 큰 비중을 두고자 합니다.

앞으로 출간될 서울대학교 아시아연구소 메가아시아연구총서 시리즈는 이러한 고민과 노력의 중요한 결과물입니다. 그리고 『메가아시아 연구의 기초: 개념, 시각, 그리고 방법』은 그 시작을 알리는 첫 번째 연구서입니다. 아시아를 하나의 지역으로 바라보고자 본 연구의 저자들은 새로운 메가지역으로서의 아시아를 개념화했고, 이전부터 지역연구에 심혈을 기울여온 유럽과 미국의 연구동향과 관점을 정리하였습니다. 무엇보다 가치있는 작업은 아시아 각 지역에서 아시아에 대한 인식과 담론이 어떻게 변해왔는지를 비교분석한 내용입니다. 그리고 메가아시아로서의 아시아의 미래전망과 연구방법론에 대한 내용으로 결론을 냄으로써, 장기적인 메가아시아 연구의 토대를 구축하였습니다. 책의 기획과 편집에 혼심의 힘을 기울여주신 신범식 교수님과 각 장마다 풍부한 내용을 담아내기 위해 애쓰신 모든 연구진들에게 진심으로 감사의 인사를 드립니다. 현재 지역연구에 대한 체계적인 자료가 많지 않은 상황에서 아시아와 지역연구에 관심을 가진 모든 분들이 참고할 수 있는 입문서로서의 역할을 수행할 수 있기를 기대해봅니다. 그리고 앞으로 계속 순차적으로 출간될 메가아시아연구총서에도 많은 관심을 애정을 부탁드립니다.

2022년 12월 21일
아시아연구소 소장/메가아시연구사업단 단장 박수진

• • • • •

머리말

탈냉전 이후 세계화의 물결 속에서 지구촌을 꿈꾸며 살아오던 인류가 코로나
19 팬데믹 및 우크라이나 전쟁으로 신냉전에 따른 새로운 지정학의 시대를 살
게 되었다는 두려움 내지 압박 가운데 2020년대 이후 세계를 어떻게 이해할
것인가라는 질문은 우리에게 중대한 도전으로 다가오고 있다. 특히 아시아 시
대의 도래를 알리는 많은 전망과 지표들에도 불구하고 아시아가 겪고 있는 혼
란과 고민은 21세기 세계질서의 복합대전환과 함께 현재는 물론 미래에 대한
불확실성에 대한 불안감은 이 질문의 중요한 배경이 된다.

　　이런 시대적 질문과 관련하여 이 책은 우리가 살아가는 세계의 변화를
이해하는 틀로서 '새로운 지역연구'의 필요성을 검토하려는 시도이며, 특히
'메가아시아'라는 광역지역이 지니는 의미와 가능성을 탐구하는 커다란 연구
프로젝트의 첫걸음으로 기획되었다. 2020년 한국연구재단의 HK+사업 해외
지역연구소로 선정된 아시아연구소의 연구 주제는 "메가아시아와 아시아들:
역동성, 정체성, 그리고 데이터텔링"이다. 7년간 진행되는 이 중장기 연구는
새로운 지역연구의 필요성과 그 방향 그리고 그 연구 대상으로서 메가아시아
에 대한 개념적 정의로부터 시작할 수밖에 없다. 하지만 이 책은 대형 연구프
로젝트의 개념적 기초를 다듬는 기능적 목적에만 봉사하는 작업의 결과물은
아니다. 도리어 이 책은 기존 학계에서 시도하지 않은 새로운 지역연구의 시
작을 위한 입문서로서의 성격을 지향하는 기획이다.

　　전통적으로 지역연구는 타자를 대상으로 타자성(他者性)에 대한 해명과

이해를 목표로 하는 인식과 지식체계로 발전되어 왔으며, 따라서 그것이 가지는 '정책과학'으로서의 한계에 대한 비판이 늘 따라다녔다. 지역연구가 강한 공간 측의 지성주의적 문화로 성립된다고 보는 시각은 사회과학을 기본적으로 국가의 재산이라고 보았던 파슨스(T. Parsons, 1948)류의 지적 전통에서 잘 드러나듯이 지역연구의 정책학으로서의 특성을 강하게 비판한다. 에드워드 사이드는 지역연구를 학문적 활동이라기보다는 식민지 지배 이후의 세계에서 신생 독립했던 국가들에 대해 변형된 지배를 원하는 강대국의 정책 수단으로 정의하면서 "추악한 신조어"라고 힐난하기도 했다(Said, 1978: 275-276).

하지만 21세기 새로운 지역연구는 다층적으로 구성되며 역동적으로 변화하는 세계를 인식하고 포착해 낼 수 있는 개념으로서 '지역'을 정의함으로써 다층적이며, 관계적이고, 과정적인 상호작용의 결과로서 구성되는 지역을 단위로 하여 세계에 대한 보편적 이해에 도달하려는 시도로 이해될 수 있다는 점을 강조한다. 이같은 새로운 접근은 지역연구를 "타국에 대한 연구"나 "타지역에 대한 연구"라는 협소한 틀에서 이해하려는 한계를 넘어서려 한다. 그것은 지방, 소지역, 국가, 지역, 광역지역, 그리고 지구 등의 다층적 수준에서 인간과 환경이 상호작용하면서 구성되는 틀로서의 지역을 정의하여, 재화와 사람은 물론 사상과 관념과 제도가 유통되는 세계를 총체적으로 이해하기 위한 세계 인식의 한 방법으로 지역연구를 이해하고자 한다. 이는 기존 서구에서 발전한 지역연구가 견지해 온 국민국가 중심의 연구에 고착되어 온 사고의 협소함을 넘어서 좀 더 보편적 세계에 대한 이해에 도달하기 위한 틀로서 지역연구가 지닌 가능성을 고양시키려는 시도이다. 그런 의미에서 이 책에서 이야기하는 '지역연구'는 영어로는 'Area Studies' 보다는 'Regional Studies'라고 표기하는 것이 적절해 보인다.

탈냉전 이후 세계는 지구화(globalization)가 진행되면서 지구촌이라는 인식이 강화되기도 했지만, 한편으로는 이런 세계화와의 연장선상에서 그리고 다른 한편으로는 세계화와 구분되는 현상으로 지역주의(regionalism)가 확산되기도 했다. 이런 과정에서 일각에서는 지역연구 관련 무용론이 확산되기도 했지만(라비 팔렛, 1998), 다층적으로 구성되는 세계에 대한 인식이 고양됨에 따라 지역연구는 새로운 필요성으로 다시 주목받고 있다.

이런 새로운 지역연구의 중요한 과제는 몇 가지로 정리해 볼 수 있을 것이다. 우선 지역을 정의하는 문제이다. 과연 지역은 세계를 이해하기 위한 분석적 개념으로 채택될 수 있을까? 까스뗄은 장소를 물리적 접촉이 일어나는 연속성의 범위 안에서 형태, 기능, 그리고 의미가 스스로 보전되는 지방(locale)으로 정의한 바 있다(Castells, 1997: 423). 단순한 지리적 범위를 장소로 전환시키는 것은 인간의 거주와 활동이다. 반복되는 만남과 연계를 통해 만들어지는 이미지, 상징, 기호가 가득한 구현의 공간이 장소이며, 이를 통해서 정체성과 타자성을 가르는 기준이 된다(Lefebvre, 1992: 39). 결국 장소(topos)가 가지는 독특성과 독자성이 존재하고, 각각의 장소에 따라 다른 논리가 적용된다면, 그 '장소'를 어떠한 기준들을 통해 규정하고 개념화할 수 있을 것인가 하는 문제가 다시 중요하게 취급되어야 하는 것이다. 특히 현대 세계정치의 장에서 나타나는 복합적 상호작용을 고려한다면, 분석단위로서 지역을 적절히 정의하고 그것을 설명의 영역으로 수용해 내는 과제야말로 새로운 지역연구의 중요한 과제라 할 수 있다.

한편 지구화의 험난한 과정과 다층적 문제의 발생은 지역의 통합과 지구화 과정의 상보적인 측면을 강조하거나 경쟁적 측면을 강조하는 설명의 틀에 대한 관심을 촉발하였고, 특히 유럽에서 시도된 지역통합의 진전이 "지역들의 세계"가 도래할 것이라는 기대를 한껏 부풀리기도 했다. 그런데 국민국가가 주도하는 지역주의와 다층적 노력을 엮어내는 지역화가 어떻게 결합되는지에 따라 다양한 지역통합의 패턴이 나타날 수 있다는 인식은 점차 '지역'이라는 단위를 본격적으로 탐구해야 할 필요성을 강화하였다. 그리고 지역이 단순하고도 확연한 경계(境界)로 구획되는 단위로만 이해되어서는 안 되며 투과성, 상징적 결합, 상호작용의 밀도, 제도화의 수준 등 여러 요인에 의해서 다양한 형태와 특성을 띠며 존재한다는 점을 부각시켜 주고 있다. 이처럼 세계를 구성하는 단위로서 지역의 활성화 과정은 국민국가 수준에서 정연하게 구획된 지구상의 경계에 대한 근본적인 도전을 제기하고 있으며, 새로운 세계질서를 인식하는데 있어서 지역에 대한 이해가 필수적 과제라는 점을 강변하고 있다.

결국 이 책은 지역이란 독자적인 정체성, 정당성, 의사결정 구조를 가진 역동적 주체로서 변화될 잠재력을 가진 단위이며, 다양한 척도에서 작동할 수 있으며, 담론에 선행하여 존재하는 것이 아니라 담론적 실천 속에서 명료한 지역다움을 획득하며, 다양한 주체의 정치적 실천을 통하여 지역성을 고도화시킴으로써 주체적 공간으로 발전해 간다는 이해를 바탕으로 지역으로서 아시아가 겪은 다층적 경험을 조망하려는 초보적 시도이다. 필자들은 이 책을 통해 아시아가 세계 공간을 구성함과 동시에 세계 속에서 그 다층적 및 다역적 공간을 통해 행위하는 특정한 방식으로 부상하고 있다는 점을 규명하기 위해 노력하였으며, 이러한 노력의 중간성과물을 세상에 내놓고 더 많은 연구와 토론을 촉진하는 계기를 마련해야겠다는 생각에서 비록 그것이 만족할 만한 수준에 이르지 못했음에도 불구하고 용기를 내었다.

이런 목적을 위해 이 책은 다음과 같은 주제들을 다루고 있다. 우선, 1부에서는 새로운 지역연구에 대한 이해의 문제를 다룬다. 이는 지역연구의 역사를 살펴보는데, 제국주의 시기, 냉전기, 탈냉전기를 거쳐 지역연구의 주요한 목표가 어떻게 변화되어 왔는지, 그 과정에서 불거진 주요한 쟁점과 성과는 무엇이었는지를 정리하였다. 그리고 새로운 지역연구의 기초로 지역 개념을 새롭게 정의한다는 것이 무엇을 의미하는지를 지역격, 지역성, 지역색 등의 개념을 통하여 검토해 보았다. 이런 접근은 추상적이며 이론적인 논의에 대한 유용성을 지닐 뿐만 아니라 비교지역연구의 가능성을 열어 다양한 실천적 함의들을 끌어낼 수 있다는 점에서도 유용할 수 있을 것이다.

2부에서는 아시아라는 용어 및 담론적 실천으로서의 아시아의 기원과 역사를 추적하기 위하여 유럽과 미국 그리고 아시아에서 '아시아'를 어떻게 이해했는지 검토해 보고 있다. 유럽에서 동방이라는 의미로 쓰인 '오리엔트'와 동방의 타자를 규정하던 용어로 쓰인 '아시아'가 어떻게 시작되었으며, 이런 담론적 실천이 유럽의 아시아에 대한 인식과 지식의 축적 그리고 아시아에 대한 관계를 어떻게 규정했는지를 이해하는데 도움이 될 것이다. 나아가 현재 아시아의 역동성에 대해서 커다란 영향을 미치고 있는 미국의 세계 및 아시아에 대한 인식틀을 검토해 봄으로써 현재 진행되고 있는 미국 아시아전략의 기초를 이해하는 폭을 넓혀 보고자 한다. 그리고 결국 유럽에서 전래된 아시아라는 용어의 수용과 내재화 그리고 이 용어를 중심으로 한 주체적이며 담론적 실천이 아시아에서 어떻게 진행되어 왔는지를 추적해 봄으로써 '아시아의 아시아화'를 위한 개념적이며 실천적인 기반을 고려해 볼 수 있을 것이다.

3부에서는 메가아시아를 구성하는 아시아의 대표적인 다섯 지역들의 지역격과 지역성에 대한 탐구를 시도한다. 동북아시아, 동남아시아, 남아시아, 중앙아시아, 서아시아라는 메가아시아를 구성하는 다섯 지역은 유사하지만 동시에 상이한 역사적 경험 속에서 지역에 대한 담론적 실천을 시도해 왔으며, 각기 구별되는 지역성과 지역색을 발전시켜 가고 있다. 지역에 대한 이런 비교적 시각은 독자들이 기존에 익숙해 있던 유럽이나 서구 중심의 지역에 대한 이해를 넘어 세계를 구성하는 단위로서 지역이 지니는 의미를 현실 속에서 이해하는데 적으나마 도움을 줄 수 있을 것으로 기대된다.

마지막 4부에서는 새로운 지역연구의 주요 과제로 부상하고 있는 빅데이터를 포함한 다양한 데이터를 통해서 지역을 이해하고 그 특성을 규명하는 작업의 필요성을 검토하고, 부상하고 있는 메가아시아를 이해하고 그 미래를 전망하고 있다. 어쩌면 4부의 주제는 데이터를 통한 스토리 텔링이라는 새로운 아시아 연구를 위한 방법을 발전·적용하여 연구 성과를 내고, 또한 비교지역연구를 확장하여 다양한 주제에 적용함으로써 메가아시아라는 실체의 규명에 조금 더 근접한 연구 성과를 담아낼 후속 작업에 대한 기대를 담은 서론으로서의 성격을 지니고 있음을 숨기기는 어렵겠다.

이 책이 출간되기까지 많은 분들의 노고가 있었다. 무엇보다 함께 고민하며 많은 주제들을 가지고 씨름하여 성과물들을 내주신 필진 선생님들께 깊은 경의와 감사를 드린다. 이분들과의 긴 토론과 논쟁 그리고 의견 교환을 통해 인문학과 사회과학이 지역연구라는 틀 안에서 어떻게 융합될 수 있는지를 체험한 것은 학자로서 커다란 기쁨이 아닐 수 없다.

　이 책자를 위해 있었던 수많은 공부 모임과 학술행사 그리고 출판과정에서 크고 작은 노고를 아끼지 않은 훌륭한 조교들, 특별히 이수빈, 박준영 씨에게 충심의 감사를 전한다. 이 책의 전체 원고를 꼼꼼히 읽고 여러 면에서 유용한 조언을 주신 서부승 선생님께 대한 감사도 잊을 수 없다. 이 책이 나오기까지 지지를 아끼지 않으신 아시아연구소 박수진 소장님, 책자의 의의를 끝까지 지지해 주신 권헌익 교수님께 대한 감사를 빼놓을 수 없다. 그리고 이 책을 기획하고 2년여의 세미나를 진행하는데 함께 애써 주신 윤종석, 고일홍 교수님 그리고 마지막까지 기꺼이 출판과정을 챙겨주신 유성희 교수님께 대한 고마움은 말로 다 표현하기 어렵다.

　이 책의 출간을 위하여 미처 다 표하지 못한 우리들의 감사를 받을 분들이 너무 많다. 이렇게 수많은 도움을 통하여 한 권의 책이 세상에 나왔다. 이 책이 국내 지역연구자들은 물론 지역연구에 관심을 가진 독자들께 새로운 활력과 토론의 열정을 불어넣을 수 있게 되기를 기대해 본다.

2023년 1월 초 필진을 대표하여 신범식 씀

라비 팔렛. 1998. "파편화된 전망: 미국 헤게모니 이후 지역연구의 미래." 김경일 편저, 『지역연구의 역사와 이론』. 서울: 문화과학사, 13장.

Castells, Emanuel. 1997. *The Power of Identity*. Oxford.

Lefebvre, Henri. 1992. *The Production of Space*. Wiley-Blackwell

Said, Edward W. 1979. *Orientalism: Western Concepts of the Orient*. Knopf Doubleday Publishing Group.

목차

제1장

지역연구의 역사와 새로운 지역연구

신범식(서울대학교 아시아연구소 부소장)

I. 지역연구란?

인간은 다른 사람과 관계를 맺고 살아가면서 우리를 주체적인 위치로, 우리 이외의 것들을 객체로 상정하고 관찰 및 평가의 대상으로 삼는 경우가 많다. 그리고 우리는 상대방에 대한 실증적인 정보들을 수집하고 체계화함으로써 상대를 더 깊이 이해할 수 있다고 믿는다. 지역연구도 이와 유사하다. 관찰하는 주체와 주체의 시선에 의해서 파악되는 대상이 구별되며, 궁극적으로 지역을 깊이 있게 이해하기 위해 지역연구자들은 세계를 지역이라는 실체로 구획하고 지역에 대한 체계적인 조사와 정보를 수집한다. 즉, 지역연구란 세계를 몇 개의 지역으로 나누어 각 지역에 대한 종합적 연구계획을 세우는 과정을 통해 타자에 대한 시선(perspective)을 정립하고 그 시선으로 타자를 기술(describe)하는 것이다.

일반적으로 지역연구(area/regional studies)는 각 지역의 언어를 토대로 하여 그 지역의 정치, 경제, 사회, 문화에 대한 이론과 실제를 연구함으로써 그 지역의 특성을 탐구하는 학문이다. 즉, 해당 지역의 성격을 명확히 설명하면서 개별성과 특수성을 지향함과 동시에 지역의 일반성과 총체성을 파악하고자 한다. 지역에 대한 총체적인 이해를 위해 주로 정치학, 역사학, 사회학, 민족학, 지리학, 언어학, 문학, 문화연구와 같은 학문 분과들에 의지하는 학제적(interdisciplinary) 연구로 알려져 있다. 하지만 이러한 지역연구에 대한 폭넓은 이해에 도달하기 위해서는 그 발전의 배경에 대한 고찰이 필요하다.

지역연구가 무엇인지 더 자세히 알아보기 위해 지역연구의 출발점과 궁극적 도착점을 알아보는 것이 중요하다. 이때 중요한 개념이 타자성(otherness)이다. 타자에 대한 시선이 중요하다는 점을 인식하면서 지역연구가 시작되었고, 지역연구를 통해 알아내고자 하는 것이 타자, 즉 나와는 다른 세계에 대한 이해라는 점에서 그러하다. 이런 의미에서 지역연구는 타인에서 시작해서 타인으로 끝나는 학문이다.

세계를 지역이라는 실체로 구획해서 실증적인 조사를 한다는 것 자체가 이미 자기의 정체성(identity)과 관심(interest)으로부터 나오는 관점으로 세계를 구획하는 것을 전제로 한다. 특히 주체가 강력한 힘을 가질수록 타자를 더 구체적으로 규정하고 타자에 대한 지배의 관계가 더 강해진다. 지역연구의 연구 대상은 압도적인 비중으로 비서구인 경우가 많다. 이후 더 자세히 살펴보겠지만 지역연구는 순수한 학문적 기초에서 발생한 것이 아니라 제2차 세계대전 당시 미국에서 실용적인 필요성에 따라 본격적으로 발전했다는 점에서 그 시작부터 서구와 비서구라는 이분법, 서구 입장에서 바라본 비서구의 모습을 조망하는 시선을 내재하고 있었는지도 모른다.

이러한 타자성을 포착하려는 시도는 마치 제국주의 사상을 연상시키기도 한다. 야노 토루는 지역연구와 제국주의 사상의 공통점을 지적하기도 했다. 그에 따르면 지역연구는 제국주의 사상과 마찬가지로 타인을 설정하여 그것과 지적·인식론적인 관계를 맺는다(야노 토루, 1993). 그러나 제국주의 사상과 달리 지역연구에서는 어떤 지역을 타자로 설정하고 관여하는 모든 주체가 지적 성찰의 대상으로 정립되어야만 한다는 차이가 있다. 따라서 지역연구는 타인성에 대한 탐구를 바탕으로 하지만 여기서 한발 더 나아가 나를 포함한 세계에 대한 이해를 도모한다. 타자에 대한 인식을 통해 나에 대한 인식도 변화하면서 이 양자가 상호작용하면서 세계에 대한 이해를 체계화하는 것이다.

타자에 대한 이해와 파악을 기본 목표로 설정하는 지역연구의 특징으로부터 지역연구에 임하는 연구자의 자세를 추론해 볼 수 있을 것이다. 지역연구자는 상대가 가진 특성을 상대의 입장이 아닌 인식 주체로서 자신의 기준에 따라 평가함으로써 야만적이라고 왜곡할 가능성이 있는데, 이를 항상 경계해야 한다. 미얀마를 방문한 마이클 사임즈나 하이람 코커스 등의 영국인은 미얀마인들의 특성을 불성실, 잔혹, 오만 등으로 포착하였다. 특히 코커스는 미얀마인에 대해 "거짓말쟁이", "약속을 지키지 않는다", "보잘것없다", 그리고 "무지하다"는 등의 딱지를 붙이고 있다(야노 토루, 1993). 이처럼 권력을 가진 자들은 흔적(stigma)을 자신의 권한으로 생각하는 경향이 있다. 그러나 대상 지역을 시간과 공간의 틀 속에서 총체적으로 파악하려면 각 문화의 다양성을 인정하는 문화상대주의 관점을 견지하는 것이 필요하다.

타자에 대한 이해를 위해 그 삶의 공간에 깊이 들어가는 내재적 접근은 필수적일 것이다. 하지만 그 속에 들어가서 그 본질을 이해하는 것으로는 충분치 않다. 그 지역의 특성을 어떻게 보편언어로 해석(translate)하고 외부에서도 이해 가능한 방식으로 해명(deutung)할 수 있을 것인가라는 고민까지도 해결해야 한다.

이러한 '들어가기'와 '나오기'의 지역연구의 실천과 관련된 특성에 대한 이해를 위해서 지역연구의 역사를 잠시 돌아볼 필요가 있을 것이다. 지역연구의 발생 시기와 동기, 주요 연구 대상 등에 대한 합의는 잘 이루어지지 않고 있다. 지역연구가 하나의 학문 분과로 정립되는 과정과 역사에 대한 시기 구분 역시 어떤 기준을 선택하느냐에 따라 다른 결과를 얻을 수 있다. 이 글에서는 타자에 대한 시선의 변화를 중심으로 네 시기로 나누어 지역연구의 변천 과정을 살펴보고자 한다. 타자에 대한 호기심이 지배의 욕구로 변화한 시기, 효율적인 식민통치를 위해 지역연구가 정립된 시기, 미국 헤게모니 아래 세계 경영의 수단으로서 지역연구가 발전한 시기, 세계에 대한 이해 수단으로서 지역연구의 전환을 모색하는 시기로 대별할 수 있다.

II. 지역연구의 역사

1. 지역연구의 전사(前史)

지역연구라는 이름으로 불리지는 않았지만 지역연구의 출발로 간주되는 초창기의 활동은 여행 기록이라 할 수 있다. 지역연구의 초보적 형태라고 할 수 있는 여행기는 여행하며 관찰한 바를 기록으로 남긴 것이다. 여행자는 자신이 살던 세계와 다른 점들을 주로 노트에 적는다. 자기 세계에서 볼 수 없었던 낯선 풍경들이나 풍습들을 글로 남기면서 여행자는 자신과 구별되는 타자를 인식한 대로 기록한다. 여행기의 존재는 역사적으로 오랜 옛날까지 거슬러 올라간다. 중국에서는 법현의 『불국기』(5세기), 현장의 『대당서역기』(7세기), 일본에서는 기노 쓰라유키(紀貫之)의 『토사일기』(10세기), 그리고 중동 세계에서는 이븐 바투타의 『도시의 불가사의와 여행의 신비를 보는 이에게 보내는 선물』(14세기) 등이 유명하다. 유럽에서는 카이사르의 『갈리아 전기』(BC 50년경), 중세 십자군 시대의 성지순례기, 마르코 폴로의 『동방견문록』(1294년) 등이 있다(가토 쓰요시, 1993).

이처럼 오랜 역사를 가진 여행기가 하나의 장르로 확립된 것은 15세기 말 '대항해 시대'가 시작되면서이다. 대항해 시대에 유럽인의 지리적 식견이 비약적으로 높아졌고, 여기에 활판 인쇄기술의 발전으로 여행기나 지도가 대량 인쇄되면서 여행기가 발전했다. 특이한 점은 대항해 시대의 여행기가 주로 실화에 바탕을 둔 것과 달리 19세기 이전의 여행기는 실제 여행 체험을 근거로 하지 않았던 경우가 많아졌다. 예를 들어 존 맨더빌(John Mandeville)의 『동방여행기』는 반세기 이전에 출판된 마르코 폴로의 『동방견문록』에 자극받은 창작된 내용이 중심이다. 대니얼 디포(Daniel Defoe)의 『로빈슨 크루소』(1719

년)와 조너선 스위프트(Jonathan Swift)의 『걸리버 여행기』(1726년) 역시 여행기 형식을 취한 소설이다. 그러나 대항해 시대 이후 여행기는 실화에 바탕을 두고 있으며, 이는 가보지 않은 세계와 타자에 대한 지식을 확장시키는 계기가 되었다. 그리고 타지역에 대한 이러한 지식의 증가는 그것을 바탕으로 허구를 창작할 수 있는 수준에까지 이르게 되었다.

　허구가 아닌 실제로 보고 들은 내용을 글로 정리한 결과물들이 증가하면서 대항해 시대 이후 세계 각지의 식물, 동물에 관한 정보나 수집물이 대량으로 유럽에 들어왔다. 신대륙에서 들여온 새로운 지식을 비롯한 수집품의 증대는 박물관과 식물원을 개설하게 만들었고 표본과 표본 수집을 중시하는 박물학의 확립 및 발전에 영향을 미친다. 16세기 후반부터 17세기에 걸쳐서 형태를 갖춘 박물학은 18세기에 황금시대를 맞는다. 여행 지식이 쌓이고 세계 여러 지역으로부터 정보가 모이면서 타자에 대한 지식을 본격적으로 체계화할 필요성이 높아가는 가운데 17~18세기 백과전서파가 등장했다. 이들은 식물, 동물, 지질에 관한 지식을 한데 모아 백과사전으로 체계화하기 시작했을 뿐만 아니라 현지 조사를 통해 지리나 동식물 등의 자연에 대한 관찰과 함께 현지 종족이나 그 사회와 접촉 및 관찰한 기록을 체계화함으로써 19세기에는 민속학과 인류학이 태동한다. 민족지학(ethnography)은 여러 민족의 사회조직이나 생활양식 전반에 관한 내용을 체계적으로 기술하려는 노력으로 연구자들은 이를 통해 세상을 이해하려고 했다. 현장과 현물 지향 성격은 민속학과 인류학이 '현지 조사(field work)'의 학문으로 불리는 이유와도 관련이 있다. 이처럼 여행기에서 출발하여 박물학, 인류학, 민족지학으로 연결되어 온 흐름은 지역연구라는 학문에도 연결된다.

　하지만 타자에 대한 인간의 관심은 여기서 끝나지 않는다. 대상을 포착해 내고 대상에 대해 지식을 축적하는 행위는 관찰에서 끝나지 않고 관찰자와 피관찰자의 관계를 지배와 피지배의 관계로 묶어낸다. 타자성(otherness)에는 '관찰자=유럽, 피관찰자=비유럽'이라는 등식이 전제되어 있으며, 유럽 입장에서 비유럽이라는 상대를 명명(naming)하기 시작하면서 이러한 구분은 권력

관계로 정립되기 시작했다. 주로 관찰자의 시선과 필요에 의해 명명이 이루어 졌다. 그렇게 유럽은 비유럽 지역에 대한 시선을 생산하고 공유하며 전파하기 시작했다. 유럽은 '비유럽=야만·미개'라는 포장을 통해서 자신들의 지배를 합 리화하려고 했다.

정리하면 여행기, 지리학, 박물학 등의 세계와 타자에 대한 관심이 타자 에 대한 정보의 수집과 백과전서적 지식 정리의 민속지학으로 연결되었고, 이 는 타자에 대한 지배의 욕구와 관점으로 전화되었다.

2. 제국주의 시기 – 지역연구의 정립기

제국주의 시기 지역연구 역시 '타인성'을 포착하려는 움직임의 연장선상에서 이해할 수 있다. 런던의 서점에 꽂혀 있는 영국의 제국주의 역사를 그린 책들 의 제목을 예로 들면 『명예로운 정복』, 『우월성의 드라마』, 『제국과 성』, 『철도 제국주의』 등으로 제국주의가 갖고 있던 성격을 생생하게 반영한다. 제국주의 도 그 나름대로 자기 내부에 타자성을 포착하는 시대적 정신구조를 가졌음을 말해준다(야노 토루, 1993). 다만, 제국주의 사상이 적자생존의 사고방식으로 우 열의 척도를 사회 집단에 꿰맞추는 사고방식을 정착시킨 19세기 사회진화론 의 성립에 힘입어 성장한 점을 잘 반영하듯 이 시기 지역연구 역시 타인에 대 한 왜곡된 인식, 나아가 세계에 대한 왜곡된 이해를 불러일으켰다. 즉, 제국주 의 시기에 이루어진 지역연구는 앞선 시기에 정립된 '비유럽=미개'라는 등식 을 더욱 강화시켰다고 볼 수 있다.

이 시기는 지역연구의 기본 개념이 성립된 시기로 지역연구뿐 아니라 대 부분의 사회과학 연구의 시야가 서양 세계와 미국에 한정되어 있었다. 본격적 인 세계 지배와 경영의 수단으로서 지역연구는 20세기 시대적 요청으로 정립 되었다. 지역연구는 19세기 유럽에서 제국주의 정책, 식민지 관리 정책의 필 요성으로부터 정립되었다. 유럽은 비유럽 세계에 대한 지배와 착취를 식민지 라는 형태를 통해서 시행했고, 이러한 식민통치를 효율적으로 수행하기 위해 해당 지역의 언어 습득, 인류학적·사회학적 지식 축적을 위주로 지역연구가 진행되었다. 이런 관점에서 보면 지역연구는 명백한 식민주의의 산물이다. 제국주의 팽창 및 식민지 개척과 관련하여 영국이나 프랑스, 일본과 같은 나라들이 오랜 지역연구의 역사를 가지고 있다는 점도 이를 뒷받침한다. 피식민지 사람들을 설명하려면 기존의 서구식 생물학, 사회학 등의 학문이 가지는 한계가 있었고 인종학, 문화인류학, 종교학 등의 새로운 학문의 창출과 이들과의 종합적인 조망을 통해서만 이해가 가능했다. 이후 지역연구의 발달과 함께 세계의 각 지역을 연구하기 위해서는 그 지역의 역사학, 정치학, 경제학, 언어학, 문화인류학, 사회학 등의 다양한 학문적 분야가 종합적으로 연계되어야만 제대로 이루어질 수 있다는 지역연구의 특성이 자리 잡았다. 1884년 옥스퍼드대학에서 '민족학'이라는 강좌가 개설되었고 사회인류학, 사회학, 지리학, 비교종교학 등의 학문도 정립되었다.

곧 일어날 세계를 뒤흔들 양차 대전을 준비하고 치르는 과정에서도 지역연구가 활용되었는데, 독일은 전쟁을 준비하면서 상당한 지역연구를 수행했다(김희순, 2000). 특히 양차 대전 시기 지역연구는 전쟁에서의 승리를 위한 전략으로서 시행되었다. 전쟁 수행에 필요한 제3세계 언어 가능자와 단순한 지역 지식 보유자의 육성에 집중했다. 이 당시 언어와 지역연구 프로그램은 현지 조사와 강좌를 결합시킨 일종의 통합된 언어 강습이었다. 주요 대상 지역은 일본, 러시아, 중국, 북아프리카, 동지중해, 동남아시아, 태평양 제도 등 전쟁과 관련된 지역이었으며, 전쟁과는 별반 상관이 없던 중동이나 남미도 주요 지역에 포함되었다(김희순, 2000). 특히 미국은 일본과 아시아 연구에 인적 및 물적 자원을 집중적으로 배치했다. 미국의 많은 대학교수는 종군 경험을 통해서 지역연구에 대한 구체적인 경험을 갖게 되었고, 세계 각 지역을 독립된 연구영역으로 분류하려는 시도가 등장했다(정상수, 1998).

3. 냉전기 – 지역연구의 발전기

세계대전 이후 미국이 헤게모니를 얻게 되면서 지역연구는 하나의 연구영역으로 확고히 자리매김하였다. 미국은 제2차 세계대전에 참가함으로써 먼로 독트린(Monroe Doctrine)으로 대표되는 전통적 고립주의 전통에서 벗어나 전쟁 이후 세계 체제 내에서 명실상부한 헤게모니 국가로 부상했다. 미국은 제2차 세계대전 이후 사회과학과의 결합을 통한 과학적 외양이 강화된 지역연구의 전형이라고 일컬을 수 있는 것을 만들었다. 우선, 미국은 헤게모니를 유지하고 세계 각 지역의 정치적, 경제적, 군사적 요구 등을 효율적으로 충족시키기 위해 사회와 문화에 대한 체계적 지식과 구체적 정보가 필요했다. 미국은 전후 세계질서 구축 및 관리 차원에서 세계 각 지역에 관한 전문화된 지식과 구체적 정보가 필요했다. 이러한 배경에서 '세계지역연구'라는 용어가 나오게 되었다. 그뿐만 아니라 자국 기업의 세계 진출과 시장 개척을 위한 경제적 요구가 증가했으며, 자국 군대를 주둔시키고 원활한 작전을 수행할 군사적 임무와 관련하여 안보상 요구도 증가했다. 또한 소련 사회주의에 대한 무지에서 결과한 동유럽의 공산화, 중국의 공산화, 한반도의 분단 등 미국의 정책적 실패에 대한 후회와 반성의 결과로 지역연구에 대한 필요성은 더욱 커졌다.

이처럼 전후 지역연구의 필요성은 어느 때보다 높았고, 그에 따라 지역연구가 가장 활발하게 이루어졌다. 그러나 지역연구의 이러한 정책과학으로서의 지향성은 에드워드 사이드(Edward Said)가 지역연구를 '추악한 신조어'로 비판한 특성이 되었다. 사이드가 오리엔탈리즘과 지역연구는 치환 가능한 동의어라고 지적했듯이 약소국에 대한 이해의 필요성으로 발전한 지역연구는 노골적인 지배의 학문이 되었다(에드워드 사이드, 1992).

냉전기 지역연구를 주도한 미국 국제연구센터의 연구들이 국가, 정보기관, 재단의 연결망으로부터 온 내막을 보면 이해가 쉽다. 이념 대립으로 진영이 나뉜 냉전 대결 구도에서 상대 블록의 정보를 수집하는 일은 국가, 나아가 진영의 생존이 달린 중요한 문제로 인식되었다. 지역연구소가 중앙정보국, 연방수사국, 여타 정보기관 및 군 정보기관에 깊이 연루되어 있었던 것은 크게 놀랄 일도 아니다. 지역연구는 정보기관 및 군 안보 관련 기관과 긴밀하게 연관되면서 연구 활동을 진행했고, 지역전문가들이 수집한 정보가 정책 수립 과정에 활용되었다. 이처럼 정부와 군과 대학이 협력하면서 지역연구가 확대되어 갔다.

제국주의 시기 지역연구의 대상이 일부 지역에 한정되어 있던 것과 대조적으로 냉전 시기에는 국제정세의 변화에 따라 지역연구의 대상이 서구 및 동구를 포함한 유럽 전반과 제3세계까지 확장되었다. 마셜 플랜(Marshall plan)과 북대서양조약기구(NATO)의 결성으로 표현된 미국의 유럽 정책, 동아시아에서 중국의 공산화와 일본의 전후 복구, 신흥 공업국으로 불리는 한국, 대만, 홍콩, 싱가포르의 등장, 인도를 중심으로 한 비동맹 노선의 출현, 아프리카 신흥 독립국들에서 영향력 확대를 위한 미소의 경쟁, 1960년대 초반 쿠바에서의 혁명, 남아시아에서 빈발했던 쿠데타 등과 같이 세계 각 지역에서 여러 가지 사건들이 발생했고 지역연구에 대한 수요가 급증하였다(김경일, 1996).

냉전 시기 지역연구는 전후 주요 대학을 중심으로 세계 각 지역에 대한 연구소가 설립되면서 진행되었다. 예를 들어 하버드대학의 중국과 변경 지역에 대한 지역프로그램(Harvard Regional Program on China and Peripheral Areas), 워싱턴대학의 극동연구소(Far Eastern Institute), 미시간대학의 일본연구소(Center for Japanese Studies), 1946년 9월에 설립된 콜롬비아대학의 러시아연구소(Russian Institute), 밴더빌트대학의 브라질연구소(Institute for Brazilian Studies) 등을 들 수 있다(김경일, 1996). 이 시기 지역연구가 미국 대학 사업의 중심으로 부상한 데에는 민간 재단의 대폭적 지원도 큰 몫을 했다. 1947년 카네기재단은 하버드대학에 독자적인 러시아연구센터를 설립하기 위해서 자금을 지원했고, 이를 이어받아 포드재단은 1953년부터 1966년까지 지역과 언어 연구를 위해 34개 대학을 지원했다. 포드재단이 대학에 증여한 연간 재정 지원의 수준은 1950년대 후반에 1억 달러, 1960년대 초반에 2억 달러, 그리고 중반에는 3억 달러를 넘어섰으며, 1960년까지 포드재단이 소비한 총증여 13억 달러의 거의 절반인 6억 4,600만 달러가 대학에 투자되었다. 이 중에서 지역연구에는 1952년부터 1967년을 전후한 15년 동안 대략 2억 5천만~2억 7천만 달러의 금액이 지원되었다고 한다(김경일, 1996).

민간 재단만큼은 아니지만 연방 정부 역시 연구 재단들을 지원했다. 특히 1957년 소련이 인공위성 스푸트니크를 쏘아 올리면서 미국은 대학 교육에 국가 차원에서의 지원을 강화했다. 1958년 국가방위교육법(National Defense Education Act)이 의회에서 통과되고, 이 법안의 6조에 의거하여 1959년부터 지역연구에 대한 직접적인 정부 보조가 시작되었다. 또한 1967년 국제교육법안(International Education Act)이 의회에서 통과되었다(김경일, 1996). 이처럼 종전 이후 지역연구는 국가나 기업이 당면한 정책 목표들에 종속되었다는 특징을 보였다. 그러나 베트남 전쟁 이후 반전 운동이 고조되었고, 1970년대 오일쇼크와 이에 따른 세계적 경기 불황으로 지역연구를 위한 연구 지원금이 감소했다. 이에 따라 지역연구의 성격이 정책적 목적(군과 정부에 적대국 혹은 가상 적국에 대한 정보 및 정책 제안)에 의해 주도되었던 흐름이 점차 약화되고 대학에서 학문적 연구 일환으로서의 성격이 강화되기 시작했다.

정리하면 종전 직후, 특히 사회과학 분과학문에 의한 지식의 분할을 극복하고 학제적 연구를 시도하고자 했던 지역연구의 노력은 냉전체제를 배경으로 한 헤게모니 권력의 대외 정책 목표들에 종속되면서 정책과학적 연구가 되었다. 이러한 이유로 냉전 시기 지역연구는 파편화된 연구라는 특징을 가진다. 즉, 특정 정책적 목표의 달성을 위해 국가별로, 분야별로 연구가 파편화되면서 원래 지역연구가 가지고 있던 '전체주의적 접근법(holistic approach)'이 약화되었다. 그럼에도 불구하고 역설적으로 1950년대 후반부터 1960년대 전반까지는 지역연구가 가장 활발하게 확장된 시기였다. 국가와 민간 그리고 정보기관이 하나가 되어 미국의 헤게모니를 강화하는 데 연구가 집중되었다. 이에 더해 유럽 지역에서도 유럽통합이 본격적으로 진행되면서 지역연구에 대한 관심이 높아졌다. 한편, 이 시기 개도국에서의 지역주의에 관한 토의는 주로 식민주의/반식민주의/탈식민주의와 연관되어 있었고, 새롭게 독립한 국가들의 경제적 발전을 촉진하기 위한 탐색과 연관되어 있었다. 지역통합에 집중한 유럽과 달리 이 지역들의 키워드는 보호주의나 수입대체를 통한 국가 주도 산업화와 국가 건설, 개발이었다. 그리고 지역을 연구하는 학자들의 구성도 서방의 학자들을 중심으로 이루어지던 것과 달리 기존의 지역연구 대상국 출신의 학자들이 대거 지역연구자로 유입되면서 주–객의 시각 구분을 넘어서는 연구의 기반이 확장되었다.

4. 탈냉전기 – 지역연구의 전환기

1991년 소련 붕괴 후 냉전체제가 와해되면서 심대한 국제적·사회적 변화가 나타났다. 그리고 그러한 변화들에 발맞추어 지역연구의 경향도 이전과 달라졌다.

첫째, 경제 측면에서는 1993년 우루과이 라운드 이후 미국이 주도하는 신자유주의적 국제경제질서가 전 세계로 확산되었고, 자본이 국경을 넘나들며 이동하고 생산이 국제적으로 분업화되었다. 권력의 원천은 미국과 소련이라는 양 진영 중 하나를 택해야 했던 '국가'로부터 '초국적 기업'으로 옮아갔다. 안보보다는 경제에 국가들의 관심이 쏠리면서 해외의 시장정보를 얻기 위한 지역의 경제에 초점을 맞춘 연구가 중요해졌다. 즉, 지역연구의 주제가 안보로부터 경제로의 전환 및 확장이 이루어졌다(Mirsepassi, 2002).

둘째, 다문화 사회로의 급속한 진행은 서로 다른 문화에 대한 이해를 필요로 하게 되었고, 문화연구의 중요성이 증대되었다. 세계화 시대가 도래하면서 상호의존성이 증가하고 탈국가 중심적 사고가 확산하였으며, 공동의 발전을 위해 서로의 차이점에 대한 이해가 필요해졌다. 이에 따라 타인에 대한 이해로부터 보편성을 탐구하게 되는 지역연구가 본격적으로 활성화되기 시작했다.

셋째, 지역연구의 주제가 확장되었다. 지구화로 이전에 없었던 문제들이 발생했다. 전 지구적 규모의 환경문제나 세계 곳곳에서 일어나는 민주화와 경제개혁, 젠더 문제, 국경을 넘나들며 성행하는 감염병 등과 같은 초국적 현상들이 나타났다. 근대문명의 지나친 진전이 낳은 범지구적 문제들은 근대라는 서구 지역이 퍼뜨렸던 가치체계가 막다른 골목에 다다랐다는 것을 의미한다. 이러한 변화는 국가를 연구 단위로 설정했던 지역연구의 설명 방식을 포함하여 서구가 중심이 되었던 지역연구의 기본적인 틀을 재고해보는 계기를 마련했다. 그러한 노력의 일환으로 지역연구와 관련된 다수의 초분과적, 초지역적 위원회들과 프로그램들이 조직되었고, 그 연구를 확장하고 있다(김희순, 2000).

넷째, 교통·통신의 발달로 물리적·문화적 거리가 줄어드는 지구화와 초국가주의 시대가 도래함에 따라 영토, 국경, 지역과 같은 전통적 공간 개념이 질적으로 변화하게 되었고, 국경으로 구별되는 국가를 넘어 지역이 유연하게 정의될 수 있게 되었다. 기존 지역연구 조직과 관련하여 중국, 라틴아메리카, 러시아와 동유럽 위원회식으로 존재하던 11개의 지역위원회가 폐기되고 '지역연구와 지역분석', '지역연구와 비교분석', '지역연구와 전지구적 분석'과 같은 포괄적인 3개 위원회가 새롭게 조직되는 변화에서도 이러한 경향이 잘 드러난다(이문영, 2010). 일각에서는 지구화가 가속화되면서 지역적 차이가 사라질 수 있다는 우려도 있다. 하지만 지구화는 새로운 지역의 이슈와 틀을 만들고 있으며 지역연구의 전환을 추동하고 있다는 점에서 긍정적 발전의 동력이라 할 수 있다.

전통적 '공간' 개념의 변화는 기존에 강대국 입장에서 자의적으로 설정해 놓은 지역 구분에 변화를 불러일으켰다. 과거에는 없던 새로운 개념이 필요하게 된 것이다. 지역의 특성을 잘 포착해 내기 위해서는 지역을 어떻게 설정하는 것이 좋은지, 그렇게 설정한 지역이 앞으로 어떤 지역으로 발전할 가능성이 있는지 고민하는 과정과 창의성을 필요로 하는 어려운 작업이다. 새로운 형태의 지역에 대한 탐구는 신지역주의(new regionalism)적 접근에 대한 이해의 필요성도 증대시키고 있다.

정리하면, 탈냉전기는 지역연구에 쏟아진 기존의 비판을 극복하고 보편적 세계에 대한 이해에 도달하려는 지역연구 본연의 목적을 되찾으려는 노력이 본격적으로 시도되고 있는 전환기이다. 학제적 연구가 실패했다는 비판, 개체기술적(idiographic)과 법칙정립적(nomothetic)으로 이분화 된 방법론의 한계에 대한 비판, 맥락적 지식을 추구하기 때문에 보편이론으로까지 나아가지 못한다는 비판을 감수해 온 지역연구는 새로운 전환을 통한 변모의 시기를 경험하고 있다. 현재도 여전히 논쟁적인 지점들이지만 긴 지역연구 전개 과정의 역사 속에서 보면 이러한 비판은 시대적 조류 속에서 제기되고 또 극복될 문제라 할 수 있다. 애초에 지향했던 학제적 지역연구는 냉전기의 시대적 요청에 의해 왜곡되었으나, 탈냉전기의 난제들을 마주하면서 학제적 연구의 기반이 구축·확장되고 있다. 탈냉전기에 와서 비로소 지역연구는 세분되고 파편화된 지식, 국가주의적 시각에의 함몰, 특수주의의 과잉과 보편주의의 결여라는 한계를 극복하기 위한 본격적 도전에 나설 수 있게 되었다. 정치학, 경제학, 국제관계학과 등 사회과학의 분과학문이 대상 국가/지역의 일면을 깊이 있게 탐구하는 경향이 있는 반면, 지역연구는 그 대상의 정치, 경제, 사회, 문화를 한 덩어리로 연구하는 것을 지향한다는 특징으로부터 사회과학의 파편성을 극복할 수 있는 가능성을 내포하고 있다.

III. 탈냉전과 지구화 시대 지역연구의 도전

앞으로 지역연구의 과제는 지역연구가 직면해야 했던 여러 비판을 극복하고 지역을 적절하게 정의하고 그것을 설명 가능한 수준으로 포용하는 것과 관련될 것이다. 지역을 정의하는 방법에 대해서는 다음 장에서 알아보기로 하고, 여기서는 지역을 분석 단위로 설정하는 것의 필요성에 대해 약술해 보고자 한다.

베스트팔렌 체제 이후 국민국가라는 단위를 중심으로 세계질서가 재편되면서 국가는 세계를 이해하는 편리한 단위로 자리 잡았다. 그러나 한 국가를 연구 대상으로 한정하는 경향이 강해지면서 연구 대상의 범위를 확장/축소할 수 있는 지역연구의 강점을 충분히 활용하지 못한 측면이 있었다. 근대 국가는 근대 이후의 세계를 이해하는 데에 가장 핵심적인 단위인 것은 맞지만 모든 것을 국가로 환원하려고 할 경우 우리는 많은 스토리를 놓치게 된다. 1990년대 세계화가 진행되면서 국가 중심의 연구에서 탈피하고자 하는 노력의 일환으로 국가가 가지는 특성(statehood)을 동일하게 공유하는 지역이라는 단위에 관심을 기울이기 시작했다. 일반적으로 국가와 지역은 동일한 분석 단위(level of analysis)로 놓이지는 않지만, 랑겐호프(Langenhove, 2011)에 의하면

모든 지역은 어느 정도 국가성(stateness)을 가지기 때문에 지역을 국가와 비교하는 것이 가능하다. 국가성의 특징은 ① 경제적 단일 공간을 가지고, ② 공공재를 제공하며, ③ 주권을 가진다는 것이다. 이러한 국가성을 지역 역시 가질 수 있는데, 대표적인 예가 유럽연합(EU)이다. 국가를 넘어선 지역통합 과정은 이 세 가지 차원과 관련될 수 있는데, 지역통합이 경제적 장애물을 없애고, 공공재를 제공하는 적절한 제도를 만들고, 주권적 행위가 가능한 개체가 될 수 있기 때문이다.

세계를 이해하는 수단으로서 지역을 연구해야 하는 필요성에 대해 알아보려면 세계화 과정의 빈 부분을 지역연구가 어떻게 메워갈 수 있는가를 살펴봄으로써 답을 찾을 수 있다. 피터 카첸슈타인(Peter Katzenstein, 2005)은 자신의 저서에서 탈냉전기 세계는 '미국 임페리움에 깊이 착종된 다공성의 지역들로 구성된 세계(a world of porous regions, embedded deeply in an American Im-perium)'라고 묘사했다. 미국은 패권적 권력으로 세계질서를 구축하고, 성긴 조직의 세계지역이 그 질서와 결합함으로써 미국이 영향력을 행사하며 세계를 운영한다는 인식이다. 탈냉전 직후 미국의 단극 패권 시기에 이는 정확한 표현일 수도 있었을 것이다, 하지만 중국이 부상하고 미국 패권을 위협하면서 이런 인식은 수정이 필요한 것으로 보인다. 미래에 나타날 세계가 미·중이 경쟁하는 양극 구조가 될지, 미·중이라는 강대국들을 포괄해 내는 거대한 지역적 구조가 맞물려가는 세계가 될지는 아직 불명확하다. 따라서 다양한 변화의 가능성을 염두에 두고 세계와 지역의 관계를 탐구하는 것은 세계를 더 잘 이해하게 해주고 세계를 공존적이고 평화적으로 만드는 데에도 기여할 수 있을 것이다. 이러한 노력이 모여 '국가들의 세계(a world of nation states)'가 아닌 '지역들의 세계(a world of regions)'라는 관점에서 세계관을 구축해 갈 수 있다.

카첸슈타인이 지역을 관념화함에 있어 지역의 존재 양식 자체보다는 미국 임페리움이라는 지구적 구조 속에서 지역을 파악해야 함을 강조하고 있다는 점에서 강대국, 특히 미국 중심적 사고에 경도되어 있는 것은 사실이다. 그러나 세계를 구성하는 단위로서 지역에 주목하면서 세계를 중층적으로 파악하려 했다는 점에서 지역에 일정한 분석적 역할을 부여한 국제정치학자 중 하나로 평가된다(신범식, 2018). 그가 지적한바 지역은 그 형성 과정에서 상당한 투과성을 가지고 있기 때문에 다른 지역 및 행위자들과 끊임없는 상호작용을 주고받으며 쟁점 영역에 따라서는 기존의 영토 경계를 무너뜨리기도 하고 새로운 경계를 설정하기도 한다는 점에 주의를 기울일 만하다.

향후 지역연구는 국가를 넘어선 지역까지도 포괄할 수 있을 뿐만 아니라 연구방법에서도 변화가 나타날 수 있다. 앞서 잠시 지역연구를 수행하는 방법 두 가지를 간단하게 언급한 바 있는데, 첫 번째 방식은 개체기술적(idiographic) 방식으로 다른 지역의 비슷한 현상을 묘사하기 위한 특정 맥락상 언어를 사용하는 방법이다. 사례에 대한 지식으로 이어지는 상세한 단일 사례로부터 시작해서 나중에 해당 지식을 다른 사례 연구에서 상호 참조할 수 있다. 사례 연구 방법은 '사례 내(within-case) 분석' 및 '과정 추적(process tracing)'을 허용하지만 일반화하는 데 어려움이 있다. 두 번째 방식은 법칙정립적(nomothetic) 방식으로 일반적 개념을 적용하고 지역 간 비교로 전이 가능한 문제들과 가설들을 개발하는 방법이다. 충분히 큰 규모의 경우의 수로부터 정보를 수집하는 것으로 시작하되 각각을 완전히 이해하려는 것은 아니다.

이러한 두 가지 방법론을 절충하는 방법으로서 비교지역연구에 대한 관심이 다시 높아가고 있다. 언뜻 보기에 지역연구에서 비교 방법을 도입하는 것은 자명한 것으로 여겨질 수도 있다. 지역연구가 세계 각 지역의 상이한 사회와 문화를 대상으로 하기 때문에 비교적 시각이 필수적이라고 간주될 수 있기 때문이다. 그러나 문제는 지역연구의 대상이 대부분 비서구 사회이기 때문에 서구를 준거 기준으로 보편주의를 지향하는 사회과학의 분과학문과 비서구를 대상으로 하는 지역연구 사이에는 비교 방법에 대한 견해 차이가 있었다. 즉, 서구의 기준을 그대로 비서구에 적응시켜도 되느냐는 질문이 끊임없이 이어졌다. 그렇지만 이제 이 같은 방법을 본격적으로 활용하여 지역연구가 보편적 세계 이해에 이르는 방법으로서의 자기 역할을 확증해 보여야 한다.

비교연구의 장점은 여러 가지이다. 첫째, 비교연구는 절충적 연구로서 과장된 맥락화나 과장된 일반화를 피할 수 있게 해준다. 각 지역이 가진 독특한 현상을 포착하고 설명하는 데 있어서 다른 지역과의 비교를 통해 특수화, 개별화보다는 일반화, 보편화가 가능하다. 즉, 비교의 시각은 진정한 보편이론이 되기 위한 통과의례이다. 특수성과 개별성을 강조하는 지역연구가 비교연구를 통해 일반성을 획득하게 된다는 점에서 비교분석은 자민족 중심적인 편견과 문화에 기반한 해석을 피할 수 있게 해준다. 이는 지역주의 연구에서 파편화를 극복할 수 있게 해주며, 지역연구가 특수성에만 매몰되지 않고 일반성도 추구할 수 있다는 점을 보여줌으로써 지역연구가 받았던 비판을 충분히 극복할 수 있게 될 것이다. 동시에 비교연구는 일반적인 언어로 지역적 특색을 표현할 수 있게 해주면서도 자칫 지나친 일반화로 흘러가는 경향을 견제하고 지역적 특수성이 지니는 맥락에 대한 탐구를 가능하게 한다. 비교지역연구는 정치, 경제, 사회, 문화 등 다양한 측면에서 비교 대상 지역들을 깊게 탐구할 수 있기 때문이다.

둘째, 새로운 지역에 대한 비교가 가능하다. 비교지역연구는 테러와의 전쟁, 다층의 세계질서, 세계적 재정 위기, 개입해서 보호해야 할 의무, 신흥 강국의 등장이 전개되는 상황에 적합한 세계를 연구하는 방법이라고 할 수 있다. 특히 세계화로 국가 간 경계의 의미가 변화하면서 등장하게 된 기존에 없던 지역들을 새롭게 정의할 수 있는 방법을 제공함으로써 비교지역연구는 더욱 유용한 연구의 방법으로 떠오르고 있다. 지역들을 시간상으로도, 공간상으로도, 조직의 형태로도 비교가 가능하게 되었다. 일례로 무역 블록, 지역 안보 복합체, 인지 지역, 강 유역 등과 같은 다양한 지역에 대한 비교연구가 가능해졌다는 점에서 절충주의적 접근은 풍부한 비교를 가능하게 한다.

이처럼 비교지역연구는 지역에 대한 이해를 증진시켜 줄 뿐만 아니라 세계화 시대의 지역연구에서 매우 유망한 연구방법이라고 할 수 있다. 지역연구가 국익에 기초한 정책 과학으로 매몰되어서는 안 되며, 세계를 이해하는 방법으로서 지역연구 본연의 기능을 회복하는 것이 중요하다. 이를 위해서 지역의 역사적 맥락을 이해하면서 동시에 지역 특성의 일반론적 함의를 규명할 수 있는 비교지역연구를 발전시키기 위한 노력이 더욱 경주되어야 할 것이다.

지역연구는 본래 각 지역의 언어를 토대로 하여 그 지역의 정치, 경제, 사회, 문화에 대한 이론과 실제를 연구함으로써 그 지역의 독자성을 탐구하는 학문이다. 그래서 지역연구는 해당 지역의 성격을 명확히 설명하면서 개별성과 특수성을 지향함과 동시에 지역의 일반성과 총체성을 파악하려 한다. 지역에 대한 총체적인 이해를 위해 학제적 연구를 지향해 왔다. 탈냉전과 세계화 시대를 지나 신냉전의 시대로 나아가고 세계에 대한 적절한 이해에 도달하기 위해 방법론적 국가주의의 한계를 넘어 지역을 통한 세계 이해가 필요하다. 세계를 구성하는 단위로서 지역을 새롭게 정의하고 지역과 세계가 어떻게 구성되고 서로를 해석하는지 사례연구 및 비교연구를 통해 알아보는 작업을 시도할 때이다. 이런 노력을 통해 중층적 지구 거버넌스에 대한 이해에 도달할 수 있는 기본적 틀을 정립할 수 있다. 사회과학은 국가를 기본 단위로 상정하고 있고 모든 현상을 국가 중심으로 보는 것이 일반적이다. 이러한 관점이 한순간에 바뀔 수 없지만 근대국가와 민족에만 집중하는 사회과학이 가진 한계를 늘 경계하고 그 기본 전제를 끊임없이 돌아봐야 한다. 그리고 사회과학과 인문의 지속적인 대화는 지역연구의 틀 속에서 더욱 활성화될 수 있을 것이다.

끝으로 지역을 단위로 진행되는 지역연구가 한국에 대해 지니는 의미를 짚어보며 이 장을 마무리하고자 한다. 오늘날 미국과 중국의 갈등이 심화하면서 양국 사이에 끼인 지정학적 중간국인 한국의 고민은 깊어지고 있다. 이런 고민과 관련하여 지역연구는 유효하고 효과적이며 창의적인 관점을 열어 줄 수 있을 것으로 기대된다. 국가의 행위에만 매달리기보다 지역을 염두에 둔 기획을 강화해 볼 만하다. 전략의 중층화와 복합화라는 전환은 지구적 변동의 맥락과 조응할 뿐만 아니라 한국이 특정한 이슈별로 자기 영향력을 확대해나갈 수 있는 다양한 지역을 구상하고 다양한 자율성의 공간을 구축해 나가는 전략적 사고를 열어 줄 수 있을 것이다. 한국은 대륙과 해양을 아우르면서 동시에 동류 국가들(like-minded states)과 함께 지역질서를 새롭게 만들어갈 수 있으며, 국가의 전략, 지역질서, 세계질서가 중층적으로 구성하는 창의적 사고를 가능하게 만드는 출발이 지역에 대한 이해로부터 시작될 수 있을 것이다. 이런 의미에서 지역연구는 또 다른 의미에서 정책과학의 유혹으로부터 자유로울 수 없을지도 모른다.

참고문헌

김경일. 1996. "전후 미국에서 지역연구의 성립과 발전."『지역연구』 5권 3호.

______. 1998.『지역연구의 역사와 이론』. 문화과학사.

______. 2009. "한국 사회와 지역연구의 방향성."『트랜스라틴』 7호.

김희순. 2000. "지역연구의 특성과 지리학과의 관계."『대한지리학회지』 35권 제2호.

라비 팔렛. 1998. "파편화된 전망: 미국 헤게모니 이후 지역연구의 미래." 김경일 편저. 『지역연구의 역사와 이론』. 문화과학사.

브루스 커밍스. 1998. "연구영역의 전이: 냉전기와 탈냉전기의 지역연구와 국제연구." 김경일 편저.『지역연구의 역사와 이론』. 문화과학사.

신범식. 2018. "비교지역연구 서설."『한국 국제정치학, 미래 백년의 설계』. 사회평론.

야노 토루. 1993. "지역연구란 무엇인가?." 야노 토루 편, 아시아지역경제연구회역.『지역연구의 방법』. 전예원.

______. 1993. "보편언어로서의 에토스."『지역연구의 방법』. 전예원.

에드워드 사이드 저. 박홍규 역. 1992.『오리엔탈리즘』. 교보문고.

이문영. 2010. "1990년대 이후 지역연구의 쟁점과 전망."『중소연구』 34권 제2호.

정상수. 1998. "지역으로서의 독일연구."『서울대학교 s-space』 126.

Breslin, Shaun, Christopher W Hughes. 2002. *New Regionalism in Global Political Economy*. Routledge.

Katzenstein, Peter. 2005. *A World of Regions*: *Asia and Europe in the American Imperium*. Cornell Univ. Press.

Kearney, M. 1995. "The Local and the Global: The Anthropology of Globalization and Transnationalism." *Annual Review of Anthropology* 24, 547-565.

Langenhove, Luk Van. 2011. *Building Regions*: *The Regionalization of World Order*. Ashgate.

Mirsepassi, Ali. 2002. "Area Studies, Globalization, and the Nation-state in Crisis." *Views from South* 3(3), 547-552.

Warleigh-Lack, Alex, and Luk Van Langenhove. 2010. "Rethinking EU Studies:

the Contribution of Comparative Regionalism." *European Integra-
tion* 32 – 6.

제2장

'지역'의 개념과 활용

신범식 (서울대학교 아시아연구소 부소장)

I. '지역'이란 무엇인가?

'지역'이란 무엇인가? '지역'을 정의하는 문제는 쉽지 않으며, 지역 개념 자체도 그렇지만 그에 대한 접근법도 여전히 논쟁적이다. 지역은 그것을 인식하는 주체에 따라 매우 다양한 정의가 가능하기에, 지역 개념은 그것을 이해하는 사람에 따라 달리 이해되고 자의적으로 규정될 수 있다. 전통적으로 고전적 지리학에서는 지역을 "지리적 인접성을 특징으로 뚜렷이 구분되는 지리적 실체(entity)"로 정의한다. 일반적으로 지역은 유사한 생산구조, 문화구조, 사회구조를 갖는 공동체의 집합으로서, 영역 내 거주민들의 정치, 경제, 사회, 문화적 교류와 관계가 동시다발적으로 구현되는 하나의 집합적 공동공간을 의미한다(신범식, 2018).

'지역'의 어원을 살펴보자. 지역은 영어로 'region'이라고 하는데, 이는 라틴어 *rego*(방향을 잡다, to steer), *regere*(지배하다, to direct or to rule), *regio*(통치, governance) 등과 같은 어원을 공유하는 단어이다. 즉, 방향을 잡거나 통치하여 질서를 구축하는 일과 연관된다. 지역은 자기의 속성 및 구성 원리의 내적 질서를 가지고 일정 방식으로 상호작용하는 덩어리와 관련된 어원을 지니고 있음을 알 수 있다. 따라서 지역을 구성하는 속성과 구성 원리에 따라 지역은 다양한 방식으로 만들어질 수 있다. 이런 사고는 세계(정치)를 이해함에 있어서 '지역'을 주요 단위로 상정하는 이해를 가능하게 하며, '지역'을 세계를 구성하는 단위로서의 가능성과 확장성을 지닌 개념으로 이해하게 만든다(Langenhove, 2011). 지역을 구성하는 본질과 기능이 무엇인지에 대한 질문은 탈냉전 이후 지역연구에서 중심적 과제로 남아 있다. 따라서 지역의 개념이 어떻게 발전되어 왔고, 지역 및 국제 연구에서 지역 개념이 어떻게 발전적으로 변용되어 왔는지 살펴봄으로써 지역이란 단위를 통해서 세계를 이해하는 방식을 탐구해보고자 한다(신범식, 2018).

전통적으로 지역은 지리적 환경 등 객관적이고 물적인 조건에 의해 본질주의적인 방식으로 이해되어 왔다. 본질주의(essentialism)적 접근법에 의하면 지역은 지역으로 규정할 명확한 근거가 있어야 하며, 물적 조건이 중요하다. 예를 들어 유럽은 지리적으로는 우랄산맥과 카프카스산맥, 카스피해와 흑해 및 지중해를 물적 경계로 하는 지리적 범주를 가지며, 문화적으로는 그리스·로마 문명, 종교적으로 기독교라는 객관적이고 이념적인 조건으로 구분된다.

한편 최근에는 물적 조건보다 관념적 조건의 중요성을 강조하는 구성주의적 접근법으로 지역을 정의하려는 관점이 확산되고 있다. 구성주의(constructivism)적 방식에 의하면 지역이란 "그 자체로 존재 의의가 있는 것으로 여겨지는 범위 내지 거주민들이 공통의 세계관을 가지고 있는 것으로 여겨지는 범위"로 규정되며(다카야 요시카즈, 1993), '역사적 실재와 공간적 인식의 양면으로 구성되는 단위'라고 인식되기도 한다(이철호, 2001). 구성주의적 정의 방식에 의하면 지역은 다양한 행위자들의 권력관계, 갈등과 투쟁의 과정이며, 담론적 실천을 통해 사회적으로 구성된다. 예를 들어 아시아는 현재 담론적 실천을 통해 재구성되는 과정에 있으며, 본서의 저자들 또한 21세기 들어 연결성이 강화되면서 네트워크화 된 지역으로 부상하고 있는 아시아를 '메가아시아'라 명명(naming)함으로써 일종의 담론적 실천을 하고 있다고 볼 수 있다. 그러나 본질주의와 구성주의 중 어느 하나의 방식만으로는 지역을 제대로 포착하기 어려우며, 담론적 실천에 대한 이해와 물적 조건의 형성, 그리고 그 결과 만들어진 그 지역의 특색을 포착하는 것은 중요하다.

따라서 지역을 규정하기 위해서는 물질적 조건과 관념적 조건을 모두 고려해야 한다. 지역은 담론적 실천 속에서 지역격(regionhood: 지역다움)을 획득하며, 이를 지역격화(regionification: 지역이 아닌 것이 지역으로 불리는 과정)라고 부를 수 있다. 이는 인간과 인간이 아닌 것을 나누는 기준을 인간다움(personhood)이라고 할 수 있는 것과 마찬가지이다. 한편 지역격을 획득한 지역은 내부의 다양한 주체의 정치적 실천과 상호작용을 통해 지역성(regionness: 지역이 하나의 단위로서 지니는 내적 상호작용 및 응결성의 정도)을 고도화하며, 이 과정을 지역화(regionalization: 특정 조직 원리에 따라 지역성을 강화해 가는 일련의 과정)라고 한다. 인간으로 치면 인간성 혹은 인성이 성숙해지는 과정이라고 할 수 있다. 그리고 인간이 개인별로 다른 특색, 즉 개성(personality)이 있듯이, 지역성을 고도화해 나가는 과정에서 각 지역은 자신의 독특한 특징을 지역색(regionality)으로 가시화하게 된다(Langenhove, 2011).

그러나 지역이 지역격을 획득하고 지역성을 고도화해 나가며 지역색이 가시화되는 과정에서 중요한 역할을 하는 담론적 실천은 아무런 조건과 근거 없이 통용되지는 않으며, 이 과정에서 물적 조건 또한 중요하게 작용한다. 이처럼 지역은 물질과 관념이 동시에 작동하면서 끊임없이 만들어지고 해체되는 과정이며, 고정불변인 것이 아니라 변화하는 유기체적 성격을 가진다.

II. **국가, 지역 그리고 세계**

1. 국가와 세계 – 방법론적 영토주의를 넘어

1648년 베스트팔렌 체제가 형성되면서 명확한 경계의 설정과 영토성의 강화,

경계를 중심으로 국가의 안과 밖의 구별, 근대적 사회를 담는 그릇으로서의 범위를 한정한 단위인 '근대국민국가(modern nation state)'가 세계를 구성하는 중심 단위로 부상했다. 군사국가와 경제국가의 결합으로 효율성이 극대화된 단위로서 국민국가라는 정치체는 탈중세의 혼란 속에서 군사국가, 경제국가, 식민지국가로서 강력한 경쟁력을 지니게 되었고, 많은 정치체가 국민국가의 조직 원리를 학습하고 재생산하기 시작했다. 국가의 기본 조직 원리는 '영토성(territoriality)'의 원리로, 국가는 경계를 기준으로 안과 밖의 뚜렷한 구분이 있으며 내부적으로는 통일성, 통합된 체제로 단일한 단위로 작동하고자 한다. 이러한 사고에 의하면 세계는 지리적으로 구분이 되어있고, 영토 국가는 상호적 배타성을 갖는 것으로 인식된다(이용희, 2019).

그러나 이러한 통합성 및 주권 개념에 기반한 국민국가의 세계 구성의 유일한 중심 단위로서의 지위 독점화가 진행되면서 사회과학 및 기타 학문의 인식 고정화 및 국가주의화가 심화되었다. 주권, 영토, 국민으로 구별되는 근대국가 단위가 주는 명료함은 있으나, 국가 중심 사고에만 매몰되면서 경계를 넘어 상호작용하는 사람들의 행동과 패턴을 이해하는 데 한계가 생긴다.

이에 애그뉴(J. Agnew)는 방법론적 국가주의 및 방법론적 영토주의가 고착화되고 공간이 물신화됨에 따라 국제관계를 영토국가 간의 관계로만 파악하려는 근대 학문이 '영토성의 덫(territorial trap)'에 갇히게 되었다며, 이를 넘어 유연하게 사고할 필요성을 제기했다. 그는 영토국가에 대한 지배적 이해와 달리, 규칙이 영토적으로 고정되어 있을지라도 영토가 완전한 상호 배제의 과정을 수반할 필요는 없다고 주장했다. 사회적, 경제적, 정치적 과정은 시공을 초월한다는 방법론적 가정하에 국가를 영토적 경계만으로 온전히 설명할 수는 없다는 것이다. 공간은 상호작용하는 가운데 유연하게 변화하기 때문에 역사적으로 고정된 형태라고 생각하거나 국가만 중심에 놓고 사고하려는 것은 적절하지 못하다. 국가의 공간이나 영토성이 변하지 않는다는 것은 신화이며, 탈(脫)공간화된 역사주의를 극복하려는 시도는 유연한 방법으로 지역이라는 단위를 설정해야 할 필요성을 제기했다.

이런 필요성은 21세기 들어 국가 중심적 사고로는 적절하게 설명하기 어려운 국제정치 현상들이 빈번해지면서 더욱 고조되고 있다. 인구와 자본 이동의 증가, 생태학적 상호의존의 증가, 정보 경제의 확대, 새로운 군사기술 발전에 따른 시계열적·연대기적 정치 형태의 변화 과정은 기존 국제정치이론과 같은 세계 이해의 방식이 지닌 지리적 기반과 한계에 문제를 제기하고 있다. 오늘날 세계는 기존 국제정치학에서 이야기하는 바와 같은 고정된 영토 공간이라는 개념으로 이해될 수 없으며, 영토 국가는 더 넓은 사회적 및 경제적 구조, 지정학적 질서, 역사적 관계의 맥락에서 비판적으로 검토할 필요성이 제기되고 있다.

가령, 국제경제에서 나타나는 '글로벌 가치사슬(global value chain)'의 형성과 변화에 대한 이해, 새로운 단계에 진입하고 있는 초국경 이민현상에 대한 이해, 그리고 환경이나 인권과 같은 초국경 이슈들의 등장과 해법의 모색을 위해서는 새로운 세계정치의 단위에 대한 사고가 요청된다. 최근 세계 도처에서 불거지고 있는 수자원 분쟁, 접경지역에서의 초국경 상호작용, 그리고 초국경 소지역주의의 발흥 등은 국가를 넘어서는 종합적 사고의 필요성을 잘 보여준다(신범식, 2018). 초국적인 현상을 보다 유연하게 설명하기 위해서는 네트워크적인 사고가 필요하며, 지역연구는 국가 중심의 사고가 설명하지 못하는 현상들을 포착할 수 있게 해준다는 차원에서 중요한 방법론적, 인식론적 틀을 제공한다. 이에 영토성의 덫을 넘어서 지역연구가 어떻게 가능할 것인가가 핵심적 과제로 부상하고 있다.

2. 지역과 세계

이같은 정의에 따르자면 지역은 하나의 국가일 수도, 국가보다 작은 지방일 수도, 혹은 국가를 넘어선 초국적 단위일 수도 있으며, 동일한 문화 지역이나 생태 단위 혹은 이러한 것들의 각 부분적 구획일 수도 있다. 근대세계에서 존재해 온 단위로서 지역들은 다양한 정치체(polity)의 형식을 가지고 있었다. 봉토, 성읍과 도시, 지방, 군사집단, 공국, 왕국, 국가, 제국 등 다양한 정치체가 존재해 왔지만, 이 가운데 지역성이 가장 고도화된 단위는 근대국민국가였음에는 이견이 존재하지 않는다. 그러나 인류의 역사 속에서 아테네의 도시국가 체제, 중세의 봉건체제, 동양의 제국 체제 등 다양한 정치체가 존재해온 예에서 볼 수 있듯이 고대부터 현대까지 다양한 정치체가 존재했는데, 국민국가 또한 여러 정치체 중 하나의 유형일 뿐, 국민국가만이 세계를 구성하는 단위의 유일한 유형은 아니다. 세계를 구성하는 단위는 다양한 구성 원리에 따라 다양한 형태로 존재하는 것이다.

하나의 국가가 여러 지역에 포함될 수도 있을 뿐만 아니라 지역별 구도에 따라 하나의 국가라 할지라도 여러 가지 다른 상황, 입장이 발생할 수 있다. 가령, 일본은 근대국가 형성 과정에서부터 이 같은 논쟁이 분분했다. 바쿠후(幕府) 중심의 세계관으로부터 천황제로 전환하는 과정에서 일본은 자국의 정체성을 어떻게 규정할 것인지에 관해 치열한 논쟁을 벌였다. ‘일본은 지리적 위치나 인종적 구분으로는 아시아인데, 아시아가 아니라 서구의 일원이 되는 것이 가능한가?’라는 질문도 제기되었다. 일본은 탈아입구(脫亞入歐: 아시아에서 벗어나 서구로 들어가다!)를 시도했으나, 결국 일본은 아시아와 같이 갈 수밖에 없다는 것을 인식하고 거대 아시아 담론인 대동아공영권을 구상했다.

다른 사례로는 러시아가 있다. 러시아는 ‘러시아가 아시아인지 유럽인지’에 관해 질문을 던져왔다. 러시아는 지리적으로는 아시아와 유럽에 걸쳐 있으며, 다수의 영토가 아시아 지역에 속해있지만, 서양의 일부가 되기를 희구해 왔다. 그러나 역사적 경험을 통해 서양 또한 정답이 아님을 깨달으며 러시아는 동서양의 중간자 혹은 독자적인 문명으로서 ‘러시아 이념(Russian Idea)’을 발전시켰다. 대표적으로 다닐렙스키는 세계 문명의 다중심주의(polycentrism of the world civilizations)에 입각한 모자이크적 세계관을 제기했다.

이처럼 하나의 국가도 여러 지역에 속할 수 있으며, 중층적인 멤버십 속에서 자기 행동이나 기여, 물적 자산의 투자 정도를 스스로 정할 수 있다. 지역의 중층성은 복합적 멤버십을 허용하며, 선택이 가져다주는 충돌의 문제가 첨예하게 나타날 가능성은 높지 않다. 그럼에도 동남아시아 국가들 사례에서 보

듯, 대륙부의 동남아시아와 해양부의 동남아시아 국가들 사이에서 입장 차이
가 발생할 때도 있다. 그러나 이를 충돌의 의미로 이해하기보다는 하나의 지
역을 형성하며 만들어내는 상호 조정의 과정으로 보는 것이 더 적합해 보인다.
지역은 자기 지역의 특성에 맞는 설계를 해나가며 지역 형성 과정에서 나타나
는 차이를 어떻게 조정할지의 문제가 중요하다.

그렇다고 해서 새로운 지역연구에 있어서 '국가'라는 단위가 중요하지 않
다는 것은 아니다. 새로운 지역연구는 국가도 지역의 한 형태로 파악하는 관
점을 견지한다. 지구정치를 구성하는 다양한 단위들은 세계 – 광역지역 – 국
가 – 지방(locale) 등과 같은 다양한 층위로 공존하고 있다. 네트워크로 구성된
광역지역이 있을 수 있고, 밀접한 상호의존에 기반한 인접한 초국경 소지역도
존재한다. 국가들이 연합하여 만든 지역기구 형태의 지역도 있을 수 있다. 이
처럼 세계를 구성하는 단위는 중층적이라는 사실과 다양한 규모로 다층적 수
준에서 다양한 조직 원리에 따라 구성되는 지역화 과정 및 그 작동 방식을 이
해하는 것이 필요하다.

예를 들어 중국과 러시아와 같은 비자유주의 내지 준(准)권위주의 체제에
서 상호작용하는 방식과 영미권의 상호작용 방식이 같을 수 있을까? 또한 리
히텐슈타인이나 바티칸과 같은 미니국가와 중국이나 러시아처럼 실질적으로
는 제국의 원리로 조직된 거대국가를 동일선상에서 이해할 수 있을까? 물론
국제법적으로는 동등한 국민국가이지만 실질적 영향력과 능력은 다르다는 점
을 분명하다. 그런데도 우리는 법적으로 동일한 지위를 가진 단위로서 국민국
가에 의해서만 세계가 구성되어 있다고 상정하면서, 다양한 층위와 범위 단위
의 존재 양식과 상호작용의 패턴을 무시해 왔다. 특히 현대 세계에는 세계의
여러 지역별로 상이한 상호작용의 행동 패턴이 존재하고 있으며, '지역'에 대
한 고려가 없다면 국제사회에는 강대국 중심의 힘의 정치(power politics)만 남
게 될 것이다. 따라서 새로운 사고방식이 요구된다.

물론 국제정치학을 비롯한 사회과학 전반에서 국가를 넘어서는 단위 개
념에 대한 논의가 진행되었다. 대표적으로 이용희의 '국제정치 권역', 헌팅턴

의 '문명', 부잔(Barry Buzan)의 '국제사회(international society)', 세계지역(world regions) 등 다양한 단위에 대한 천착이 이루어져 왔다. 이용희(2019)에 의하면 '권역'은 공동의 관념체계, 개념구조, 의식을 통해 행위가 정당화되고 통용되는 공간으로, 대표적으로 유교권, 이슬람권, 기독교권이 있다. 이 같은 권역은 정치공간으로 발전하게 되는데, 과거 동아시아에는 책봉(册封) 및 조공무역(朝貢貿易) 체계에 기반한 천하질서(天下秩序) 체제가 있었다. 유럽에서는 식민지 개척 이후 동아시아를 유럽의 질서에 편입된 식민지로 생각했지만, 전통 천하질서 하에서는 유럽을 외화(外化)된 오랑캐로 보았다. 동북아의 조공무역체계는 위계적 질서의 특성이 있었지만, 유럽이 펼친 식민지 속국 체제와는 판이했다. 1968년 자신의 동아시아 관련 저술에서 페어뱅크(John King Fairbank)는 이를 중국 중심의 '천하질서'로 소개했으나, 이용희는 1962년 자신의 국제정치학 저술에서 그것을 유교 '권역'으로 불렀다. 이처럼 몇 개의 권역으로 나뉘어 있던 세계가 하나의 원리가 통용되는 세계정치 차원으로 엮여나가는 것이 근대국제질서의 형성과 팽창 과정이었다. 그러나 21세기에 세계는 그 안에서 내부적으로 분열하며 '준(准)권역적 국제정치의 분열'을 다시 겪게 되었으며, 각각이 나름의 원리와 의미가 통용되는 공간을 만들어 나가고 있는 것이다.

그런 의미에서 지역통합과 관련된 노력이 각 지역에서 경주되고 있는 것은 이상한 일이 아니다. 가장 대표적인 지역통합 사례는 유럽연합(EU)일 것이다. 그러나 유럽에서만 지역통합 노력이 있었던 것은 아니며, 동남아시아의 아세안(ASEAN), 유라시아의 유라시아경제연합(EAEU), 중동의 이슬람협력국가기구(OIC) 등과 같은 다양한 지역주의적 노력을 하여 왔다. 한때 유럽의 통합 과정이 광역지역 형성의 유일한 모델처럼 이해되었지만, 아시아 지역의 통합 패턴은 유럽의 그것과 다른 방식으로 진행되면서 신지역주의(new regionalism) 논쟁이 일기도 했다. 분명한 것은 아세안 사례에서 알 수 있듯이 유럽연합과 다른 방식의 '아세안 방식(ASEAN Way)'으로 지역통합을 성취한 경험은 비서구 지역통합의 성공적 사례로 평가받으며 아시아의 지역주의를 추동하는 모델로 자리 잡고 있다. 특히 아세안은 타지역과 연계를 통하여 지역통합

프로세스를 좀 더 커다란 범위로 확장하는 노력을 기울여 왔다. 아세안과 한·중·일 3국을 엮는 ASEAN+3(APT)의 틀 속에서 동아시아 지역주의를 추동하였으며, 동남아시아와 남아시아를 연계하는 간지역주의적 노력도 진행 중이다. 이처럼 광역지역의 통합 시도는 21세기 들어 활발하게 진행되고 있는 현상이며, 아시아의 미래를 전망하는데 놓쳐서는 안 되는 중요한 현상으로 주목할 필요가 있다.

III. 지역 구성의 조직 원리와 주요 개념

전통적인 공간 인식의 문제점을 지적하고 이를 극복하려는 노력이 '공간적 전환(spatial turn)' 노력의 형태로 전개되었으며, 1980년대 이후 영토(territory), 장소(place), 스케일(scale) 그리고 네트워크(network)의 네 가지 개념과 이들 사이의 상호연관성에 주목하는 움직임으로 구체화되었다. 초기 연구들은 베스트팔렌 체제의 학문적 유산인 국가 영토와 주권의 결합에 도전했다. 이후 연구들은 스케일에 주목하여 1990년대 이후 초국적 자본의 등장과 국가 역할의 축소가 전통적인 세계, 국가, 지역, 지방 단위 관계에 미치는 영향을 관찰했다. 최근의 연구들은 네트워크로 인한 공간적 상호연결성 확대에 주목하고 있다. 대표적으로 아시아는 역사적으로 영토성이 중심적 '조직 원리(ordering principle)'로 작동한 지역이 아니며, 네트워크의 조직 원리가 작동해 온 지역이라는 주장이 있다(Duara, 2010). 이는 아시아가 내부의 파편성에도 불구하고 다른 조직 원리가 작동하는 지역이라는 조망을 가능하게 해주며, 이런 시각에서 아시아를 상정해보고 검토해볼 가능성을 열어준다.

이처럼 다양하게 존재하는 지역을 연구하기 위해서는 세계를 구성하는 다양한 층위를 지닌 단위로 지역을 설정하고, 이 층위와 현상의 관계를 정리하는 작업이 필요했다. 에드워드 소자(E. Soja, 1989)의 '공간과 비판사회이론'에 근거하여 밥 제숍(B. Jessop) 등은 국가와 공간의 문제를 제기하면서 국가의 공간과 영토성이 변화하지 않는다는 가정을 비판적으로 검토하고 탈공간화된 역사주의를 극복할 수 있음을 강조하였다(Jessop et al., 2008). 이를 위해 제솝 등은 장소(P: place), 영토(T: territory), 네트워크(N: network), 스케일(S: scale)의 상호연관성과 결합성에 주목하는 'PTNS 프레임워크'를 제시하였다. 이 프레임워크는 공간-사회적 관계(socio-spatial relations)를 설명하면서 전략-관계론적 접근(SRA: strategical-relational approach)을 기초로 하여 그 관계는 구조와 분석 단위 간 상호작용으로 구성되는 관계라는 점을 강조한다. 영토-공간-스케일-네트워크 프레임워크에 따르면 지역은 영토의 원칙 외에도 장소, 네트워크, 스케일 등 다른 조직 원리에 의해 구성될 수 있으며, 그 차이가 지역의 특성을 밝히는 데 유용하다.

'영토'는 경계로 구획된 배타적 공간이며, '장소'는 이슈와 관련된 행위자들이 상호작용하는 플랫폼이며, '스케일'은 상호작용의 범위가 지니는 가변성이다. '네트워크'는 경계가 아주 뚜렷하거나 분명하지 않은 연결의 덩어리이며, 망으로서 존재한다.

표 1 장소-영토-네트워크-스케일 프레임워크

사회공간적 관계의 차원	시회공간적 구조화의 원리	사회공간적 관계의 패턴
장소 (place)	접근성, 공간적 뿌리내림, 지역적 차별화	· 공간적 분업의 형성. · 중심과 주변 사이에 형성되는 수평적 사회관계의 차별화.
영토 (territory)	경계 획정, 울타리 치기, 구획화	· 내부/외부의 구분. · 영토 내부에 대한 외부의 구성적 역할의 중요성.
네트워크 (network)	상호연결성, 상호의존성, 횡단적 혹은 리좀 형의 차별화	· 결절점들 사이에 형성된 네트워크
스케일 (scale)	위계화, 수직화, 차별화	· 스케일 간 분업의 형성. · 지배적/결절적/주변적 스케일 사이에 형성된 위계적인 사회관계의 차별화. · 다중 스케일의 관점.

출처: Jessop et al.(2008)

대표적으로 베스트팔렌 체제 이후 형성된 근대국민국가는 확실한 경계로 이루어진 '영토'와 '주권'이라는 위계적 조직 원리가 결합하여 만들어진 단위이다. 그렇기 때문에 국경은 연속적 선으로 나타나며, 국경을 기준으로 엄격한 경계가 형성된다. 현재 우리는 국가 단위의 사고에 매우 익숙해 있다. 하지만 국가 또한 지역의 한 유형일 뿐이며, 국가 외에도 다양한 형태의 단위들이 있을 수 있다. 공간(space)을 구성해내는 원리와 질서를 조직하는 원리가 씨줄과 날줄처럼 만나서 상이한 단위를 형성한다.

우리에게 익숙한 영토 외에 상호작용의 장을 의미하는 장소는 꼭 국가와 관계될 필요가 없다. 시장은 국경을 넘어서는 장소의 일종이다. 또한 스케일은 위계와 층위로 나눠질 수 있는 조직 원리를 의미하며, 네트워크는 관계망을 통해 구현된다.

이처럼 국민국가의 구성 원리인 영토 외에도 장소, 스케일, 네트워크의 구성의 원리가 존재하며, 이들의 결합에 따라 지역은 다층적이고 다면적으로 구성될 수 있다. 즉 지역이 만들어지는 원리에는 '영토' 외에도 '장소', '네트워크', '스케일'이라는 원리가 세계를 구성하는 단위를 조직하는 원리로 작동하고 있다. 그리고 이러한 원리는 지역을 구성하는 다양한 요소인 공간과 권력, 의미와 담론, 경험과 제도들과 상호작용하며 다양한 지역을 구성하고 있다. 이런 단위에 대한 근본적인 생각의 변화는 세계에 대한 보다 포괄적이며 심층적인 이해를 가능하게 할 수 있을 것이다.

물론 영토, 장소, 스케일, 네트워크에 따른 연구는 네 가지 개념 중 하나의 차원에만 집중해 궁극적으로는 지역연구의 분석 단위를 좁히고 공간의 한 가지 측면에 지나치게 매몰시킬 수 있는 위험을 내포하고 있다는 비판에도 주의할 필요가 있다. 그러나 분명한 것은 지역을 구성하는 조직 원리가 다양하며, 이런 원리는 다양한 범위와 층위에서 작동하여 다양한 지역이 중층적으로 존재하도록 만드는 원리라는 점이다.

이처럼 지역은 유연하고 다양하며 다층적으로 구성되어 있다. 따라서 세계의 구성단위를 '국가'라고 상정하기보다 '지역'이라고 상정하는 것이 보편적 사고틀을 정립하는 데 더 기여할 수 있다. 이에 새로운 지역에 대한 인식을 확립하고 방법론을 개발할 필요성이 제기된다. 특히 우리는 메가지역(mega-region)에 더 주목할 필요가 있다. 21세기 들어 광역지역의 역내 교류 및 이동이 활발해지고 있으며, 다양한 형태의 지역주의 움직임이 진행되고 있기 때문이다. 그러나 지역별로 조직 원리를 실현해나가는 방식이 다를 수 있다는 점을 간과해서는 안 된다. 메가아시아(Mega-Asia)를 이해하기 위해서는 아시아에 속한 각 지역의 지역화 과정을 좀 더 연구할 필요가 있다. 그렇기에 메가아시아의 이해와 종합적 세계 이해의 틀의 확립을 위해 '비교지역연구(comparative regional studies)'를 발전시켜 나가야 할 필요성이 제기된다.

IV. 비교지역연구: 광역지역 연구에 대한 함의

1. 지역의 평가 기준

지역화 혹은 지역주의로 형성된 지역에 대해 어떻게 평가할 수 있는가? 앞서 살펴 본 바와 같이 랑겐호프(2011)는 지역을 포착하고 평가할 수 있는 개념적 도구로 지역격(regionhood), 지역성(regionness), 지역색(regionality)의 개념에 주목한바 있다. 지역은 어떠한 상호작용에 대해 이름을 붙여주는 '명명 행위(naming act)'에서 시작되며, 특정 범위를 하나의 지역으로 부르는 것이 이상하지 않은 지점을 넘을 때 그 지역은 지역격(지역다움)을 획득했다고 말할 수 있다. 이처럼 지역과 지역이 아닌 것을 구분하는 기준이 지역격이다. 한편 지역격을 얻게 된 단위가 그 내적 상호작용을 통하여 구체화한 응결성을 지역성이라 이해할 수 있는데, 역내 상호작용이 강화되고 제도적 응결성이 고도화되는 것을 지역성이 고도화된다고 한다.

대표적으로 국민국가는 고도의 지역성을 가진 지역의 일종이라 할 수 있다. 피터 카첸슈타인(Peter Katzenstein)이 언급한 '다공성의 지역(porous region)'도 지역성이 고도화되지 못한 단위로서의 지역을 지칭하는 용어로 이해할 수 있다. 지역성이 가장 고도화된 형태의 단위는 근대국민국가이지만, 최근 지역주의의 발전과 세계주의의 강화라는 새로운 변화의 동력에 의해 국민국가가 지닌 다공성(porousness)도 그 수위가 점차 증가하고 있다.

지역성의 정도는 크게 다섯 수준으로 나뉜다. 1단계 수준은 지역적 사회공간의 형성, 2단계 수준은 지역적 사회체제와 지역복합체 형성, 3단계 수준은 지역 국제사회의 형성이다. 지역 국제사회는 지역화 프로세스가 발전·강화된 곳이며, 국가를 제외한 비국가 행위자의 역할도 포함된다. 4단계 수준은 지역 공동체의 형성으로, 지역 공동체는 별개의 정체성을 지닌 능동적 주체로 볼 수 있다. 제도 및 체제에 의존하지만 아래로부터 자발적 동력에 의해 형성되며, 국경을 넘어서는 지역적 집단 정체성이 공유되고 발전된다. 5단계 수준은 '지역 국가(regionstate)' 형성으로, 국민국가와 동질적 수준의 단위이지만 주권의 측면에서 차이를 보일 수 있다. 권력이나 의사결정이 중앙 집중이 아니라 계서화된 형태를 띨 수 있다(Langenhove, 2011).

결국 지역은 행위자의 지역에 대한 위치설정(positioning), 지역으로서의 정체성 확립, 담론적 실천을 통해 형성되며, '지역화'를 거쳐 '지역성의 고도화' 과정을 통해 지역적 공간은 지역적 단위로서의 국가에까지 발달할 수 있다. 그리고 이러한 지역성의 고도화 과정에서 그 지역만이 지니는 특성, 즉 지역색이 발현되는 것이다. 사람마다 특성이 다르듯이 지역마다 특성이 다르며, 아시아와 유럽의 지역색 또한 다를 수 있다.

많은 사람이 종종 아시아에는 지역이 없다고 생각한다. 이는 '아시아'라는 이름의 시작과도 연관된다. 아시아는 서구가 명명한 상당히 피동적인 기원을 가진 개념이었으며, 수동성의 내재화된 결과로 정착되었다. 아시아를 우리 스스로 규정하기보다 규정당한 피동성으로 이해하는 데서 어려움이 있었다. 하지만 이 피동성은 능동적인 위치 설정과 담론적 실천을 통해 새로운 아시아 담론이 발전해 온 것도 사실이다. 동북아시아도 마찬가지로 하나의 지역이며, 지역성이 낮은 수준이기는 하지만 분명한 지역격을 가지고 있다. 그래서 지역격과 지역성의 구분이 필요하며, 지역성 고도화의 정도도 비교지역연구의 주요 규명 대상이 되어야 한다.

지역으로서 유럽과 동북아시아를 비교할 때 파악되는 차이는 지역격의 차이가 아니라 지역성 고도화의 차이다. 동북아시아가 유럽과 동일한 수준의 지역성을 갖지는 못했지만 그렇다고 동북아시아가 지역이 아니라고 보기는 힘들다. 동북아시아의 지역성 고도화 정도는 유럽보다는 낮은 수준일 수 있지만, 지역성이 고도화되어가는 방식이 반드시 유럽과 동일한 방식일 필요는 없다. 지역에 따라 지역성 고도화 전략이 달라질 수 있으며, 다른 전략을 취하게 만드는 특성을 지역색이라고 볼 수 있다. 동북아시아의 특성이 유럽의 지역성 고도화 전략과는 다른 경로를 선택하게 하는 것이다. 그러므로 유럽의 지역성 고도화 전략이 동북아시아에서도 동일하게 적용될 것이라고 상정할 이유는 없다. 그 방식이 무엇인지 면밀하게 관찰하여 거기에 기초한 지역주의 및 지역화 전략을 개발해 나가는 것이 지역성의 고도화를 위해 유리하다. 유럽과 다르기 때문에 안 된다는 생각이나 숙명론적 비관주의는 피해야 한다.

따라서 지역을 잘 이해하기 위해서는 '비교지역연구'의 시각이 요구된다. 비교지역의 시각에서 상이한 특색을 가진 지역들이 구성하는 세계에 대한 이해가 필요하다. 각 지역의 개별적 특성을 파악하는 데서 끝나는 것이 아니라, 지역에 대한 체계적 이해를 위해 지역격, 지역성, 지역색의 개념이 중요하다. 미래에는 '국민국가로 구성된 세계(a world of states)'가 아니라 '지역으로 구성된 세계(a world of regions)'가 될 수 있으며, 학자들 상당수가 지지하는 모델 중 하나가 이 지역으로 구성된 세계 모델이다. 이런 시각을 통해 세계를 더 보편적이고 유연하게 인지할 수 있을 것이다.

2. 지역화와 지역주의

지역 간 비교를 위해서는 지역성을 평가하는 기준이 필요하다. 지역이 어떻게 그 지역성을 고도화해 가는가에 관한 대표적인 설명으로 '지역화(regionalization)'와 '지역주의(regionalism)'에 대한 이해가 필요하다. 넓은 의미에서 지역화는 지역적 상호작용의 밀도가 증가하여 지역성이 고도화되는 모든 과정을 지칭한다. 그런데 이 과정은 그 추동력에 따라 '협의의 지역화'와 '지역주의'로 구분하기도 한다. 전자는 지역 내부적 상호작용이 아래로부터 지역적 상호작용을 추동하여 지역성을 고도화할 경우를 지칭하는 용어이고, 후자는 상위 정치가 주도하는 정치적 협상을 통해 위로부터 지역적 제도를 구축하려는 노력을 지칭한다. 따라서 전반적인 지역화 과정에는 아래로부터의 상호작용에 기반한 지역화와 위로부터의 지역주의에 의한 지역화가 다 포함된다. 전자는 한 분야에서의 협력이 다른 분야에서의 협력을 추동한다는 파급효과(spill-over effect)가 연성 이슈에서 상위의 정치로 파급 효과를 가져올 수 있다는 (신)기능주의적 발상과 관련이 깊다. 후자의 경우 지역주의가 위로부터만 추동된다고 말하기 어려운 점이 있으나, 지역주의의 주된 동력과 구상은 주로 위로부터 오는 경우가 많았던 것이 사실이다.

유럽이 대표적으로 지역주의의 기획으로 지역성을 고도화한 지역이다. 두 차례의 세계대전 이후 인간의 이성 및 도구적 합리성에 대한 반성과 비판적 합리성(critical rationality)을 회복하기 위한 노력이 진행되었다. 유럽은 전쟁을 예방하기 위해 국민국가를 넘어서 지역주의적인 접근법을 상상하기 시작했다. 유럽 통합의 아버지라고 불리는 장 모네(Jean Monnet)나 로베르 쉬망(Robert Schuman) 등을 필두로 유럽은 담론적 실천을 통해 정치적 기획으로서의 유럽 통합을 실천하였다. 이미 지역으로서의 인식, 즉 지역격을 가지고 있던 유럽은 이런 기획에 의한 지역주의적 동력을 통해 지역성을 고도화하게 된 것이다. 즉, 유럽의 지역화는 지역주의에 의해 추동된 대표적 사례라 볼 수 있다.

그러나 유럽의 통합을 설명하는 방식으로 다른 지역을 설명하는 데에는 한계가 있다. 그래서 신지역주의(new regionalism) 논의가 등장했다. 기존의 지역주의가 위로부터의 지역화에 주목했다면, 신지역주의는 아래에서의 자발적인 협력에 의한 지역화에 주목한다. 또한 지역주의가 인접한 국가와의 관계에만 주목했다면 신지역주의는 전(全)지구적 구조의 변화에 주목하며, 포괄적이고 다차원적인 결과를 중시한다(Hettne, 2003). 무엇보다 신지역주의는 지역화의 과정이 다양할 수 있음에 주목하고 있으며, 유럽과 아시아의 지역 형성 과정이 다를 수 있다고 본다.

아시아의 지역화 과정을 살펴보면, 위로부터의 지역주의와 제도 구축을 통한 지역화보다는 저변에서 국경을 넘나드는 상호작용의 밀도가 증대되는 가운데 진행된 특성을 보였다. 대륙부 아시아에서 보이는 계절노동자들의 이동, 셔틀 트레이더의 초국경 활동, 도시 간 이민과 교역의 네트워크 등이 추동하는 초국경 현상의 증대가 아시아 지역화의 특성이었음은 분명해 보인다. 이러한 상호작용을 기반으로 한 지역성 고도화 전략이 아시아 지역주의의 특색이다. 유럽이 지역통합을 위해 국가 주권의 일부를 제한했다면, 아시아에서는 주권을 인정하면서도 지역주의를 발전시킬 방법들을 모색해 왔다. 동남아시아의 시도가 나름의 성과를 보인 것이 대표적인 사실이다.

따라서 아시아에는 내부적 상호작용으로 시작된 동력에서 출발하여 점차 지역 간 연계에 의한 간지역주의(inter-regionalism) 기획을 통한 메가지역의 형성도 추동되고 있다는 점에서 유럽과는 차별화되는 지역화의 특색을 보인다. 동남아시아와 동북아시아가 동아시아를 구성하고, 남아시아와 중앙아시아를 연결하려는 노력은 점차 그 가시적 성과를 드러내고 있다. 이처럼 아시아는 유럽과는 다른 경로로 지역성을 고도화해 나가고 있으며, 지역성 고도화의 단일 경로는 존재하지 않음을 알 수 있게 되었다. 아시아와 유럽의 차이에서 볼 수 있듯, 지역별로 지역화 및 지역의 조직 원리 그리고 그 구체적인 과정은 다를 수 있음을 인지하고, 지역격, 지역성, 지역색 등의 개념을 중심으로 지역화 과정을 평가하여 비교지역연구의 결과를 축적해 나가야 할 것이다.

V. 맺음말

이상의 논의를 종합해 보면, 결국 '지역'이란 독자적인 정체성, 정당성, 의사결정 구조를 가진 역동적 주체로서 변화될 잠재력을 가진 단위이며, 소속감, 동질성 및 정체성을 바탕으로 사회적·역사적 과정과 사회적 실천(social practices)을 통하여 형성된 정치체와 같은 존재로 이해된다. 따라서 지역의 형성 과정은 크게 '담론적 실천'에 의해 명칭이 확산·공유되는 과정과 더불어 그것을 구성해 나가는 주체들 사이의 '상호작용의 제도화' 과정에 의해 결정된다.

지역은 담론에 선행해 존재하는 것이 아니라, 담론적 실천 속에서 명료한 지역다움을 획득해 가며 다양한 주체의 정치적 실천을 통하여 지역성을 고도화시켜감으로써 주체적 공간 단위를 형성하게 된다는 점에서 지역에 대한 이해를 시도하는 것이 적절해 보인다. 이러한 지역은 세계 공간을 구성하는 기본 단위이며, 그 내부에서 혹은 세계 공간을 통해 행위하는 상호작용의 특정한 방식으로 정의되어야 할 것이다(신범식, 2018).

이런 견지에서 볼 때, 근대적 영토성이 구현된 대표적 지역으로서 '국민국가(nation state)'는 영토성의 조직 원리가 지역 형성의 다양한 요소들을 조직하면서 탄생한 구성체의 한 유형이다. 즉 국가도 지역의 한 유형이라 할 수 있으며, 이는 영토라는 현상이 국가의 전유물이 아니라는 점을 보여준다. 따라서 '지역'이라는 개념적 단위는 훨씬 유연하게 다층적으로 정의될 수 있는 세계 구성의 단위로 인식될 수 있으며, 그 분석적 유용성을 더욱 개발해 나갈 필요가 있다. 특히 제솝 등(Jessop et al,, 2008)의 P − T − N − S 프레임워크에서 나타난 바와 같이 지역을 구성하는 원리의 다양성에 대한 이해는 최근 아시아의 지역주의를 규명하고 부상하는 메가아시아와 같은 네트워크적 지역에 관한 논의를 발전시킬 수 있는 유용성을 제공해 주고 있다. 초지역적 스케일의 관점에서 중국의 일대일로를 이해하려는 노력(Sum, 2018)은 이러한 확장된 지역 또는 메가지역 개념에 대한 논의와 관련하여 많은 시사점을 가지며, 이는 새로운 지역 개념의 연장선상에서 이해될 수 있다.

새로운 지역에 대한 이해는 21세기 세계의 변화와 그 구성에 대한 새로운 도전에 대응하기 위하여 다층성, 연계성, 이동성을 고려한 탈영토화 및 재영토화 과정을 포괄하는 지역에 대한 인식을 확립하고 방법론을 개발해 나갈 기반을 마련해 줄 수 있을 것으로 기대된다. 나아가 세계 구성을 이해하는 방법으로서의 지역연구에 대한 인식을 고양시킬 수도 있을 것이다. '지역'이 세계를 구성하는 단위라면, 지역연구는 우리가 사는 세계의 구성을 이해하기 위한 인식의 방법으로 이해되어야 한다. 세계의 구성단위로서 지역을 설정하고, 그에 대한 종합적 해석(translate)을 통하여 세계를 인식하는 수단으로서의 지역연구의 체계성을 강화하고 체제를 정비할 필요가 있다(신범식, 2021).

이처럼 지역은 다층적이며 유연한 '과정적 단위'로서 세계의 분석 단위로 충분한 잠재력을 가지고 있다고 할 수 있으며, 지역에 대한 비교연구를 통해 지역과 세계가 어떻게 해석되는지를 밝히는 이론 체계를 구축해 나가야 한다. 이러한 시도가 성공적일 경우 지역연구는 기존의 개별 국가나 하위 지방에 고착된 연구가 아니라 세계를 인식하는 수단으로서의 자기 정체성을 새롭게 구축할 수 있을 것이며, 이를 위해 '비교지역연구'의 체계를 정비하고 강화해 나갈 필요가 있다.

마지막으로, 비교지역연구 체계 구축의 필요성을 강조하는 것은 다른 어떤 것보다 현재의 세계를 보다 명확하게 이해하기 위함이다. 지구적 수준과 지역적 수준, 소지역적 수준별로 차이가 있고, 때로는 모순적이기까지 한 강대국의 행동과 결과를 기존의 제한된 국제정치학의 인식으로는 설명하기 힘들다. 따라서 비교지역연구를 통해 국제정치 개념의 지구적 수준과 지역적 수준을 구분하여 이해하고 양자를 종합적으로 이해하는 시각을 정립함으로써 한국이 경험하고 있는 국제정치의 다층적 본질을 이해하는 데 기여할 수 있을 것이며, 이를 바탕으로 유연하고 적절한 대응의 방법을 찾는 데에도 기여할 수 있을 것으로 기대된다(신범식, 2018: 231-232).

최근 중국이 부상함에 따라 미중 전략 경쟁이 세계질서를 주도하는 양상을 보인다. 미국과 중국이 소위 '편 가르기' 경쟁을 벌이면서 아시아가 미중 관계의 각축의 장이 되고 지역화가 쇠퇴하고 있다는 시각도 있다. 그러나 도리어 그렇기 때문에 편 가르기 경쟁을 완화하고 균형을 이루는 안전판으로서 지역에 주목할 필요성이 제기된다. 미중 간 각축은 역으로 하나의 강대국이 압도적으로 지역을 좌우할 수 없음을 방증한다고 볼 수도 있다. 강대국도 지역 국가들의 협력을 얻어야 한다는 점에서 일정 부분 행동에 제한이 있으며, 그런 의미에서 '지역'은 균형(balancing)의 작동 메커니즘으로 볼 수도 있을 것이다. 이는 그람시(Antonio Gramsci)의 표현을 빌리면 '강제와 동의의 변증법'으로서의 헤게모니에 대한 이해가 시사하듯이, 초강대국이라고 해서 강제적으로만 원하는 방향을 고집할 수 있는 것은 아니며, 지역 국가들의 동의가 있어야 안정적 헤게모니를 구축할 수 있음은 자명하다. 이런 관점에서 보면 미중 전략 경쟁 시대에도 지역의 중요성이 높아질 것이며, 아시아의 지역화는 '앞으로 어떻게, 어떤 지향을 가지고 발전해나갈 것인가'라는 미래지향적인 열린 질문으로 남아 있다.

참고문헌

다카야 요시카즈. 1993. "'지역'이란 무엇인가." 야노 토루 편, 아시아지역경제연구회 역. 『지역연구의 방법』. 전예원.

신범식. 2018. "비교지역연구 서설." 『한국 국제정치학, 미래 백년의 설계』. 서울: 사회평론.

______. 2021. "부상하는 메가아시아: 역사와 개념." 『아시아리뷰』 11권 2호.

이용희. 2019. 『일반국제정치학(상)』. 서울: 연암서가(원저: 1962).

전재성. 2011. 『동아시아 국제정치: 역사에서 이론으로』. 동아시아연구원(EAI).

Agnew, John. 1994. "The territorial trap: the geographical assumptions of international relations theory." *Review of international political economy*.

Beeson, Mark. 2005. "Rethinking regionalism: Europe and East Asia in comparative historical perspective." *Journal of European Public Policy* 12(6), 969–985.

Börzel, Tanja A. and Thomas Risse. 2019. "Grand theories of integration and the challenges of comparative regionalism." *Journal of European Public Policy* 26(8), 1231–1252.

Breslin, Shaun, and Glenn D. Hook, eds. 2002. *Microregionalism and World Order*. London: Palgrave Macmillan.

Breslin, Shaun, Christopher W. Hughes et al., ed. 2002. *New Regionalism in Global Political Economy*. London: Routledge Publication.

Duara, Prasenjit. 2010. "Asia Redux: Conceptualizing a Region for Our Time." *Journal of Asian Studies* 68(4), 963–983.

Fairbank, John King, ed. 1968. *The Chinese World Order: Traditional China's Foreign Relations*. Cambridge, Mass.: Harvard University Press.

Hameiri, Shahar. 2013. "Theorising regions through changes in statehood: rethinking the theory and method of comparative regionalism." *Review of International Studies* 39(2), 313–335.

Hettne, Björn. 2003. "The new regionalism revisited." *Theories of New Regionalism*. London: Palgrave Macmillan.

Jessop, Bob et al. 2008. "Theorizing Socio-spatial Relations." *Society and Spance* 26, 389-401.

Katzenstein, Peter. 2005. *A World of Regions: Asia and Europe in the American Imperium*. Cornell University Press.

Langenhove, Luk Van. 2011. *Building Regions: The Regionalization of World Order*. Ashgate.

Lombaerde, Philippe De., Fredrik Söderbaum, Luk Van Langenhove, and Francis Baert. 2010. "The problem of comparison in comparative." *Review of International Studies* 36, 731-753.

Mattheis, Frank. 2017. "Repositioning Europe in the study of regions: comparative regionalism, interregionalism and decentered regionalism." *Journal of European Integration* 39(4), 477-482.

Skocpol, Theda and Margaret Somers. 1980. "The Uses of Comparative History in Macro-social Inquiry," *Comparative Studies in History and Society* 22, 174-197.

Söderbaum, Fredrik. 2003. "Introduction: theories of new regionalism." *Theories of New Regionalism*. London: Palgrave Macmillan. 1-21.

______________. 2015. "Early, old, new and comparative regionalism: The scholarly development of the field." *KFG Working Paper Series* No. 64, Freie Universität Berlin.

Väyrynen, Raimo. 2003. "Regionalism: old and new." *International Studies Review* 5(1), 25-51.

Warleigh..Lack, Alex, and Luk Van Langenhove. 2010. "Rethinking EU studies: the contribution of comparative regionalism." *European integration* 32(6), 541-562.

Warleigh-Lack, Alex. 2006. "Towards and Conceptual Framework for Regionalisation: Bridging 'New Regionalism' and 'Integration Theory'." *Review of International Political Economy* 13(5), 750-771.

Yeo, Lay Hwee. "Institutional regionalism versus networked regionalism: Europe and Asia compared." *International Politics* 47(3), 324–337.

제3장

유럽에서 바라본 '아시아'와 '오리엔트'

고일홍 · 조민재 (서울대학교 아시아연구소 HK 연구교수)

I. 들어가며

'아시아(Asia)'와 '오리엔트(Orient)'는 둘 다 유럽인들이 타자(他者)를 바라보며 만든 개념이다. 이 중 '아시아'는 오늘날 아시아인에 의해 능동적으로 수용되고 재생산되는 반면, '오리엔트'는 그 생명력을 잃게 되었다. 그렇다면 왜 '아시아'이고 '오리엔트'는 아닌가? 이 질문에 답하기 위해 각 개념의 기원을 추적하고, 그 대상과 함의의 역사적 변천 과정을 추적할 필요가 있다.

II. 지리적 개념으로서의 '아시아'

'아시아'는 처음부터 장소를 나타내는 용어로 사용되었다(〈상자 글 1〉 참고). 기원전 8세기의 고대 그리스 시인 호메로스(Homeros)가 쓴 것으로 추정되는 『일리아스(Illias)』나 그 뒤를 이어 활동했던 헤시오도스(Hesiods), 사포(Sappho),

상자 글 1

'Asia'는 고대 그리스어의 'Ᾰσῐᾱ(Asĭā)'에서 유래되었는데, Ᾰσῐᾱ의 어원에 대해서는 다양한 학설이 존재한다. '동쪽', '해가 뜨는 땅'을 의미하는 아카드어 'aṣu(𒀀𒍣)'에서 비롯되었다는 견해, 북서부 아나톨리아 지역을 지칭하는 히타이트어 'Aššuwa(𒀸𒋗𒉿)'에서 비롯되었다는 견해, 아나톨리아 토착 지명에서 유래되었다는 견해 등이 존재한다.[1]

밈네르모스(Mimnermos)의 시가(詩歌)에는 훗날 '소아시아(Asia Minor)'라고 불리게 될 지역을 지칭하는 용어로 '아시아'가 등장한다. '대륙으로서의 아시아' 인식이 반영된 가장 오래된 현존(現存) 기록은 기원전 5세기의 역사가 헤로도토스(Herodotos)가 쓴 『역사(Histories)』로 널리 알려져 있다. 하지만 그에 앞서 헤카타이오스(Hekataeos)와 아이스킬로스(Aeschylos)가 활동했을 당시에도 아시아를 대륙으로 인식하는 관점은 이미 존재했다(Macale & Mari, 2017: 10).

　헤로도토스는 『역사』에서 기존의 세계 지도를 비판하며 아시아를 언급하였는데(4.36–44), 그 비판의 핵심은 아시아 대륙이—그가 생각하기에 사실은 더 작은데—유럽 대륙과 같은 크기로 그려졌다는 점이다(〈상자 글 2〉 참고). 헤로도토스가 이와 같은 비판을 제기한 이유는 그가 생각하기에 아시아 대륙의 범위는 당시 페르시아 제국의 영역보다 조금만 더 컸을 뿐이기 때문이다. 즉, 페르시아 제국의 남쪽 경계를 넘어서 아라비아반도가 연장된다는 사실은 알고 있었으나, 그곳을 아시아로 인식하지는 않았다. 또한 아시아 대륙 남쪽으로 바다가 존재하며, 그 바다가 인더스강 하구까지 연결된다고 알고 있었으나, 인

1　Concise dictionary of place names

https://www.oxfordreference.com/view/10.1093/acref/9780199580897.001.0001/acref-9780199580897-e-435?rskey=JZFCqJ&result=1

상자 글 2

"이때까지 이미 많은 사람이 세계 지도를 그렸지만, 나는 그 모든 지도의 불합리성에 실소를 금할 수 없다. 이 사람들은 육지가 마치 컴퍼스로 그린 것 같이 완전한 원형을 이루고 그 주위를 오케아노스가 흐르고 있는 것처럼 지도를 그리고, 아시아와 유럽을 똑같은 크기로 만들어 놓고 있다." 헤로도토스(2001: 389)

도까지만 사람이 사는 지역으로 보고 그 동쪽 너머로는 사막과 알 수 없는 땅이 펼쳐진다고 인식했다. 헤로도토스는 페르시아 제국을 지칭하기 위해 종종 '아시아 대륙'이라는 용어를 사용하기도 했다. 이처럼 아시아와 페르시아를 동일하게 사용한 용례는 아이스킬로스의 『페르시아인(Persians)』에게서도 보인다(Kaplan 1999, 225 – 228).

그렇다면 헤로도토스가 아시아 대륙을 이처럼 축소해서 인식했던 이유는 무엇인가? 사실 헤로도토스는 아시아의 범위를 축소하고자 했던 것이 아니라 페르시아의 범위를 확대하여 궁극적으로는 그리스의 위대함을 강조하고자 했던 것이다. 익히 알려져 있듯이, 『역사』의 핵심 내용 중 하나가 바로 그리스 연합군이 다리우스(Darius) 1세와 크세르크세스(Xerxes) 1세가 이끄는 아케메네스(Achaemenes) 제국의 군대에 참혹한 패배를 안겨준 그리스 – 페르시아 전쟁에 관해 기술(記述)하는 대목이다. 결국 헤로도토스는 그리스 승리의 위대함을 부각시키기 위해 페르시아의 위대함을 강조하고자 했고, 그 일환으로 페르시아가 곧 아시아라는 관점을 도입했다(Kaplan, 1999: 15).

헤로도토스가 아시아 대륙에 대해 기록한 내용을 보면 '그들(페르시아/아시아)'과 '우리(그리스)'의 다름을 강조하고자 했던 의도가 엿보인다. 예를 들어, 유럽 대륙과 아시아 대륙의 경계에 대해 매우 구체적으로 기술하고 있다. 또한 인도에 관해서는 그 영역의 방대함, 인구의 거대함, 넘쳐나는 부 등에 대해 언급하면서, 한편으로는 인도 주민의 '역겨울 정도의 야만적 상태'에 대해서도 전하고 있다(Kaplan, 1999: 279). 그러나 명심해야 할 것은 헤로도토스가 아시아 대륙에 거주하는 집단들의 다양함에 대해 인지하였다는 점이다. 또한 아시아 대륙을 '타자'이기는 하지만, '유일한 타자'가 아니라 '여러 타자 중 하나로'로 인식하였는 것이다.

고대 그리스인들이 아시아를 이처럼 하나의 지리적 단위로 여겼다는 사실은 에포로스(Ephorus)가 집필한 그리스 보편사인 『역사』를 통해서도 알 수 있다. 29권에 달하는 그의 보편사는 단편적으로만 전해지는데, 제4권에서는 유럽의 지리, 제5권에서는 아시아의 지리가 다루어졌다고 한다(Schepens, 1977). 한편, 헤로도토스 이후로는 그리스인들이 인식한 아시아 대륙의 지리적 범위가 확장되었다. 크테시아스(Ctesias)는 헤로도토스의 잘못된 지리적 정보를 비판할 목적으로 『페르시카(Persica)』와 『인디카(Indica)』를 집필하였는데, 후자의 내용을 보면 인도의 지리적 범위가 확장되었음을 알 수 있다. 다만, 인도에 대한 묘사는 사실보다는 상상에 기반한 측면이 많았다. 이후 알렉산드로스(Alexandros) 대왕의 원정을 통해 인도에 대해 더 많은 정보를 확보하기는 했으나, 여전히 '인도'의 범위는 인더스강 주변으로 한정되어 있었다(Kaplan, 1999: 182).

고대 그리스 저술가들에 의해 사용된 대륙으로서의 아시아 개념은 로마 시대에 들어와 학문적 저술에서도 여전히 사용되었다. 로마 최초의 지리학자로 알려진 폼포니우스 멜라(Pomponius Mela)는 현존하는 유일한 라틴어 지리지인 『세계 묘사(De situ orbis)』에서 지구상에서 사람이 사는 곳이 아시아, 유럽, 아프리카 대륙으로 구성된 것으로 규정했다(Romer, 1998: 36-38). 기원후 2세기에 활동했던 지리학·천문학·수학자인 프톨레마이오스(Ptolemaeos)는 여덟 권으로 구성된 방대한 저작인 『지리학 안내서(Geographike hyphegesis)』에서 당시 그리스-로마 세계가 인식했던 세상 전체에 대해 경위도가 표시된 구체적인 지도를 제시하였다. 대륙으로는 아시아, 유럽, 리비아가 표시되었다. 이러한 프톨레마이오스 지리학의 영향력은 로마 세계는 물론 르네상스 시대에까지 이어졌다(Strang, 1998). 또한, 老 플리니우스(Pliny the Elder)도『자연학(Historia Naturalis)』에서 아시아에 대해 언급하였다(6.38).[2] 특히 그가 아시아를 추상적인 개념이 아니라 물리적 실체를 가진 공간이자 대륙으로 인식하였음은 다음과 같은 구절을 통해 알 수 있다: 유럽은 아시아보다 크다고 여겨지는데, 더 큰 정도가 아시아의 절반보다 약간 작고 아프리카보다도 큰데, 아프리카의 1과 1/6만큼 더 크다.

한편, 老 플리니우스는 히말라야산맥 너머의 중앙아시아에 거주하는 빨간 머리색과 파란 눈을 가진 '중국인'에 대해 언급한 바 있다. 흥미롭게도 이러한 중국인에 대한 언급은 아우구스투스 시대의 문헌에서부터 등장했다고 한다(Lieberman, 1957: 174). 이는 로마 제국이 머나먼 동쪽 지역들과 교류하고, 그에 따라 아시아 대륙에 대해 더 많은 정보를 얻게 되면서 로마인들이 인식한 아시아 대륙의 지리적 범위가 더욱 넓어졌음을 입증한다. 당시 중국을 일컬었던 라틴어 명칭 '세리카(Serica)', '세레스(Seres)'는 기원전 1세기부터 베르길리우스(Vergilius), 호라티우스(Horatius), 스트라본(Strabon)과 같은 로마 저술가들의 저작에도 등장한다.

로마 제국 시대에는 아시아가 유럽과 더불어 각각 로마 제국의 동부 지역과 서부 지역을 지칭하는 일상적인 용어로 사용되기도 했다(Lewis & Wigen, 1997: 23). 또한 로마의 군사행정 맥락에서는 아시아가 곧 로마의 제국 주(州) 중 하나인 '프로빈키아 아시아(provincia Asia)'를 의미하였다. 프로빈키아 아시아의 범위와 대체로 일치하는 것이 바로 '소아시아'의 범위이다. 소아시아라는 용어는 오로시우스(Orosius)의 저작『이교도 반박을 위한 7권의 역사서(Historiarum adversus paganos libri septem)』에서 처음 사용되었다고 한다. 기원후 4세기에 로마인들을 기독교로 개종시키기 위해 노력했던 오로시우스는 대륙으로서의 아시아에 대해 인지하고 있었으며, 아시아 대륙에 속한 지역 중

---

2 www.perseus.tufts.edu/hopper/text?doc=Perseus%3Atext%3A1999.02.0137%3A-book%3D6%3Achapter%3D38

에서 사도바울이 기독교로 개종시킨 곳(예를 들면, 에페수스나 갈라티아)을 구분하기 위해 '소아시아'라는 개념을 창안했다(Friedman & Figg, 2002: 462).

세계를 아시아, 유럽, 아프리카 대륙으로 나눈 그리스의 지리학적 전통은 중세 유럽 초기까지 계승되었다. 히에로니무스(Hieronymus, c. 347-420)는 노아가 그의 아들인 셈(Shem), 함(Ham), 야벳(Japheth)에게 각각 세계의 1/3씩을 나누어 주었다고 하며, 그 영역이 아시아, 아프리카, 유럽에 대응하는 것으로 보았다. T-O 지도에 반영된 세계관의 근간을 제공한 세비야의 이시도르(Isidore of Seville)도 비슷한 생각을 하였다. 그러다가 카롤루스 제국 시대에 들어서면서 그리스 지리학의 인식틀이 점차 퇴색하며, 일상적인 맥락에서는 유럽이 흔히 프랑크족이 거주하는 지역을 지칭하는 용어로 사용되기에 이르렀다(Lewis & Wigen, 1997: 23). 그 이후부터는 대륙으로서의 아시아, 유럽, 아프리카에 대한 인식은 대체로 지리학자들에 의해서만 그 명맥이 유지되었다. 이것을 잘 보여주는 것이 바로 T-O 지도이다.

T-O 지도는 세계를 아시아, 유럽, 아프리카로 구분한 중세 지도이다. 여기에서 각 지역 단위는 실제 지역을 반영하기보다는 관념적 개념으로 이해할 수 있다. 세 개의 대륙은 'T'자 형태로 배치된 강들에 의해 구분되어 있다(〈그림-1〉 참고). 이러한 'T'는 기독교의 십자가를 상징하는 것으로, 중요한 종교적 의미를 내포한다. 예루살렘이 세계의 중심에 놓여 있는 이 지도에서 대륙 주변으로 바다가 'O'자 형태로 돌아가고 있는데, 여기에

그림 1   중세시대의 T-O 지도

지상을 나타내는 원 안의 부분에는 상단에 'Asia', 하단에 'Europa'와 'Africa'가 표시되어 있다. 천체를 나타내는 원 밖의 부분에는 상단에 'Oriens', 하단에 'Occidens'가 표시되어 있다. 출처: 이시도루스의 『어원학』 초판, https://en.wikipedia.org/wiki/T_and_O_map#/media/File:T_and_O_map_Guntherus_Ziner_1472.jpg

는 세상이 물로 둘러싸여 있다는 중세적 세계관이 엿보인다(Woodward, 1987: 299-300). 이와 같은 T-O 지도에 반영된 세계는 7세기의 학자 세비야의 이시도르가 『어원학(Etymologiae)』에서 묘사했던 것과 동일하다. 이 저술에서 이시도르는 지구를 세 부분으로 나눌 수 있다고 하며, 그중 하나인 아시아는 나일강에 의해 이집트와 함께 리비아로부터 구분되며, 남동쪽에서 북쪽으로 이어진다고 묘사하고 있다(Williams, 1997: 13). 참고로 T-O 지도에서 아시아의 크기를 유럽, 아프리카의 두 배로 표현한 것은 성 아우구스티누스 이후부터 정착된 각 대륙의 크기에 대한 인식이 반영된 결과이다(Mauntel et al., 2019: 311).

르네상스 이후 그리스·로마 지식 전통이 재발견되면서 일반인들 사이에서도 세계를 아시아, 유럽, 아프리카 대륙으로 보는 관점이 부활하였다. 한편, 오토만 제국의 확장으로 한때 아시아 대륙의 일부 지역까지 포함했던 기독교 세계의 범위가 축소되면서 어느 순간 축소된 기독교 세계의 범위가 유럽 대륙의 범위와 대체로 일치하게 되었다. 그 결과, 15세기경부터는 보스포루스 해협 이서의 기독교인들이 자신들을 스스로 '유럽인'이라고 부르기 시작하였다(Skorgen, 2014). 가령 1459년에 열린 만투아 공의회(Council of Mantua)에서 교황 비오(Pius) Ⅱ세는 "신의 도움으로 튀르크를 유럽에서 떼어내어야 한다"고 설파했다. 그 이후 16세기부터 18세기까지는 '유럽'과 '기독교 세계'가 동일한 개념으로 사용되었다. 이로써 기독교인들이 사는 대륙으로서의 아시아 개념이 다시 일상적으로 공유되기에 이르렀고, 그에 따라 대륙으로서의 유럽, 아프리카 개념 역시 그렇게 되었다.

흥미로운 것은 지리상의 발견으로 아메리카 대륙의 존재를 알게 된 이후에도 세계가 세 개의 대륙으로만 구성되었다고 보는 관점이 한동안 유지되었다는 사실이다(Lewis & Wigen, 1997: 25). 그러다가 다섯 개의 대륙에 대한 인식이 차차 정착되었는데, 이 같은 다섯 개 대륙의 지리학적 틀 속에서 아시아의 개념은 이후 마테오 리치(Matteo Ricci)의 지도나 알레니(Aleni, 艾儒略)의 『직방외기(職方外紀)』를 통해 중국으로 전달되었다.

III. 역사문화적 개념으로서의 '오리엔트'

고대 그리스 시대부터 지리적 개념으로 정착된 '아시아'와 달리, '오리엔트'는 그 공간적 범위가 객관적으로 규정될 수 있는 실체가 아니라 해가 뜨는 방향인 동쪽을 나타내는 방위명으로서 천문학적 개념이었다. 지도상에서 오리엔트를 땅이 아닌 하늘에 표시했다는 사실이 이를 잘 보여준다(안재원 개인 교신).

고대 그리스·로마 시대만 하더라고 오리엔트는 지중해를 중심으로 형성된 공통의 경제−문화 권역의 '동쪽'을 지칭하는 개념에 불과했다. 일각에서는 헤로도토스의 『역사』에 등장하는 페르시아에 관한 기록들에서부터—혹은 심지어 호메로스의 시가 이전부터—'타자로서의 오리엔트'에 대한 인식을 찾아내기도 한다(Said, 1978: 11). 물론 헤로도토스와 그 이후의 그리스·로마 저술가들은 동쪽에 거주하는 종족들의 야만성에 대해 언급하면서 자신들의 문명화된 모습을 강조하기도 했다. 하지만 그들이 서쪽의 켈트족에 대해서도 동일한 방식으로 타자화시켰음을 명심할 필요가 있다. 즉, 고대 그리스·로마 시대만 하더라도 오리엔트의 집단들과 문화들은 '우리'와 '다른' 것이기는 했으나, 그 다름을 기반으로 유럽의 문명들이 자기 정체성을 규정했던 것은 아니다.

서기 7~8세기 동안 이슬람의 범위가 급격하게 확장되면서 '이슬람 세계'를 곧 '오리엔트'로 볼 수 있는 기반이 형성되었다. 그리고 기원후 11세기부터

상자 글 3

'Orient'는 라틴어 'óïns'에서 유래되었는데, 이는 '떠오른다'라는 의미를 지닌 'óriens'로부터 파생된 단어이다. óriens는 그보다 앞서 사용되었던 그리스어 'ἀνατολή'에 대응하는 개념으로, 두 단어 모두 해가 떠오르는 방향, 즉 동쪽을 가리키기 위해 사용되었다.(서희정, 2020: 134)

약 200년 동안 십자군 전쟁이 일어나면서 유럽은 다양한 통로들을 통해 이러한 '이슬람 세계로서의 오리엔트'를 접하게 되었다. 이 과정에서 유럽인들은 이슬람 세계와의 다름을 기반으로 자기 정체성을 규정하기도 했을 것이다. 그러나 중세 유럽인들의 이슬람 세계에 대한 인식이 사이드가 주장한 것처럼 평면적이지만은 않았다. 다시 말해, 그들을 비도덕적인 이교도 집단으로 '공포, 절망, 증오의 대상이 되는 악마와 같은 야만인'을 상징하는 것으로만 보지는 않았다. 중세 유럽인들은 다양한 통로를 통해 이슬람 세계의 문물을 접하고, 또한 전쟁이나 그 외의 목적으로 이슬람 세계를 직접 경험하면서 그곳에 대해 상당히 사실적이고 다각적인 이해를 확보했다는 것이 중세시대 역사·문학 연구자들의 관점이다(Pick, 1999: 267).

한편, 13세기부터 유럽인들이 경험하게 된 오리엔트의 범위는 몽고, 중국, 인도, 스리랑카, 그리고 동남아시아의 여러 지역으로 확장되었다. 그런데 이 지역들에 대한 당시 유럽인들의 저술을 보면 이러한 타자에 대해 사실적이고 다각적으로 인식하였음을 알 수 있다(Blanks, 2019). 물론 백과사전적으로 지식을 수집하거나 지도를 제작하는 일부 중세 지식인들은 오리엔트에 대한 규정을 시도하기도 했으나, 그것이 '옥시덴트'와 이분법적 관계를 맺고 있는 개념은 아니었음을 명심할 필요가 있다.

중세시대에 '오리엔트' 개념이 사용되었다고 그것이 사이드가 말한 '구분을 하고자 하는 방식으로서의 오리엔탈리즘'의 존재를 입증하는 것이 아님은 앞서 언급한 중세시대 T-O 지도의 사례를 통해 알 수 있다(《그림 1》). T-O 지도에는 세 개의 대륙과 그 외곽으로 네 개의 방위 혹은 바람을 나타내는 '옥시덴스(Occidens)', '오리엔스(Oriens)', '셉텐트리오(Septentrio)', '메리디에스(Meridies)'가 배치되어 있다. 흥미롭게도 오리엔스는 아시아에 대응되지만, 옥시덴스는 유럽과 아프리카 대륙 쪽으로 배치되어 있다. 즉, 중세시대에 설령 '하나의 균질적인 오리엔트' 개념이 존재했을지라도 그것이 '하나의 균질적인 옥시덴트' 개념과 이분법적 관계에 있지 않았음을 알 수 있다(Philips, 2014: 18).

사실 이슬람 세계와 대면하는 과정에서 유럽이 오리엔트를 대상화했다기보다는 오리엔트에 대한 학문적 관심(이것이 사이드가 말한 '학문적 오리엔탈리즘'이 되겠다)을 키웠다고 보는 것이 더 적절할 듯하다. 즉, 사이드는 1312년에 열린 빈 공의회(Council of Vienne)에서 옥스퍼드, 볼로냐, 아비뇽, 살라망카 대학들에 아랍어, 그리스어, 히브리어, 시리아어 교수 자리가 만들어지면서 '학문적 오리엔탈리즘'이 시작되었다고 보았다. 하지만 제2차 십자군 전쟁을 후원했던 클루니의 수도원장 가경자(可敬者) 피터(Peter the Venerable)가 코란을 비롯한 다양한 이슬람 문헌에 대한 번역을 지원한 사실이나, 레콩키스타 활동에 적극적으로 참여했던 톨레도의 로드리고 히메네즈 데 라다(Rodrigo Jiménez de Rada) 주교의 성당에서 아베로에스(Averroes)의 저술에 대한 번역 작업이 진행되고 있었음을 기억할 필요가 있다(Pick, 1999: 269).

그렇다면 계몽주의 시기에 접어들어 '오리엔트'는 어떻게 인식되었는가? 오리엔트를 '사치스럽고, 퇴폐적이고, 부패하고, 여성적'으로 보는 시각이 계몽주의 사상과 궤를 같이하며 등장했다. 그런데 여기에서 오리엔트는 주로 중동지역의 이슬람 세계에 국한되었던 만큼, 오리엔트를 구성했던 그 외의 지역들(대표적으로 중국과 인도)에 대한 인식이 계몽주의 시대부터 어떻게 전개되어 나갔는지를 살펴볼 필요가 있다.

15세기 이후 대항해 시대가 열리면서 유럽인들은 남아시아, 동아시아로 본격적으로 진출하기 시작했다. 또한 16~17세기에는 예수회 신부들의 중국, 인도, 일본 진출이 활발히 진행되었다. 이와 같은 경로를 통해 중국으로 대변되는 오리엔트의 문화나 사상에 대한 구체적인 정보가 처음으로 유럽으로 전달되었는데, 이를 잘 잘 보여주는 것이 『바티칸 도서관 동방 언어 선교 필사본 목록(Catalogus Codicum MMSS Linguarum Orientalium Vaticanae Bibliothecae)』이다. 1686년에 바티칸 도서관에서 출간된 이 목록은 동방 12개 언어권에서의 선교를 위해 이용·수집되었던 도서들을 목록화한 결과물로, 당시 가톨릭 교회의 동방 인식과 선교전략을 잘 반영하고 있다(김광호, 2022).

예수회 신부들은 르네상스의 인본주의 사상 속에서 탄생한 지식인이기도 했기에 이들은 중국 문명과 유교 철학을 높이 평가하였다(Clarke, 1997: 40).

특히 유교 경전 중 일부는 라틴어로 번역 출간하였으며(안재원·문수정, 2018),
17세기 후반 유럽 지식인들 사이에 회자되어 계몽주의 담론에 영향을 주었다.
예를 들어 볼테르(Voltaire), 디드로(Diderot) 등은 중국의 철학, 국가 운영 체
계, 교육 체계에 깊은 관심을 보였으며, 중국의 사례에 비추어 당시 유럽이 가
진 철학적, 제도적 문제들에 대한 반성과 더불어 도덕적, 정치적 개혁에 대한
필요성을 강조하였다(Clarke, 1997: 42). 프랑스와 달리 영국에서는 중국의 미
학이 르네상스의 고전주의 미학에 대한 하나의 대안으로 영향을 끼치게 되었
다. 대표적으로, 영국인들은 중국 정원의 영향을 받아 그들의 취향에 더욱 맞
는 자연주의적, 낭만주의적인 정원을 디자인하였다(Clarke, 1997: 51).

그러나 18세기 중반 이후 중국에서 기독교 선교사들이 퇴출당하고 대영
제국에서 파견한 조지 매카트니(George Macartney) 특사단이나 윌리엄 피트
애머스트(William Pitt Amherst)가 굴욕적인 대우를 받고, 폼페이 유적의 발굴로
헬레니즘 문화가 다시금 유행하게 되면서 중국에 대한 호의적인 시각은 쇠퇴
하였다. 그러면서 중국의 국가 운영이 억압에 입각한 것이며, 오리엔트에서는
정치적 자유가 존재하지 않는다는 몽테스키외(Montesquieu)의 시각이나, 중
국 문명 역시 퇴폐적인 문명의 사례로 '숭고한 야만인(the noble savage)'의 자
연스러움이 부재한 대상으로 보는 관점이 대두되었다(Clarke, 1997: 52–54). 그
결과 19세기에 이르러 중국은 서양에서 철학적 관심을 받지 못하게 되었으며,
오히려 멸시와 인종차별적 태도의 대상이 되었다.

19세기에 들어 형성된 중국에 대한 부정적인 시각은 당시 중국으로 유입
되고 서구 세계 내 중국 담론을 이끌었던 집단과 관련이 있는데, 그들이 바로
영미 기독교 선교사 집단이었다. 영미 기독교 선교사들이 경험한 19세기 중국
은 예수회 선교사들이 경험한 16세기 중국과는 매우 달랐다. 중국은 서구 세
계와 비교해 기술적, 제도적으로 낙후되어 있었으며, 이러한 상황은 기독교의
선민의식과 맞물려 중국을 폄하하는 시각을 재생산하였다. 이러한 시각은 영
문 월간지『차이니즈 리포지터리(The Chinese Repository)』를 통해 서구 독자들
에게 전달되었다. 또한 중국 내에서는 현지 언어에 능통한 선교사들이 통역의

역할도 흔하게 담당했기 때문에 이들의 시각은 서양인 집단과 중국인 집단의 관계 맺음에 깊이 스며들게 되었다(Jin, 2019).

한편, 인도에 대한 서구의 시각은 이와는 다른 방식으로 전개되었다. 인도에 대한 정보 역시 예수회 수도사들을 통해 계몽주의 시대에 유럽으로 전달되었다. 인도에 대한 유럽인들의 관심은 17세기부터 본격적으로 시작되었고, 18세기 후반에 이르러서 유럽 지식인 사회 내에서 인도의 힌두교 등에 대한 논의가 진행되었다. 하지만 이처럼 인도에 대한 지식인들의 호기심이 발동되었을지라도 대부분의 유럽인은 인도에 대해 조롱하거나 혐오하는 입장을 취하였다. 이는 수티(suttee)와 같은 풍습이나 인도의 신비주의 전통이 유럽의 계몽주의 사상과 부합하지 않았기 때문이다(Clarke, 1997: 54).

그런 상황에서도 인도에 대한 학문적인 관심은 지속되었으며, 크게 두 개의 가지로 뻗어나갔다. 하나는 18세기 후반부터 동인도 회사의 후원으로 진행된 영국인들의 활동이다. 그 일환으로 왕립아시아학회(Royal Asiatic Society)의 전신인 벵골 아시아학회(Asiatick Society of Bengal)가 설립되었다. 또 하나는 독일 낭만주의 전통 속에서 진행된 인도 문학과 사상에 관한 관심이다. 두 가지 경우 모두 학문적 관심이 인도의 문화에 대한 순수한 호기심에서 나왔다기보다는 당시 유럽인들의 욕구 충족을 위해 발동된 것이라고 볼 수 있다. 즉, 동인도 회사와 영국인들은 식민지 경영의 일환으로 오리엔트(산스크리트) 문헌 연구를 수행했던 것이고, 이성주의에 반대하는 입장을 취했던 독일 낭만주의자들은 '반이성주의적' 요소들이 다분하다고 본 오리엔트(인도)의 문화에 매료되었던 것이다(Clarke, 1997: 61 -67).

비스와나탄(Viswanathan)에 의하면, 18세기 중반부터 19세기 전반까지 동인도 회사는 크게 세 가지 식민지 경영 전략을 구사하였다(Viswanathan, 1988). 이 중 첫 번째가 오리엔트를 심층적으로 연구하는 전략이었는데, 이는 인도 민중들의 삶에 최대한 급격한 변화를 주지 않음으로써 반란의 가능성을 최소화하기 위함이었다고 한다. 이를 위해 동인도 회사는 특히 번역 작업을 장려하였고, 이것으로부터 인도학의 다양한 학문적 성과들이 파생되었다

(Larocque, E., 2011: 33 – 34). 이렇듯 인도의 식민지 행정가들은 처음에는 ‘학문적 오리엔탈리즘’을 실천했다. 그러나 1786년에 콘월리스 경(Lord Cornwallis)가 식민지 지배를 관장하기 시작하면서 또 다른 시각에서 인도로 대변되는 오리엔트를 바라보게 되었다. 즉, 그는 동인도 회사의 점차 심각해지던 부패의 문제가 인도 문화에 내재된 ‘악덕’과 ‘유혹’에서 기인한 것으로 여기고, 인도의 제도나 행정 방식을 유지한 것이 영국 내부에서 인도에 대한 식민지화에 대한 부정적인 의견을 유발한 부정부패의 원인이라고 진단하였다. 따라서 새로운 ‘영국적인’ 경영 전략을 도입하는 입장으로 전환했다.

이처럼 오리엔트의 제도적 문제점을 부각시키고, 이를 근거로 식민지화를 정당화하는 작업은 동남아시아에 진출한 네덜란드인에 의해 가장 전략적으로 이루어졌다. 네덜란드 동인도 회사(VOC: Verenigde Oostindische Compagnie)가 동남아시아에 진출했던 초기에 네덜란드 사람들은 오리엔트에 매료되었고, 그곳의 신비에 대해 적극적으로 소비하였다. 특히 여행기에 대한 수요가 높았다. 1596년도에 인도네시아에 도착한 함대가 보내온 기록을 보면, 가령 토착 주민들의 화려한 의상에 대해 구체적으로 묘사하고 있다. 그러나 인도네시아로 대변되는 오리엔트의 제도에 대해서는 그 부실함이나 부적절함에 대해 설파하며 자신들의 식민지 운영을 정당화하였다. 특히 기존 지배 체제의 문제점에 대해 과도하게 비판적인 입장을 취하였다. 예를 들어, 19세기 마두라(Madura)에 거주한 파르브(Parve)는 이 섬의 인구가 적은 이유가 환경적인 요인임은 전혀 고려하지 않고, ‘강자로부터 약자를 보호해 주는 권력의 부재’라고 주장하였다. 또한 자유를 숭상하고 봉건주의를 배척한다는 평계로 전통 지배자들의 권력을 제한시키고 위치를 낮춤으로써 모든 권력 남용을 방지하고, 자바 민중의 생활을 개선시켰다고 주장하였다(Van Goor, 2004: 101 – 104). 이렇듯 17세기부터 19세기까지 토착 술탄들의 능력을 폄하하는 방식으로 네덜란드 동인도 회사와 그것의 해체 이후 식민지 지배의 바통을 이어받은 네덜란드 식민지 정부가 고도로 발달한 자신들의 행정 체계를 현지에 적용하는 것을 정당화했다. 유럽인들은 이렇듯 대항해 시대 이후부터 자신들의 필요에 따라 오리엔트를 다양한 방식으로 규정하고 상상함으로써 오리엔트에 속한 집단들에 대한 자신들의 폭력과 착취를 정당화하였다. 이를 두고 흔히 '식민지화 오리엔탈리즘(Colonial Orientalism)'이라고 부른다.

Ⅳ. '오리엔트'가 아닌 '아시아'를 선택하다

1. 아시아 내부에서

동아시아 세계에는 마테오 리치(Matteo Ricci)가 제작한 세계 지도(*Mappa Mundi*)를 통해 '아시아'라는 명칭이 소개되었다. 그의 세계 지도는 1584년에 인쇄된 이후 1608년까지 총 여덟 차례에 걸쳐 보완·제작되었다. 그중 세 번째가 명나라 학자 이지조(李之藻)와 함께 제작한 '곤여만국전도(坤輿萬國全圖)'이다. 이 지도를 제작하면서 마테오 리치는 'Asia' 대륙을 '亞細亞'로 번역하였고, 아시아를 비롯한 총 5개의 대륙(歐邏巴, 利未亞, 北亞墨利加 및 南亞墨利加, 墨瓦蠟泥加)으로 세계가 구성된 것으로 제시하였다(서태열, 2018: 320).

세계가 이처럼 다섯 개의 대륙으로 구성되었다고 보는 세계관은 세계를 '동인도(Indias Orientales)'와 '서인도(Indias Occidentales)'로 구분하는 세계관보다는—이와 같은 세계관은 스페인과 포르투갈이 새롭게 발견된 아메리카를 비롯하여 유럽, 아시아 지역을 양분하기로 한 1494년의 토르데시야스 조약(Treaty of Tordesillas)의 결과로 성립되었다—중국의 전통적인 천하관에 부합하였다(Mitani, 2006: 25). 이에 이 세계관이 반영된 지도들이 적극적으로 모사되었고, 충실한 모사의 과정에서 지도에 등장하는 '아시아'라는 용어는 중국에서 확산되었다(〈그림 2〉 참고).

일본의 경우에도 세계를 동인도와 서인도로 양분하는 세계관보다는 다섯 개의 대륙으로 나누는 세계관이 자신들의 전통적인 세계관과 유사한 측면이 많아 역시 '아시아 대륙'의 개념을 수용하였다. 여기에서 일본의 전통적인 세계관이라 하면 세상을 천축(天竺, 인도), 진단(震旦, 중국), 본조(本朝, 일본)로 나

그림 2 알레니의 '만국전도(萬國全圖)' 중 '亞細亞' 대륙이 표시된 부분
출처: 1620년대에 간행된 알레니의 '만국전도', https://en.wikipedia.org/wiki/Kunyu_Wan-guo_Quantu#/media/File:JesuitChineseWorldMapEarly17thCentury.jpg

누어서 보는 세계관으로, 이는 고대 일본의 설화를 총망라한 12세기 전반에 편찬된 설화집 『곤자쿠모노가타리슈(今昔物語集)』의 구성에도 잘 반영되어 있다고 한다(Mitani, 2006: 23). 그 결과 일본인들은 18세기 초부터 '아시아' 개념을 사용하게 되었는데, 가장 이른 용례는 니시카와 조켄(西川如見)이 쓴 『니혼스이도코(日本水土考)』(1700) 등에서 찾아볼 수 있다(이현주, 2009: 312). 한편, 일본인들은 아시아의 존재를 중국의 지도 및 지리서뿐만 아니라 서양의 지리학 전통을 직접 접하면서 받아들이게 되었다. 18세기 초반에 아라이 하쿠세키(新井白石)가 시도티(Giovanni Battista Sidotti)를 통해 확보한 지식을 기반으로 서양에 대해 묘사한 『세이요키분(西洋記聞)』(1715)에서도 '亞細亞'가 등장한다(Mitani, 2006: 27-28).[3]

일본에서는 서양에 의한 동아시아 침략이 본격적으로 이루어지게 되면서부터 아시아가 지리적 단위의 의미를 넘어 문화적 일체성을 가진 동질적 실체로서 인식되기 시작하였다. 즉, 1870년대 중반 이후부터 '서양과 대칭되는 개념'으로서의 아시아에 대한 인식이 정착되고 아시아인의 동질성을 강조하

---

3 중국 및 일본에서의 '아시아' 용어의 수용에 대한 구체적인 내용은 미타니 히로시(2008: 201-208) 참조

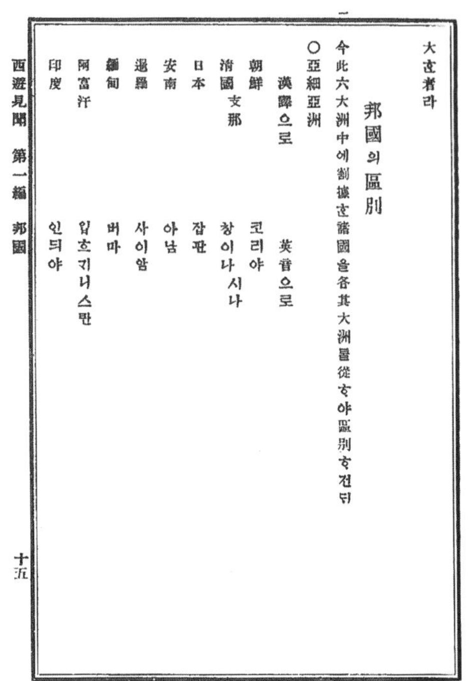

그림 3　유길준의 『서유견문』에서 ‘亞細亞洲’가 명시되어 있는 부분

는 견해가 일반화되었고, 그 결과 ‘아시아주의’가 성립되었다(이현주, 2009: 312).

조선의 개화기 지식인들은 아시아주의를 표방하는 흥아회(興亞會)와 아세아협회(亞細亞協會) 활동을 통해 서양에 대비되는 개념으로서의 아시아를 접하게 되었다. 일례로 개화기의 승려인 이동인(李東仁)이 흥아회 회장에게 보낸 글에서 단순한 지리적 개념이 아닌 아시아주의적 함의가 내포된 아시아를 지칭하기 위해 ‘我洲’와 같은 표현을 사용하였다(이현주, 2009: 326-32). 한편, 조선에서 대륙 개념을 지칭하기 위해 ‘亞細亞’가 사용된 가장 명확한 사례는 유길준(兪吉濬)의 『세계대세론(世界大勢論)』(1883)과 『서유견문(西遊見聞)』(1889)에서 찾아볼 수 있다. 잘 알려져 있듯이, 『서유견문』은 계몽·개화를 목적으로 집필되었고, 『세계대세론』은 그에 앞서 유길준이 일본 유학 시절에 접하게 된 지리학 지식을 정리하여 출간한 것인데, 두 서적 모두에서 ‘亞細亞洲’가 등장한다(〈그림 3〉 참고)(서태열, 2019: 392). 유길준이 후쿠자와 유키치(福澤諭吉)의 『세카이쿠니즈쿠시(世界國盡)』, 우치다 마사오(內田正雄)의 『요치시랴쿠(輿地誌略)』 등을 참고하며 두 서적을 집필한 점을 고려하면, 조선 역시 지리학 지식을 재생산하는 과정에서 ‘아시아’ 개념이 정착되었음을 알 수 있다.

위와 같은 지식 수용의 메커니즘을 통해 번역 과정 없이 정착된 고유명사 '아시아'와 달리, '오리엔트'는 그 개념에 내포된 '동쪽'의 의미를 전달하는 용어로 번역되어야만 했다. 그런데 번역어를 채택하는 과정에서 합의가 이루어지지 않았다. 일본에서는 오리엔트의 번역어로 '東洋'이 채택되었는데, 이 용어의 선택에는 자국이 더 이상 중화체제의 하위단위가 아니라 중국과 동등한 존재라는 자각이 작용했다고 한다(고성빈, 2017: 447). 그런데 이와 같은 의도를 인지하지 않았더라도 중국에서 이 번역어를 쉽게 수용하지는 못했을 것이다. 중국에서는 이미 근대 이전부터 '東洋'이라는 용어가 다른 뜻으로 사용되고 있었기 때문이다. 중국의 고대 문헌에는 '동쪽의 해양'을 의미하는 용어로 '東洋'이 사용되었다. 처음에는 동, 서, 남, 북의 사해(四海)로 구성된 해상 영역 중 하나를 나타내는 개념으로 사용되었다가, 남송대(南宋代)부터 그 해역에 관한 구체적인 논의가 본격적으로 진행되었고, 원대에 이르러서는 西洋의 해역과 구분되는 東洋의 해역이 중국 南海에서 오늘날의 필리핀 해역까지 이어지는 영역으로 규정되었다(서희정, 2020: 132‒133). 즉, 중국에서 東洋은 예로부터 지리적 실체가 있는 개념이었다. 그리하여 중국에서는 오리엔트의 번역어로 '東方'을 채택하였으며, 이것을 오늘날까지 사용하고 있다(고성빈, 2017: 447). 일례로, 사이드의 저서 『오리엔탈리즘(*Orientalism*)』은 1999년에 홍콩에서는 『Dongfangxue(東方學)』, 대만에서는 *Dongfangzhuyi*(東方主義)라는 제목으로 번역·출간되었다.

조선에서는 일본을 통해 서구 개념들의 수용이 활발히 이루어진 만큼 '오리엔트'의 번역어로 '東洋'이 정착되었다. 하지만 '東方'이 사용된 경우도 종종 있었다. 일례로, 중일전쟁 발발 이후 중국에서 한중 연대투쟁을 펼친 이두산(李斗山)은 동방의 피압박 약소민족의 해방 문제, 중국 주도의 동아시아 국제연대 등을 설파하기 위해 『동방전우(東方戰友, *The Orient Comrade*)』라는 잡지를 3여 년에 걸쳐 발간하였다(조은경, 2010).

결국 위와 같은 일련의 사정들과 과정들 속에서 '오리엔트'가 아닌 '아시아'가 한·중·일에서 자기규정의 명칭으로 적극적으로 사용되기에 이르렀다.

2. 아시아 외부로부터

2016년에 미국 연방법에서 'oriental'이라는 단어 사용을 퇴출하는 법안이 통과되면서 이 용어의 사용 배경에 대한 고찰과 그것에 투영된 인종차별적 관점에 대한 반성이 미국에서 일어났다. 예를 들어, 미네소타대학 이민역사연구센터(Immigration History Research Center) 원장이자 『아시아계 미국인의 형성: 역사(The Making of Asian America: A History)』의 저자인 에리카 리(Erika Lee)는 NBC 뉴스와의 인터뷰에서 다음과 같이 말했다고 한다: "그것의 기원은 '오리엔트'나 '오리엔탈'과 같은 용어들이 아시아와 아시아인들을 뒤떨어지고, 열등하고, 이국적이며, 이질적인 대상으로 규정하여 식민지화와 정복을 정당화했던 유럽 식민지 시대에 있다. ...... 미국에서 아시아인들은 영원히 이방인이며 절대로 미국인이 될 수 없다는 생각을 보강하기 위해 '오리엔탈'이라는 용어가 사용되었다. 이와 같은 생각들은 이민자들의 배제, 인종 차별과 폭력, 정치적 참여의 기회 박탈, 분리 정책의 정당화에 기여했다. ...... (그 용어는) 미국 정치에서 목소리를 충분히 내지 못하고 있는 집단인 아시아계 미국인들이 경험하는 불평등, 무례함, 차별, 고정관념을 지속시키고 있다."[4]

그런데 사실 '오리엔트'에 대한 인식은 두 차례의 세계대전을 거치면서 이미 크게 변화했다. 전쟁의 폐허 속에서 세계질서가 바뀌고, 이에 따라 유럽 동쪽에 펼쳐진 세계에 대한 서구의 인식이 바뀌자 문화의 우열을 가렸던 기존의 척도는 더 이상 그대로 수용될 수 없게 되었다(Choudhury, 2018: 33). 이에 새로운 지정학적 맥락 속에서 아시아에 관한 지식을 새롭게 확보하는 것이 중요한 과제가 되었으며, 이 과정에서 아시아를 바라보는 서구의 시각도 변화하기 시작했다. '오리엔트'라는 용어로 대변되는 아시아의 '타자성'을 강조한 기존의 관점과 달리, 이제는 서구와 아시아의 공통분모를 발굴해 나가는 방향으로 지식 생산이 이루어지기 시작했다(Choudhury, 2018: 23). 즉 해당 지역에 대

---

4 https://www.nbcnews.com/news/asian-america/bill-remove-oriental-federal-law-passes-senate-heads-obama-n571506

한 효율적인 통치에 필요한 정보를 얻기 위해서가 아니라, 그 구성원들의 마음을 이해할 목적으로 아시아에 대한 연구가 본격적으로 진행되기 시작하였다. 그러면서 우선 미국을 중심으로 20세기 중반부터는 아시아 지역학 연구의 주제들이 확장되었다. 특히 실용적인 정보 수집에서 관념적인 지식 생성으로 무게 추가 이동했다(Choudhury, 2018: 21). 미국 지역학 분야에서 포착되는 아시아 연구의 변화 양상은 이 책 제6장에 구체적으로 제시되어 있다.

유럽에서도 자기규정이나 이익 추구를 위해 규정된 '타자로서의 오리엔트'에 대한 인식에서 더불어 세상을 구축해 나가야 하는 '파트너로서의 아시아'에 대한 인식으로의 전환이 일어났다. 이 같은 전환은 다양한 방식으로 추적할 수 있다. 일례로 이 책 제4장에서는 생산된 지식의 측면에서 아시아에 대한 프랑스 연구자들의 인식 변화를 다루고 있다.

영국에서 아시아 연구의 새로운 패러다임 구축이 대학의 관련 학과에 대한 정부의 전략적 지원과 맞물려 있었음은 2차 세계대전 이후 영국 정부에서 발간한 국책 보고서들을 통해 알 수 있다(〈표 1〉). 또한, 영국 대학에서의 새로

표 1 아시아 지역학 연구 관련 영국 정부의 국책 보고서 목록

발간 연도	보고서 제목
1909	*Report of the Committee on the organization of Oriental studies in London* [Under the chairmanship of Lord Reay] (Treasury Committee on the Organization of Oriental Studies in London)
1947	*Report of the Interdepartmental Commission of enquiry on Oriental, Slavonic East European and African studies* [Under the chairmanship of the Earl of Scarbrough] (Foreign Office)
1961	*Report of the Sub - Committee on Oriental, Slavonic, East European, and African Studies.* [Under the Chairmanship of Sir William Hayter] (University Grants Committee)
1968	*Speaking for the future: a review of the requirements of diplomacy and commerce for Asian and African languages and area study* [Under the Chairmanship of Sir Peter Parker] (University Grants Committee)
1993	*Area Studies in the United Kingdom: A Report.* (R. Hodder - Williams, Economic and Social Research Council)

운 방향성은 학과 명칭이 'Oriental Studies'에서 'Asian Studies'로 대체되는 경향을 통해서도 알 수 있다. 대표적으로 영국 케임브리지 대학의 'Faculty of Oriental Studies'는 2007년에 'Faculty of Asian and Middle Eastern Studies'로 이름을 바꿨다. 하지만 영국에서 동양학 연구가 시작된 옥스퍼드 대학은 여전히 'Faculty of Oriental Studies'라는 이름을 사용하고 있다.

V. 마치며

이번 장에서는 '메가아시아' 개념을 구체화하기에 앞서, 유럽인들이 타자를 지칭하기 위해 고안했으나 아시아인들이 수용하는 과정에서는 서로 다른 운명을 맞이하게 된 '아시아'와 '오리엔트' 이 두 개 개념의 기원 및 그 대상·함의의 역사적 변천 과정을 살펴보았다. 이처럼 개념의 계보를 추적한 이유는 개념에 대한 이해를 위해서는 이 방법이 개념 자체에 대한 분석보다 더 유용하다고 보았기 때문이다(예를 들어, Queloz, 2021). 이와 같은 시도가 두 개념에 대한 이해의 증진은 물론, 메가아시아 개념 설정을 위한 탄탄한 기반 마련에 기여할 수 있기를 바란다.

참고문헌

고성빈. 2017. 『동아시아 담론의 논리와 지향』. 서울: 고려대학교출판문화원.

김광호. 2022. "필립 쿠플레 저(著) 『중국어 도서 목록(Catalogus Librorum Sinico-rum)』에 대하여." 『교회사학』 20호. 85 – 163.

미타니 히로시. 2008. "'아시아' 개념의 수용과 변용: 지리학에서 지정학으로." 『한국·일본·'서양'』. 서울: 고려대학교 아세아문제연구원.

서태열. 2018. "마테오 리치(Matteo Ricci)의 「곤여만국전도(坤輿萬國全圖)」에 기술된 세계지리 내용의 분석." 한국지리학회지 7권 3호, 319 – 336.

______. 2019 "유길준의 「서유견문(西遊見聞)」에 수록된 세계지리 내용에 대한 고찰." 한국지리학회지 8권 3호, 377 – 397.

서희정. 2020. "21세기 새로운 동양학의 정립 가능성: '동양(東洋)', '동방(東方)', '동아(東亞)' 개념분석을 통해." 『퇴계학논집』 27권, 129 – 164.

안재원·문수정. 2018. "레기스 신부의 라틴어 《역경(易經)》에 대하여." 『중국문학』. 95호, 99 – 125.

이현주. 2009. "1880년대 전반 조선 개화지식인들의 '아시아 연대론' 인식 연구." 『동북아역사논총』 23권, 307 – 347.

조은경. 2010. "東方戰友를 통해 본 李斗山의 국제연대 인식과 활동." 『한국독립운동사연구』 37호, 307 – 343.

헤로도토스 저, 박광순 역. 2001. 『역사』. 서울: 범우사.

Blanks, D. 2019. "The Sense of Distance and the Perception of the Other." *Journal of Medieval Worlds* 1(3), 21 – 44.

Choudhury, M. 2018. "From Oriental Studies to Asian Studies: The Metamorphosis of the Western Mind." in A. Tzeng, W. L. Richter, and E. Koldunova, ed. *Framing Asian Studies: Geopolitics and Institutions*, 21 – 43. Singapore: ISEAS Publishing.

Clarke, J. J. 1997. *Oriental Enlightenment : The Encounter Between Asian and Western Thought*. NY & London: Routledge.

Dyer, R. E. 1965. "Asia/*Aswia and Archilochus fr. 23." *La Parola del Passato*

20, 115-32.

Friedman, J. B. and K. M. Figg, ed. 2002. *Trade, Travel and Exploration in the Middle Ages*. MA: Garland Pub.

Jin, C. 2019. "Orientalism and Representations of China in the Early 19th Century: A Case Study of The Chinese Repository." PhD Thesis, Durham University. http://etheses.dur.ac.uk/13227/.

Kaplan, P. G. 1999. "The Greek View of Asia." PhD Thesis, University of Pennsylvania.

Lewis, M. W. and K. E. Wigen. 1997. *The Myths of Continents: A Critique of Metageography*. Berkeley, LA: University of California Press

Lieberman, S. 1957. "Who were Pliny's Blue-Eyes Chinese?." *Classical Philosophy*, 52(3), 174-177.

Macale, L & F. Mari. 2017. "Le lexique grec de l'Oriental dans la poésie lyrique archaïque et chez Eschyle." *Archimède: archéologie et histoire ancienne* 4, 6-18.

Mauntel, C. et al. 2019. "Mapping Continents, Inhabited Quarters and The Four Seas. Divisions of the World and the Ordering of Spaces in Latin-Christian, Arabic-Islamic and Chinese Cartography in the Twelfth to Sixteenth Centuries. A Critical Survey and Analysis." *Journal of Transcultural Medieval Studies* 5(2), 295-367.

Mitani, H. 2006. "The Concept of Asia: From Geography to Ideology." *New Perspectives on Turkey* 35, 21-35.

Larocque, E. 2011. "Translating Representations: Orientalism in the Colonial Indian Province of Bengal (1770s-1830s)." *Constellations* 31, 10.29173/cons16284.

Parmegianni, G. 2014. "Between Thucydides and Polybius: The Golden Age of Greek Historiography." *Hellenic Studies Series* 64. http://nrs.harvard.edu/urn-3:hul.ebook:CHS_ParmegianniG_ed.Between_Thucydides_and_Polybius.2014.

Philips, K. M. 2014. *Before Orientalism: Asian Peoples and Cultures in Euro-*

pean Travel and Writing, 1245 – 1510. Philadelphia: University of Pennsylvania Press.

Pick, L. K. 1999. "Edward Said, Orientalism and The Middle Ages." *Medieval Encounters* 5(3), 265 – 271.

Queloz, M. 2021. *The Practical Origins of Ideas: Genealogy as Conceptual Reverse – Engineering*. Oxford: Oxford University Press.

Romer, F. E. 1998. *Pomponius Mela's Description of the World*. Ann Arbor: University of Michigan Press.

Said, E., 1978. *Orientalism*. New York: Pantheon Books.

Schepens, G. 1977. "Historiographical Problems in Ephorus." in *Historiographia Antiqua*, 95 – 118. Leuven: Leuven University Press.

Skorgen, T. 2014. "Inventing Tolerance in Europe and Utopia: Inclusion and Exclusion." in Holm, H. V., Laegreid, S., and Skorgen, T., ed. Europe and its Interior Other(s). 93 – 110. Aarhus: Aarhus University Press.

Strang, A. 1998. "The Analysis of Ptolemy's Geography." *The Cartographic Journal* 35(1), 27 – 47.

Van Goor, J. 2004. *Prelude to Colonialism: The Dutch in Asia*. Hilversum: Uilgeverij Verloren.

Viswanathan, G. 1988. "Currying Favor: The Politics of British Educational and Cultural Policy in India, 1813 – 1854." *Social Text* Autumn, 85 – 104.

Williams, J. 1997. "Isidore, Orosius and the Beatus Map." *Imago Mundi* 49, 7 – 32.

Woodward, D. 1987. "Medieval *Mappaemundi*." in J. B. Harley and D. Woodward, ed. *The History of Cartography, Volume 1: Cartography in Prehistoric, Ancient, and Medieval Europe and the Mediterranean*, 286 – 370. Chicago: Chicago University Press.

제4장

프랑스에서 바라본 아시아:
EFEO의 성립 및 활동과 관련하여

윤대영(서울대학교 아시아연구소 HK연구교수)

I. 프랑스의 아시아 여로(旅路)

나는 1999년 9월부터 2007년 2월까지 프랑스 파리에 있는 고등연구실용학교
(EPHE: École Pratique des Hautes Études) 역사문헌학부와 파리 7대학 동아시아
언어문명학부(Langues et Civilisations d'Asie Orientale)에서 프랑스의 아시아 연
구를 경험할 수 있었다. 특히 EPHE 도서관, 국립동양언어문명대학(INALCO:
Institut National des Langues et Civilisations Orientales) 도서관, 프랑스 극동연
구원(EFEO: École Française d'Extrême–Orient) 도서관, 국립도서관(BN: Biblio-
thèque Nationale), 각종 아카이브 센터, 꼴레주드프랑스(Collège de France)와
아시아학회(Société Asiatique)의 도서관 등지에는 수많은 아시아 관련 자료들
이 축적되어 있다. 그리고 꼴레주드프랑스의 동양학 도서관과 정원은 국립고
문서학교(École Nationale des Chartes) 출신의 '샤르티스트(chartistes)'들이 다
양한 나라에서 온 아시아학 연구자들과 대화를 나누며 프랑스와 '인접한 동양

(Proche-Orient)'이나 '극동(Extrême-Orient)'을 간접적으로나마 이해할 수 있는 교류의 장이기도 하다.

그러면 프랑스의 아시아 연구는 어떠한 과정을 거쳐 발전하게 된 것일까? 이 글의 목적은 프랑스령 인도차이나 시기(Indochine Française, 1887~1954) EFEO의 성립 및 활동과 관련하여 프랑스가 바라보며 연구하던 아시아를 조망해보는 데에 있다. EFEO는 1898년에 창설되어 제1차 인도차이나 전쟁으로 베트남이 독립하는 1954년에 이르기까지 식민지 인도차이나와 인근 아시아 지역을 연구하던 프랑스 제국주의의 연구 기관이었다. EFEO에 대한 최초의 연구는 설립 20주년을 기념하는 형태로 EFEO의 설립 배경과 인도차이나 총독 두메르(Paul Doumer)의 역할, 초기 연구의 성격과 연구자들의 활동, 새롭게 현지에서 조성된 도서관과 박물관 등을 소개했다. 그리고 이후 프랑스령 인도차이나의 존립이 현지 독립운동으로 위기를 맞고 있었을 때에도 EFEO 50주년은 '축제의 장'이었고, 75주년은 EFEO의 아시아 연구와 방법론을 소개하는 계기였다. 이처럼 세 차례에 걸쳐 EFEO 관련 소개와 기념행사가 있었지만 주로 20~25년 동안의 단계별 성과를 모으는 데 그쳤고, 2001년이 되어서야 100년간의 역사를 정리하려는 작업이 미약하나마 시도되었다. 그런데 이러한 EFEO 내부의 제한적인 자체 연구를 비판하며 '식민학(science coloniale)'의 관점에서 EFEO의 사회사와 정치사를 규명하려는 노력도 나타나게 되었다. 국내에서는 프랑스의 한국 문학 연구자와 프랑스사 연구자가 EFEO의 발전 과정에 대해 접근했지만, 이 두 연구는 EFEO의 아시아 연구를 중국, 일본, 한국 등을 중심으로 파악하고 있을 뿐만 아니라 역사적 사실에 부합하지 않는 내용도 적지 않다.

그래서 필자는 우선 장기적인 관점에서 프랑스의 다양한 아시아 연구 기관들이 등장하는 배경과 목적이 EFEO의 설립으로 이어지는 역사적 과정을 파악하고자 한다. 1898년부터 등장한 EFEO는 1954년까지 기존의 아시아 연구 기관과 어떻게 연계되면서 자국에서뿐만 아니라 세계의 대표적인 아시아 연구 기관 중의 하나로 점차 자리를 잡게 된 것일까? 그리고 EFEO가 제국주의 지배의 정당성을 확보하는 데 식민 정권과 '공모'했다고 평가하는 차원을 넘어서, 이 기관의 활동과 연구 성과에 드러나는 다양하고 미묘한 '뉘앙스'를 어떻게 받아들여야 할까? 마지막으로 현재 아시아를 총체적으로 이해하려는 연구자들과 연구 기관은 당시 EFEO의 연구 인프라와 학문적 성과 등을 통해 어떠한 시사점을 얻을 수 있을까?

이러한 문제들을 이해하기 위해 이 글의 II장에서는 우선 프랑스의 아시아 연구 기원과 EFEO의 성립 과정을 연계하여 파악한다. 그리고 III장에서는 베트남이 프랑스 식민지로 전락한 이후 1898~1954년 시기 EFEO의 활동을 본국과 연계된 조직적인 움직임, 역대 원장 및 연구원의 이력, EFEO의 학술지 *Bulletin de l'École Française d'Extrême-Orient*(이하 'BEFEO'로 약함)에 게재된 연구 성과의 성격, EFEO 소속 현지 연구자들의 움직임 등을 중심으로 살펴보고자 한다.

II. 아시아 연구의 기원과 EFEO의 성립

1. 아시아 진출과 연구의 기원

인도에 전초 기지를 마련했던 포르투갈의 믈라까(Melaka) 점령(1511) 이후에 스페인, 네덜란드, 영국, 프랑스도 동남아시아에 들어가게 되었다. 그래서 동남아시아 각국에는 교역 물품을 찾는 유럽 동인도 회사 선박들의 방문이 끊이지 않았다. 그리고 이러한 서구의 아시아 진출과 교류의 범위는 인도에서 동남아시아로, 동남아시아에서 동북아시아의 중국, 한국, 일본 등지로 확대되었다. 이 과정에서 1664년에 정치가 꼴베르(Colbert)가 재편성한 프랑스 동인도 회사(La Compagnie Française des Indes Orientales, 1604년 설립)는 인도 동부 연안 북쪽의 샹테르나고르(Chandernagor)와 남쪽의 뽕디쉐리(Pondichéry)를 근거지로 만들면서 세력을 확대해 나갔다. 그리고 결국 1684년에는 프랑스 동인도 회사가 현재의 하노이(Hà Nội)에서도 활동을 개시하게 되었다.

이러한 상황에서 16세기부터 '아시아(Asie)'라는 지역명이 표시된 저술이나 지도가 프랑스에서 등장하기 시작했다. 1530년대부터 등장한 저술들은 세계를 유럽, 아프리카, 아시아 3개 지역으로 분류하여 바라보았다. 특히 씨뇨(Jacques Signot)의 『세계의 분류: 아시아, 유럽, 아프리카 지역의 선포(La Division du Monde, Contenant la Déclaration des Provinces et Régions d'Asie, Europe et Aphricque)』는 1590년까지 5차례에 걸쳐 다시 간행되기도 했다. 아울러 1550년대부터 인도 중심의 아시아 지도가 나타났다. 17세기에 들어서는 소아시아, 아랍 세계, 페르시아, 인도, 동남아, 동북아 등지를 포괄하는 지도들이 본격적으로 등장하면서 아시아 자체의 역내 지역(subregion) 구분도 점점 구체적으로 묘사되었다.

또 하나의 중요한 현상은 기독교의 전파였다. 동남아시아에 진출한 포르투갈을 따라간 선교사들은 도서부 동남아시아에서 일본까지 들어갔다. 그러다가 17세기에 들어 일본에서 기독교 박해가 시작되자 중국과 베트남이 새로운 선교지로 주목받기 시작했다. 예를 들면, 프랑스 아비뇽(Avignon) 출신의 예수회 신부였던 로드(Alexandre de Rhodes, 1591~1660)는 1624년에 베트남 중부 호이 안(Hội An)에 도착해서 현지어를 배운 후 북쪽으로 가서 본격적인 선교 활동을 했다고 한다.

17세기 이래 예수회 및 파리 외방전교회 선교사들의 아시아 선교와 맞물려 있는 현지 연구나 현지 소식지도 주목할 만하다. 예수회의 베트남 지도 간행 외에도 로드 신부는 베트남어를 로마자로 표기하는 체계를 고안하여 1651년에 『안남어 – 포르투갈어 – 라틴어 사전(Dictionarium Annamiticum Lusitanum et Latinum)』과 『교리문답서(Catechismus)』를 간행하게 되었다. 그리고 선교를 위해 1822년 리옹에서 설립된 전교회(L'Œuvre de la Propagation de la Foi)는 전문 잡지를 통해 아시아 선교 지역의 소식들을 본국에 보내기 시작했다. 전교회가 설립된 해에 등장한 『전교회 연보(Annales de la Propagation de la Foi)』(1822~1969)는 격월로 회원들에게 선교지 소식들을 전하며 기도와 후원을 독려하는 역할을 맡았다. 이후 1868년에 전교회는 더욱 신속하고 다채로운 정보를 바라던 회원들의 기대에 부응하여 주보 형식의 새로운 잡지 『가톨릭 전교지(Les Missions Catholiques)』(1868~1964)를 창간했다. 『전교회 연보』가 격월로 각 선교지에서 보내온 편지들을 편집하여 소개한 단순하고 소박한 형태의 잡지였다면, 『가톨릭 전교지』는 매주 생생한 선교지 소식들을 전하면서 『전교회 연보』가 담지 못한 더욱 다양하고 폭넓은 주제들, 가령 선교지별 역사와 풍속, 문화, 학문, 진기한 풍물 등을 다룬 잡지였다.

18세기 중반에 유럽에서 산업혁명이 일어나 원료를 구입하고 생산품을 판매하기 위한 시장 확보가 필요해짐에 따라 유럽의 나라들은 19세기를 전후해 식민지 확대 정책을 펴기 시작했다. 19세기 초반에 프랑스는 마르띠니끄(Martinique), 과달뤼프(Guadalupe), 쌩삐에르에미끌롱(Saint-Pierre-et-Miquelon), 기아나(Guiana), 그리고 레위니옹(La Réunion)섬, 인도의 5개 지역[1] 등에 산재한 식민지 몇 개만 가지고 있었을 뿐이었으나, 1830년 알제리 원정을 시작으로 근동(近東)의 아프리카 지역으로 식민지 경영이 본격적으로 확대되었다. 이후 가톨릭교회, 상공업, 해군 등의 요구로 적극적인 팽창 정책을 추구하던 나폴레옹 3세(1852~1870 재위)는 베트남 응우옌(Nguyễn) 왕조(阮朝, 1802~1945)의 천주교 탄압을 구실로 베트남을 본격적으로 식민지화하고자 했다.

이러한 상황에서 프랑스 학계에서는 아시아를 둘러싸고 어떠한 동향이 나타나고 있었을까? 당시의 주요 연구 기관들을 중심으로 살펴볼 필요가 있다.

16세기 초부터 유럽의 주요 대학들은 아랍어 교육에 관심을 두게 되었는데, 대표적인 기관이 꼴레주드프랑스(1870년에 현재의 이름으로 바뀜)였다. '사람들이 원하는 모든 것을 가르친다'는 설립 이념으로 개교한 '왕립 학교(Collège Royal)'의 후신 꼴레주드프랑스는 인문주의자 뷔데(Guillaume Budé, 1467~1540)의 제창으로 1530년에 프랑수아 1세(François Ier, 1515~1547 재위)가 창설한 교육 연구 기관이다. 이 기관은 현재 파리 5구 라땡가(Quartier Latin)

---

1 시대순으로 예를 들면, 트랭꼬말르(Trincomale, 1673), 뽕디쉐리(1674), 샹데르나고르(1675), 마에(Mahé, 1725), 까리깔(Kârikâl, 1739)이다.

의 중심 마르쓰랭-베르틀로(Marcelin-Berthelot) 광장에 있었는데, '문학, 과학, 예술의 모든 영역'이 교육과 연구의 대상이었다. 높은 수준의 무료 강의가 모든 계층의 사람들에게 제공되었고, 강단에 서는 사람들은 그 자체만으로도 커다란 영광이라고 생각했다. 그리스어와 히브리어 두 강좌로 시작된 강의는 1530년에 다섯 강좌로 늘어났고, 1538년에는 외교적인 필요성 때문에 동양어(langues orientales) 강의가 추가되었는데, 언어학자 뽀스텔(Guillaume Postel, 1510~1581)의 아랍어 교육이 결정적인 역할을 했다. 그리고 1658년에는 의사이면서 동양학자이던 바띠에르(Pierre Vattier, 1623~1667)가 꼴레주드프랑스의 아랍어 교수가 되었고, 1661년에 루이 14세(Louis XIV, 1643~1715 재위)의 비서 겸 동양어 통역을 맡은 동양학자 에르블로(Barthélemy d'Herbelot, 1625~1695)는 1692년에 고대 시리아어 강의를 담당했을 뿐만 아니라 5년 후에는 일종의 '동양학(orientalisme) 대사전'『동양 도서관(Bibliothèque Orientale)』을 간행하기도 했다. 동양어에 대한 이러한 관심과 꼴베르 재상 시기(1665~1683)의 꼴레주드프랑스에서 등장한 교수 제도는 이집트, 소아시아, 콘스탄티노플 등지의 고고학 원정대 파견으로 이어지면서 18~19세기 동양어 문헌 연구 발전의 바탕이 되었다.

　이처럼 프랑스에서 동양학에 대한 관심이 고조되어 갈 때 꼴베르는 1663년에 '작은 아카데미(La Petite Académie)'란 이름의 연구 단체를 설립했다.[2] 초기에 루이 14세를 위해 비문을 세우고 유적을 분류하던 아카데미는 역사학과 고고학으로 관심을 돌렸고, 18세기에 명성을 쌓게 되었다. 특히 1786년 12월 22일의 규정으로 역사 연구에 큰 비중을 두게 된 아카데미는 ① 언어, 그

2　'작은 아카데미'라는 명칭 외에도 1816년 공식적인 설립 이전에 '금석학·메달 왕립 아카데미(Académie Royale des Inscriptions et Médailles)', '금석학·문학 아카데미(Académie Royale des Inscriptions et Belles-Lettres)', '문학·예술계 과학·예술 국립 연구소(Institut National des Sciences et des Arts, Classe de Littérature et Beaux-arts)', '고대 역사·문학계 과학·예술 국립 연구소(Institut National des Sciences et des Arts, Classe d'histoire et Littérature Anciennes)' 등으로 불리기도 했다.

중에서도 동양어, 그리스어, 라틴어 연구, ② 고·중세사와 연관된 모든 종류의 유적, 메달, 비문 연구, ③ 고대와 근대의 과학, 기술 공예 비교연구 등에 전념하겠다고 선언했다. 그리고 1795년부터 프랑스 학사원(Institut de France)에 통합된 아카데미는 시기(이집트와 메소포타미아의 고대부터 아랍 무슬림(arabo-musulmane) 정복을 거쳐 근대 인도와 중국까지)와 지역(지중해 남쪽과 동쪽에서부터 극동까지)에 따라 동양학 분과의 전문가들을 모았다. 결국, 1816년에 이르러 아카데미의 명칭이 금석학·문학 아카데미(Académie des Inscriptions et Belles-Lettres)로 바뀌었다.

이러한 상황에서 동양어 교육에 관심이 많던 정치가 라깨날(Joseph Lakanal, 1762~1845)은 1795년에 동양어 특수 학교(L'École Spéciale des Langues Orientales)를 파리 국립도서관 내에 설치했다. 당시의 교육은 외교적·정치적·상업적 유용성에 기여할 수 있는 생생한 동양어 교육을 목표로 삼았다. 그래서 아랍어(문학, 일상어), 튀르키예어, 크림 타타르어, 페르시아어, 말레이어 등이 주요 교과목으로 개설되었다. 19세기에 들어와서는 교육 대상 언어가 정기적으로 확대되었고, 꼴베르가 1669년에 설립한 청년언어학교(École des Jeunes de Langues)와 통합한 동양어 특수 학교는 동방 언어(les langues du Levant) 통역을 본격적으로 양성하는 데에 주안점을 두고 있었다.

다음으로 19세기 전반에 과학적인 동양학을 제창한 아시아학회를 살펴볼 필요가 있다. 상뽈리옹(Jean-François Champollion)이 고대 이집트의 상형문자를 해독한 1822년에 설립된 아시아학회의 초대 회장은 남작 실베스트르 드 싸시(Antoine-Isaac Silvestre de Sacy, 1758~1838)였고, 서기는 아벨-레뮈자(Jean-Pierre Abel-Rémusat, 1788~1832)였다.[3] 초기 회원 중에는 상폴리옹과 인도 연구자 뷔르누프(Eugène Burnouf) 등이 있었다. 유럽이 아시아 문명의 혜택을 누리고 있다고 판단한 학회의 목적은 동양어를 장려하고, 동양학자들(orientalistes)의 연구 성과를 출판하고, 매달 열리는 토론회를 통해 프랑스어

---

3 1829년 4월 15일의 칙령으로 비준되었다.

권 학문 공동체를 결집하는 데에 있었다. 그래서 현지 연구를 통한 발굴 및 유적 복원, 번역(아랍어, 페르시아어, 힌디어, 산스크리트어 등) 및 문서 해독, 각종 언어 비교연구 등이 과학적이고 학제적인 동양학을 제창하던 시대 분위기와 맞물려 진행되었다. 그리고 연구 대상 지역은 19세기에서 20세기로 넘어가면서 지중해 남부 및 동부에서부터 마그레브(Maghreb)[4]를 거쳐 극동까지 확장되었다.[5] 이처럼 아시아학회의 역사에는 과학적인 동양학(orientalisme scientifique)의 역사가 반영되어 있었고, 19세기 초에 문헌학 중심의 학문 조류(潮流)에서 창설된 학회는 곧이어 역사학, 지리학, 고고학, 문학, 종교사, 사회학 등의 영역으로 눈길을 돌리게 되었다. 또한 프랑스의 아시아학회는 서구 동양학 연구의 모델이 되었는데, 1824년에 창설된 런던의 왕립 아시아 학회(Royal Asiatic Society)는 파리의 아시아학회와 거의 유사한 규정을 채택하고 있었다. 그리고 1842년에는 미국 동양 학회(American Oriental Society)와 독일 동양 학회(Deutsche Morgenländische Gesellschaft)가 그 뒤를 따랐다. 아울러 초기에 동양어 문법, 사전, 번역에 주력했던 아시아학회가 동양학 연구를 장려하기 위해 1822년에 창간한 프랑스어 출판물 『아시아 저널(Le Journal Asiatique)』(연 2회 발간)은 젠드어(zend), 그루지아어, 데바나가리어(dévanâgarî), 싱할라어(cinghalais), 만주–몽골어, 중국어 등의 활자를 프랑스 내 인쇄업자들에게 유포시켰을 뿐만 아니라, 현재에도 여전히 간행되고 있다. 현존하는 프랑스어 정기 간행물 중에서 오랜 역사를 지닌 이 학회지는 국립과학연구센터(Centre National de la Recherche Scientifique)의 지원으로 출판 중이고, 출판 언어는 프랑스어 외에도 영어, 독일어, 스페인어, 이탈리아어가 가능하다.

　　그리고 19세기 중반부터는 '해외 프랑스 연구원 네트워크(Réseau des

4　북아프리카의 모로코, 알제리, 튀니지에 걸친 지역.

5　기타 관련 연구자들로는 인도 전문가 갸르쌩 드 따씨(Joseph Héliodore Garcin de Tassy), 페르시아어·튀르키예어·아랍어 전문가 위아르(Clément Huart), 아시리아 전문가 슐츠(Friedrich Eduard Schulz) 등을 들 수 있다.

Écoles Françaises à l'Étranger)'가 연결되기 시작했다. 우선 프랑스 아테네 연구원(École Française d'Athènes)이 1846년에 설립되어 고대 그리스의 언어와 역사를 연구하게 되었다. 이후 보불 전쟁(1870~1871)에서 패배한 프랑스는 실추한 국가의 영향력을 '프랑스의 문화적 발현(Le rayonnement culturel de la France)'으로 회복한다는 목표를 내세워 대외 문화정책에 착수했다. 그래서 프랑스어 교육과 보급을 목표로 하는 '알리앙스 프랑세즈(Alliance Française)'와 이문화(異文化)를 연구하는 학술·문화 기관 설립이 더욱 촉진되었다. 이러한 취지에서 1873년에 설립된 프랑스 로마 연구원(École Française de Rome)의 주요 연구 주제는 고대 로마의 고고학 및 역사학 분야였다. 아울러 1880년에 프랑스 카이로 동양 고고학 연구원(Institut Français d'Archéologie Orientale du Caire)이 창설되어 고대 이집트 지역의 고고학, 역사학, 문헌학 등을 다루었다. 그리고 이렇게 프랑스 해외 연구 기관이 곳곳에 등장하던 흐름 속에서 프랑스 극동연구원은 19세기 말부터 서서히 아시아의 극동에서 그 출현을 예고하고 있었다.[6]

2. 프랑스령 인도차이나의 등장과 EFEO의 설립

EFEO의 설립에는 프랑스령 인도차이나의 등장이 결정적인 배경으로 작용했다. 19세기 중반부터 선교의 자유와 통상을 목적으로 베트남에 접근하기 시작한 프랑스는 1860년대에 남부 지역을 점령한 후 식민 지배권을 중부와 북부로 확대해 나가고자 했다. 결국, 1883년 8월 25일에 체결된 아르망(Harmand) 조약에 의해 베트남은 프랑스의 보호국임을 공식적으로 인정하기에 이르렀다. 이후 아르망 조약의 내용은 1884년 6월 6일에 체결된 빠뜨노트르(Patenôtre) 조약에 의해 약간의 수정이 가해졌는데, 1945년 베트남이 독립할 때까지 양국의 관계를 결정하는 기본적인 방침으로 계승되었다.

---

6   이후 1920년에는 마드리드에 예술 연구원(Casa de Velázquez)이 설립되면서 해외 프랑스 연구원 네트워크는 총 5개 기관으로 구성되었다.

이후 1885년 청불 조약 체결로 이제 프랑스는 대외적으로 누구의 도전도 받지 않고 베트남에서 절대적 권한을 행사하게 되었다. 프랑스는 제일 먼저 점령한 남부의 코친차이나(Cochinchine)를 직할 식민지로, 그리고 중부의 안남(Annam)과 북부의 통킹(Tonkin)을 보호령으로 만들어 식민지 베트남을 통치했다. 코친차이나는 안남과 통킹이 프랑스 통치 아래로 들어간 1880년대 중반에 이미 독자적 기반이 닦여 있었다. 그래서 프랑스는 베트남을 하나로 묶지 않고 삼분해서 통치했다. 코친차이나 총독은 본국 식민지성의 지시를 받았고, 안남과 통킹의 고등 주차관(résident supérieur)은 외무성 관할 아래 놓였다. 1887년에는 이 세 지역과 보호국 캄보디아가 인도차이나 연방(Union Indo-chinoise)이 되어 식민지성의 관할이 되었고, 총독이 이 연방을 통치하게 되었다. 이듬해에는 북부의 하노이와 하이 퐁(Hải Phòng), 그리고 중부의 다 낭(Đà Nẵng)이 각각 통킹과 안남에서 분리되어 총독이 직접 관할하는 지역으로 바뀌었다. 또한 1893년에는 보호령 라오스, 1900년에는 조차지 광주만(廣州灣)이 인도차이나 연방에 추가되면서 프랑스령 인도차이나의 근간이 완성되었다.

이러한 상황에서 프랑스 인도학 연구자들의 동향은 주목할 만하다. 이 연구자들에게 19세기 말은 '동아시아(Asie Orientale)' 관련 연구의 구상과 방법을 새롭게 모색하는 시기였다. 이전의 연구자들은 고문서에서 인도의 지식을 '끄집어내는' 데에만 만족했다. 그런데 당시 연구자들은 어떤 민족의 과거를 확실히 파악하기 위해서는 '과거를 반영하고 과거에서 메아리치는' 현재를 우선 깊이 파고들어 이해해야 한다는 점을 차츰 인식하게 되었다. 이러한 반성과 성찰은 특히 인도 연구자들 사이에서 명확히 드러났는데, 비교 신화학과 베다 해석에 매몰된 연구에 실망했기 때문이다.

그런데 고대인이 상상한 '하늘에서 날아다니는 편은 빠르고 쉬운 방법이었지만, 땅에서 걷는 쪽은 느리고 힘이 들게 마련'이었기 때문에 구체적인 현실을 연구하는 것은 영혼의 무모한 사색과는 차원이 다른 무언가를 요구했다. 예를 들면, 언어학자와 민족지학자의 끈기 있는 관찰, 종교적·사회적 사실에 대한 미세한 분석, 형체가 있는 유적에 대한 주의 깊은 검토가 필요하게 되었다. 연구 도구로서는 이론보다 고고학자의 곡괭이, 인류학자의 컴퍼스, 사진사의 대물렌즈, 각인(刻印) 업자의 솔 등이 중요했다. 그리고 이러한 방식으로 연구를 진행하기 위해서는 상설 기관의 지속적인 지원과 조직적인 시스템이 필요하다는 결론에 도달할 수 있었다. 그래서 언어학자 브레알(Michel Bréal, 1832~1915)과 문헌학자 바르트(Auguste Barth, 1834~1916) 및 쓰나르(Émile Senart, 1847~1928) 등과 같은 인도 연구자들은 아테네, 로마, 카이로에 이미 설립된 해외 프랑스 연구원을 모델로 샹데르나고르에도 비슷한 성격의 연구 기관을 수립하려는 계획을 세웠다. 그러나 문제는 지속적인 예산 확보에 의한 조직적인 연구 수행이었는데, 프랑스 인도학 연구자들의 제안을 받아들인 사람은 바로 프랑스령 인도차이나 최초의 민간인 총독(1897~1902 재임)으로 1931년에 대통령이 된 두메르였다. EFEO의 창설은 당시 식민지 아시아에서 유럽 열강들과 정치, 경제, 학문 영역 등에서 경쟁하면서 '굴욕적인 상황'에 놓인 프랑스에는 일종의 치유책이었다.

결국 EFEO는 총독 두메르의 결정과 제안으로 1898년 12월 15일에 창설되었으며, 프랑스령 인도차이나로 파견된 '인도차이나 상주 고고학 조사단(Mission Archéologique Permanente en Indo‑Chine)'에서 유래했다. 이 과정에서 영국과 네덜란드가 식민지 현지에서 설립한 연구 기관들도 EFEO의 모델이 되었다. 이후 1900년 1월 20일에 현재의 이름으로 개칭된 본원은 사이공에서 공식 개원했고, 그 이듬해 본부를 새로운 총독부의 중심지 하노이로 옮기면서 1901년 2월 26일에 대통령 루베(Émile Loubet)의 공식 승인을 받게 되었다.

프랑스 식민 정부가 이러한 과정을 거쳐 아시아 연구를 위해 베트남에 설립한 기관의 명칭 'École Française d'Extrême‑Orient'(베트남에서는 Viện Viễn Đông Bác Cổ, 즉 遠東博古院)이란 표현에서 프랑스어 '에꼴(École)'은 통상적인 의미의 '학교'가 아니라 '연구 기관'을 의미한다. 중국에서는 EFEO가 '국립원동학원(國立遠東學院)', 일본에서는 '국립극동학원(國立極東學院)'으로 번역되고 있다. 한국도 이와 같은 번역 명칭을 사용하였으나, 1995년부터는 프랑스 '국립극동연구원(國立極東研究院)'으로 번역하여 부르고 있다.[7] 한국에서 '국립극동연구원'이란 명칭은 이 기관의 출판물을 활용하고 있는 소수의 불교학자나 동남아시아 전문가들에게 알려져 있을 뿐이며, 대부분의 연구자에게는 여전히 낯선 이름이다.[8]

EFEO의 주요 임무는 ① 고고학 탐사, ② 필사본 수집, ③ 유적 보존, ④ 소수민족 민족지 목록 작성, ⑤ 언어 유산 연구, ⑥ 인도에서부터 일본에 이르는 아시아의 문명 역사 연구 등이었다. 아울러 인도, 동남아시아 그리고 동아시아(예를 들면 중국, 일본, 한국) 인문사회과학의 고등 연구와 연구자 양성에 기여하는 것도 고려 대상이었다. 한편, 프랑스가 진출한 식민지 인도차이나(현재의 베트남, 라오스, 캄보디아)에서는 정치적 지배와 경제적 착취라는 목적과 동시에 문화적 관심이 있었던 점도 특징이다. 프랑스는 인도차이나의 문화를 자신의 학술과 과학의 힘으로 해명하는 것도 사명으로 여겨 인도차이나 각지의 문화유산을 조사하기 위해 학술 조사대를 꾸준히 파견했다.

그러면, 프랑스 '동양학'의 전통을 계승하면서 인도차이나에 설립된 EFEO는 어떠한 조직과 활동으로 이러한 임무와 사명을 구현하기 위해 노력해 나갔을까?

III.　1898~1954년 시기 EFEO의 활동

우선, 본국과 연계된 조직적인 움직임을 살펴보도록 하자. EFEO는 인도차이나 총독부의 관할에 있었는데, 학술적으로는 프랑스 본국의 공교육성(公敎育省) 산하 금석학·문학 아카데미 관리 아래에 있었다. 그리고 인도차이나 총

7　'극동(Extrême-Orient)'이라는 단어는 인도와 동남아뿐만 아니라 동북아까지 포함하는 아시아 지역을 의미하는데, 여기에서 중동 지방은 제외된다.

8　현재 EFEO의 한국 분원은 고려대학교 아세아문제연구원에 자리 잡고 있지만, 활동은 미약하다.

독부의 직속 기관으로서 큰 권한을 가졌던 EFEO는 자신이 경영하거나 관리하는 기관들[9]과 식민지 현지에서 협력하는 보조 기관들 이외에도 꼴레주드 프랑스, 금석학·문학 아카데미 등과 같은 본국의 연구 기관에 연계되어 있었다. 예를 들면, EFEO의 피노(Louis Finot) 원장은 1907년부터 프랑스 학교에 개설된 인도차이나 역사문헌학 강의를 통해 인도차이나 현지의 연구 및 활동 성과를 소개하면서 프랑스와 외국 지성들을 EFEO와 연결시키는 역할을 맡았다. 그리고 금석학·문학 아카데미는 6년 임기의 원장 후보자들을 물색하면서 EFEO의 상임 또는 비상임 회원들에게 소개했고, 임시 회원들의 1년 임기 갱신도 제안할 수 있었다. 아울러 금석학·문학 아카데미는 매년 EFEO의 활동 내역을 보고 받았고, 격려 차원에서 상을 수여하거나 보조금을 지급하기도 했다.

그리고 20세기 초부터 아시아의 새로운 '역내 지역'이 등장하고 있었음을 확인할 수 있다. 1905년부터 1907년 사이에 '중앙아시아(Asie Centrale)'가 아시아의 '역내 지역'으로 주목받게 되었다. 예를 들면, 중앙아시아의 인도 불교 관련 문헌들, 카슈가르(현재 신장 웨이우얼 자치구에 있는 현급 도시) 북쪽의 세 석굴(중국 명칭은 삼산동[三山洞])과 테구르만(Tegurman) 유적, 중앙아시아와 동남아 도서부 사이에 있는 몬·크메르족의 중개자 역할 등을 조명하는 연구들이 나타났다. 그리고 1912년부터 중앙아시아의 참고문헌이 BEFEO에 별도로 게재되기 시작했다. 이후 1927년에는 '북아시아(Asie Septentrionale)' 연구를 위한 참고문헌이 아시아의 또 다른 '역내 지역'을 소개하는 차원에서 채택되었다. 아울러 1951년에는 아시아의 환경, 즉 열대 계절풍의 영향을 받는 아시아의 인간 문명과 지리가 관심사로 떠오르기 시작했다.[10]

다음으로, 금석학·문학 아카데미는 EFEO에 소속된 연구자들이 아테네,

---

9 예를 들면, 1922년 4월 13일의 법령으로 프놈펜 팔리 연구소(École de Pâli de Phnom – Penh)는 EFEO의 관리를 받게 되었다.

10 동남아시아를 하나의 지역으로 인식하려는 시도는 1950년대 말부터 나타났는데, 이러한 인식의 근거는 인도에서 동남아로 전파된 불교 예술이었다.

로마, 카이로에 있는 해외 프랑스 연구원들의 사례를 따라 현지 기관 및 연구자들과 밀접하게 접촉하면서 생생한 현장 연구에 매진하도록 권장했다. 이 연구자들은 자신들이 전문적으로 연구하는 현지에 거주해야 했으며, 공공 기관이나 대학, 연구소와 같은 현지의 기관과 협력해서 활동해야 했다. 만일 연구자가 현지에 영주할 수 없는 경우에는 가능한 한 현지에서 정기적으로 장기간 체류해야 했다. 이처럼 회원들이 연구 지역의 현장에 계속 있었기 때문에 EFEO는 동시대의 아시아 세계와 관련 있는 문제들까지도 다룰 수 있었다.

식민지 시기에 EFEO의 원장을 역임한 사람들은 초기에 EFEO의 설립을 주장한 인도 관련 연구자들보다는 한 세대 정도 후배 세대였다. 그리고 역대 원장 중에는 앙리 4세 고등학교, 루이 르 그랑 등의 명문 중등 교육 기관을 거쳐 국립고문서학교, 고등사범학교, 국립동양어학교, 고등연구실용학교 등의 명문 고등 교육 기관을 졸업한 경우가 적지 않다. 아울러 이들의 전공은 동양학 일반, 고고학, 역사학, 문헌학, 예술사, 인류학 등으로 다양한 편이었다. 또한 재임 중이나 은퇴 후에는 콜레주드프랑스, 금석학·문학 아카데미, 고등연구실용학교 등과 같은 프랑스의 전통적인 동양학 교육 및 연구 기관과 협력하는 활동에 매진했다. 원장들의 연구영역을 살펴보면, 원래 인도학 전공이었던 피노는 캄보디아학, 푸세르(Alfred Foucher)는 인도학, 메트르(Claude Eugène Maitre)는 일본학, 오루쏘(Léonard Aurousseau)는 베트남학, 쐐데스(George Coedès)는 캄보디아학, 레비(Paul Lévy)는 베트남학, 말르레(Louis Malleret)는 베트남학 등이었다. 현지에서 베트남학(3명)과 캄보디아학(2명)을 연구하는 원장이 다수였음을 알 수 있다.

1898~1954년 EFEO에서 근무한 총 50명의 연구원 중에는 18명이 캄보디아 전문가, 14명이 베트남 전문가,[11] 9명이 중국 전문가, 4명이 인도 전

---

11 꺄바똥(Antoine Cabaton), 빠르망띠에르(Henri Parmentier), 까디에르(Léopold Cadière), 끌레(Jean-Yves Claeys), 뮈스(Paul Mus), 브자씨에르(Louis Bezacier), 뒤랑(E. M. Durand) 등은 참파 관련 연구도 병행했다.

문가, 3명이 라오스 전문가, 2명이 일본 전문가, 1명이 인도네시아 전문가였다.[12] 연구 현장에서 생을 마감한 연구원은 캄보디아의 시엠립(Siem Reap)(3명), 프놈펜(2명), 바이욘(Bayon)(1명), 베트남의 하노이(2명), 후에(1명), 사이공(1명), 빈롱(Vinh Long)(1명), 태국의 방콕(1명), 라오스의 루앙 프라방(Luang Prabang)(1명), 인도네시아의 자카르타(1명), 일본의 도쿄(1명) 등 모두 15명이었다. 그리고 하노이에서 태어난 언어학자 뒤랑(Maurice Durand)의 부친(Gustave Durand, 1888~1960)은 프랑스의 프로방스(Provence) 출신이었고, 모친(Nguyễn Thị Bình, 1903~1956)은 하이 퐁의 끼엔 안(Kiến An) 출신이었다.

BEFEO의 1901~1954년 연구 성과를 살펴보면, 캄보디아 관련 118편, 베트남 관련 116편, 중국 관련 51편, 참파 관련 42편, 인도 관련 27편, 라오스 관련 26편, 태국 관련 15편, 인도네시아 관련 11편, 일본 관련 10편, 미얀마 관련 7편, 티베트 관련 6편, 스리랑카 관련 1편, 몽골 관련 1편 등이다. 초기부터 40년 동안은 베트남 연구가 가장 큰 비중을 차지했지만, 1943년부터 캄보디아 연구의 비중이 베트남 연구의 비중을 앞지르기 시작했다. 그리고 1944~1950년 시기와 1953년에는 BEFEO가 정간되었고, 1943년에 게재가 중단되었던 베트남 연구 성과가 1951년에서야 다시 등장하기 시작했다. 1940년 9월 일본군의 인도차이나 진주, 1945년 9월 베트남민주공화국의 출현, 그리고 1946~1954년 제1차 인도차이나 전쟁 등으로 인해 극도로 불안했던 정치적 상황의 여파로 보인다.

그리고 캄보디아와 베트남에 이어 세 번째 연구 대상이었던 중국은 EFEO가 있던 하노이와 지리적으로 인접해 있었으므로 EFEO의 중국 관련 연구도 촉진되었다. 사실 제2차 세계대전 이전에 프랑스 학계가 중국에 파견한 학술 조사단들은 모두 하노이 본부를 기지로 삼아 활동했다.

EFEO의 지역연구는 아시아와 유럽, 환경으로 보는 아시아와 역내 지역 간의 교류, 인도차이나와 외부 세계(참파·동남아 도서부·인도·티베트·중국·유럽),

---

12 1900년 당시 3명에 불과하던 상임 연구원의 수는 100년 후에 42명까지 늘었다.

베트남과 외부 세계(캄보디아·라오스·태국·포르투갈·미얀마·코카서스·중국·일본),
참파와 외부 세계(인도·베트남·캄보디아·인도네시아·중국), 캄보디아와 외부 세
계(아랍·중국), 라오스와 중국, 태국과 캄보디아 및 덴마크, 미얀마와 중국, 말
레이반도와 태국, 인도와 외부 세계(중앙아시아·동남아시아·그리스·로마·투르판·
중국), 중앙아시아와 그리스, 중국과 외부 세계(티베트·일본) 등과 같은 다양한
지역을 포괄하면서 점점 확장되었다. 이러한 지역적 접근은 아시아 내의 지역
(region)을 조망하면서 관계와 비교의 관점을 제시하는 경향을 보였다. 특히
이 과정에서 두드러진 분야는 고고학, 민족지학, 불교학, 국제관계학 등의 분
야였다.

EFEO의 발전 과정에서 나타난 아시아 연구자들의 역할도 살펴볼 필요
가 있다. 1901년에 하노이로 이전한 EFEO의 정원에서 현지의 베트남 협력자
들이 용수(龍樹: 2~3세기 인도 남부의 불교 수행자 나가르주나)의 영혼에 제사를 올
릴 수 있었고, 1906년 당시 민족주의자 판 쭈 찐(Phan Chu Trinh, 1872~1926)
이 인도차이나 총독에게 개혁을 요청한 서한이 BEFEO에 게재된 것을 보
면 식민지 연구 기관 EFEO는 현지의 문화를 존중하면서 어느 정도의 '관용
(tolérance)'을 인정했던 것 같다. 이러한 분위기에서 베트남어의 음운론 및 문
법이나 민속에 관한 기초 연구에 종사했던 연구자들은 프랑스인이건 베트남
인이건 간에 대부분 EFEO의 연구원이었거나 EFEO와 관계가 있었던 사람들
이다.

BEFEO에도 현지인들의 다양한 연구 성과가 등장하기 시작했는데, 교육
자 도 턴(Đỗ Thận)은 이미 1907년에 신데렐라 이야기의 베트남판을 소개했다.
16세였던 1908년부터 EFEO에서 일하게 된 팜 꾸인(Phạm Quỳnh, 1892~1945)
은 6년 후에 베트남의 조사(弔詞) 2편을 번역하여 게재할 수 있었다.[13] 그리고
1927년 보병 전투 부대의 지휘관 루(Henri Roux)는 통킹 주재 비서관 쩐 반 쭈

---

13   이후 그는 베트남어의 발달에 크게 기여한 『남 퐁(*Nam Phong*; 南風)』의 편집장을 거쳐 로
마와 프랑스의 고전을 번역한 『태서사조총서(泰西思潮叢書)』를 발간했다.

(Trần Văn Chu)와 협력하여 라이 쩌우(Lai Châu) 제4군구의 산악 지대 소수민족을 조사하여 발표하기도 했다.

이후 1930~1940년대에 문학 연구자 응우옌 반 또(Nguyễn Văn Tố, 1889~1947)는 BEFEO의 추모 전기(傳記)와 서평 부분을 담당하기도 했는데, 번안, 번역, 연구 보조 등을 넘어 보다 전문적인 연구로 확장되는 사례도 살펴볼 수 있다. 1930년대에 역사학자 쩐 반 잡(Trần Văn Giáp, 1902~1973)은 불교의 역사와 의례를 다루었다. 인류학자 응우옌 반 코안(Nguyễn Văn Khoan, 1890~1975)은 1930년대 초반 베트남 통킹 델타의 신앙에 보이는 혼백 관념을 탐구했고, 1930년대 말에 역사학자 겸 민족학자 응우옌 반 후옌(Nguyễn Văn Huyên, 1905~1975)은 소수민족의 귀신, 노래, 춤 등을 연구했다. 제1차 인도차이나 전쟁 기간에는 한학을 공부한 후 1913년부터 EFEO에서 근무한 쩐 함 떤(Trần Hàm Tấn, 1887~1957)의 문묘(文廟)에 대한 연구 성과가 소개되었고, 역사와 지리에 조예가 깊었던 응우옌 티에우 러우(Nguyễn Thiệu Lâu, 1916~1967)가 빈 딘(Bình Định)의 1839년 농업 개혁과 꽝 빈(Quảng Bình)의 사망률에 대해 조명하기도 했다. 또한, 황족 출신이면서 EFEO의 후에(Hué) 통신원이었던 응 꾸어(Ưng Qủa, 1905~1951)는 레(Lê) 왕조의 개국 공신 응우옌 짜이(Nguyễn Trãi)의 15세기 자료 『평오대고(平吳大誥)』를 분석해 냈다. 이처럼 수십 년 동안 EFEO는 서구, 특히 유럽의 연구자들뿐만 아니라 아시아의 파트너들과도 무수한 협력 관계를 발전시켜 왔는데, 아시아의 연구자들과 1년이나 그 이상 공동 연구를 진행할 수 있었다. 이 동료들은 EFEO가 축적한 풍부한 문서 자료들에 접근하여 혜택을 누릴 수 있었다. 1930년 당시 경성(京城) 프랑스 영사관에서 근무하던 한인 청년 김영건(金永鍵, 1910년생)은 1931년부터 1940년까지 EFEO에서 근무하며 일본학 도서관의 사서뿐만 아니라 노엘 뻬리(Noël Péri)의 뒤를 이어 인도차이나와 일본 및 조선과의 관계나 조선의 대외 관계사 연구를 수행하기도 했다.

마지막으로 EFEO의 기타 활동으로는 도서관 설치와 박물관 창설 등을 통해 이해할 수 있다. EFEO 내에는 원래 설립 당시부터 도서관이 마련되어 있었는데, 베트남뿐만 아니라 주변 아시아 연구에 필수적인 주요 자료들을 수집해서 정리해 두었다. 그리고 고고학 연구에 매진하던 피노 원장은 프놈펜 팔리어 고등 연구원(École Supérieure de Pâli de Phnom Penh)과 긴밀히 협력하면서 연구원 까르쁠에스(Suzanne Karpelès)를 통해 프놈펜 캄보디아 왕립 도서관(Bibliothèque Royale du Cambodge à Pnom Penh) 창설에 기여했다. 이 도서관이 현재의 캄보디아 국립도서관(Bibliothèque Nationale du Cambodge)이다. 1924년 12월 24일에 개관한 캄보디아 왕립 도서관(Bibliothèque Royale du Cambodge)의 당시 장서는 2,879종이었으며, 이중 절반이 프랑스어 서적이었다.

그리고 1899년부터 특히 다 낭을 포함한 꽝 남(Quảng Nam) 지역에서 수많은 참파의 조각들이 발견되기 시작했다. 현재 다 낭의 하이 쩌우 군(郡)(Quân Hải Châu)의 한강(Sông Hàn, 즉 Hàn Giang [汗江]) 주변에 위치한 참파 조각 박물관은 EFEO의 고고학부 소속이었던 빠르망띠에르가 1902년에 참파의 조각 및 예술에 특화된 고대 박물관을 구상하고 제안한 데서 기원한다. 1915년에 설립된 이 박물관의 이름은 고고학자이자 건축가였던 주창자의 이름을 따라 앙리 빠르망띠에 박물관(Musée Henri Parmentier)으로 정해졌고, 1919년에 첫 번째 건물의 낙성식이 개최되었다.[14] 참파의 전통적인 양식 이외에도 프랑스 건축가 드르발(Deleval)과 오끌래르(Auclair)가 고안한 건물은 1920년대와 1930년대에 발굴된 유물들을 전시하기 위해 두 차례에 걸쳐 확장되었다.[15]

아울러 하노이 홍하(紅河) 옆의 프랑스 상관(商館)과 영사관(領館)에 가까운 EFEO 건물에 있는 루이 피노 박물관(Musée Louis Finot)은 프랑스 건축가 에브라르(Ernest Hébrard)가 1932년에 건설했다. 이 건물은 인도차이나 절충 양식(창시자는 에브라르)의 대표적인 사례이다. 1936년 7월 당시 이 박물관

---

14   박물관이 개관하기 전에 이곳은 '조각의 정원(Jardin de la Sculpture)'이란 이름으로도 알려져 있었다.

15   이 박물관에서 1920년대 후반부터 경력을 쌓은 보 꽝 꾸인(Võ Quang Quỳnh, 1910~1936)은 1930년부터 빠르망띠에르의 비서 자격으로 유물을 관리했고, 이 공로를 인정한 EFEO는 그를 정규 직원으로 채용했다.

에는 인도차이나를 비롯하여 아프가니스탄, 인도, 티베트[서장(西藏)], 중국(中國), 조선(朝鮮), 일본(日本) 등의 역사적 보물들이 찬란하게 진열되어 있었다고 한다. 그리고 프놈펜의 알베르 싸로 박물관(Musée Albert Saraut, 1919, 현재 캄보디아 국립박물관), 후에(Hué)의 카이 딘 박물관(Musée Khai Dinh, 1923, 현재 황실 유물 박물관), 사이공의 블랑샤르 드 라 브로스 박물관(Musée Blanchard de la Brosse, 1928, 현재 호찌민시의 역사박물관) 등이 마련되었다.

IV. '통아시아'를 위하여

16세기부터 저술과 지도로 프랑스에 등장하기 시작한 아시아는 17세 이래 선교사들의 활동으로 더욱 구체적인 정보가 전해지기 시작했다. 그리고 18세기 중반부터 일어난 산업혁명은 국가가 주도하는 동진(東進) 정책을 점차 추동해 나갔다.

이러한 상황에 부응하기 위해 프랑스 근처의 동쪽 세계, 근동뿐만 아니라, 중동을 거쳐 저 멀리 떨어져 있는 인도, 동남아, 동북아를 포괄하는 지역에 대한 관심이 프랑스 내에서 높아졌다. 그래서 프랑스의 꼴레주드프랑스, 금석학·문학 아카데미, 동양어 특수 학교, 아시아학회 등과 같은 교육 및 연구 기관과 학회 등이 창설되었다. 아울러 해외에서 프랑스의 활동이 더욱 활발해지면서 해외 프랑스 연구원 네트워크가 아테네, 로마, 카이로 등지에서 조직되기 시작했는데, EFEO의 설립 배경은 바로 이러한 연장선상에서 이해할 수 있다.

문화적 우월감을 지닌 채로 EFEO에 온 프랑스 역사학자들은 특히 실증적이고 비판적인 인식론적 방법으로 구전된 자료들을 불신하면서 선사 시대의 고고학을 중시하는 관점을 갖고 있었다. 이 연구자들은 엄격한 과학적인 고증 작업을 통해 고대 문헌들을 분석하는 분야에서 현지의 유교 지식인들을 크게 앞섰다. 프랑스 연구자들은 중국 점령 이전에 민족 국가가 베트남에 존재했다는 점을 인정하기는 했지만, 국가의 영역 확대와 상고 시대 기원에 관한 문제는 전설처럼 과장된 내용이라고 주장했다. 이와 함께 EFEO는 이미 베트남의 영토로 흡수된 참파 문명과 캄보디아의 앙코르 문명을 '재발견'하고, 베트남에 대한 이 두 문명의 상대적인 우위를 강조하면서 인도차이나 문명의 주재자(主宰者)로 자처하게 되었다.

한편, EFEO는 전통적인 '동양학'의 관심을 당시의 시대 배경과 요구에 부응하기 위해서 노력해야만 했다. 이 과정에서 EFEO는 기존의 연구 방법론을 재검토하고 본국과 긴밀하게 협조하면서 전통적인 동양학의 연구영역을 확장하고 과학적이면서도 현장감이 넘치는 연구에 매진하게 되었다. 그래서 EFEO의 원장들과 연구원들은 원래의 전공 영역뿐만 아니라 전공 지역 주변 세계까지 연구를 확장하는 경우도 있었다. 그 결과 베트남과 캄보디아를 중심으로 관련 연구가 증가했고, 인도차이나 지역과 상호 교류하던 중국 및 인도에 대한 연구도 관심의 대상이 되었다. 그리고 아시아의 '역내 지역'에 대한 인식이 나타나면서 '중앙아시아', '북아시아', '계절풍 아시아'란 개념이 등장했다. 또한, '식민학'이란 정치적, 사회적 환경 속에서도 베트남과 기타 아시아의 연구자들은 문학, 역사학, 민족지학, 관계사 등의 분야에서 적지 않은 성과를 남겼다.

1954년에 프랑스가 제1차 인도차이나 전쟁에서 패배하면서 EFEO도 하노이를 떠나야 했다. EFEO는 1956년에 본원을 파리에 두게 되었고, 그 이후 조직을 계속 확대하여 현재 아시아 12개국에 18개의 센터와 분원을 운영하고 있다. 이 기간 현실적인 국제 정세의 변동과 '중공'의 성립 이후에 중국 관련 연구는 지속적으로 증가했고, 21세기부터는 인도 관련 연구도 급증하고 있다. 하지만 EFEO는 여전히 과거에 가졌던 관심을 현재에도 이어 가는 노력을 게을리하지 않고 있다. 근처의 '동양'에서 인도, 중앙아시아, 동남아시아, 동북아시아(혹은 북아시아)로 확장된 '아시아'를 이해하기 위해서 아시아 전역에 걸쳐 있는 지역적 문화 현상에 여전히 많은 관심을 보인다. 그래서 현재에도 EFEO는 아시아를 연구하는 지역적 관점의 테마 중에서 인도에서 일본에 이르는 불교의 전파와 크메르 세계의 비문 연구에 많은 관심을 두고 있다.

1898~1954년 시기와 이후 EFEO의 활동은 아시아 연구에 시사하는 바가 적지 않다. 첫째, 명확한 시대적 소명을 갖고 출발한 연구 기관 EFEO는 현장성을 줄곧 유지해 나갔다. 둘째, EFEO는 현지 파트너들과 적극적으로 협력하며 아시아 내에서 네트워크를 구축해 나갔다. 셋째, EFEO의 연구 주제는 하나의 국가에 머무르지 않고 주변의 외부 세계로 끊임없이 확장되는 과정을 현재에도 거치고 있다. 이러한 현장성, 파트너십, 확장성 등을 '우리'의 문제에 적용하기 위해서는 다음과 같은 문제 제기가 필요하다. 우선, 현재 한국 사회의 아시아 연구가 필요로 하는 시대적 소명은 무엇인가? 여기에서 도출된 시대적 소명이 아시아 현장에서 어떻게 이어져 나아가야 하는가? 다음으로, 아시아의 현지 파트너들과 어떻게 지속적인 연구 네트워크를 구축하고 넓혀 갈 수 있을까? 마지막으로, '우리'의 문제와 공유할 수 있는 아시아에 대한 연구 주제를 어떻게 발굴할 것인가? 이와 같은 문제 제기에 기반하여 아시아를 다양한 방법으로 관통(貫通)하는 미래의 '통아시아' 연구는 어떤 나라나 이 나라의 지방에 파편처럼 흩어져 있거나 매몰되어 있는 연구를 조화롭게 회통(會通)하여 아시아의 화합과 평화를 통해 통합(統合)을 이루는 과정이기 때문에 더욱 가치가 있다.

참고문헌

권윤경. 2018. "프랑스 오리엔탈리즘과 극동(Extrme – Orient)의 탄생: 경성제국대학
　　　프랑스어 도서들 속에 얽힌 제국 시대 지성사의 네트워크." 『아시아리뷰』 7
　　　권 2호, 181 – 216.
윤대영 · 응우옌 반 낌 · 응우옌 마인 중. 2013. 『1862~1945, 한국과 베트남의 조우: 교
　　　류, 소통, 협력의 중층적 면모』. 이매진.
최병욱. 2016. 『동남아시아사: 전통시대』. 광주: 도서출판 산인.
Bouchez, Daniel. 1995. "프랑스 國立極東硏究院의 事業." 『亞細亞硏究』 第94號,
　　　175 – 189.
YOUN, Dae – yeong. 2016. "Between Korea and Vietnam: Kim Yung Kun's
　　　'Ever – Changing and Impermanent' Life." *Journal of Asian History*
　　　50(2), 235 – 278.

제5장

냉전 시기 미국에서 바라본 아시아

권헌익(서울대학교 아시아연구소 HK교수)

I. 서론: 제국의 시대에서 냉전의 시기로

1945년 제2차 세계대전의 종전과 함께 아시아는 탈식민(decolonization)의 시기에 진입했다. 아프리카 등 다른 지역에서도 비록 시차는 있었지만 같은 움직임이 있었다. 아시아에서 탈식민 과정은 지역에 따라 지연되기도 하고 위기 상황을 야기하기도 했는데, 이는 무엇보다도 기존 유럽 제국들의 저항 때문이었다. 2차 대전의 패전국인 일본에 의하여 식민 지배를 경험한 한반도는 종전과 함께 바로 탈식민의 과정에 진입했다. 반면, 가까운 동남아시아 여러 곳에서는 당시 유럽 세력들의 재(再)식민화 시도에 혼란을 겪어야 했다. 예를 들어 인도네시아는 1945~1949년에 네덜란드와 무력 충돌을, 베트남은 1945~1954년에 프랑스와 전쟁을(제1차 인도차이나 전쟁) 치러야 했다. 베트남 사람들은 이를 '항불 전쟁'이라고 부른다. 이것은 이어서 전개된 또 다른 전쟁, 우리가 '베트남 전쟁'이라고 일컫는 제2차 인도차이나 전쟁(1960~1975)인 그들의 '항미 전쟁'과 구분하기 위함이다.

이처럼 아시아의 복잡다단한 탈식민 과정에는 또 다른 복잡한 측면이 있었는데, 이는 다름 아니라 지역의 탈식민 역사가 초기 냉전의 역사와 겹친 것이었다. 탈식민과 냉전의 이중적이면서 중첩된 역사 과정은 동아시아에서 특히 첨예한 모습으로 전개되었다. 분단과 이념 갈등을 수반한 내전 혹은 내전과 흡사한 위기, 이 폭풍의 역사 현장에 한반도와 인도차이나는 소용돌이의 중심에 있었다. 주지하듯이 한반도의 탈식민 과정은 미·소의 분할 점령과 분단체제의 형성에 이어 초기냉전의 중요한 사건인 한국전쟁(1950~1953)의 역사와 겹친다. 프랑스의 식민통치를 경험한 베트남은 2차 대전 종전으로 일본의 점령에서 해방되자마자 프랑스의 재침공을 겪었다. 베트남의 입장에서 이 전쟁은 그들의 민족해방운동의 연장이었지만, 프랑스는 식민정치의 연속이 아니라 역사적으로 그들에게 가까운 인도차이나를 국제공산주의의 위협으로부터 지키기 위한 노력이라고 정당화했다. 소위 말하는 도미노 논리(동남아시아의 어느 나라가 공산화되면 곧 동남아 전체가 공산화될 것이라는 논리)에 근거하여 미국 역시 프랑스의 인도차이나 진출을 지지하고 지원하였다. 이 지원의 배경에 일본의 입지, 미국이 이해한 전후(2차대전, 태평양 전쟁) 아시아의 냉전 지형에서 일본이 갖는 위치가 있었다.

따라서 태평양 전쟁이 종식되고 20세기 중반으로 진입하면서 아시아는 서구 제국과 이전과는 결이 일정 부분 달라지는 새로운 모습의 관계를 맺는다. 제국의 시대 아시아가 서양(서유럽 그리고 후발 제국인 미국)의 호기심의 대상에서 나아가 탐험과 정복의 대상이었다면, 냉전 시기에 진입하면서 아시아는 더욱 복잡한 위치를 갖게 된다. 기존에 문명적인 의미에서 아시아가 서구의 타자였다면 탈식민의 아시아는 그 타자성이 새롭게 등장한 대(大)타자, 이념적이고 체제적인 의미에서 타자의 정체성과 병존하면서 그 입지에 일정한 변화가 일어난다. 이 새로운 타자란 소비에트 권력과 이 권력을 중심으로 한 국제사회주의 체제뿐만이 아니다. 중국의 공산화도 그렇지만 당시 아시아 여러 다른 곳에서 관찰된 급진적 민족주의 세력(서구와 미국의 시각에서) 역시 이 타자의 범주에 속했다. 기존의 문명적 의미의 타자와 새로운 이념적 의미의 타자가 혼재하는 형국인데, 한국 현대사에서는 이 현장을 종종 '해방공간' 혹은 '해방전후사'라는 주제로 접근한다. 반면, 냉전사 혹은 20세기 외교사나 국제관계사의 영역에서는 '탈식민과 냉전(decolonization and the Cold War)'이라고 명명한다. 본 장은 바로 이 정치질서의 탈식민화와 정치체제의 양극화라는 동시대적이고 중첩적인 현장에서 요동치는 20세기 중반 탈식민 냉전 시기 아시아의 모습을 들여다본다. 물론 이 모습은 이 책의 전체 논의에 맞추어 서구의 눈에 비친 아시아로 한정한다. 그런데 여기서 흥미로운 것은 아시아를 멀리서, 또 때로는 가까이에서 지켜보는 이 바라보는 자 역시 고정된 모습이 아니라 나름대로 격동의 변화를 겪는 행위자란 것이다. 바라보는 대상과 바라보는 행위자를 논할 때, 이 중 어느 하나를 고정해놓고 바라보는 행위를 이해하는 것과 그렇지 않고 둘 다 움직이는 것이라고 인정하고 접근하는 것 사이에는 상당한 차이가 있다.[1] 미술 이론에서는 물론이고 역사 인식에서도 그러하다. 그러면 먼저 바라보는 행위자, 이 행위자의 움직임에 대하여 잠깐 생각해 보자. 가까운 일본, 당시 미국의 점령하에 있던 일본이 여기서 흥미 있는 사례이다.

II. 탈제국 일본과 탈식민 아시아

탈식민의 또 다른 측면은 탈제국이다. 동전의 양면이라고 이해해도 좋겠다. 그런데 아시아의 탈제국 과정은 다른 지역에 비해서 특별한 성격을 가졌었다.

---

1 이 주제에 관한 가장 흥미로운 저작은 한국전쟁의 기원으로 한국 독자에게 잘 알려진 브루스 커밍스(Bruce Cumings)의 동아시아를 향한 미국의 시각에 시차가 존재한다는 지적이다(Cumings, 1999). 시차 혹은 패럴랙스(parallax)는 전통 천문학에서 계절에 따라 변하는 별자리를 보면서 거리를 추정하던 방법이다. 즉, 대상을 두고 관찰자의 시공간적 움직임을 의미한다. 이 표현을 메타포로 들여오면서 커밍스는 탈식민 아시아의 급진적 민족주의 세력을 미국이 1945년을 전후하여 군국주의 제국 세력과의 싸움에서 긍정적 세력에서 부정적 용공 세력으로 보게 된 것을 민족주의 세력의 변화(즉, 관찰의 대상)가 아니라 관찰하는 주체의 변화(1945년 이전 연합군 세력의 일부에서 1945년 이후 국제 반공 전선의 중심)로 설명한다.

특히 동북아시아와 동남아시아에서 그러했는데, 이는 아시아의 제국 시대에 서구의 힘뿐만 아니라 아시아에서 생성된, 아시아주의를 주창하는 특이한 제국의 팽창이 있었기 때문이다. 이 제국이 해체되는 과정에 미국의 힘이 아시아에 뿌리를 내렸고, 같은 시간대에 지역에서 냉전체제가 자리를 잡았다.

"미국의 세기"라는 표현이 있다. 요즘 들어 이 시대가 이제는 막을 내리는 것이 아닌가 하는 논의가 분분하다. 이 세기의 시작이 언제인가에 대하여도 학자들 사이에 의견이 다양하다. 헨리 루스가 그랬듯이 보통 2차 대전의 현장을 두고 이 세기의 시작으로 이해한다(Luce, 1999). 서구 세력 중에 유일하게 2차대전 중 유럽과 아시아 두 전장에서 전쟁을 치른 미국의 입지를 두고 하는 말이다. 대서양과 태평양을 모두 양 날개로 덮는 역사상 유례가 없는 글로벌 파워의 입지이다. 유럽사 전공자들은 2차 대전보다는 1차 대전(1914~1918)에 방점을 두기도 한다. 1917년 우드로 윌슨이 유럽의 전장에 미국이 참여하기로 하는 사건에 주목한다. 1차 대전은 탈식민 역사에도 중요하다. 1919년 윌슨의 민족자결주의 선언(그리고 1917년의 러시아 혁명)에 맞추어 아시아·아프리카·라틴아메리카에서 민족독립운동이 새로운 전환기를 맞게 되었다. 우리가 익히 알고 있는 한반도의 3·1운동 역시 이 흐름에 속한다. 한발 더 나아가서 19세기 말을 미국의 세기의 기원으로 보기도 한다. 『삶의 방식으로서의 제국』이라는 제목의 전설적인 저작이 여기서 돋보이는데, 저자 윌리엄 애플맨 윌리엄스(William Appleman Williams)는 미국이 1898년 대스페인 전쟁에서 승리한 후 하와이와 필리핀을 식민화한 사건을 강조한다(Williams, 1980). 같은 시기에 한반도 역시 미국의 힘과 문물을 처음 접촉했는데, 문화 영역에서는 평양을 중심으로 한 북미 근본주의 기독교의 전파가 주목된다.

미국의 세기에 관한 위의 세 가지 인식은 반드시 시대 구분의 문제가 아니라 이 세기의 성격에 관한 논쟁과 밀접하게 연결된다. 만약 19세기 말에 방점을 찍는다면 아메리칸 파워의 성격은 기존 유럽 세력의 그것과 비교해서 큰 차이가 없다. 바이마르 독일과 메이지 일본과 함께 후발 제국으로서 기존 유럽 제국의 영역과 권위에 도전하는 강대국 정치, 힘의 흥망성쇠의 일부분으로서 정의된다. 반면 20세기 중반, 우리의 해방공간과 연결해서 조명한다면 이 파워의 성격은 제국의 그것과 일부 차별되기 시작한다. 국제관계학에서 논하는 이른바 자유주의(Liberalism, 현실주의 혹은 Realism과 구별되는 의미)적 파워의 모습을 갖는데, 이 모습에는 여러 측면이 있지만 주목되는 것은 탈제국적 인식이다. 기존의 유럽 중심 제국 체제에 대비하여 자신을 의식적으로 차별화한다는 의미이다. 이 부분적 차별화는 1차 대전을 배경으로 한 윌슨주의와 연결지어서 이해되기도 한다.

미국의 세기의 기원과 관련된 아메리칸 파워의 성격에 대한 논의는 오늘날에도 활발하게 진행 중이다. 중요한 질문은 앞서 지적했듯이 이 파워가 기존 유럽의 제국의 그것과 비교하여 얼마만큼 연속성을 갖는가 혹은 차별되는가, 다르다면 어느 정도이며 어떤 측면에서 불연속의 성격을 논할 수 있는가이다. 논의의 장은 방대하다. 만약 2차 대전의 공간에서 이 주제에 접근한다면 전체주의(유럽의 공간에서)와 군국주의(동아시아의 영역에서) 세력과 대적하는 의미에서 자유주의 이념이 강조될 수 있다. 더하여 기존의 제국 패권이 식민주의라는 형식으로 통치의 대상에게 정치적 복속을 강요했다면 새로운 패권은 탈식민 과정을 수반한, 말하자면 기존 방식과는 결별하면서 기존의 식민지역이 정치적이고 문화적인 주권을 갖는 여러 탈식민 국민국가로 탈바꿈하면서 이들과 새로운 방식으로 (형식적으로 대등하지만, 실질적으로는 위계적인) 국제질서를 형성했다. 무엇보다도 앞서 지적했듯이 이 세계사적 탈식민 과정은 글로벌 영역에서 정치의 양극화와 동시대적 현상이었다. 이 이중적이고 중첩적인 정치 현장에서 패권 세력의 자유주의 이념과 자유의 개념 역시 일정한 변화를 겪는다.[2]

초기냉전 아시아에서는 이 변화의 중심에 일본과 미·일 관계가 자리했다. 특히 당시 전후(태평양 전쟁) 일본을 점령하고 있던 미국이 좁게는 일본과 동아시아, 넓게는 아시아·태평양 지역을 어떻게 바라보았고, 그들의 시각이 초

2　이 영역에서 최근에 주목되는 연구들은 냉전 초기 정치적 자유의 개념이 (청교도적 의미의) 종교적 자유와 의미상 밀접했다고 지적한다. 대표적 저작으로 Preston(2012)을 참조할 만하다.

기 점령 기간인 1940년대 후반에서 1950년대로 진입하면서 어떻게 변화하게 되었는가이다. 변화의 계기는 다름 아닌 이웃 한반도에서 일어난 전쟁이었다.

이 전쟁은 실로 세계사에서 큰 자리를 차지한다. 먼저, 오늘날에도 그 위상을 견지하고 있는 미국의 군사적 제국으로서의 입지는 그 형성의 역사가 1950~1953년의 전쟁과 밀접하다. 반면에 오늘날 중국의 대국주의적 국가이넘 역시 한국전쟁에 기원한다고 주장하는 학자들이 있다. 소련이 상대적으로 소극적인 데 반하여 중국은 한반도의 전쟁에 군사적으로 깊게 개입함으로써 이후 국제사회주의 체제에 균열이 생겼다는, 말하자면 이 체제에 태양이 하나가 아니라 둘이 되었다는 지적이다. 이것이 1950년대 후반에 이르면 중소분쟁으로 발현되고 나아가서 1970년대 미·중 데탕트로 이어졌고, 1990년대 초 구소련 해체 후에는 오늘날 세계가 직면하고 있는 미·중 간의 강대국 힘겨루기 정치의 기원이 되었다는 주장이다(Chen, 1996: 211-224).

한국전쟁이 이렇게 지난 세기에 동서를 관통하면서 소위 제1세계와 제2세계에 공히 구조적 변화를 야기한 사건이었다면, 유사한 지적을 그 시대의 또 다른 세계, 이른바 제3세계에 대해서도 할 수 있다. 제도사적인 의미에서 제3세계의 기원인 1955년 인도네시아 반둥에서 열린 아시아·아프리카 정상회의는 그 회합의 중요한 계기 중의 하나가 한국전쟁이었다. 흔히 반둥회의라고 불리는 이 역사적 모임의 목적은 아시아와 아프리카의 신생 국가들이 어떻게 하면 당시 격동하는 세계질서에서 자결권을 지킬 수 있는가였다. 여기서 첨예한 문제의식 중의 하나가, 특히 당시 버마의 지도자 우 누가 명확히 이해했듯이, 어떻게 하면 이들 국가가 한반도와 인도차이나의 운명을 피할 수 있을까였다. 이 문제란 결국 이들 탈식민 국가들이 양극화하는, 강대국 중심의 당시 세계질서에서 어떻게 하면 이 질서가 자신들의 내적 질서마저 규정 내지 결정하는 것을 피할 것인가, 말하자면 정치공동체가 겪을 수 있는 것 중 가장 첨예한 위기이자 자기파괴인 민족 내전을 피할 수 있을 것인가라는 질문이었다.

20세기의 전과 후를 가르는 바로 그 시점에 발발한 한반도의 내전은 그러므로 이 세기의 중·후반 세계질서의 성립에 결정적인 사건이었다. 국제질서라는 거대 영역을 뒤로하고 가까운 이웃으로 눈을 돌릴 때도 유사한 지적이 가능하다. 이웃 나라 일본이 여기서 주목된다. 여러 역사학자와 국제관계학 연구자들이 지적하듯이 한반도의 전쟁은 2차 대전 후 일본이 오늘날의 일본으로 자리 잡는 데 있어 중요한 사건이었다. 마이클 샬러(Michael Schaller)는 이를 미국의 일본 점령정책을 포함해서 한국전쟁이 초래한 미·일 관계의 구조적 변화로 접근한다(Schaller, 1985). 반면, 신욱희는 1951년 9월 한국전쟁 와중에 열린 샌프란시스코 회담이라는 사건을 중심으로 이른바 샌프란시스코 체제라는 아시아·태평양 영역에서 전후 패권 체제의 형성으로 접근한다(신욱희, 2022). 논의는 전체적으로 역사적 굴절에 집중하는데, 이것은 일본의 전후 탈제국 과정이 넓게는 아시아의 냉전, 그리고 좁게는 1950~1953년의 전쟁으로 말미암아 어떻게 왜곡되었는가에 대한 내용이다. 이 굴절 과정은 물론 아시아에서만 일어났던 일이 아니다. 2차 대전 이후 유럽의 상황, 예를 들어 독일과 이탈리아, 그리고 심지어 프랑스에서 전후 과거 청산의 노력이 어떻게 초기냉전에 의하여 좌절되었는가와 소통하는 부분이 있다. 그렇지만 일본의 경험은 그들의 탈제국 과정이 글로벌 정치의 양극화뿐만 아니라 국제적 무력 분쟁으로서의 한국전쟁, 이웃에서 일어난 전쟁에 크게 영향을 받았다는 점에서 특기할 만하다. 남기정은 이를 두고 기지 국가로서의 일본의 성립이라고 명한다(남기정, 2016). 샬러는 이 기지를 전진기지로 이해하는데, 미국의 관점에서 일본이 소련과 중국을 포함한 국제사회주의 세력, 나아가 제3세계의 급진세력과의 대결에서 아시아의 핵심적인 전진기지가 되는 것을 의미한다. 물론 이 지정학적인 의미의 전진기지는 분업체계에 근간하는데, 이는 군사적 의미의 일본의 미군기지화와 함께 미국 주도의 자유주의 경제질서에서 일본의 전후 경제재건의 두 축을 두고 있었다.

이들 국제관계사 연구에 더하여 한국전쟁기에 일본의 국내 정치·사회적 환경이 어떻게 급변하는가에 관한 관심도 최근에 증가하고 있다.[3] 한국전쟁을

---

3 근래의 대표적 저작으로 Masuda (2015) 참조

종종 '잊혀진 전쟁'으로 회자하는데, 일본 근대사 연구자 테사 모리스-스즈키가 지적하듯이 이 영역, 즉 일본의 한국전쟁은 정말 까맣게 잊혀진 전쟁이다 (Morris-Suzuki, 2018). 이 영역에서는 재일한국인과 재일조선인 사회의 입지와 운명이 깊게 연관되기 때문에 우리에게도 관심의 대상이 아닐 수 없다. 전체적으로 당시 미국 사회에서 관찰되었던 소위 '비미국적' 행위와 행위자들에 대한 통제 및 숙청과 흡사한 규율 사회의 형성, 그리고 이 환경에서 제국과 전체주의의 역사와 유산이 (프랑스에서 비치 정권 시기의 기억이 1945~1954년 인도차이나 전쟁과 1954~1962년 알제리 전쟁 과정에서 재구성되는 것처럼) 재구성되는 현상에 집중한다.

한마디로 한국전쟁으로 인해서 일본은 아시아로 컴백하였다. 앞서 지적한 것처럼 물론 이 귀환은 1945년 이전과는 달리 군사적인 행위가 아니라 군사적인 면을 미국에 위임한 상태에서 주로 경제에 국한된 것이었다. 냉전 초기 이 귀환은 당시 외교통상 관계가 대부분 단절되어 있던 동북아시아보다는 동남아시아가 주요 공간이었다.

III. 『조용한 미국인』

앞에서 '굴절'이라는 표현을 언급했다. 이와 관련하여 초기냉전 미국이 바라본 '아시아'는 두 가지 프리즘을 통과한 대상이었다고 논할 수 있다. 그중 하나는 기존의 문명적 의미의 타자에 더하여 새로운 타자로 등장한 국제사회주의 세력이었다. 또 다른 하나는 이 세력과 대적하기 위해서 구상된 새로운 아시아, 일본을 중심으로 한 전투적인 아시아였다. 이 두 프리즘을 통과한 아시아의 이미지가 어떻게 교차하는지를 이제는 지정학의 거대 영역에서 벗어나서 문학의 세계에서 관찰해 보자. 주목되는 작품이 냉전 문화사에서 종종 거론되는 그레이엄 그린의 『조용한 미국인(*The Quiet American*, 1955)』과 이에 반대 테제로 구성된 『못생긴 미국인(*The Ugly American*. 1958)』이다.

　　그린의 『조용한 미국인』은 삼각관계를 두고 이야기를 전개한다. 중년의 영국인 기자 파울러, 미국인 청년 파일 그리고 베트남 여성 프엉 사이의 복잡한 애정 관계가 제1차 인도차이나 전쟁을 배경으로 전개된다. 이들의 삼각관계는 구 유럽의 파워, 아시아의 새로운 패권 세력인 미국, 그리고 이들 사이에 혼란스러워하는 베트남을 은유적으로 표현한다. 분명 젠더, 나아가서 오리엔탈리즘적 문제가 있는 구성인데 이는 독자들의 판단에 맡긴다. 파울러는 아시아에서 미국의 힘이 이전 유럽의 파워가 그랬듯이 결국 패권 구축에 실패할 것이라고 자신의 의견을 피력한다. 그는 미국은 아시아의 민족주의를 이해하지 못하고 민족주의가 수반하는 정신적 힘, 인민의 아래로부터의 힘을 이해하지 못한다고 파일을 상대로 주장한다. 파일은 이에 대하여 구 유럽의 제국과 새로운 미국의 힘을 동일시하는 파울러의 견해에 동의할 수 없다고 말한다. 그가 강변하길 미국은 아시아에서 패권을 추구하지 않으며, 아시아를 정복과 착취의 대상으로 여겼던 유럽인과 달리 미국인은 그들이 소중하게 여기는 가치인 자유와 민주주의를 아시아인들과 공유하길 바랄 뿐이다. 왜냐면 미국은 유럽이 아니며, 반대로 유럽(영국, 프랑스, 스페인)의 패권주의와 싸워 쟁취한 주권이다. 그러므로 아시아와 미국은 같은 역사적 운명을 갖는다고 단호하게 말한다.[4]

　　그린의 이야기에 등장하는 미국인 파일은 실제 인물이다. 미 정보기관 요원 에드워드 랜스데일 대령인데, 1940년도 후반과 1950년도 초반에 필리핀과 인도차이나에서 미국의 개발원조 (그리고 반 공산유격대 작전)에 깊게 간여한 인물이다(Nashel, 2005). 『조용한 미국인』은 제1차 인도차이나 전쟁이 끝나

4　파일의 이러한 주장은 당대에 아시아에서도 존재했다. 예를 들어, 1955년 4월 18일 반둥회의 개회사에서 당시 인도네시아 대통령 수카르노는 4월 18일의 의미를 상기했다. 그날은 1775년 뉴잉글랜드의 폴 리베라는 사람이 당면한 영국군의 침략을 지역의 여러 정착촌 주민들에게 말을 달려 알림으로써 미국 독립전쟁의 봉화를 올린 날이라고 알려져 있다. 또 다른 예로는 1945년 9월 베트남의 독립을 선언하면서 베트남의 민족지도자 호찌민이 1776년 미국의 독립선언문을 인용하면서 역사적 선언을 시작하였다. 이 사건을 부각하면서 이후 베트남과 미국 사이에 점차 벌어지는 간격을 다룬 훌륭한 저작으로 Bradley(2000) 참조

고 제네바 평화회담에서 베트남이 남북으로 분단되는 시점에 출간되었다. 미국은 이 전쟁에 프랑스를 위하여 군사적·경제적 지원을 제공했는데, 이는 앞서 언급한 도미노 논리와 함께 일본의 아시아 냉전에서의 위치, 그리고 일본 경제재건을 위하여 동남아시아를 자유시장경제 영역에 두어야 한다는 미국의 전략적 사고와 관련했다는 것이 통설이다. 그럼에도 불구하고 왜 미국이 남의 전쟁에 개입해야 했느냐는 최근 미국 외교사학회에서 다시 뜨거운 주제이다. 어찌 됐든 프랑스가 디엔비엔푸 전투에서 패배 후 베트남을 포기하면서 이젠 분단된 베트남의 남반부인 남베트남을 지원하고 유지하는 것은 전적으로 미국의 일이 되었다. 이 환경에서 또 다른 이야기가 출간되었다.

『못생긴 미국인』이란 제목의 이 이야기는 존 에프 케네디 대통령이 무척 좋아해서 대통령 재직기간에 수십 권을 직접 구입하여 지인들과 보좌관들에게 일독을 권했다는 일화가 있다. 『조용한 미국인』의 내용에 반대 테제로 지어진 정치 소설로 알려져 있다. 내용은 유럽과 미국의 갈등이 아니라 이젠 두 미국인, 그들이 아시아를 보는 두 시각 사이의 충돌이다. 배경은 내전을 겪고 있는 가난한 '사르칸'이라는 가상의 동남아 국가이다. 이 나라의 미국 대사는 아시아인을 도덕적 수준이 낮고 문명화되지 못한 사람들로, 미국의 책무는 이 미개한 사람들을 대상으로 문명을 위로부터 주입해야 하는 것으로 이해한다. 주인공 아킨스는 미국 정부의 개발 프로젝트를 위하여 사르칸으로 온 공학도인데, 대사의 이런 태도에 저항한다. 그의 인종주의적 견해를 구 유럽 패권의 유산이라고 비판하면서 미국의 힘은 이런 불행한 역사의 유산과 결별해야 한다고 믿는다. 그러면서 (다음 장에서 언급되듯이 동시대에 나왔고 당시 한국에도 잘 알려진 월트 로스토의 저작 『경제 성장의 과정』과 여타 MIT 근대화론자들의 주장에 발맞추어) 아시아에서 공산주의를 이기는 길은 무력이 아니라 경제발전이라고 주장한다. 그리고 아시아의 경제발전을 위해서 미국인은 아시아인에게 미국의 방식을 강요하는 것이 아니라, 반대로 그들의 삶의 현장에 들어가서 그들의 언어와 문화를 습득하고 그들의 방식으로 그들과 함께 길을 찾아 나가는 것이라는 의견을 피력한다.

어찌 들으면 이게 인류학도의 말이 아닌가 혼란스러울 정도로 흥미로운 위의 주장을 펼치는 주인공은 다름 아닌 『조용한 미국인』의 실제 인물 랜스데일이라고 알려져 있다. 그의 주장은 가상의 세계가 아니라 당시 미국 행정부의 대아시아 정책에서 관찰되었던 변화와 밀접하게 연결되어 있었다. 한국 현대사의 영역에서도 1950년대 후반의 전후 체제에서 1960년대 제3공화국으로의 전환에서 이는 명확하다. 한마디로 미국의 냉전체제 안의 대아시아 정책이 이전의 군사력 중심의 컨테인먼트 전략에서 경제발전 중심의 전략으로 전환하였음을 의미한다. 컨테인먼트의 대상은 물론 앞서 말한 2차 대전 이후 등장한 새로운 타자, 국제사회주의 세력이었다. 공산주의에 대적하는 데는 아시아의 미 군사기지화만큼 아시아 지역의 경제를 매개로 한 반공 전선의 형성이 중요하다는, 말하자면 경제발전을 통한 승공의 이념이다. 물론 이 전선은 아시아에서만 형성된 것이 아니고 제3세계 전역에서 전개된, 혹자의 표현에 의하면 '제대로 된 혁명'이었다(Latham, 2011). 아킨스(혹은 랜스데일)가 '못생긴 미국인'인 이유는 그가 아시아 주민들과 함께 마을 개조 사업을 하다 보니 옷과 얼굴이 먼지투성이가 되었다는 것, 말하자면 그들에게 익숙한 서구인의 이미지와 다르다는 의미에서 마을 주민들이 붙여준 별명이다. 대한민국 제3공화국의 새마을운동 역시 이런 시각에서 미국과 아시아의 변화하는 관계 영역에서 조명할 수 있다. 특히 같은 기간 생면부지의 한반도에 도착한 여러 평화봉사단 멤버의 입지와 연결해서 이해하면 흥미롭다. 평화봉사단은 케네디의 핵심 민간외교 정책 중의 하나였다. 이때 봉사단으로 아시아에 와서 1960년대부터 1980년대에 이르기까지 영어교육, 공중 보건, 직업 훈련 등의 활동을 했던 여러 젊은 미국인들이 이후 미국의 아시아학과 한국학 발전에 크게 이바지하게 된다. 그들 중 일부는 자신들이 어릴 때 배웠고 상상했던 아메리칸 파워의 자유주의 이념과 그들이 청년으로서 참여하게 된 미국의 영향권 안에 있는 한국과 여타 아시아 정치사회의 현실 사이에 커다란 괴리가 있음을 알게 되면서 이후 미국의 대아시아 정책과 시각에 대하여 비판적인 지식인으로 거듭나기도 했다.

IV. 두 가지의 컬러 라인

앞에서 두 문학작품을 소개하면서 아시아의 탈식민 냉전기, 한편으로는 유럽과 미국의 지평에서 다른 한편으로는 미국 안에서 상호 충돌하는 두 시각에 관하여 들여다보았다. 전체적으로 논의의 초점은 제국의 시대에서 냉전 시기로 세계질서가 바뀌는 대전환의 과정에 패권 세력의 아시아에 대한 인식에 변화가 있었는지, 만약 있었다면 이 변화는 어떤 형태를 보이는 것인가이다. 마지막으로 '미국이 바라본 아시아'라는 주제에서 관찰과 상상의 대상인 아시아가 아니라 바라보는 주체, 즉 '미국'에 대하여 잠시 생각해 보자. 이 주체는 본 장의 주제 영역에서 종종 회자하는 '구미' 혹은 '유로아메리카'라는 표현처럼 뭉뚱그려 접근하기 어렵다. 왜냐면 세계가 유럽 중심의 체제에서 냉전의 양극 체제로 전환하는 과정에 분명 연속의 측면도 있었지만 동시에 부분적인 불연속의 측면 역시 존재했기 때문이다. 이 두 측면 중에 어느 하나만 강조하는 것은—그런 시도가 오늘날 글로벌 학계에 분명 존재하고 그 역시 일정한 의미가 있을 수 있지만—아시아, 특히 동아시아의 역동적이고 중첩적인 역사적 현실과 괴리가 있다. 냉전의 역사와 관련해서는 더욱 그러하다. 무엇보다도 어느 패권 체제도 불변하는 것일 수 없다. 환경이 변하고, 특히 새로운 도전 세력이 등장하면 변할 수밖에 없다.

미국은 비교적 신생 민족국가이면서 동시에 다민족 사회이다. 후발 제국으로서 식민정치의 배경을 두었고—특히 필리핀에서—동시에 『조용한 미국인』에서 파일이 주장하듯이 탈식민적 역사(독립전쟁)도 가진 특이한 주체이다. 나아가서 한반도처럼 민족 내전(남북전쟁)을 겪은 주체이다. 이 전쟁의 배경에는 여러 결이 있지만, 중심은 노예제도의 문제이다. 본 장에서는 이 마지막 측면, 미국 근대사에 내재해 있고 지금도 진행 중인—예를 들어 근래의 'Black Lives Matter 운동'에서 보이듯이—'인종' 문제에 한정해서 생각해 보겠다.

미국의 지성이자 흑인 민권운동가 윌리엄 듀보이스는 그의 유명한 저작 『흑인들의 영혼』(1903)에서 20세기의 문제는 곧 '컬러 라인의 문제이다 – 아시아, 아프리카, 아메리카 그리고 섬나라들의 어두운색의 인종과 밝은색의 인종 사이의 관계 문제'라고 적었다(Du Bois, 1994: 9). 듀보이스는 북미 인권운동과 범아프리카주의 운동의 역사에 중요한 인물이지만, 아시아와의 인연도 있다. 주목할 만한 사건이 앞서 언급한 1955년 반둥에서 개최된 아시아·아프리카 회의이다. 아시아와 아프리카의 신생독립국가 혹은 탈식민이 진행 중인 비서구 지역의 지도자들이 모여 국제사회에서 그들의 평등한 지위와 그들만의 국제적 연대를 토의한 역사적 사건이었다. 양극 체제의 현실에서 중립적인 제3의 세력, 말하자면 제3세계 운동의 제도적인 기원이었으며, 이후 전개된 비동맹 운동(양극체제에서 중립주의 운동)의 시작이기도 했다. 듀보이스는 이 움직임에 지대한 관심을 가졌는데, 이는 미국 내의 인종과 인종주의 문제는 안으로의 민권운동과 함께 국제적 연대를 통하여서만 해결될 수 있을 것이라는 그의 믿음 때문이었다.

그의 참여는 결국 미 정부에서 불허하여 무산되었고, 이후 듀보이스는 우여곡절 끝에 결국 가나에서 생을 마감한다. 서아프리카의 가나는 범아프리카주의 운동뿐만이 아니라 비동맹 운동의 아프리카 측 주요 파트너였다. 아이젠하워 정부는 중국이 참여한다는 사실에 긴장하면서 반둥회의에 큰 관심을 가졌다. 이는 당시 탈식민 세계의 중립주의 혹은 비동맹이란 노선이 국제사회가 강대국 중심으로 양쪽으로 갈라져서 대치하는 양극 체제에 괄목할 만한 도전이었기 때문이다. 그러나 또 다른 의미에서 아시아·아프리카 연대는 도전이었는데, 이는 '컬러 라인'이라고 부른 듀보이스가 주장한 20세기 주요 모순과 깊게 연관된다.

앞서 그레이엄 그린의 문학 세계와 관련해서 잠시 언급했듯이 아시아에서 미국의 파워가 정착하는 과정에는 이념적인 타자인 국제공산주의 세력에 대하여 지역에서 전선을 형성하는 현실적 측면과 함께 기존 유럽의 제국 세력과 자신을 차별화하는 이념적 측면 역시 중요했다. 제국 체제는 제국의 중심과 변방을 문명과 인종적 차이로 구분하고 이들 사이에 위계질서를 구축하는 것을 수반하였다. 이는 아시아주의를 선전하던 일본 제국 역시 마찬가지였다.

따라서 이 제국의 역사와 자신의 패권 체제를 차별하는 것이 미국에는 시대적인 소명이 되었다.

　한 예로, 1950년대 말 막 독립을 성취한 아프리카 국가의 외교부 고위 관리가 워싱턴을 방문했다. 회의를 마치고 국무성 공무원들과 함께 레스토랑에 갔는데, 레스토랑 주인이 흑인이라는 이유로 자신의 출입을 거부했다. 이후 국무성과 백악관에서 이 사건에 관한 보고를 두고 열띤 토론이 일어났다. 토론의 주제는 나라 안의 인종 문제를 해결하지 못하면 밖으로 국제공산주의와의 싸움에서 이길 수 없다는 것이었다. 아프리카와 아시아의 외교 전선에서 그렇다는 말이다. 이런 배경에서 1950년대 말에 이르면 흑인 민권과 관련한 시민운동이 미국 사회 전면에 등장하기 시작한다. 같은 시기 오랫동안 닫혀있던 아시아 지역으로부터 미주 이민의 길이 다시 열리기 시작한다. 역시 같은 시기 전후 한국을 포함해서 여러 아시아 지역으로부터 수많은 아이가 미국으로 입양이라는 형식의 이주를 시작한다. 이렇게 이른바 다문화 가정들이 만들어지게 되는데, 미국학 전공자 크리스티나 클라인은 이를 두고 새로운 가족관계를 매개로 새로운 국제질서(family of nations)를 만드는 시도였다고 설명한다(Klein, 2003).

　이 신질서란 물론 또 다른 형식의 컬러 라인을 함유하는 것이었다. '붉은' 국제공산주의 세력과의 싸움에서 이에 물들지 않은 전투적 의미에서의 자유주의 영역을 공고히 하고 확장하기 위한 것이었다. 역사학자 에릭 홉스봄(1997)이 말하는 20세기 극단의 시대에 한반도와 동아시아 현대사에 불행하게도 너무도 익숙해진 이 이념의 컬러 라인과 함께 이전 세기 먼 대서양의 역사에서 기원하는 오래된 컬러 라인 역시 함께 존재하면서 상호 영향을 주고받았다는 사실을 인지하는 것은 미국의 시대에 아시아를 이해하는 데 중요하다.

　『못생긴 미국인』이 출간된 1958년에 유명한 뮤지컬 영화 〈남태평양〉이 개봉되었다. 태평양 전쟁을 배경으로 프랑스인 에밀과 미국인 간호장교 넬리, 그리고 에밀의 두 자녀가 주인공이다. 두 아이는 어머니가 원주민 여성인 혼혈아이다. 클라인은 위에서 소개한 저작에서 에밀에게 마음이 끌리는 넬리가 자신의 기존 인종적 편견을 극복하고 점차 마음을 열면서 그의 아이들을 자신의 아이로 받아들이는 내용에 주목한다. 그러면서 에밀 역시 넬리의 영향으로 예전의 방탕한 생활을 정리하고 그녀와 함께 전쟁의 승리를 위하여 위험을 무릅쓰고 헌신한다. 뮤지컬의 배경은 비록 태평양전쟁이지만 클라인이 지적하듯이 당시 이 영화를 보는 미국인들에게 〈남태평양〉의 실제 배경이 당시 프랑스에서 미국으로 넘어오는 인도차이나의 현장, 공산주의 세력과의 투쟁이었음은 의심의 여지가 없다. 미국의 대중들은 넬리를 통하여 혼란의 아시아와 눈부시게 아름다운 남태평양(영화는 많은 부분 하와이에서 촬영되었다)을 경험했다. 더 중요하게는 그녀가 인종의 장벽을 넘어 검은 피부의 아이들을 감싸는 행위에서 미국의 세기에 패권국의 시민으로서 할 일을 인지하게 되었다. 그 일이란 그들에게 너무나 익숙한 흑백의 문제, 듀보이스가 말한 컬러 라인을 극복하는 문제였다.[5]

V. 결론

호놀룰루 근교에 태평양 국립묘지가 있다. 경관이 아름다운 동산 위에 태평양전쟁, 한국전쟁, 베트남 전쟁 전몰 용사 묘지들이 있는 곳이다. 예전에는 하와이 왕국의 왕실 묘역이었다. 국립묘지 바깥에는 군데군데 그때의 흔적들이 남아 있다. 윌리엄스가 말하는 미국의 세기 이전의 흔적이다.

　브루스 커밍스는 그의 역작 『바다에서 바다로: 미국 패권의 역사』에서 뉴

---

[5]　이 챕터의 저자는 인류학 전공자이다. 현대인류학, 특히 20세기 중반 미국의 인류학 전통 역시 유사한 시각에서 접근할 수 있다. 이 전통에서 중심 개념이자 이념인 문화체계와 문화적 다양성은 인종과 인종적 위계질서에 대한 싸움, 즉 정치적 저항의 개념으로 이해할 수 있다. 문명과 인종적 차이를 매개로 한 수직적 위계질서에서 언어와 문화의 평등하면서 다양한 존재를 전면에 내세우는 수평적 질서로의 전환으로 이해할 수 있다. 이 주제에 관하여는 최근 국제관계학자가 쓴 King(2019)이 있고, Kwon(2020)도 참조할 만하다.

잉글랜드 주변 13개의 영국 제국의 식민지로 시작하여 궁극에는 하와이에 도착, 이를 식민화하는 아메리칸 파워의 긴 팽창의 역사를 큰 그림으로 그린다(커밍스, 2011). 동으로는 대서양, 서로는 태평양을 두고 있는 이 파워, 두 바다를 함께 영역으로 갖는 이 예외적이고 흥미로운 파워가 어떻게 만들어지는가를 이야기한다. 유럽의 헤리티지를 뒤로 두고 서진하면서 궁극에는 아시아를 바라보게 되는 서사이다. 이 와중에 원주민 사회들, 그리고 그들이 형성했던 그들만의 국제질서의 총체적 파괴가 있었고, 다음 장에서 언급되는 세계체계론적인 의미의 세계체계 역사에서 무척 중요한 노예제도의 문제도 있었다. 영국의 산업혁명(섬유산업)을 아프리카 기원 무상(free!) 노동력에 연결하는 플랜테이션 목화경제 이야기이다. 대서양의 물길은 종교와 믿음의 자유를 중심으로 한 자유를 찾기 위한 길이었기에 자유라는 개념이 무척 소중한 역사이다. 대서양 건너편의 프랑스와 함께 혁명이란 단어가 생소하지 않은, 유럽의 구체제에 반한 혁명적 정서가 있는 역사이다.

　　서구에서 기원했지만 그런데도 부분적으로 서구적이지 않은(혹은 그렇게 인식하는) 파워, 팽창 과정에서 아시아를 대면하면서 궁극에는 유럽과 아시아의 장에서 큰 전쟁을 동시에 치르면서 글로벌 패권으로 성장한 파워이다. 외적으로 팽창을 시작한 지 한 세기 후 오늘날 힘의 축을 대서양에서 아시아로 재설정하겠다고 선언하는 파워이다. 중국의 굴기에 대항한 새로운 힘의 정치, 힘의 균형과 각축의 전선이다. 한반도의 역사에서 이 전선은 새롭지 않다. 아시아 지역에서 글로벌 냉전의 프런티어였던 이 땅에서 현대사에서 유일하게 미국의 젊은이들과 중국의 병사들이 서로의 생명을 앗아야 했던 엄청난 전쟁을 치렀다. 미국이 보는 아시아의 모습이란? 오늘의 환경에서 이 아시아는 때론 중국과 동의어이기도 하고 반대로 중국 마이너스 아시아를 의미하기도 한다. 한 세대 후 이 환경과 그 속의 아시아를 돌아보면 지금은 잘 보이지 않는 여러 결들이 관찰될 것이다. 그전에 지금 우리가 할 수 있는 것 중 하나는 아메리칸 파워가 지역에 처음 뿌리내릴 때 이 파워에 어떤 요소들이 있었는가, 그리고 그 요소들은 어떻게 서로 연계되어 있었는가를 되돌아보고 다시 관찰해

보는 것일 것이다.

이 노력에서 제국의 시대에서 탈식민 냉전의 시기로 변화하는 지역의 지평과 환경에 새로운 관점으로 지속적인 관심을 두는 것은 필요하다. 더하여 이전의 제국과 새로운 패권 사이에 어떤 관계를 설정할 수 있는가, 그리고 이 관계가 동아시아에서 어떤 특정한 형식으로 발현되었고, 그러므로 타 아시아 지역과 비교 내지 대비되는가의 질문도 의미 있다. 무엇보다도 중요한 것은 미국이 바라본 아시아에서 그 아시아의 모습에 아시아의 모습뿐만이 아니라 바라보는 주체의 모습도 투영되어 있다는 사실, 그 사실을 인정하고 바라보는 자의 고유한, 그들만의 프리즘에 가까이 가려는 시도이다. 그 프리즘에 비친 아시아의 모습은 고정된 것이 아니라 변화하는 역사 현장의 빛의 변화와 함께 새롭게 형성되는 것일 것이다. 같은 논리가 미국이 바라본 아시아뿐만 아니라 아시아가 바라본 미국에도 적용된다.

참고문헌

남기정. 2016. 『기지국가의 탄생: 일본이 치른 한국전쟁』. 서울대학교출판문화원.

신욱희. 2022. 『한미일 삼각안보체제』. 사회평론아카데미.

브루스 커밍스(Cumings, Bruce) 저. 김동노·박진빈·임종명 역. 2011. 『바다에서 바다로: 미국 패권의 역사』. 서해문집.

에릭 홉스봄(Hobsbawm, Eric) 저. 이용우 역. 1997. 『극단의 시대: 20세기 역사』. 까치.

Bradley, Mark Philip. 2000. *Imagining Vietnam and America: The Making of Postcolonial Vietnam*, 1919–1950. Durham: University of North Carolina Press.

Cumings, Bruce. 1999. *Parallax Visions: Making Sense of American–East Asian Relations at the End of the Century*. Durham: Duke University Press.

Du Bois, W. E. B. 1903. *The Souls of Black Folk*. New York: Hackett.

King, Charles. 2019. *The Reinvention of Humanity: How a Circle of Remegade Anthropologists Remade Race, Sex and Gender*. London: Vintage.

Klein, Christina. 2003. *Cold War Orientalism: Asia in the Middlebrow Imagination*, 1945–1961. Berkeley: University of California Press.

Kwon, Heonik. 2020. "Anthropology and World Peace." *HAU: Journal of Ethnograhic Theory* 10, 279–288.

Latham, Michael E. 2011. *The Right Kind of Revolution: Modernization, Development and U.S. Foreign Policy from the Cold War to the Present*. Ithaca: Cornell University Press.

Luce, Henry R. 1999. "The American Century." *Diplomatic History* 23, 159–171.

Masuda, Hajimu. 2015. *Cold War Crucible: The Korean Conflict and the Postwar World*. Ithaca: Cornell University Press.

Morris−Suzuki, Tessa. 2018. "A Fire on the Other Shore?" In T. Morris−Suzuki, ed. *The Korean War: A Hidden History in Asia*. Lanham, MD: Rowman and Littlefield.

Nashel, Jonathan. 2005. *Edward Landsdale's Cold War*. Amherst: University of Massachusetts Press.

Preston, Andrew. 2012. *Swords of the Spirit, Shield of Faith: Religion in American War and Diplomacy*. New York: Anchor Books.

Schaller, Michael. 1985. *American Occupation of Japan: The Origin of the Cold War in Asia*. New York: Oxford University Press.

Williams, William Appleman. 1980. *Empire as a Way of Life*. New York: Oxford University Press.

• • • •

제6장

미국의 지역연구(1960 – 2020)에 나타난 아시아

유성희(한경대학교 브라이트칼리지 교수)

I. 서론

미국에서 등장한 지역연구는 융복합적, 독창적, 그리고 새로운 연구 분야를 지향했다. 분과학문의 제약 및 편협한 사고방식을 넘어 보다 새로운 연구주제들을 만들겠다는 취지로 개발된 지역연구는 종종 의미 있는 시도로 인식되었고, 경계를 넘어 생각하려는 인문·사회과학자들에게 큰 관심을 끌었다. 예컨대 미국의 지역연구는 세계체제이론(the world – systems analysis)이나 탈식민주의(postcolonialism)처럼 경계를 넘나들거나 초거시적인 통합이론을 만들어 냈다. 세계체계이론의 창시자인 이매뉴얼 월러스틴(Immanuel Wallerstein)은 지역연구의 새로운 시도로서 '근대세계체계(the modern world – system)'를 선보였는데, 이는 기존의 방법론적 영토주의를 벗어나는 의미 있는 접근이었다. 월러스틴은 초국가적인 근대세계체계의 정치·경제적 메커니즘에 의해 국가가 어떻게 조직 혹은 재조직되는지를 분석했다(유성희, 2021: 275). 또한 탈식민주의 연구자들은 서구의 기준과 시각으로 구성된, 그래서 수동적·비주체적일 수밖에 없는 제3세계의 정치, 사회, 문화적 담론들에 관한 문제를 제기하고 (Spivak, 1999), 그에 대한 대안으로서 비서구적·능동적·주체적 시각으로 제3세계를 그려냈다(Chen, 2010).

지역연구가 지금껏 보여준 상당한 이론적 기여에도 불구하고 미국 내에서 진행되어온 지역연구는 상당한 비판을 받기도 했다. 그 이유는 1) 외부의 지나친 영향력과 2) 지역연구에 배태되어 있는 오리엔탈리즘 혹은 근대화이론에 대한 지나친 집착 때문이었다. 다시 말해 미국에서 그동안 형성되어온 아시아에 대한 지식은 미국이 처한 지정학적 상황 및 미국 주류의 사회-문화적 이데올로기로 인해 늘 '미국스러운' 형태—혹은 '미국다운 방식으로—소비되었다. 중요한 점은 미국에서 바라보는 아시아의 시선이 '시의적절하고 의미 있는 시각'이라 하더라도 우리의 입장에서 이는 미국화된 혹은 편파적인 것으로 받아들여질 수 있다. 본 연구는 미국에서 이루어진 아시아에 대한 인식이 미국의 사회구조 및 미국 사회에서 통용되는 주요 이념들과 어떻게 연관되는지를 규명했다는 점에서, 그리고 이를 아시아인의 시선으로 재해석했다는 점에서 나름의 의의를 찾을 수 있을 것이다.

본 연구는 1960년대, 1990년대 그리고 2000년대 이후 미국의 아시아 지역연구가 어떤 분기점을 맞이했는지, 그리고 그럼에도 불구하고 어떤 변하지 않은 속성들이 이어져 왔는지를 동시에 제시했다. 미국의 아시아 지역연구를 연대기적으로 서술하는 데 있어 무엇이 바뀌었는지 반대로 어떤 것이 바뀌지 않았는지를 보여주었기에 미국 지역연구의 흐름을 쉽게 이해할 수 있을 것이라 기대해 본다.

II. 1960년대까지 진행되어온 미국 지역연구의 계보

1. 미국 지역연구와 외부적 조건: 제2차 세계대전과 냉전의 소용돌이

미국에서 지역연구는 창의적·실험적 시도를 통해 만들어진 획기적인 접근

방식만큼이나 주변 환경에 의해서도 좌지우지되곤 했다. 무엇보다 미국의 지역연구는 제2차 세계대전 전후로 급격히 늘어나는데, 이는 당시 미국이 처한 지정학적 상황 및 전쟁이라는 특수한 상황과 밀접하게 연관된다(김경일, 1998: 20). 전쟁 수행에 필요한 지역들에 대한 정보를 얻기 위해, 그리고 특정 지역 내 얽혀있는 사회·문화·경제·정치를 알기 위해 지역연구가 새롭게 선보인 것이다(도오루, 1998: 52; Fenton, 1947: 1 – 3; Morgenthau, 1952: 647). 정책적 필요에 의해 만들어진 학문이기에 2차 대전이 끝날 때쯤 관련된 지역연구센터들이 미국에서 우후죽순으로 생겨났다. 2차 대전 이후 실시된 한 조사에 따르면(1947년), 114개 지역연구 관련 프로그램이 미국 대학에서 운영되고 있었는데, 여기에는 52개의 학사 프로그램, 37개의 대학원 프로그램, 그리고 25개의 지역연구 프로젝트가 운영 중이거나 신설된 것들이었다(Hall, 1947: 7, 9).

비록 2차 세계대전을 계기로 미국 내 지역연구가 폭발적으로 증가했다고 주장하지만, 그 이전에도 분명 지역연구가 있었다. 1940년대 이전 간간이 선보인 지역연구는 선교사, 호사가, 여행가와 같은 이들에 의해 주로 이루어졌고, 이들의 서술방식이나 대상에 대한 접근방식, 그리고 연구목적은 주로 개인적 호기심 혹은 학문 자체에 머무르는 경우가 많았다. 또한 1920년대와 1930년대 역사학에서 주도된 지역연구의 경우 여러 지역(남미, 러시아, 동아시아 등)을 포괄하긴 했지만, 불연속적 – 비체계적이었을 뿐만 아니라 주로 학계에서 이루어졌기에 그 영향력은 아카데미 영역을 벗어나지 못했다.

제2차 세계대전 이전 미국의 지역연구가 산발적·비연속적·인문학적 특성을 띤 것과 달리, 세계대전을 경험하는 동안 폭발적으로 증가한 미국의 지역연구는 정치적 – 군사적 – 지정학적 목적과 결합되었다. 예컨대, 미국은 태평양 전쟁을 치르면서 '적대국'이 되어버린 일본에 대한 정보가 필요했다(월러스틴, 1998). 당시만 해도 아시아 지역의 문화, 언어, 역사에 대해 문외한이었던 미국 행정부는 난감한 상황이었고, 이를 타결하기 위해 일본 지역연구자들의 도움이 절실했다. 이를 위해 도쿠가와 시대 일본 시를 연구하던 학자가 일본 사회 전문가로 둔갑되어 버리는 상황이 만들어지기도 했다(McCughey, 1984:

114). 군사적인 목적으로 요구된 지역연구였기에 2차 세계대전 당시 미국의 지역연구는 군부에 의해 좌지우지되는 경향이 강했다. 이는 결과적으로 전쟁 이후 지역연구의 방향이 바뀌는 계기가 되었다.

전쟁 기간 진행된 지역연구의 다수가 전쟁 수행에 필요한 하나의 안내서 역할이었기에 전쟁이 끝난 이후의 지역연구 역시 새로운 방향성을 찾아야만 했다. 그러나 당시 지역연구학자들은 자신들만의 고유한 지역연구 정체성을 찾는 데 고심하기보다 미국이 맞이한 새로운 지정학적 상황에 종속되어버리고 말았다. 2차 세계대전 이후 미국이 직면해야 했던 두 가지 지정학적 흐름은 1) 미국이 자유주의 세계를 이끌어가는 글로벌 헤게모니 국가로 부상했다는 점, 그리고 2) 사회주의 중심의 소비에트 연방과 체제 경쟁을 벌이게 되었다는 점이다. 서로 다르지만 함께 엮인 두 가지 지정학적 상황을 마주하면서 미국은 더 이상 과거와 같이 고립주의 노선을 택할 수는 없게 되었다. 고립주의 노선을 포기하고 글로벌 헤게모니 국가로 나아가야만 하는 운명 속에서 미국은 자신들의 정치적·경제적·지정학적 영향력을 확대하기 위해 다양한 정책들을 선보였다. 유럽에는 '마셜플랜'과 '북대서양조약기구'로, 라틴아메리카, 아프리카, 아시아 및 중동 지역 국가들에는 '군사적·정치적 개입', '차관 제공', '근대화 프로젝트'로, 또 국제적으로는 '유엔, 세계은행, 국제통화기금 등의 설치'로 나타났다.

미국의 글로벌 헤게모니 확산을 위해 각 지역에 대한 보다 상세한 연구가 필요했고, 이런 수요에 맞추어 지역연구가 다시 활용된 것이다(Duroselle, 1952: 647). 1947년 예일대학에서 처음으로 동남아시아 연구 프로그램이 시작되었고, 대학원 수준의 예시로는 "하버드대학의 중국과 변경 지역에 대한 지역 프로그램(Harvard Regional Program on China and Peripheral Areas), 워싱턴대학의 극동연구소(Far Eastern Institute), 미시간대학의 일본연구소(Center for Japanese Studies), 컬럼비아대학의 러시아연구소(Russian Institute), 밴더빌트대학의 브라질연구소(Institute for Brazilian Studies)" 등이 이 시기에 등장했다(김경일, 1996: 236).

여기에 더해 미-소 냉전체제의 등장은 미국 지역연구자들로 하여금 더욱 정치적-전략적 관계와 떼려야 뗄 수 없는 상황을 만들어냈다. 1958년에 통과된 미국의 국가방위교육법(National Defense Education Act)은 미국의 지역연구가 냉전체제라는 거미줄 위에서 쌓아 올린 탑임을 확인시켜 준다. 공산주의의 확산을 저지하고, 또 공산주의 국가들과의 체재 경쟁에서 승리하기 위해 미 정부는 지정학적으로 중요한 지역에 대해 막대한 연구비를 지원하였다. 이는 1946년 컬럼비아대학의 러시아연구소 및 하버드대학의 러시아연구소가 만들어진 배경이기도 했다(황동연, 1999: 197). 그뿐만 아니라 냉전의 초창기 시절 미국 CIA가 개입해 지역연구자들과 함께 호흡한 것은 이상한 일이 아니었다. 실제로 냉엄한 냉전의 국제정치체계 속에서 미국의 자문을 받지 않고 임의로 공산권 국가들에 대한 연구를 할 경우 미연방조사국의 조사를 받기도 했다(황동연, 1999: 197).[1]

미국의 아시아 지역연구와 지정학적 전략 사이의 관계를 확인할 대표적인 사례는 미국이 수행한 베트남 연구가 있다. 1955년 미시간 주립대학의 후원 아래 지역연구자들은 남베트남의 응오딘지엠 (Ngo Dinh Diem) 정권에 자문을 제공하고, 또 남베트남 경찰을 훈련시키기도 했다(Ernst, 1998: 14-16).[2] 이런 점에서 에드워드 사이드는 미국에서 들불처럼 번지고 있는 지역연구(area study)를 가리켜 '추악한 신조어(the ugly neologism)'(Said, [1977] 2003: 53)라고 명명하기도 했는데, 이는 미국식의 지역연구에 담긴 지정학적 야심을 폭

---

1   이와 관련해 브루스 커밍스(1998: 262)는 당시 미국의 지역연구가 미국 헤게모니 확산을 위한 모세혈관과도 같은 역할을 했다고 지적했다.

2   또 다른 예로는 1964년부터 시작된 '카멜롯 프로젝트(Project Camelot)'가 있다. 이 프로젝트의 목적은 (특정) 국가 혹은 사회에 내전이 발생할 수 있는 가능성을 예측하고, 이에 대비할 방안을 찾는 데 있었다. 이 프로젝트에 참가한 사회학자, 인류학자, 경제학자들은 라틴아메리카 주요 국가의 내전 동향을 분석했는데, 이는 미국의 대(對)라틴아메리카 정책과 긴밀히 연관되어 있었다. 미육군은 라틴아메리카 지역에서 빈번히 등장하는 게릴라 반군들의 움직임을 예측하길 원했고, 또 미국과 우호적인 라틴아메리카 정부에 게릴라 반군들의 정보를 제공함으로써 이들의 평화로운 국가 건설을 돕고자 했다.

로하기 위함이었다.

이처럼 2차 세계대전 이후에도 지역연구는 국가의 필요에 따라 진행되는 경우가 많았기에 학문 자체의 중립성을 지키기가 매우 어려운 상황이었다. 나아가 보다 급하다고 판단되는 지역에 중점을 두고 지역연구를 발전시켜 나갔기에 전 세계 모든 지역에 대해 같은 관심을 보일 수 없었다(Hall, 1947: 82). 이와 관련해 줄리언 스튜어드(Julian H, Steward)는 냉전 시기 미국의 세계지역연구는 미국이 중요하게 생각하는 지역들, 예를 들면 러시아, 극동, 남아시아, 동유럽 위주로 짜였다고 강조했다(도오루, 1998: 58).[3] 월러스틴(1998: 212) 역시 1945년 하버드대학의 위원회 보고서를 인용해 라틴아메리카와 일본보다 소비에트 연방 및 중국이 더욱 중요한 지역연구의 주제가 되었다고 주장했다. 이는 미국 내 지역연구의 불균형·비대칭적 성장이 지속되는 이유가 되었다.

2. 미국 지역연구와 오리엔탈리즘

제2차 세계대전을 기점으로 급성장하기 시작한 미국의 지역연구는 지역연구에 가해지는 외부의 지정학적·국제관계학적 영향력에 의해 이론적·담론적 성격보다 실천지향적·정책지향적 성격을 띤 채로 발전되었다(이현송, 2004: 43). 이와 더불어 미국의 지역연구는 오리엔탈리즘적 성격을 강하게 띠고 있었다. 이는 지정학적 맥락에서 사용되던 오리엔탈리즘[4]이 그대로 지역연구에서 사용되었던 배경에서부터 시작된다.[5]

---

3 그뿐만 아니라, 아리프 딜릭(Arif Dirlik, 1993)이 지적한 것처럼 하나의 지역으로서의 "태평양"은 미국 주도의 헤게모니 속에서 세계지역을 재구성하다가 나온 결과물이었다.

4 오리엔탈리즘은 서구의 시선과 관점으로 해석한 동양에 대한 모습이다. 그렇기에 그 속에는 서구인들이 기존에 비서구 지역에 대해 가진 편견과 오해를 그대로 담고 있을 수 있다. 비유하면, 우리가 하나의 프리즘을 통해 외부 세계를 관찰한다고 할 때 프리즘이 노란색이면 프리즘을 통해 비치는 세계 또한 온통 노란색일 것이다. 똑같이 오리엔탈리즘이라는 프리즘을 통해 비치는 세계는 서구인들의 시선으로 채색된 동양의 모습만을 확인할 수 있을 것이다. 반대로 비서구 지역의 진실하고 본질적인 표상들은 오리엔탈리즘이라는 인식 속에서 왜곡되거나 잊힌다.

5 이런 점에서 미국의 오리엔탈리즘은 유럽의 그것과는 조금 결이 다르다고 할 수 있다. 근대 시

이와 관련해 한때 유럽에서 시작한 '극동(Far East)'이라는 용어가 미국에서는 '동아시아(East Asia)'로 번역되곤 했는데, 이는 미국식의 지정학적 관계 때문일 수 있다고 김경일(1998: 134 - 135)은 주장한다. 즉, 유럽이 문명세계의 중심이었을 때는 분명 유럽을 기준으로 동쪽 끝에 존재하는 국가들(중국, 한국, 일본 등)을 '극동'이라 표현했지만, 2차 세계대전 이후 미국이 헤게모니를 잡자 미국인들의 기준으로 중국, 한국, 일본의 지리적 위치가 새롭게 정립되어야 했다. 그 결과 '동아시아'라는 지리적 용어가 만들어졌다는 것이다.

미국의 지정학적 관계에 따라 변화된 아시아의 지역 개념은 동아시아뿐만 아니라 동남아시아라는 명칭에서도 확인된다. 동남아시아라는 지명은 본래 서구가 2차 세계대전 이전에 당시 인식하고 있던 동양에 대한 지정학적 사고의 결과물, 즉 '중국의 남쪽, 인도의 동쪽 영역'(에머슨, 1998: 92)으로서 결정된 것이었다. 한 걸음 더 나아가 2차 대전 중 미국은 자신들의 편의를 위해 동남아시아라는 새로운 형태의 경계를 부여하기도 했다. 구체적으로 2차 대전 중 미국은 동남아시아 지역의 여러 지도를 만들면서 동남아시아에 자신들의 관점을 투영시켰다. 전쟁이라는 목적을 위해 만들어진 미국의 동남아시아에 대한 지역구분은 동남아시아인들이 살아가고 만들어놓은 사회문화적, 정치적, 제도적 전통과 아무런 연관이 없는 채로 만들어졌고, 필리핀 제도와 말레이 제도가 동남아시아 지역에서 누락되는 결과를 야기하기도 했다(에머슨, 1998: 103). 이런 지정학적 맥락 속에서 만들어진 동남아시아 국가의 경계 설정은 이후 1970년대 후반 아주 우스꽝스러운 상황도 만들어 냈는데, 미국 연구자들이 동남아시아를 10개의 정치단위로 구분한 것이 바로 그것이다. 10개의 정

기 이후 유럽에서 시작된 오리엔탈리즘은 다양한 맥락에서 활용되는 경우가 많았다. 예컨대 유럽의 오리엔탈리즘은 문학, 미학, 회화, 철학, 종교학, 생태학과 같은 순수학문 영역에서부터 제국주의적 침탈을 정당화시키기 위한 하나의 수단으로 지정학적 맥락에 이르기까지 여러 방식에 걸쳐 다양한 모습으로 나타났다. 유럽에 비해 미국의 오리엔탈리즘은 지정학적 상황과 더 결합하는 모습을 보였다. 특히 지정학적 사고의 산물로서 형성된 미국의 동양에 대한 인식은 보다 더 실용적·도구적인 모습을 띠고 있다는 점에서 더욱 미국의 제국주의·예외주의적 성격과 결합하곤 했다.

치단위는 "버마, 태국, 라오스, 캄보디아, 베트남, 말레이시아, 싱가포르, 인도
네시아, 필리핀, 독립을 앞두고 있던 브루나이"였다. 그러나 10개의 정치단위
를 제외한 여러 다른 지역(스리랑카, 안다만제도, 니코바르제도, 아삼, 윈난, 하이난 및
대만)은 동남아시아로 간주해야 한다는 강한 어필이 있었음에도 배제되고 말
았다(에머슨, 1998: 114 – 115).

미국의 오리엔탈리즘적 시각은 지정학적 맥락을 제외하고서라도 여러
학문연구에서 다양하게 나타났다. 월러스틴(1998: 209)에 따르면, "인류학자든
동양학자든, 그들은 자신들이 연구하는 지역과 그 지역에 사는 사람들을 비역
사적으로 연구해왔다. … 동양학은 자신들이 연구하는 고급 문명들이 역사적
으로 고정되어 있었다는 것, 말하자면 독자적으로 근대성으로 나아갈 수 없다
는 어느 정도 숨겨진 가정에 기초했다"는 것이다.

『동양적 전제주의』(*Oriental Despotism*, 1957)를 쓴 카를 비트포겔(Karl A.
Wittfogel)은 마르크스(K. Marx)가 제시한 '아시아 사회의 생산양식'을 토대로
중국 전근대 사회를 분석한 바 있다. 비트포겔은 관계농업(예: 벼농사)이 필요
한 전근대 중국 사회는 전제 정부가 출현할 수밖에 없다는 가정하에 중국 사
회를 '수력사회(hydraulic society)'라 정의했다. 다시 말해, 관계농업에 크게 의
존하고 있던 중국 사회는 정부의 대규모 관개 및 치수 사업에 의해서만 유지·
작동될 수 있기에, 대규모 그리고 중앙집권적인 정치체제가 필수불가결하다
고 그는 단정한 것이다. 그러나 이런 그의 단면적·서구중심주의적 시각은 송
나라 시기(960~1279)의 상업 및 도시의 발전, 명·청 시기(1368~1912) 대규모
상인집단들의 등장 및 이들의 활발한 상거래 행위 등을 무시하는 결과로 이어
졌다. 그뿐만 아니라 비트포겔은 전근대 중국 사회를 하나의 거대한 중앙집권
세력이 들어서 지배하는 사회라고 주장했지만, 실상 중국의 농촌 지역들은 중
앙 관료들이 지배하는 것이 아니라, 그 지역의 토호 세력이나 신사계급(명·청
시기)에 의해 다스려지는 경우가 많았다.

2차 세계대전과 냉전 시기 미국의 중국에 대한 오리엔탈리스트적 사고
가 비트포겔로 대변되었다고 한다면, 미국의 일본에 대한 오리엔탈리스트적

사고는 루스 베니딕트(Ruth Benedict)의 연구로 대표된다. 루스 베니딕트의 책 『국화와 칼』(*The Chrysanthemum and the Sword*, 1946)은 당시 미국 지식인들이 바라보는 일본의 모습을 그대로 대변해준다. 베니딕트가 고백하듯이, 그녀는 일본을 방문하지도 않고 텍스트와 설문조사에 기초해 일본에 대한 미국인들의 보편적 이미지를 담아냈다. 물론 지역연구에 있어 현지조사의 필요성이 반드시 요구되는 것은 아니지만, 일본인들에 대한 면밀한 관찰과 탐구 없이 현대 일본인들에 대한 보편적인 특성과 생활방식을 비판 없이 담아냈기에 문제가 된다. 예컨대 "일본인은 어느 시대에나 이와 같은 악의 문제를 인식하는 능력이 결여되어 있거나, 혹은 그와 정면으로 부딪치는 태도를 회피해온 것으로 생각된다(베네딕트, 2008: 253 – 254)"라는 구절이나, "일본인이 현실과 이상의 대립에 관한 감각이 결여되어 있다(베네딕트, 2008: 224)"라는 조지 샌섬(George B. Sansom)의 인용은 그동안 미국과 서양에서 축적되어온 일본에 대한 편협된 시선을 여과 없이 보여주었다. 요약하면, 서구의 제도 및 이념적 가치를 우선시하고, 이런 단선적·맹목적 기준을 잣대 삼아 아시아 지역의 역사 및 사회·문화구조를 분석한 연구들은 시작부터 오리엔탈리즘적 성격을 배태하고 있기에 이후 큰 비판에 직면하게 되었다.

III.   1960~1990년대 진행된 미국 내 아시아 지역연구

2장에서는 1960년 이전까지 미국에서 진행되어온 지역연구의 방향을 간략하게나마 살펴보았다. 본 장에서는 1960년대부터 1990년대까지 진행된 미국 내 아시아 지역연구의 경향성에 대해 분석하고자 한다. 이전과 비교할 때 1960년대 이후 진행된 미국 내 아시아 지역연구의 질적 차이는 무엇이며, 또 변하지 않은 점은 무엇인가?

1. 무엇이 새로워졌는가: 68혁명과 근대화 담론에 대한 도전

우선, 1950년대를 거치면서 미국 주요 대학 내 지역연구가 서서히 뿌리를 내리기 시작했다. 지역연구에 대한 지원금이 미국의 주요 재단(포드, 록펠러, 카네기 재단 등)에서 나오고 있었고, 이를 바탕으로 여러 방면의 지역연구가 생산되기 시작했다. 미 하버드대학 중동연구센터 소장을 역임한 해밀턴 알렉산더 로스킨 깁 경(Sir Hamilton Alexander Rosskeen Gibbs)은 고전적인 동양학의 한계가 분과학문의 제한된 인식 태도 및 상대적으로 단기간의 시간적 변화와 미시적 공간에 대한 지나친 강조 때문이라고 지적하며, 이를 극복하기 위한 대안으로 지역연구가 가지는 '학제적' 태도와 지역연구자들이 가지는 '거시적이고도 긴 안목'의 중요성을 어필했다(Gibbs, 1963: 13, 15; 월러스틴, 1998: 229에서 재인용).[6]

이런 지역연구의 중요성이 다시금 재고되고 있을 무렵 68혁명이 일어났다. 서구 유럽 및 미국에서 등장한 68혁명은 지성사적으로, 그리고 무엇보다 대학의 방향성을 재고하게 했다는 점에서 놀라운 결과를 야기했다. 68혁명은 19세기 이후 만들어진 여러 사상의 통제를 넘어섰고, 우리가 기존에 당연하다고 생각해온 것들에 의문을 제기했다. 68혁명에 공감한 이들은 미국에만 유리하게 적용되던 글로벌 헤게모니에 반대했다. 그렇기에 68혁명 참가자들은 미국 헤게모니 유지전략을 위해 수단으로 전락한 학문, 즉 지역연구에 상당히 비판적이었다. 월러스틴(1994: 289)이 언급했듯 68혁명에 참여한 사람들은 정치권과 늘 긴장관계를 유지하면서 진보적인 사회적 실천을 실험하는 "대학의 본질"에 대해 다시 생각하게 되었고, 이런 관점에서 미국의 지역연구는 주요 비판의 타깃이 되었다. 케네스 프리윗(Kenneth Prewitt 1998: 248)은 이런 미국의 지적 제국주의에 많은 지역연구자 또한 부담을 느꼈다고 피력했다.

---

6   미국 지역연구의 학제 간 시도가 성공했는지를 두고 반대의 목소리도 분명 있었다. 예컨대 McDonnell, Stasz, Madison(1983: 26)과 McCaughey(1984: 220 – 221)는 대학이 가지고 있는 학과 중심의 편협성을 극복하지 못했다고 평가했다.

또한, 68혁명 참가자들은 사회주의 사상(구 좌파 세력) 및 제3세계의 민족해방운동에도 의문을 던졌다. 왜냐하면 68혁명에 참가한 이들이 보기에 기존의 세력들은 모두 색깔만 달리할 뿐, 권력을 탐하는 동일한 속성을 지녔기 때문이다. 진정한 대안을 제시하지 못하는 좌파 세력 및 민족주의 세력들에게 회의를 느낀 이들은 그동안 빛을 보지 못한 다양하고도 새로운 지역연구에 관심을 더 가지기 시작했다. 이는 1970년대 시작된 여성학, 인종 연구의 출발을 알리는 신호탄이 되었고, 이후 억압받고 있는 제3세계에 대한 연구로도 이어졌다. 이런 시도는 이후 미국의 아시아 지역연구의 방향성을 결정하기도 했다. '위로부터의 접근'이 아닌 '아래로부터의 접근'이라는 점에서 주변 지역 및 주변인들의 목소리에 귀를 기울였으며, 더욱 다양한 형태의 지역연구를 만들어 냈다. 특히 미국의 지정학적 맥락에서 벗어나 그동안 관심받지 못했던 다양한 아시아 지역, 인종 및 여성에 대한 연구가 이루어지기 시작했다.[7]

1960년대 이후 만들어진 또 다른 조류는 근대화 이론에 관해 물음을 제기하는 과정에서 만들어졌다. 근대화 이론은 서구 유럽이 근대 이후 만들어놓은 합리적·이성적·과학적·예측가능한 세계가 얼마나 근대 이전의 전통사회 및 비유럽 지역과 다른지를 보여준 이론 체계였다. 여기에 더해 비유럽권에서 근대로의 이행은 오로지 유럽이 과거에 밟아온 발전 양식을 그대로 밟아나갈 때만 가능하다고 근대화론자들은 주장했다. 그러나 근대화 담론이 가지는 서구 중심적·보편적·일차원적 발전 모델은 60년대 이후 오히려 이와 반대되는 결과들 – 예를 들면, 근대화 이론을 충실히 이행한 일부 라틴아메리카 국가들이 오히려 더욱 서구사회에 의존적으로 변하고, 이 과정에서 서구와 불균등한 관계를 맺는, 그래서 발전이 아닌 저발전의 지속을 경험하게 되었다. – 이 나옴에 따라 큰 비판을 받게 되었고, 이는 지역연구를 하는 이들에게도 큰 인식

7　물론 이들 가운데 일부는 1960년대 지정학적 목적을 가지고 각국에 파견된 미국의 평화봉사단 인원들도 있었다. 그럼에도 후에 이들이 선보인 학문적 성과는 분명 다양한 아시아의 목소리를 내는 데 도움이 되기도 했다.

론적 충격을 선사했다.

이전까지만 하더라도 미국의 지역연구는 근대화 담론과 미국 중심의 지정학적 관계에 기반해 비서구 지역을 분석하는 일방향적 모델이 주를 이루고 있었다. 실제 "지역연구를 행하는 모든 조사는 기본적으로 발전을 지향하고 있었고," 그에 따라 미국의 지역연구자들은 조사 대상 지역들의 발전에 어떻게 기여할 수 있을지가 중요한 연구주제였다(Varma, 1980: 45-46: 월러스틴, 1998: 240-241에서 재인용). 그러나 1960년대 말부터 미국 내 근대화 담론에 대한 회의가 일기 시작했고, 이는 기존 지역연구자들의 정체성을 뒤흔들기에 충분했다. 1980년대와 90년대 근대화 담론이 내재하고 있던 발전에 대한 의문은 지역연구 여기저기서 터져 나왔고(프리윗 1998: 248), 이들은 미국이 전 세계에 제공하고 있던 '적극적 기회부여 정책(affirmation action)'에도 더 이상 동의하지 않게 되었다.

여기에 더해 미국 내 지역연구에 관심을 가진 일부 연구자들은 근대화 이론의 모범적인 예가 되었던 동아시아의 발전과정을 새로운 시각으로 접근했다. 근대화 담론의 기본적인 가정인 '내재적 발전론'보다 외부적 요인을 강조하면서 동아시아 국가들의 성장이 소위 '종속적 발전론(dependent development)'에 가깝다고 주장한 것이다. 무엇보다 1960년대 후반 시작된 미국 헤게모니의 쇠퇴, 국제금융체계의 불안정, 중심부 국가들 사이의 경쟁 심화 등으로 인해 중심부의 산업자본이 동아시아를 비롯한 제3세계 개발도상국으로 이전하게 되었고, 이런 제조업 생산의 전 지구적인 재배치 전략이 일부 동아시아 국가들에는 발전의 기회가 되었다는 것이다(윤상우, 2002: 26). 즉, 동아시아의 경제성장은 바로 중심부 국가들과의 이해관계, 그리고 국제적인 노동분업의 재구조화라는 거시적·외부적 상황에 의해 만들어졌다고 보았기에 이를 '초대에 의한 발전(development by invitation)'이라 명명했다.

나아가 동아시아 국가들의 급격한 경제성장의 배경에서도 미국의 정치적 헤게모니 전략(공산진영의 비확산화)이 함께 결부되어 있다고 일부 지역연구자들은 주장했다(Wallerstein, 1992). 즉, 소비에트 연방의 사회주의 세력이 한국, 대만 등 동아시아 주요 지역으로 퍼져나가는 것을 막기 위해 주요 동아시아 국가에 아낌없는 지원을 해주었고, 그 덕분에 동아시아 주요 국가는 짧은 기간에 급속한 경제성장을 이룩할 수 있었다는 것이다. 실제 이런 부분을 무시할 수 없다. 이는 한국과 대만의 사례에서 확인할 수 있다. 한국의 경우 "1953년부터 1962년 사이 국가재정 수입의 70%, 총 고정자본 형성의 75%가 미국 원조자금으로 충당되었고"(윤상우, 2002: 27), 대만 역시 1951~1962년 사이 기록한 경상적자 13억 달러 가운데 11억 달러를 미국이 대신 갚아주었다.

그뿐만 아니라 한국은 미국으로부터 대량의 식량원조도 받았다. 1954년 미국의 '공법 480호(The Agricultural Trade+ Development and Assistance Act: PL 480)'와 '상호보장법(Mutual Security Act)'이 제정되고, 다음 해인 1955년에 체결된 한-미 간 잉여농산물 도입 협정이 체결됨에 따라 "1956년부터 대량의 미국 농산물이 한국으로 들어올 수 있었다"(김철규, 2018: 45). 또한 1960년대 한국 기업들은 경공업 제품들을 미국에 팔아 막대한 수출 이익을 거둘 수 있었는데, 당시 한국이 경공업에 많은 인적자원을 투입할 수 있었던 원천은 다름 아닌 미국이 제공한 밀가루였다. 1960~70년대 가난한 도시 노동자들은 미국이 제공한 밀가루로 값싼 음식들(예: 라면, 국수)을 먹으며 수출역군 노릇을 톡톡히 해냈고, 이를 통해 많은 한국의 경공업 회사는 수출지향적 산업을 일구어낼 수 있었다.

2. 무엇이 변하지 않았는가: 냉전체제에 종속된 지역연구와 근대화 이론의 우세

1960년대 이후 미국의 아시아 지역연구는 방향성에 있어서 큰 변화를 보였다. 더욱 다양해진 관심 주제 그리고 근대화 담론을 비판하는 등 변화된 모습을 보여주었기 때문이다.

그런데도 여전히 변하지 않고 있는 것들이 있었는데, 이는 미국의 지정학적 관계와 지역연구 사이의 밀월관계였다. 비록 1960년대 전후로 많은 지역연구 연구자가 지역연구 속에 배태되어 있던 미국의 지정학적 목적에 비판을 가했지만, 그런데도 여전히 냉전이 지속된 1980년대 말까지 지역연구들은 냉전체제와 관련된 주제들에서 벗어날 수 없었다. 그에 따라 1950년대부터 1980년대 후반까지 전후 일본의 정치·경제·사회에 대해 비판적 언급을 가하거나, 한국 군사정권이 만들어 낸 권위주의적 독재를 비난할 경우 이들 연구는 이단 취급을 당해야만 했다(커밍스, 1998: 268).

근대화 담론 역시 비록 이론과 현실의 부정합성으로 인해 많은 비판을 받았음에도 여전히 큰 영향력을 행사하고 있었다. 박상현(2014: 15)에 의하면, 근대화 이론은 여전히 사회과학협의회를 비롯한 연구지원 기관들 사이에서 지배적인 이론으로 통용되었고, 근대화 이론에 기초해 어떻게 아시아의 전통사회가 근대사회로 이행되는지에 초점을 두었다고 한다.

미국 지역연구에서 여전히 강세를 띠고 있던 근대화 이론은 이후 미국 및 여러 아시아 국가의 학자들에게 수입되었는데, 이런 근대화 이론은 서구의 반오리엔탈리즘적 성격과 결합하여 독특한 연구 테마를 만들어내기도 했다. 대표적인 것이 바로 '유교 자본주의' 이론이다. 유교 자본주의는 기본적으로 저명한 사회과학자 막스 베버(M. Weber)가 주장한 하나의 명제 – '서구 자본주의의 등장은 개신교 윤리와 친화성을 지닌다' – 에 반해, 동아시아의 유교 윤리 역시 동아시아 발전국가들의 경제성장을 촉발시키는데 나름의 역할을 했다는 입장이다(So and Chiu, 1995: 9 – 10; Tu, 1991; 유석춘, 1997, 1998; 국민호, 1999). 이런 점에서 아시아에서 오랫동안 유지된 유교 윤리 및 전통적 가치체계는 아시아 사회의 근대로의 이행 및 자본주의의 급격한 성장에 있어 장애물이 아니라 오히려 촉진제로 인식되었다.

유교 자본주의 논의가 '다중근대성'을 제시했다는 점에서 긍정적인 평가를 받기도 했지만, 동시에 근대화 담론에 다시 발목을 잡혔다는 비판도 받아야만 했다. 유교 자본주의 논의를 강하게 비판하는 이들의 주장에 따르면, 유교 자본주의는 단지 서구 근대화의 논리에 유교적 가치만을 결합시켰을 뿐 근대화 담론을 넘어서지 못했다고 평가했다. 왜냐하면 서구 근대화 담론처럼 유교 자본주의 역시 내재적 발전론(유교 교리에서 발전된 '협동', '근면', '위계적 서열구조’)에 기초해 동아시아의 발전을 지적했을 뿐, 외부의 영향력을 고려하지 않았기 때문이다. 실제 20세기 후반 동아시아의 경제성장이 19세기부터 20세기 동안 서구의 문물에 대한 체득 없이 이루어졌다고는 말할 수 없다. 예컨대, 일본은 개화기 때부터 서구 열강들과 거래하며 근대화를 만들었지만 2차 세계대전 패전의 멍에를 짊어지고 다시 재근대화의 길을 걸을 수밖에 없었고, 중국은 19세기 서구 열강들에 의해 자신들의 영토를 내주어야 했다. 그나마도 중국을 서구 열강에서 벗어나게 한 것은 유교 윤리가 아닌 공산이념에 근거한 통일강령이었다(Skocpol, 1982). 싱가포르는 1867년 영국의 식민지였다가 1942년부터 1945년까지 일본에 의해 점령, 1946년에는 다시 영국의 직할 식민지가 되었고, 이후 1965년에 비로소 독립할 수 있었다. 이런 역사적 배경을 고려할 때 싱가포르의 놀라운 경제발전이 온전히 유교적 가치에서 비롯되었다고 할 수 있을까? 그뿐만 아니라 한국과 대만은 미국의 헤게모니 속에서 눈부신 경제개발을 이룩할 수 있었다(Cumings, 1987; 윤상우, 2002; 장하준, 2005).

이런 비판에도 불구하고 미국은 왜 이렇게까지 근대화론에 집착했던 것일까? 이는 미국 지역연구자들이 바라보는 아시아에 대한 오래된 경로의존성 때문일 것이다. 신흥 아시아 국가들의 안정적이고도 지속된 경제성장은 서구 중심주의인 근대화 이론이 틀리지 않았음을 증명하는 중요한 예시가 되었고, 이에 기초해 서구 중심적 가치는 전 세계에 통용될 수 있는 보편성을 획득할 수 있었다(황동연, 1999: 189). 물론 경제적 풍요와 인권의 보편적 가치 등 서구 중심의 전 지구적 가치가 기여한 부분은 분명히 있다. 하지만 동시에 이들은 자신이 절대적 혹은 유일한 선이자 해방자임을 강조해야 했기에 지역적 특수성 혹은 독특한 민족성은 제거해야만 하는, 혹은 적어도 보편적인 서구적 가치와 타협해야 한다고 바라봤다. 그 결과 근대화론은 90년대까지 지역연구에서 중요한 위치를 차지할 수 있었다. 이는 지역연구가 얼마나 미국의 지정학적/서구 중심적 가치에 매몰되었는지를 확인할 수 있게 해주는 근거가 되기도 했다.

IV. **1990년대 이후 진행된 미국의 아시아 지역연구**

1. **무엇이 새로워졌는가: 냉전체제의 종식과 지구화 담론의 등장, 배태된 신자유주의 전략**

1990년대에 들어 미국의 아시아 지역연구는 다시 한번 큰 변화의 파도를 맞이하게 된다. 이는 미-소 냉전이라는 거대한 이념적 대립체제가 갑작스럽게 무너지는 상황에서 비롯되었다. 1989년 베를린 장벽의 붕괴, 소비에트 연방의 붕괴, 사회주의 중국의 시장개방 및 WTO 가입 등은 20세기 세계를 뒤흔든 공산주의 이념 및 사회주의 국가 체제들이 완전히 자유민주주의 및 자본주의 시장체계에 의해 굴복됨을 의미했다. 당시 상황은 프랜시스 후쿠야마(Francis Fukuyama)가 지적한 대로 '자유민주주의체제'의 세계적 승리였다.[8]

냉전의 종식 이후 미국 내 지역연구에 불어닥친 변화는 '재정적 압박'에서부터 시작되었다. 냉전 이후 워싱턴 내 보수적-시장주의자들은 지속적으로 지역연구에 대한 연방정부 차원의 재정적 지원을 문제 삼았다. 그 결과 불변가격 기준으로 1960년대 중반부터 90년대 초까지 지역연구에 대한 연방정부의 지원은 약 40%가 줄어들었고, 일부 프로그램은 지원이 중단될 위기에 처하기도 했다(코펠, 1998: 321-322). 브루스 코펠(1998: 321)에 의하면, 미국 내 아시아 관련 연구프로그램은 냉전 시기를 거치면서 증대되었지만, 냉전 이후 "이들의 재정, 인적 자원 그리고 정치적 위상은 매우 제한되어 버리는 상황"으로 바뀌었다.

냉전의 종식으로 만들어진 상황을 최대한 이용하고자 미국은 지역연구

---

8   프랜시스 후쿠야마는 1989년에 이르러 냉전이 종식되자 이를 가리켜 '역사의 종말'이라 정의했다. 후쿠야마는 이념적으로 헤겔(G. W. F Hegel)의 관점을 받아들여, 타인으로부터 인정받고자 하는 인간의 욕구(인정윤리)는 상호성이 보장될 때만 가능하다고 분석했다. 그리고 이것을 충족시키는 정치제도는 오로지 민주주의 정치제도뿐이라고 여겼다. 나아가 이런 민주주의 정치제도가 파시즘 및 사회주의 정치제도와의 체제 대결에서 승리한 상황이 도래하자, 더 이상 민주주의 체제에 도전할 수 있는 이념체제는 나오지 않을 것이라 언급하면서 역사의 종말을 예견했다.

표 1 **동아시아와 태평양에 대한 미국 해외정보국(USIA) 국제교육 프로그램 (1990년 달러 기준)**

	회계연도										
	1984	1985	1986	1987	1988	1989	1990	1991	1992	1993	1994
외국인 강사	584,622	690,371	632,975	769,026	500,202	378,036	39,289	277,449	71,299	260,316	255,165
내국인 강사	2,774,689	3,590,385	3,281,731	3,232,212	2,994,454	3,166,311	1,727,416	2,387,628	2,600,120	2,605,278	2,552,971
외국인 연구자	1,625,969	2,075,893	1,411,569	1,273,276	1,702,559	1,570,581	1,976,641	1,629,278	1,953,030	1,802,518	1,766,753
내국인 연구자	1,200,148	1,591,692	1,113,838	1,516,241	1,564,361	1,023,925	1,415,563	926,170	1,149,849	1,570,067	1,538,795
외국인 학생	1,869,020	2,449,181	2,425,730	2,179,838	2,031,694	1,706,636	2,590,409	1,808,555	2,438,217	2,985,494	3,901,879
내국인 학생	1,070,427	1,153,923	875,159	1,274,985	1,124,345	1,125,736	937,073	1,201,806	1,049,130	1,282,638	1,723,162
해외학생 갱신	1,601,215	1,519,866	1,592,048	1,785,924	1,418,968	1,267,946	1,073,760	853,150	1,152,037	1,580,728	1,906,264
장학 프로그램*	12,103,833	14,720,466	13,229,571	14,084,112	14,094,432	13,293,957	13,530,000	12,573,473	14,044,860	16,017,320	18,335,586
타국 정부기부	2,308,925	2,666,655	3,067,792	3,394,569	3,457,469	3,778,394	3,564,944	3,605,709	3,810,913	3,855,986	3,776,801
순지출**	13,534,453	16,179,747	14,114,076	15,348,041	13,341,058	11,484,725	12,082,292	11,978,620	12,698,433	15,412,531	17,531,000

(행 레이블 열 왼쪽 세로: 학술 프로그램)

자료: 코펠(1998: 324)

* 장학 프로그램 합계에는 비장학 프로그램과 행정적 비용 포함

** 순지출은 상환, 민간재단의 협조 및 다른 학술 프로그램 지출의 총합

에 대한 재정지원 프로그램들을 새롭게 재구성하기 시작했고, 이에 대표적인 예는 〈표 1〉에서 확인할 수 있다.

〈표 1〉에서 확인할 수 있듯이, 동아시아와 태평양에 대한 미 해외정보국 (USIA)의 국제교육 프로그램 비용은 지속적으로 늘어났다. 각 세부항목 가운데는 주목할 2가지 변화가 있다. 하나는 연구자와 강사에 대한 지원 감소이고, 다른 하나는 외국 학생들에 대한 지원 증가이다. 다시 말해 미국 내 동아시아 및 태평양 연구를 하는 이들에 대한 예산은 삭감됐지만, 미국에 와서 고등교 육을 받는 학생들에 대한 예산은 늘어난 것이다. 이런 상반된 상황을 어떻게 분석해야 할까?

이는 냉전 이후 동아시아 및 태평양 연구 자체에 관심을 쏟기보다 이 지 역 학생들의 미국 유학에 중점을 두었다고 해석할 수 있다. 냉전 종식 후 미

정부는 동아시아 및 태평양 지역연구에 관심을 덜 가진 반면, 이 지역 학생들의 미국 유학을 독려함으로써 자국 내 지역연구를 지속시키는 한편, 아시아 지역 학생들의 유치를 통해 엄청난 경제적 이익을 거두려 했다. 2001년 실시된 OECD 교육 데이터베이스에 따르면, 미국은 475,169명에 달하는 유학생을 유치해 전체 OECD 국가 가운데 독보적인 위치를 차지하고 있다. 2위는 영국으로 225,722명, 3위는 독일(199,132명), 4위는 프랑스(147,402명) 순이었다. 이런 미국의 외국인 유학생 유치 성과는 2003년도에는 586,316명까지 늘어난다. 무엇보다 미국으로 향하는 외국인 유학생 가운데 상당수는 아시아 학생들이고, 이들 대다수의 유학 목적지는 북아메리카 지역이었다, 아시아 유학생들의 북아메리카 지역으로의 유학은 38%에 달하는데, 이는 유럽의 28.7%보다 10%가량 높은 것이다(최정윤, 2006: 60 - 61). 요약하면, 냉전 이후 미국 정부는 자국 연구자들의 해외 지역연구 예산은 삭감한 반면, 미국 내 지역연구 제도의 시장화/글로벌화를 꾀해 상당한 경제적 이익을 얻었다고 해석할 수 있다.[9]

　　이런 학문의 경제적 효율성 추구는 1980년대와 90년대 미국에서 선보인 신자유주의 경제체계와 밀접하게 관계되기도 한다. 1980년대 미국의 로널드 레이건(Ronald W. Reagan) 대통령과 영국의 마거릿 대처(Margaret Thatcher) 총리가 내놓은 신자유주의 경제원리는 미국이나 영국의 경제시스템뿐만 아니라 이들 나라의 정치·사회·문화체계의 원리를 근본적으로 바꾸어버렸다. 국가가 전면에 나서기보다는 초국가적 기업 및 금융체제가 나서 세계질서를 만들었고, 이들은 아시아 여러 국가에 시장개혁 및 민영화, 탈규제를 강요했다(김철규, 2018: 70). 이런 상황 속에서 미국 정부가 나서서 세계질서를 조직하고 관리하던 정부 주도의 사업들(학문분야 포함)은 쇠퇴하거나 재조정되어야만 했다.

9　그뿐만 아니라 미연방의 지역연구에 대한 예산 감소는 지역연구 내 '부익부 빈익빈' 현상을 초래했는데, 지역연구 내 발전 가능성이 있는 혹은 장래성 있는 연구에 투자하기보다 기존 연구에 대해 선호하는 방향으로 나아갔다(코펠, 1998: 325).

막대한 재정이 필요했던 제3세계 국가들에 대한 직접적·일방적 지원들은 줄었고, 다수의 지역연구 또한 '경제적 효용성'이라는 척도에 의해 재평가·재조정되어야만 했다.

나아가 경제적 효용성이라는 측면에서 90년대 이후 지역연구는 글로벌 연구로 점차 그 영역을 넓혀 나갔다. 더욱 광범위한 지역에 동일한 사회-경제적 원리를 적용해(예: 합리적 선택이론) '비용효과'를 극대화하려고 했기에, 90년대 이전 특정 지역(예: 동구 사회주의 진영 연구)에만 관점을 두던 지역연구의 패러다임은 저물고 국경 없는 세계로 그 방향성을 튼 것이다. 이와 관련한 커밍스의 다음과 같은 지적은 귀 기울여 들을 만하다:

"냉전이 끝나고 서구 공산주의가 1989~1991년에 붕괴했을 때 세 번째 재평가가 진행되었다. '지역들(혹은 특정한 방식으로 이해되는 지역들, 즉 '공산주의 연구'를 연구하기 위한 한 묶음의 원리들)'이 붕괴했고, 한편으로 정치적인 의미에서건 경제적인 의미에서건 '발전'을 중심으로 하는 다른 원리는 심화되었다. 사실상 기존의 영역 구분은 세계시장의 범위에 접근하기 위해 확장된 탐구의 틀로서는 더는 기능할 수 없게 되었다."(커밍스, 1998: 268-269)

여기에 더해 전 지구적으로 통용될 수 있는 보편적 의제나 주제에 더욱 관심을 가지기 시작했다. 김경일(2009: 18)이 언급했듯, 90년대 이후 지역연구들은 "전 지구적 환경전략, 민주화와 경제개혁, 성관계(gender relation)" 등과 같은 지구적 쟁점들에 초점을 맞춘 초분과적(trans-disciplinary), 초지역적(trans-regional)인 연구들이었다.

이런 환경에서 동아시아에 대한 지역연구 또한 범위가 넓어져 '아시아-태평양'이라 칭하게 되었다(박상현, 2014: 8). 본래 호주나 태평양 내 여러 섬나라의 경우 지역연구의 범위에 들어가지도 않았을뿐더러 아시아와 묶일 공통의 분모 또한 거의 없었다. 그러나 이제는 아시아-태평양 연구라는 이름하에 함께 연구되기 시작한 것이다.[10]

---

10 특히 미국 캘리포니아 지역에서는 '아시아-태평양학'이라는 지역연구 범위가 성행하기 시

2. 무엇이 변하지 않았는가: 끝나지 않은 근대화 담론

냉전체계가 무너진 90년대부터 미국의 지역연구는 '경제적 효용성', '지역연구의 세계화', 그리고 '보편적 담론에 관한 관심'과 같은 새로운 방향성이 부각되었다. 동시에 변하지 않고 지속되는 영역도 있었다. 그중 대표적인 것이 근대화 담론이었다. 근대화 담론은 이미 60년대부터 지속적으로 비판을 받았지만, 90년대에도 여전히 막강한 영향력을 발휘하고 있었다. 물론 여러 이론적 도전에 직면한 근대화 이론은 60~70년대 이후 다양한 방식으로 변화를 거듭했다. 80년대의 경우 근대화 담론은 '동아시아적 가치'와 결합되었고, 90년대에는 세계화 담론 및 문명론과 결합되는 양상을 띠었다.

무엇보다 근대화 이론 속 발전의 가치는 "냉전 이후 '하나의 세계'를 형성하는 세계화"의 주된 동기(박상현, 2014: 16)가 되었다. 이런 지적·제도적 경로의 존에 의해 '경제적 자유화가 정치적 자유화를 낳을 것이다'라는 하나의 새로운 신화가 만들어지기도 했는데, 대표적인 예가 바로 미국의 대중국 정책이었다.

2017년 트럼프 행정부가 미－중 관계를 '전략적 협력관계'에서 '전략적 경쟁관계'로 바꾸기 전까지 미 행정부는 중국 외교와 관련해 하나의 오랜 믿음을 유지하고 있었다.[11] 이는 중국의 경제적 성장과 자유의 신장이 중국의 일당독재에 기반한 사회주의 국가체제를 바꿀 것이고, 그로 인해 자유민주주의 또한 중국 토양에서 싹을 틔울 것이라는 기대였다. 이에 기초해 워싱턴은 90년대 이래 '전략적 인내 (혹은 포용)'을 유지하면서 중국의 시장개방 및 WTO 가입을 적극적으로 도왔고, 미－중은 오랜 시간 동반자 관계를 유지할 수 있었다.[12]

작했다(황동연, 1999: 209). 그러나 이런 '아시아－태평양'이라는 재구획은 소농에 근간을 둔 아시아 지역들(예: 중국 내부지역, 인도, 미얀마 등)을 은폐·배제시키는 역효과를 낳기도 했다(팔랏, 1998: 403).

11 트럼프 행정부가 이전 미국의 대중국 외교정책을 비판하면서 발간한 "국가안보전략(National Security Strategy (December, 2017)"에는 이런 내용이 들어있다. https://trumpwhitehouse. archives.gov/wp－content/uploads/2017/12/NSS－Final－12－18－2017－0905.pdf 참고

12 물론 90년대 이후 미－중 관계가 순탄하게만 흘러간 것은 아니었다. 예컨대 1989년 천안문

근대화 이론이 지속된 또 다른 코드로서 우리는 문명의 충돌을 생각해 볼 수 있다. 새뮤얼 헌팅턴(Samuel P. Huntington)은 냉전 종식 이후 달라진 세계화를 분석하는 데 있어 문명사적 접근을 제시했다. 그는 앞으로 국제정치의 가장 심각한 분쟁들이 이질적인 문명 간의 충돌로 인해 발생할 것이고, 이를 해결하기 위해 서구 문명은 자신들이 꽃피운 산업화, 기독교회, 군사적 무기를 사용해야 할 것으로 예측했다. 이런 그의 갈등론적 접근은 서구 문명을 절대적 기준으로 삼는 근대화 이론의 세련된 버전이라는 점에서, 그리고 비서구 지역을 마치 없애버려야 할 '적'으로 간주했다는 점에서 많은 비판을 받아야만 했다.

V. 2000년대 이후 진행된 미국의 아시아 지역연구

1. 21세기 이후 진행된 미국의 지역연구 및 (동)아시아 지역연구의 방향성

앞에서 언급했듯, 90년대 이후 미국 지역연구의 방향성은 '전 지구화'로의 수렴이었다. 케네스 프리윗은 더욱 하나가 된 지구를 이해하기 위해 지역연구의 연구주제들이 다양해질 필요가 있다고 언급하면서, 이를 위해 무엇보다 미국 중심의 관점에서 벗어날 필요가 있다고 지적했다(Katzenstein, 2001: 790). 이런 흐름에 발맞추어 미국 학술재단의 연구지원 주제나 주요 대학들의 커리큘럼도 새롭게 짜이게 된다. 이는 새로운 세계적 정치·경제 체제의 탄생으로 인해 기존의 지리적/지역 구분이 더 이상 효과적이지 않다는 인식을 반영한 것이기

사태와 1991년 사회주의 체제가 붕괴되었을 때 미－중 관계는 극도로 악화하였고, 1995~6년 사이 대만해협에서 위기가 발생했을 때도 미－중 관계는 다시 냉각된 바 있었다. 1999~2000년 당시 미국 의회가 대만안보강화법안을 발의하고, 유고의 중국대사관을 오폭했을 때도 양국은 긴장 상태에 돌입했었다. 이후 2001년 미 정찰기 충돌 사건, 2005~6년 부시 2기 행정부 당시 '중국위협론'을 제기했을 때도 양국의 전략적 관계는 '갈등'에 가까웠다. 그럼에도 트럼프 행정부 이전 미국의 대중국 외교정책은 '전략적 인내 (혹은 포용)'에 기반한 동반자적 관계를 유지하자는데 의견이 맞추어져 있었다.

도 했다(황동연, 1999: 212).

미국사회과학협의회(SSRC: Social Science Research Council), 미국학술단체협의회(ACLS: American Council of Learned Societies), 포드 재단(Ford Foundation), 그리고 록펠러 재단(Rockefeller Foundation)에서 진행된 최근 연구를 보면 몇 가지 테마로 간추릴 수 있는데, 이를 나타내면 다음과 같다: 1) 구 사회주의 정권이었던 국가들의 사회 - 경제적 변화, 2) 저개발 및 개발도상국 국가들에 대한 관심과 지지, 3) 전 지구적 관심사(예: 환경), 4) 새롭게 부상하는 테마(예: 민주주의의 취약점, 디지털 문화 등).

〈표 2〉에서 확인할 수 있듯이, 21세기 이후 미국의 지역연구는 더욱 다양한 주제와 전 지구적인 관심사에 대해 많은 관심을 가졌다.

그렇다면 보다 구체적으로 21세기 이후 미국의 아시아 지역연구는 어떻게 진행되고 있을까? 2010년 *Asian Studies Review* 편집장이 된 피터 잭슨(Peter A. Jackson, 2010)은 아시아 연구의 새로운 경향성으로 2가지를 꼽았다. 첫째, 아시아 지역연구가 주변부에서 주류로 이동했다. 미국을 비롯해 서구권에서 바라보는 아시아에 대한 시선이 바뀌었다는 것인데, 이는 탈식민지화 아시아 사회가 경제적·정치적·사회적으로 성숙한 상태에 이르렀음을 의미하는 것이다. 나아가 더욱 명료해진 아시아인들의 목소리는 서구에서 아시아 연구를 하나의 지적인 의제로 끌어올리는 데 중요한 역할을 했다고 그는 평가했다. 둘째, 아시아 연구가 더 다양한 영역에서 진행되었다. 21세기 이후 아시아 내 젠더 및 섹슈얼리티 연구, 탈식민주의 연구, 디아스포라 연구, 문화 및 미디어 연구들이 대거 등장했다고 그는 평가했다.

여기에 더해 미국적인 시선이 아닌 지역적 특성을 반영한 연구들이 등장했다. 예컨대 미국의 동북아시아(중국 포함) 지역연구는 더욱 전 지구적 차원에서 그리고 더 탈미국화된 시선으로 바라보게 되었다. 길버트 로즈만(Gilbert Rozman, 2002)이 언급했듯, 21세기 이전 미국의 동북아시아 지역연구는 지나치게 미국 중심적·지정학적 관계로 이해되었기에 정작 동북아시아 내에서 일어나고 있는 지역적 역동성(예: 러시아 - 일본 관계, 러시아 - 중국 관계 등)에는 관심

	구 사회주의 정권들의 사회 – 경제적 변화	저개발 및 개발도상국 국가들에 대한 관심과 지지	전 지구적 관심사	새롭게 부상하는 테마
미국사회 과학협의회	쿠바 연구	·아프리카 차세대 사회과학연구 ·베트남 인구 및 건강 연구	·기후변화 ·평화, 분쟁, 안보문제	·민주주의에 대한 불안 ·디지털 문화 ·마약
미국학술 단체협의회	·벨라루스, 우크라이나, 러시아 연구 ·폴란드, 헝가리, 체코, 슬로바키아의 입헌주의 정신과 문화연구	우루과이의 Punta del Este, 태국의 치앙마이 지역, 아프리카의 Harare, 헝가리의 Peches 지역연구	–	–
포드 재단	–	멕시코, 중앙아메리카, 중동 및 북아프리카, 남아프리카, 서아프리카, 인도, 네팔, 스리랑카 연구	–	–
록펠러 재단	–	에너지 부족 국가, 식량부족 국가, 의료 및 의약품 부족 국가들에 대한 지원	–	–

을 가지지 못했다. 그러나 21세기 이후 미국은 동북아시아 내에서 일어나고 있는 여러 활동에 대해 미국인의 시선이 아닌 동북아시아인들의 관점으로 이해하기 시작했다. 물론 이런 인식론적 전환의 배경에는 중국의 부상이라는 지정학적 이유가 자리 잡고 있겠지만(브레진스키, 2000: 79 – 80), 그럼에도 불구하고 과거와 다른 접근을 하는 것만은 분명해 보인다.

'동아시아 지역'으로 한정시켜보더라도 미국 내 한국·중국·일본 연구에 대한 관심 분야는 다양해졌다.[13] 예컨대 2020년 현재 미국의 주요 100개 대학

---

13 이를 위해 연구자는 미국의 주요 100개 대학 동아시아 프로그램 교수들의 주요 관심사를 조사하였다(2021년 기준). 몇 가지 특징을 나열하면 첫째, 미국 대학에서 개설 중인 동아시아 연구

동아시아 프로그램 연구자들은 여러 형태의 주제들에 관심이 있었다. 1) 역사학을 전공하는 이들은 시기를 막론하고 (상고대 시대에서부터 현대까지) 한·중·일의 문화사, 종교사, 지성사, 여성사, 의료사 등에 관한 다양한 주제에 관심이 있었다. 2) 동아시아 문학을 전공으로 하는 연구자들의 경우 동아시아 전근대·근대·현대의 다양한 문학작품(소설, 시, 필름 등) 및 번역에 관심을 가졌고, 나아가 문학작품 속에 나타난 남-여 관계 및 국가 간 관계에도 관심을 보였다. 3) 언어를 전공하는 이들은 미국의 제2 외국어 습득에 필요한 연구에 관심을 가지는 한편, 언어와 외부환경(문화, 경제, 정치 등) 사이의 관계에 관심을 나타냈다. 4) 그 외 인류학, 사회학, 정치학, 미술사 등을 전공한 연구자들은 한 지역에만 국한해 연구를 진행하기보다 중국과 일본 혹은 한국과 일본을 함께 연구하기도 했다.

2. 미국의 아시아에 대한 급증한, 그러나 혼란스러운 관심

21세기 이후 아시아에 대한 미국의 관심은 급격히 증가하는데, 이는 과거 오바마 행정부 시절 "아시아로의 외교적 전환(Pivot to Asia)"[14]이라는 말에서도

프로그램들은 다양한 학과 이름을 가지고 있었다. 예컨대, 브라운대학은 '동아시아학과(Department of East Asian Studies)'라는 이름을 가지고 있었고, 컬럼비아대학은 '동아시아 언어와 문화 프로그램(East Asian Language and Cultures)'이라고 지칭했다. 듀크대학은 '아시아/태평양 연구소(Asian/Pacific Institute)'라고 명명했고, 하버드대학은 '동아시아 언어와 문명 프로그램(East Asian Languages and Civilizations)'을 사용하고 있었다. 다양한 이름으로 불리는 이유는 아마도 다양화된 동아시아 연구 관심사, 접근방식의 다양성, 그리고 분과학문과 달리 하나의 이론·방법론적 체계가 없기 때문일 것이다. 둘째, 동아시아 내 한국 문화, 역사, 문학, 언어, 지리 등에 대한 관심이 증가했음에도 불구하고, 여전히 동아시아 프로그램 내 교수들의 주된 관심은 중국이나 일본에 몰려 있었다. 한국학에 관심을 가진 미 대학 연구진들의 수는 전체 1,023명 가운데 148명으로 중국의 574명, 일본의 336명에 비해 열세였다. 셋째, 비록 연구자들의 전공이 역사학, 사회학, 정치외교학, 인류학, 언어학이었음에도 이들의 관심 지역이 동아시아이기에 지역연구 프로그램에 소속된 연구자들 또한 상당수 있었다.

14   오바마 행정부 시절, 미국의 동아시아 외교안보 전략이라 할 수 있는 '아시아로의 외교적 전환'은 미국의 아시아-태평양 지역에 대한 관심을 나타낸 대표적 정책으로 손꼽을 수 있다. 이 정

확인할 수 있다(유재광, 2016; Clinton, 2011; Campbell, 2016). 미국의 아시아에 대한 집중된 관심은 아시아가 지금껏 보여준 경제적 · 정치적 · 사회적 성과와 끝 모를 잠재성 때문이다. 신범식(2021: 3)이 지적했듯, "세계 영토 면적의 1/4을 차지하고, 세계 인구의 60%를 차지하고 있으며, 세계 명목 GDP의 38%, 구매력 기준 GDP의 46%가 아시아에서 생산"되었다. 여기에 더해 대만, 홍콩, 싱가포르 등 주변 국가를 포괄하는 "중화경제권"이 만들어지고(박상현, 2014: 27), 중국이 새로운 헤게모니 국가로 부상하자 미국 내 아시아에 대한 관심이 폭발적으로 증가한 것이다.

이런 아시아에 대한 전례 없는 관심의 부상은 미국이 아시아를 하나의 지역공동체로 인정하게끔 했다. 앞에서 언급했듯, 미국의 지역연구는 90년대 이후 하나의 글로벌한 연구영역으로 대체되고 있었다. 그래서 '지역단위' 연구들은 그 범위의 협소함으로 인해 배척당하기 일쑤였으나, 오히려 아시아는 미국 내에서도 하나의 지역단위 연구로 인정되는 경향이 강했다. 무엇보다 중국의 영향력이 강한 동아시아 지역이나 남중국해 지역은 미국이 주도하는 글로벌 헤게모니와 지정학적 갈등이 벌어지는 최전선이기에 미국으로서도 이 지역에 특별한 관심을 보일 수밖에 없었고, 그로 인해 지역적 의미가 되살아난 것이다.

비록 동아시아 혹은 남중국 해역은 그 지정학적 특성으로 인해 재조명받은 것은 분명하나, 이는 미국 내 지역연구 방향성을 특징짓는데 혼란을 초래하기도 했다. 경제적 이해관계 및 다양화된 지역연구의 요청에 발맞추어 진행되고 있던 미국의 글로벌한 지역연구가 아시아의 지정학적 변화에 따라 다시 과거의 지역연구로 회귀했기 때문이다.

여기에 더해 미국의 아시아 지역연구는 미국의 대중국 정책에 따라 이리

책에는 새로운 패권국으로 부상 중인 중국과의 관계, 한반도 정세 및 동아시아 여러 국가에 대한 외교정책 전반을 포괄하고 있다. 다만 중동문제의 격화로 인해 오바마 행정부는 동아시아에 대한 관심을 지속적으로 펼칠 수 없게 되었다.

저리 휘둘리는 혼란스러운 모습을 보여주기도 했다. 무엇보다 이런 혼란스러운 모습은 트럼프 행정부의 대중국 강경책이 성립된 이후부터 심화하였다. 트럼프는 중국에 대한 미국의 기존 정책('전략적 인내' 혹은 포용)과 정반대의 조치를 했고, 중국과의 경쟁을 위해 때로는 '시장주의 논리'를 사용하고, 때로는 '국가의 적극적 개입' 정책을 혼용했다. 다시 말해 미국의 글로벌 헤게모니를 유지하고, 중국과의 경쟁에서 더욱 유리한 고지를 차지하기 위해 미국은 국가의 개입과 시장 논리를 번갈아 썼다. 그리고 이런 전략을 현재 바이든 행정부 역시 계승해 사용 중이다.

더욱이 트럼프 행정부 이후 격화되고 있는 미-중 헤게모니 경쟁은 아시아 지역연구를 더욱 발전시키지 못하게 만든 중요한 요인이 되기도 했다. 시진핑 주석이 '중국몽(中國夢)'을 주장하면서 국제사회 내 패권국가로의 야심을 천명하자 트럼프 행정부는 단계적인 대중 압박정책을 실시해 나갔다. 구체적으로 1) 경제 분야에서 중국의 대미 수출품에 대한 관세 부과, 미국 기업들의 중국기업에 대한 (첨단) 기술이전 금지, 지식재산권 침해 사례 보고; 2) 국방 분야에서 국방수권법 통과(2018, 2019, 2020), 동남아 국가들과 협력해 남중국 해역에서 항해의 자유 작전 실시; 3) 외교 분야에서 중국의 대만 침공 반대 선언, 행정부 관리들의 대만 방문, 대만에 대한 무기 수출, 신장웨이우얼에서 자행되고 있는 무슬림 및 기타 소수민족들에 대한 인권탄압 비판, 홍콩 민주주의 탄압 비판 등이 그것이다. 트럼프 행정부의 외교정책을 비난하면서 당선된 조 바이든 대통령이었지만, 바이든 행정부 역시 대중국 압박책을 그대로 사용 중이다.[15] 오히려 어떤 면에서는 트럼프 행정부보다 더 강한 억제정책을 쓰고

---

15   바이든의 중국에 대한 시각은 바이든 행정부 국가안보보좌관으로 임명된 제이크 설리번(Jake Sullivan)의 "세계지배로 가는 중국의 두 가지 길(China Has Two Paths to Global Domination)"이라는 전문기사를 통해 어느 정도 파악할 수 있다(Foreign policy, May 2020). https://foreignpolicy.com/2020/05/22/china-superpower-two-paths-global-domination-cold-war/. 그에 따르면 중국의 세계 지배는 양방향으로 이루어지는데, 한편으로는 "일대일로 계획"에 기반한 서쪽으로의 팽창이고(중동, 동유럽 및 아프리카를 포괄하는), 다른 한편으

있는데, 그 이유는 트럼프 행정부와 달리 바이든 행정부는 주변 동맹국들까지 끌어들여 전방위적으로 중국을 압박하기 때문이다. 안타까운 점은 중요한 아시아 지역연구 과제들, 즉 신장웨이우얼 지역에 거주하는 무슬림인들에 관한 삶, 코로나19 사태 이후 악화된 북한의 피폐해진 사회·경제적 상태, 정치적 핍박으로 아시아 다른 지역으로 이주해 간 홍콩 이주민들의 삶, 중국침공에 불안해하는 대만인들의 삶, 남중국 해역 분쟁과 관련해 경제적 피해를 보고 있는 동남아시아 어부 및 메콩강 지역 주민들의 삶 등이 산적해 있음에도 미-중 헤게모니 경쟁 속에 파묻혀 빛을 발하지 못하는 상황이다.

VI. **결론**

1. **요약**

미국에서의 지역연구는 특정한 사회이론이나 문화이론에 집착하지 않는, 그럼에도 역사 또는 인간 경험의 다른 영역에 걸쳐 나타나는 다양한 사회문화적 관계들을 연구하는 학제적 접근으로 그 뿌리를 내렸다. 이런 점 때문에 지역연구에서 '지역'은 인간 집단들 간의 교류와 충돌이 일어나는 시·공간인 동시에 사회·경제체제, 정치체제, 종교 및 기타 체제 간 복잡한 상호작용을 확인할 수 있는 하나의 연구단위로 인식되었다(Schwartz, 1980: 15). 그런데도 지금껏 미국의 지역연구는 2차 세계대전, 냉전, 전후 만들어진 미국의 헤게모니 유지 등 늘 주변의 지정학적 관계 및 특정 이론에 대한 과도한 집착(예: 근대화 이론)으로 인해 독립적인 연구 지위를 확보하는 데 실패했다고 평가할 수 있을 것이다.

로는 동쪽으로의 팽창을 의미하는 "남중국해를 포함하는 서태평양 지역으로까지 영향력 확대(동남아시아, 동아시아 및 서태평양 지역)"이다. 설리번은 중국의 이런 세계 지배가 어떤 식으로는 미국에 큰 도전이 될 것으로 바라봤다.

미국 지역연구 내 깊숙이 자리 잡고 있는 이런 한계로 인해 미국인들의 아시아에 대한 지역연구 또한 늘 특정한 이론적/지정학적 스펙트럼 속에서만 구현되는 경향이 강했다. 그래서 "유교는 중국 문화를, 카스트 제도는 인도 문화를, 부족주의는 아프리카 문화를 대표"하는 방향으로 결론짓곤 했다(팔랏, 1998: 394). 이는 아시아 연구에 대한 왜곡된 인식이나 자유롭지 못한 혹은 부자연스러운 지역연구의 답습으로 이어졌다. Kolluoglu－Kirli(2003: 107)가 지적했듯, 미국의 오리엔탈리즘은 (아시아) 지역연구를 통해 계승되고 있었다.

이는 향후 미국의 아시아 연구 방향이 어떻게 진행되어야 할지에 대한 반면교사가 될 수 있다. 즉, 지역연구는 그 자체의 지역적 특색이나 특징을 파악하는 하나의 이론적－방법론적 시도로 이루어져야지 어떤 특정한 이론이나 정책의 도구가 되어서는 안 되는 것이다. 또 향후 미－중 헤게모니 갈등과 같은 지정학적 상황에 '거리두기'를 하면서 현실 속에서 살아가는 다양하고도 폭 깊은 아시아 지역연구가 필요함을 우리에게 알려준다. 이런 방향 속에서만이 미국의 아시아 지역연구는 본래의 목적에 조금 더 가깝게 발전해 나갈 것으로 생각한다.

물론 막스 베버가 지적했듯, 모든 사회·문화적 인식은 불가피하게 연구 혹은 연구자가 처한 주관적 전제조건들과 얽매여 있을 수밖에 없지만(전성우, 2013: 155), 지역연구 내 호모 아카데미쿠스를 지향하기 위해서는 외부적 조건이나 일원화된 이데올로기로부터의 개입은 피해야 할 것이다. 이럴 때 비로소 지역연구적 상상력이 보다 내적인 주지주의적 합리성으로 승화될 수 있을 것으로 판단한다. 지역연구는 현실과 유리(遊離)되어서도, 현실에 의해 기만(欺瞞)되어서도 안 된다.

2. 미국의 지역연구를 통해 이해된 아시아

지금까지 연구자는 미국의 지역연구에서 바라본 아시아를 분석했다. 그렇다면 지금껏 미국은 지역연구를 통해 아시아를 어떻게 이해했을까? 미국의 지역연구에서 나타나는 지적 편향성과 지정학적 연관성은 미국이 바라보는 아시아와 크게 다르지 않았다. 즉, 1940년대 이래 미국의 아시아에 대해 시선은 지정학적 맥락과 결부되거나 이들이 전통적으로 가지고 있던 편협한 시각으로 소화되는 경향이 있었다.

우선, 미국의 아시아에 대한 지정학적 연관성 및 그에 배태된 시각은 실용주의(pragmatism)였다. 미국의 독립 이후부터 20세기 중·후반까지 미국의 가장 중요한 외교 상대국이자 협력의 대상국은 유럽이었다. 이렇게 미국이 유럽을 중요한 외교 협력의 대상국으로 지정한 이유는 근대 이후 유럽이 가진 문화적, 경제적, 외교적, 군사적 힘 때문이었다. 제2차 세계대전 이래 미국 헤게모니가 성립되었고, 이에 기반한 새로운 국제질서 유지를 위해 유럽은 반드시 함께 가야 할 동맹국이었다. 반면 아시아 지역은 미국의 글로벌 헤게모니를 소비하고 과시하는, 그래서 미국이 얼마나 강대국인지를 확인시켜 주는 장소였다. 그로 인해 유럽과 아시아를 바라보는 지정학적 관심사는 서로 다른 차원에서 이해되곤 했다. 비유하면 미국은 유럽과 발을 맞추어 나가는 수평적 관계에 가까웠고, 아시아와는 미국이나 유럽이 밟아온 길을 따르게 만드는 (때로는 무력을 동원하면서까지) 수직적 관계를 형성했다. 그러나 20세기 후반 그리고 21세기가 시작되면서 '아시아의 세기'가 만들어졌고, 이때부터 미국은 점차 아시아로 눈을 돌렸다. 특히 오바마 행정부 시절 '아시아로의 외교적 전환(Pivot to Asia)' 이래, 아시아 – 태평양은 미국의 최대·최고의 협상국으로 자리 잡았다. 여기에서 확인할 수 있듯이, 미국의 아시아에 대한 시선은 기본적으로 실용주의적 노선을 따랐다. 그리고 이런 실용주의적 시각의 연장선상에서 미국은 중국과 한편으로 경쟁하면서, 또 다른 한편으로 협력을 이어 나가고 있다.

아시아에 대한 미국의 외부 시선이 실용주의 노선이라면, 아시아에 대한 미국의 내부 시선은 여전히 인종차별적이었다. 미국 내 인종차별에 반하는 새로운 법이 1964년에 제정되었고(the Civil Rights Act of 1964), 미국 내 아시아인들의 인구수 또한 1870년 약 63,000명에서 2019년까지 2,240만 명으로 기하급수적으로 증가했다. 하지만 아시아인에 대한 차별과 불평등은 끊이지 않았다. 미국의 주류사회는 다양한 아시아 인종들을 하나의 공통된·통일된 그룹으로 묶는 한편, 이들 사이의 다양성을 인정하지 않았다. 아시아인들을 미국인으로 간주하기보다는 외국인으로 취급했고, 미국 내 아시아 커뮤니티가 활성화되기 전까지 서구인들이 가진 아시아에 대한 시각은 변하지 않았다. 그에 따라 아시아는 미국 내에서 서구의 타자로서 이해되었고, 자신들과 다른 유형의 사람들이라 간주하는 경향이 강했다(Lee, 2015: 6).

김경일. 1996. "전후 미국에서 지역연구의 성립과 발전." 『지역연구』 5권 3호, 223 – 268.

______. 1998. "지역연구의 정의와 쟁점들." 김경일 편. 『지역연구의 역사와 이론』. 17 – 49. 서울: 문화과학사.

김경일. 2009. "한국사회와 지역연구의 방향성." 인문한국(HK) 해외지역연구 라틴아메리카 지역연구소 공동학술대회: 라틴아메리카 지역연구 어떻게 할 것인가? 학술발표집. 서울. 3월.

김철규. 2018. 『사회학의 눈으로 본 먹거리: 한국 농식품체계의 변화와 위기』. 서울: 따비.

국민호. 1999. 『동아시아의 국가주도 산업화와 유교』. 전남대 출판부.

딜릭 아리프. 1993. "아시아·태평양권이라는 개념: 지역구조 창설에 있어서 현실과 표상의 문제." 『창작과 비평』 21권 1호, 289 – 317.

만하임, 칼 저. 임석진 역. 1991. 『이데올로기와 유토피아』. 서울: 청아출판사.

박상현. 2014. "세계체계와 지역연구: 동아시아의 관점에서." 『아세아연구』 57권 4호, 7 – 39.

베네딕트, 루스 저. 김윤식·오인석 역. 2008. 『국화와 칼: 일본문화의 틀』. 서울: 을유문화사.

신범식. 2021. "부상하는 메가아시아: 역사와 개념." 『아시아리뷰』 11권 2호, 3 – 34.

야노 도오루. 1998. "지역연구란 무엇인가?" 김경일 편. 『지역연구의 역사와 이론』. 50 – 68. 서울: 문화과학사.

에머슨 더널드. 1998. "동남아시아: 이름의 유래와 역사," 김경일 편. 『지역연구의 역사와 이론』, 89 – 129, 서울: 문화과학사.

이매뉴얼 월러스틴 저. 성백용 역. 1994. 『사회과학으로부터의 탈피』. 서울: 창작과 비평사.

이매뉴얼 월러스틴. 1998. "냉전기 지역연구의 의도하지 않을 결과들." 김경일 편. 『지역연구의 역사와 이론』. 205 – 246. 서울: 문화과학사.

유석춘. 1997. "유교자본주의의 가능성과 한계." 『전통과 현대』 1, 74 – 93.

______. 1998. "유교자본주의와 IMF 개입."『전통과 현대』. 6, 240 – 257.

유성희. 2021. "19세기 자본주의 세계체계의 동학과 중국의 사회적 변화를 연결시키기: 새로운 세계체계 방법론으로서의 통합적 역동성."『사회와 역사』101권, 253 – 296.

유재광. 2016. "미국의 대 아시아 균형 정책에 대한 두 개의 시각."『국제정치논총』56권 4호, 149 – 179.

윤상우. 2002. "동아시아 발전국가의 위기와 재편: 한국과 대만 비교연구." 고려대학교 박사학위 논문.

이현송. 2004. "미국 지역연구의 개념과 교육 프로그램."『국제·지역연구』13권 1호, 39 – 61.

장하준. 2005.『국가의 역할』. 서울: 부키.

전성우. 2013.『막스베버 사회학 연구논문집』. 파주: 나남.

즈비그뉴 브레진스키 저. 김명섭 역. 2000.『거대한 체스판: 21세기 미국의 세계 전략과 유라시아』. 서울: 삼인.

최정윤. 2006. "고등교육 인적자원의 국제이동: 현황과 문제점."『대학교육』142권, 57 – 68.

코펠, 브루스 1998. "지역연구와 발전이론: 피난민들인가 개척자들인가?" 김경일 편.『지역연구의 역사와 이론』, 318 – 356. 서울: 문화과학사.

커밍스, 브루스 1998. "연구영역의 전이: 냉전기와 탈냉전기 지역연구와 국제연구." 김경일 편.『지역연구의 역사와 이론』, 261 – 317. 서울: 문화과학사.

케네스 프리윗. 1998. "1980년대의 지역연구." 김경일 편.『지역연구의 역사와 이론』. 247 – 258. 서울: 문화과학사.

팔랏, 라비. 1998. "파편화된 전망: 미국 헤게모니 이후 지역연구의 미래." 김경일 편.『지역연구의 역사와 이론』. 375 – 427. 서울: 문화과학사.

황동연. 1999. "21세기 전야 미국 지역연구 (Area Studies)의 운명: 전 지구화와 그에 따른 지역연구의 방향에 대한 미국학계의 비판적 논의."『동아시아 역사연구』6권, 187 – 219.

Braudel, Fernand and Immanuel Wallerstein. 2009. "History and the Soical Sciencens: The Longue Durée."*Review* 32(2), 171 – 203.

Campbell, Kurt. 2016. *The Pivot: The Future of American Statecraft in Asia.*

New York: Twelve.

Chen, Kuan-Hsing. 2010. *Asia as Method: Toward Deimperialization*. Durham, NC, London: Duke University Press.

Clinton, Hillary. 2011. "America's Pacific Century." *Foriegn Policy* (October 11, 2011). https://foreignpolicy.com/2011/10/11/americas-pacific-century/.

Cumings, Bruce. 1987, "The Origins and Development of the Northeast Asian Political Economy." in Frederic C. Deyo, ed. *The Political Economy of the New Asian Industrialism*. Itaca, NY: Cornell University Press.

Duroselle, Jean B. 1952. "Area Studies and the Study of International Relations." International Social Science Bulletin IV(4), 647-655.

Ernst, John. 1998. *Forging a Fateful Alliance: Michigan State University and the Vietnam War*. East Lansing: Michigan State University.

Fenton, William Nelson. 1947. *Area Studies in American Universities*. Washington, D.C.: American Council on Education.

Hall, Robert B. 1947. *Area Studies: With Special Reference to Their Implications for Research in the Social Sciences*. New York: Social Science Research Council.

Jackson, Peter A. 2010. "New Editor's Message: The Asian Studies Review in the 21ˢᵗ Century." *Asian Studies Review* 34(1), 1-2.

Katzenstein, Peter J. 2001. "Area and Regional Studies in the United States." *Political Science and Politics* 34(4), 789-791.

Kolluoglu-Kirli, Biray. 2003. "From Orientalism to Area Studies." *The New Centennial Review* 3(3), 93-111.

Lee, Erika. 2015. *The Making of Asian America*. New York, London, Toronto, Sydney, and New Delhi: Simon&Schuster Paperbacks.

McCaughey, Robert A. 1984. *International Studies and Academic Enterprise: A Chapter in the Enclosure of American Learning*. NY: Columbia University Press.

McDonnell, Lorraine M., Cathleen Stasz, and Rodger Madison. 1983. *Federal

Support for Training Foreign Language and Area Specialists: The Education and Careers of FLAS Fellowship Recipients. Santa Monica: The Rand Corporation.

Morgenthau, Hans J. 1952. "Area Studies and the Study of International Relations." *International Social Science Bulletin* 4(4), 647－655.

Rozman, Gilbert. 2002. "International Relations of Northeast Asia in the US: Area Studies, Disciplines, and Regional Coverage." *Journal of East Asian Studies* 2(1), 139－163.

Said, Edward. [1977]2003. *Orientalism* (『오리엔탈리즘』). London: Penguin.

Skocpol, Theda. 1982. States and Social Revolutions (『국가와 사회혁명』). 까치.

So, Alvin Y and Stephen Chiu. 1995. *East Asia and World－Economy*. Newbury Park, California: Sage Publishers.

Spivak, Gayatri Chakravorty. 1999. *A Critique of Postcolonial Reason*. Cambridge, MA: Harvard University Press.

The United States of America. 2017. *National Security Strategy of the United States of America*.

https://trumpwhitehouse.archives.gov/wp－content/uploads/2017/12/NSS－Final－12－18－2017－0905.pdf. (November 11, 2021)

Tu, Weiming. 1991. *The Triadic Chord: Confucian Ethics, Industrial East Asia, and Max Weber*. Singapore: Institute of East Asian Philosophies.

Wallerstein, Immanuel. 1992. "Geopolitical Strategies of the US in a Post－American World." *Humboldt Journal of Social Relations* XVIII(1), 217－233.

제7장

아시아에서 바라본 아시아:
서아시아, 동남아시아, 동북아시아의 시선

윤종석(서울시립대학교 중국어문화학과 교수)

최경희(서울대학교 아시아연구소 HK연구교수)

황의현(서울대학교 아시아연구소 선임연구원)

I. '아시아의 세기', '아시아'를 바라보는 다양한 시선들을 되묻기

21세기는 '아시아의 세기', '아시아의 시대'로 불리며 많은 관심을 받아왔다. 최근 몇십 년간 아시아의 인구통계학적, 경제적 부상 추세를 반영할 때 19세기는 유럽(특히 영국)의 세기, 20세기는 미국의 세기를 거쳐 21세기를 '아시아의 세기'로 상상하기란 결코 어렵지 않았다. 앞서 살펴본 바처럼 아시아는 서구 주도적인 근대화 속에서 타자화되어왔지만, 현재에서 나아가 미래적 차원에서 아시아가 정치경제적 부상, 아시아 역내 교류와 통합의 증진, 연대의 확장 등 다양한 흐름 속에서 보다 실체화된 하나의 단위로 변화되어 가는 과정을 밟고 있다고도 할 수 있다.

'아시아의 아시아화'(Chang, 2014) 개념은 최근 아시아의 변화와 동학을 다음과 같이 이해하길 제안한다. '아시아의 부상'이 단순히 세계질서에서 일부 아시아 국가의 정치·경제적 권한 부여(empowerment)로 이해되는 것이 아니라, 산업, 금융, 교육, 인구, 사회, 정치, 문화, 생태 등 다양한 분야에서 아시아 내부의 상호작용과 흐름이 극적으로 강화되는 것과 관련되어 이해해야 함을 제시한다. 아시아의 부상 속에서 역내 교류와 통합이 국가, 사회, 기업, 시민적 차원에서 매우 활발해진 유기적 사회구성체로 거듭나고 있고, 서구에 의한 인위적 구역 나누기 대상이었던 아시아가 실체적으로 아시아화하고 있다는 것이다. 즉, 개인, 사회 및 산업제도, 커뮤니티, 도시, 민족/국민국가, 하위지역(subregion), 아시아 전체 지역을 포함한 아시아 내부 대부분의 사회적 주체들과 단위들이 그 다양한 정도와 상이한 결과 속에서도 자율적으로 초국가화되고 있음에 주목한다. 아울러 지금 아시아 내부의 사회적 주체들과 단위들이 상호 연결되고 이를 호명하고 상상하는 다양한 담론들이 아시아를 하나이자 여럿인 실체로서 발현해가고 있는 가운데, 아시아를 둘러싼 서구적인 시선을 넘어 새로운 이해와 상상이 절실히 요구된다. 또한, 학문적 차원에서도 기존 사회과학의 방법론적 국가주의(methodological nationalism)를 넘어서는 이론과 방법의 혁신을 요구한다. 특히 아시아를 분석 단위로 하는 체계적 아시아학의 모색이 필요하다.

하지만 아시아를 바라보는 시선은 상당히 다양(혹은 상이)하다. 한편에선 아시아에 사는 사람들이 아시아라는 아이덴티티로 돌아오거나, 아시아를 실체로 만들려고 노력하는 바에 주목한다. 반면, 다른 한편에선 아시아 내의 다양성을 강조하며 '아시아'나 '지역'을 허구로 바라보거나 아시아 내외부의 구조적 한계로 인해 '아시아의 세기'는 이미 지나갔고, 아시아는 돌아온 기회를 잃어버렸다고 평가하기도 한다. 더욱이 동양, 유라시아, 아시아-태평양, 인도-태평양 등 아시아를 포괄하는 다양한 용어들이 사용되었음을 상기해보면 왜 꼭 '아시아'라고 불러야 하는지는 여전히 논쟁적일 수 있다.

그럼에도 불구하고, 유라시아 대륙의 동쪽 끝 한국에서 다시금 '아시아'를 논의한다면 과연 어디에서부터 시작해야 할까? 이를 위해서는 보다 본격적인 연구와 체계화·종합화의 노력이 필요하겠지만, 시론적으로 밝혀본다면 다음을 제기해볼 수 있다.

우선, 아시아를 호명하고 주체화하는 담론은 하나의 담론이라기보다는 다종다기한 다양한 담론들로 구성되어왔고, 아시아 지역별로도 상이하면서도 서로 연동되고 상충되면서 때로는 경합하는 등 우리가 가진 인식론적 한계 또한 존재함을 상기할 필요가 있다. 특히 한국에서는 한국, 중국, 일본 등 동북아시아 지역의 아시아주의, '동아시아 담론'이 많이 알려져 왔다. 하지만 일본발, 한국발 (동)아시아 담론의 경우 대부분 '동아시아'로 한정되어 아시아를 전반적으로 포괄적으로 인식·이해하고 상상하기엔 부족한 것도 사실이다.[1] 하지만 최근 세계화와 글로벌 질서의 변동 속에서 한국 사회의 관심이 정치·경제·외교(안보)·사회문화 등 다양한 차원에서 동남아시아, 인도, 서아시아로 확장되고, 한국 사회 내부에도 아시아에서 온 다양한 인구들이 증가하는 흐름 속에서 역사적·동시대적으로 다양하면서도 상이한 '아시아(들)'을 더욱 포괄적으로 이해해볼 수 있는 새로운 접근과 시각이 시도될 조건이 무르익고 있다. 그런 점에서 한반도 중심성을 일정 부분 탈피하여 '연동하는 아시아', '사회인문학', '지구지역학'을 제기했던 동아시아 담론의 맥을 비판적으로 계승하면서도, 다양한 지역의 경험과 현장 속에서 만들어지고 있는 다양한 아시아 담론들과 실천들을 한국과 아시아의 시선에서 종합화하고 체계화할 수 있는 새로운 인식론적 틀과 방법론적 혁신, 그 과정에서의 공동 연구와 실천의 경험들이 절실히 필요한 시점이다.

아울러 아시아에 대한 역사적인 인식과 상상 속에 정형화된 타자화된 시선, 제국의 시선에서 벗어나 아시아를 유럽 등 다른 지역과의 교류, 아시아 내

---

1   일례로, 이란의 모하마드 나기자데는 2000년대 초반 일본에서 개최된 아시아 관련 학술회의의 종합토론에서 "일본에 와서 느낀 것은 이란에 있었을 때 느낀 아시아보다 좁다는 인상이었습니다"라고도 말한 바 있다. 이란에 있으면 이란도 아시아인데 반해, 일본에 오니 아시아가 동아시아로 한정되어 버린다는 것이었다(요시미 슌야 외, 2007).

부 간의 교류와 협력에 대해 새롭게 바라볼 수 있는 준비가 필요하다. 한 예로, 보데윈 왈라번(Boudewijn Walraven, 2016)은 에드워드 사이드의 『오리엔탈리즘』이 동양에 대한 고정관념을 생산하거나 영속시킨 학자들의 역할을 서술했다는 점을 가장 큰 약점으로 지적한다. 그는 사이드의 논의가 동양에 대한 고정관념이 실재했다는 점을 밝힌 바는 유의미하지만, 동양에 대한 서양인의 태도가 역사적으로 상당한 변화를 거쳐왔고 항상 부정적이지만은 않았다는 사실을 적극적으로 제기한다. 지구사(global history)의 관점에서 보면, 17~18세기 유럽은 아시아와 '협력의 시대'였고 19세기 이전 유럽은 아시아 문명을 모방의 대상으로 삼기도 했다. 19세기 이후 인종주의적 인식과 식민주의의 실천 속에서 유럽이 '동양을 오리엔탈화했다'고도 할 수 있지만, 그 반대 방향으로의 교류와 학습 작용에 대해서는 여전히 많이 알려지지 않았다. 현재 아시아의 부상을 일본, 중국, 인도 등 강대국의 부상으로 환원하지 않기 위해서라도, 서구에서 비롯된 타자적 시선을 거부함과 동시에 아시아 내부의 일부 범아시아주의에서 비롯되는 전통적·문명적 또는 강대국 중심적인 환원론적 시각(또는 대결적·승리적 시각) 또한 상대적인 거리를 둘 필요가 있다.[2] (새로운) 아시아를 새롭게 보기 위해서는 성찰적·비판적 인문학의 통찰과 분석적인 사회과학·지역학의 교직 속에서, 어쩌면 아시아를 바라보는 우리의 입지를 서구 열강이나 전통 제국의 시선에서 찾을 게 아니라 아시아 및 세계와 교역·교류하던 역사적 경험, 예를 들어 신라, 고려 시대의 역사적 경험을 되물을 필요도 있을 것이다.

본 장에서는 서구에서 시작된 타자적, 외재적 담론이 아니라, 아시아(인) 스스로가 아시아를 바라보는 아시아 담론들을 조망하고, 구체적인 사례로 서아시아, 동남아시아, 동북아시아에서의 아시아 인식 및 담론을 역사적·현재

적으로 조망한다. 현재 진행 중인 과정에 대한 소개는 항상 문제적일 수 있지만, 아시아의 다양성 속에서도 과거와 현재, 미래를 연결해볼 수 있는 하나의 시도로서 시론적인 소개를 겸한다. 비록 지금까지도 아시아를 새롭게 인식하고 연결하는 시도는 성공적이지 못할 수는 있지만, 최근 아시아들을 연결하고 아시아를 새롭게 인식·상상하고자 하는 시도를 소개하고 아시아 담론의 역사적 구성과 담론적 실천의 생생한 현장을 엿볼 수 있기를 바란다.[3]

II. 아시아의 아시아주의(들): 거시적 차원에서의 역사적 흐름

19세기 후반부터 아시아는 단순한 지리적 용어 이상의 의미가 되기 시작했다. 아시아의 공통성을 검토하면서 광범위하고 심오한 정치적, 문화적 함의를 취하기 시작했고, 새로운 이데올로기로서 범아시아주의에 영감을 주기도 했다. '아시아주의'는 다양한 아시아 지역 및 국가 간의 공통성 또는 공통이익을 강조하는 모든 개념, 상상 및 과정의 총체이자, 아시아인이 스스로 만들어낸 담론, 서구가 축적한 '아시아'에 대한 지식, 아시아 학계의 자기성찰 등이 포함되는 때로는 변증법적이고, 때로는 불연속적이기도 한 역사적 흐름을 살펴볼 수 있다.

하지만 아시아를 하나의 지역(region)으로, 그 실체 규명으로서 아시아의 담론적 구성을 논한다면 고도로 논쟁적일 수밖에 없다. 본 장에서 이르는 '아시아주의(들)'란 프레이(Marc Frey)와 스파코프스키(Nicola Spakowski)가 아시아의 담론적 구성과 이와 관련된 정치적, 문화적, 사회적 실천들로 정의하는 '아시아주의들(Asianisms)'의 용례를 따른다. 그들은 지역주의적 상호작용과 지역적 통합을 논하기 위해 서로 다른 아시아 지역들과 국가들 사이의 공통점 또는 공통의 이해를 강조하는 모든 개념, 상상, 과정을 위한 우산으로써 '아시

---

3   이런 점에서 본 장은 이후 지속적으로 업데이트를 통해 그 성과와 한계를 이어나가고자 한다.

아주의들'을 이해하고자 한다. 그런 점에서 아시아주의들은 복수로서 성립하며 얽힘뿐만 아니라 분화(entanglement as well as differentiation), 통합과 분절(integration and fragmentation)을 모두 포괄하고, 아시아에서 기원한 것뿐만 아니라 유럽이나 북미에서의 논의 또한 포괄한다(Frey and Spakowski, 2016: 1-2).

또한 아시아주의들에 대한 실질적인 논의는 서구의 식민주의 이후 비로소 시작되었지만, 훨씬 긴 역사와 너른 범위의 영역을 포괄하는 매우 거대한 도전적 과제를 제기한다. 우선, 아시아주의들에 대한 분석이 역사적 탐구의 영역이지만, 아시아를 지역으로서 바라보는 두아라(Duara, 2010)가 강조했듯이 다학제적·간학제적이고 초국가적·초문화적인 연구를 요구할 수밖에 없다. 또한 아시아와 유럽을 가르는 자연적인 지리적 경계선이 존재하지 않기 때문에 아시아의 정의와 그 범위는 지속해서 변화해왔다는 점에서(Korhonen, 1997), 메타 지리학과 세계사의 영역 또한 포괄한다. 아울러 아시아(인)의 정체성에 대한 탐색은 19세기부터 시작되었지만, 아시아 내부의 수많은 정치적, 경제적, 문화적, 종교적 관계들은 고대에까지 거슬러 올라가 탐구되어왔다. 실크로드, 해양사(주로 인도양), 종교(불교, 이슬람, 유교 등)부터 중화질서 및 조공책봉체제에 이르기까지 과거 아시아 지역을 횡단하고 연결해온 수많은 힘과 네트워크의 역사를 조망하고 포괄적으로 검토해볼 필요를 제기한다.

아시아(인)의 시각에서 아시아를 바라보는 아시아주의(들) 담론의 역사적 흐름은 세계사적 차원과 밀접하게 연결되어왔는데, 매우 개략적으로는 다음과 같이 정리해볼 수 있다. '아시아'라는 명칭은 16세기 이후 유럽이 발명·발견되는 과정에서 비(非)서구의 유라시아 지역으로 확대 재생산되어왔고, 유럽의 유럽화 과정(Delanty and Rumford, 2005)과 맞물려 타자적인 시선으로 구성되어왔다.[4] 또한 19세기 서구 열강의 식민주의와 제국주의적 침략 이후 범아

---

4   앞서 설명한 것처럼 19세기 이전 유럽과 아시아 간 상호작용에서 초기 기독교와 교역은 주요한 역할을 수행하였지만, 이후 인종과 식민주의라는 타자화의 과정을 통해서 새로운 담론적 구성물로 아시아가 새롭게 구성되었다.

시아주의(Pan-Asianisms)는 아시아 지역 내부의 반(反)식민주의적, 개혁과 혁명적 운동의 아시아 간 상호작용의 주요한 인식과 실천으로 구성되기도 했다. 동북아시아 지역에서는 16세기 마테오 리치가 처음으로 아시아를 '아세아(亞細亞)'라는 단어로 번역했고, 서구 열강의 침입이 가장 늦었던 것과 맞물리며 19세기 중후반 이후 '동방', '동양', '동아' 등의 담론으로 아시아(와 자기 자신)를 상상하기도 했다. 하지만 아시아가 타자적으로나 주체적으로나 스스로를 인식하는 과정은 단일한 흐름으로 쉽게 규정하기는 어려운 것이 사실이다.

그런 점에서 아시아주의들을 위한 여러 개의 정박점(point of anchor)을 찍는 게 필요한데, 우선 아시아주의들과 관련된 최근의 흐름을 정리한 바를 소개한다. 프레이와 스파코프스키는 아시아를 역사적·지리적 총체로 바라보는 비전이란 오직 서구와 유럽의 식민주의·제국주의와만 관련되어질 때 비로소 아시아 내부에서 공명되어왔다고 제기한다. 그런 점에서 아시아(인)의 '아시아의 발견'을 다음과 같은 다섯 가지 특징으로 요약하는데(Frey and Spakowski, 2016: 3-5), 이를 바탕으로 조금 덧붙이면 다음과 같이 정리해볼 수 있다.

첫째, 아시아의 구성은 동-서(East-West)와 역내 아시아 상호작용(Inter-Asian interaction)의 복잡한 체계에 배태되었다. '아시아', '오리엔트', '(극)동' 등 용어는 모두 관계적 개념으로 아시아(또는 동양)에 대한 유럽(또는 서양)의 우위라는 비대칭적 관계를 배태하고 그 권력 관계를 정당화하곤 했다. 진보와 정복은 유럽의 이름에 부착되었고, '아시아'라는 용어가 아시아 각 사회에 수입되어 자아와 타자의 개념과 맞물려 그 의미가 변화되어왔다. 또한 근대화, 국민국가, 문명화 등 서구의 지식과 개념은 식민과 정복을 정당화하기도 했지만, 정치, 경제, 문화 측면에서 아시아의 해방과 자기주장(self-assertion)에 역시 출발점이 되기도 했다.

둘째, 아시아주의들은 아이디어와 이데올로기의 초국적 운동 또는 흐름에 종종 배태되어왔다. 극동 챔피언십 게임(Far Eastern Championship Games, 1913~1934년간 2년마다 개최), 아시안게임, 아시안컵 등 아시아(인)를 대상으로 하는 메가 이벤트, YMCA, 신지학협회(Theosophical Society), 마하보디 소사

이어티(Maha Bodhi Society), 기독교의 선교활동 등 종교·문화적인 초국적 실천들, 일본의 식민·제국에 대한 반성을 위한 아시아 시민사회간의 연대·협력 등 시민사회적인 실천들을 포괄한다.

셋째, 아시아주의(들)는 아시아 사회 내에서도 다양한 의미를 가져왔고, 아시아 개념은 다양한 기능을 수행해왔다. 아시아주의(들)는 연대를 촉진하기 위한 진실로 초국적인 프로젝트이기도 했지만, 민족주의와 심지어 헤게모니적 주장을 촉진하기 위해 불러일으켜 지기도 했다. 특히 후자와 관련해서는 1930~40년대 일본의 제국주의가 대동아공영권을 주창하며 일으킨 전쟁의 상흔이 대표적이며, 아시아주의적인 아이디어들로 지배를 정당화하는 다양한 시도들이 중국-중심적 또는 인도-중심적인 비전으로도 발견되곤 했다.[5] 아울러 민족주의적 또는 쇼비니즘적 프로젝트가 반(反)제국주의적인 급진적 아시아 지성인과 정치인[6]에 의해 거부되기도 했음을 동시에 주목할 필요가 있다.

넷째, 아시아주의(들)는 가정된 아시아 공동체의 다양한 요소들에 의지해왔다. 인종적, 문화적, 종교적일 뿐만 아니라 지리적 인접성, 역사적 경험의 공유 등 다양한 요소들이 아시아주의를 촉진해왔다. 제국주의, 식민주의와 밀접하게 연관되어 지리적 인접성과 공유된 역사적 경험들은 보통 지역을 초월했고 전 세계의 수탈당한 인민들에게 연결되곤 했다. 이런 점에서 지역적 또는

---

5   관련된 논의가 한국에 많이 소개되어 있지 않은 관계로, Frey and Spakowski(2016)의 책의 관련 서지를 함께 소개한다. Tanka, Brij. and Madhavi Thampi. eds. 2008. *Narratives of Asia: From India, Japan and China*. Sampark.; Keenleyside, Terence A. 1982. "Nationalist Indian Attitudes towards Asia: A Troublesome Legacy for Post-Independence Indian Foreign Policy." *Pacific Affairs* 55(2), 210-230.; Bayly, Susan. 2004. "Imagining Greater India: French and Indian Visions of Colonialism in the Indic Mode." *Modern Asian Studies* 38(3), 703-44.; Harald Fischer-Tiné. 2006. "Deep Occidentalism? Europe and the West in the Perception of Hindu Intellectuals and Reformers (ca. 1890-1930)." *Journal of Modern European History* 4(2), 171-203. 아울러 Frey and Spakowski(2016)의 책에도 1930~55년의 인도 사례(3장)와 현대의 중국 사례(8장)가 소개되어 있다.

6   그들은 억압, 착취, 가부장제에 대항하여 싸우기 위해 '통합된 아시아'의 아이디어를 옹호했다.

대륙적 책략은 '냉전', '북-남(North-South)', '제3세계' 등 글로벌 차원의 사회 경제적 개념과 때로는 경합하고 긴장을 자아내기도 했다.

다섯째, 아시아주의(들)가 항상 아시아 연대의 요구에 기초하는 것만은 아니었다. 지식인과 기층의 활동가들은 아시아 내부의 깊은 분화를 인정해왔고, 미래의 통합된 아시아를 호출하기 위해 아시아의 다양한 지역에서 자리 잡은 파열, 위계, 트라우마, 사회적 불평등을 확인했다.

다음의 정박점은 20세기 말 전환기에 아시아주의를 고민하며 한국, 중국, 나아가 동남아시아 일대의 학계 및 시민사회와 공명하고자 했던 일본 학계의 고민이다. 그중 2000년대 초반 일본 학계에서 종합한『아시아 신세기(アジア新世紀)』총서 시리즈는 중간 과정의 정리이자 동아시아를 넘어 아시아를 고민하는 단초를 보여준다. 일본의 이와나미 서점(岩波書店)이 21세기를 맞이하는 시점에서 아시아를 적극적으로 재인식하고자 기획한 8권의 책으로 모두 121편에 이르는 아시아에 관한 논고를 편집·수록하였는데, 일본의 진보적인 학계와 지성계의 아시아 인식을 참조할 중요한 텍스트 중 하나다.[7] 한국어 번역을 기획·편집한 이광호·조희연은 한국어판 발간사에서 아시아를 바라보는 일본의 시각이 아시아를 벗어나고 극복하려고 노력하기도 했지만, 아시아 공동체나 아시아적 가치관 또는 '아시아인'이란 아이덴티티도 상상적이고 허구성이 강한 것일지도 모른다는 점을 지적한다. 즉, 아시아 내부는 문화, 종교, 민족, 정치·경제체제 등 다양하며 타협 불가능한 원리적 단절, 적대의 역사가 존재할 뿐만 아니라, 이러한 갈등 상황이 아시아 바깥의 적나라한 이해관계와 맞물려 아시아 내부의 노력으로는 해소할 수 없는 세계 구조적인 지평에서 전개된다는 것이다.

이 책에 '새로운 아시아'를 지역의 관점, 아시아들과 메가아시아의 관점으로 해석하려는 입장에서 보면, 그들이 지적하는 '아시아를 전체로서 인식하고 논하는 것 역시 매우 어려운 문제가 되고 있다'는 평가가 20년 후 한국에

---

[7] 이 시리즈는 2002~3년에 일본에서 발간된 이후 2007년 한국에서 모두 번역, 발간되었다.

서 어떻게 풀어나가야 할지에 대한 주요한 참조로 살펴볼 만하다. 특히 그들은 한국에서 아시아의 발견이란 자신의 잃어버린 다중적 정체성의 일부를 재발견하는 과정이자 스스로의 국민국가적 정체성을 재구성하는 과정이라 제시한다. 한국을 포함하여 아시아의 많은 국가가 개별국가 수준에서 서구 또는 패권국으로서 미국에 지적·경제적으로 통합되어있는 상황에서 아시아를 발견하는 과정이란 어떤 의미에서 지배적인 서구적·미국적 정체성에 의해 주변화된 억압된 정체성을 회복하는 과정이고, 우리 자신의 정체성을 새롭게 재구성하는 과정이란 지적은 일견 타당하다. 세계화, 지구화의 상황에서 아시아를 반드시 고정된 공간의 의미, 그것도 완결된 어떤 폐쇄적 공간이나 실체로 받아들일 필요는 없으며, 아시아는 하나의 절대적 차원이라기보다는 글로벌, 국민국가, 지역적 차원이 다층적으로 상호작용하면서 존재하는 상대적이라는 지적 또한 마찬가지이다. 문제는 한국이 아시아를 어떻게 상상하고, 어떤 방향에서 만나고, 어떻게 자신의 정체성을 재구성할 것인가로 귀결되는데, 한국 사회가 단순히 아시아를 재발견하는 것뿐만 아니라 '어떤 성격의 아시아'를 구성하고 대면할 것인가 하는 도전에 직면해 있다는 평가는 여전히 유효하다.[8]

    이와나미 서점의 『아시아 신세기』 시리즈는 일본 및 아시아 학자들의 아시아에 대한 심화된 고민을 공간, 역사, 정체성, 행복, 시장, 미디어, 파워, 구상 등 여덟 권의 총서로 묶어냈고, 개별 저자의 글들과 책 마지막에 붙인 '종합토론'은 아시아에 대한 우리의 인식과 이해, 상상력을 넓히는데 주요한 자료와 많은 시사점을 제공한다.[9] 하지만 여기에서는 그 방대한 내용을 종합·정리

---

8   이런 점에서 한국 편집자들은 당시의 한국이 '경제적 진출의 대상'으로서 아시아를 바라보고, 스스로를 '우월한 경제적 패권자'로 인식하는 것을 의미하는 것은 아닌지 되묻는다. 그런 점에서 대동아공영권이나 중화주의 같은 여러 형태의 '패권적 아시아주의'를 넘어서서 호혜적이고 공생적인 아시아를 구성하는 것이 필요하고, 이를 위해서는 한국이 자신의 과거 '피억압'의 경험을 성찰적으로 바라보고 승화시킬 수 있어야 한다고 제기한다.

9   특히 1권의 야마무로 신이치(産室信一)가 쓴 『공간 아시아를 둘러싼 인식의 확장과 변용』은 아시아에 관련된 조사연구나 지식의 제도화라는 점에서 서구 및 일본의 아시아에 대한 연구제도사

하기보다는 그중에 본 장의 내용에서 되짚어볼 만한 내용을 간략히 소개하고 그들의 맥락과 문제의식을 정리해보는 데 초점을 맞추고자 한다.

우선, 21세기 전환기에 들어 아시아를 새롭게 바라보는 배경은 다양하겠으나, 첫 번째 권『공간: 아시아를 묻는다』의 종합토론에서 아오키 다모쓰(靑木保)의 견해를 주목해보자. 그는 1990년대 이후 아시아에 엄청난 변화가 발생했음을 제기하였는데, 20세기 아시아는 전쟁이나 혁명으로 상징되는 억압과 해방의 시대였지만, 중국과 인도의 부상, ASEAN의 성장 등을 통해 아시아 내부에서 바라보는 '아시아'라는 테마가 어떻게 될지 향방을 주목하게 되었다고 술회한다. 그에 따르면, 근대 이후의 아시아는 유럽, 미국 혹은 러시아에 대한 '아시아'로 일종의 소극적 개념으로서의 아시아였다면, 1990년대 이후 세계화 속에서 비로소 '아시아'라는 이미지나 '아시아'라는 단어가 확산된 느낌이 들었음을 진술한다. 아울러 아시아에 대한 인식이 서구 유럽 및 미국에서는 여전히 아시아를 강조하고 아시아라는 단어로 전부를 총괄하거나 그 속에 포함시키는 등 아시아를 강조하는 데 반해, 21세기에 부여된 아시아의 과제는 이러한 환경 속에서 어떻게 하면 열린 형태의 새로운 아시아의 시대를 스스로의 의지와 힘으로 개척해갈 수 있을 것인가 하는 점에 있음을 제기한다(강상중 외, 2007: 321-323).

더욱 구체적으로는, 마지막 권『구상: 아시아의 새로운 시대를 향하여』의 '종합토론'에서 와세다대학의 모리 가즈코(毛里和子)[10]는 왜 현대 아시아학이

에 대해서 잘 정리하고 있으니 관심 있는 독자들은 참고 바란다. 또한 야마무로 신이치의 보다 자세한 논의는 다음의 책을 참조할 것. 야마무로 신이찌 지음. 임성모 옮김. 2003.『여럿이며 하나인 아시아』. 창비.

10   와세다대학의 COE 프로그램에서는 '현대 아시아학의 창생(創生)'을 제창하여 와세다대 대학원 현대아시아학연구원의 창설을 목표로 2003년 3월 "현대 아시아학의 창생: 어떻게 아시아화를 구축할 것인가"라는 주제로 공개 심포지엄을 가졌다. 이 프로젝트는 2002~2006년간 시행되었고, 그 결과보고서는 다음을 참고할 것.
http://www.waseda-giari.jp/jpn/program/index_09e.html 특히, 그의 "Designing an East Asian Community: Challenges to Contemporary Asian Studies"(2007) 보고서는 21세기에

필요하고, 아시아는 무엇인가에 대한 나름의 의견을 제시한다. 우선 현대 아시아학의 필요성은 크게 네 가지로 정리한다. 즉, 1990년대 후반부터 현저히 드러나고 있는 '아시아의 아시아화' 현상, 9·11 테러 사건을 계기로 지역연구의 존재에 대한 되물음, 1997년 (동)아시아 외환위기 등 국민국가를 초월한 글로벌리즘과 지역의 관계 문제, 경험과학으로서 아시아의 역사적 경험에 입각한 '아시아학'의 필요성 등이다(아오키 다모쓰 외, 2007: 376-377). 이러한 인식은 1990년대 소련의 해체 후 지역학에 대한 반성과 쇠퇴 이후 21세기 초 다시금 미국 학계에서 지역학에 관심을 갖게 된 계기들과도 공명한다.

다음으로, 아시아는 무엇인가(또는 아시아를 어떻게 할까)라는 질문에 대해 모리는 사회과학적 차원에서 여섯 가지의 접근을 제기하였고 강상중 교수는 하나를 덧붙였는데, 〈표 1〉과 같은 일곱 가지의 접근으로 종합된다(아오키 다모쓰 외, 2007: 378-383).

일본 학계의 일곱 가지 접근 이면에는 전후 빈곤해진 아시아 인식을 되살려야 할 복합적인 맥락들이 존재한다. 우선, 일본은 아시아의 내부이면서도 아시아로부터 끊임없이 벗어나고자 했던 이중 운동 속에서 인접한 아시아는 적대·대항하는 외부인임과 동시에 서구에 대해서는 내부 세계로서 일체화를 이뤄야 할 지역이기도 했다. 그로 인해 때로는 '아시아와 일본'으로 외부인이 되고, 때로는 '아시아 속의 일본'으로 내부인이 되었으며, 그것이 또한 실체와는 별도로 '탈아' 혹은 '아시아는 하나'라는 슬로건을 낳기도 했다(야마무로 신이치, 2007: 37). 또한, 강상중은 전전(戰前)과 전후(前後)의 인식 단절과 그와 결부

들어와서 아시아가 실체가 있는 총체적인 지역으로서 등장했다고 인식하고 총체적인 아시아를 해명하는데 유효한 방법을 개발하고자 한 노력을 종합했다는 점에서 본서의 '메가아시아와 아시아들' 접근과 궤를 같이하는 측면이 존재한다.
아울러 현재 와세다대학 아시아태평양연구과(GSAPS: Graduate School of Asia-Pacific Studies)는 '아시아 지역통합을 위한 세계적 인재육성 거점'을 목표로 학생의 2/3 이상이 50여 개국의 유학생으로 구성되는 글로벌 프로그램으로 운영되고 있다. 향후 일본 및 아시아 국가의 다른 프로그램들과도 검토해볼 필요가 있다.

표 1 2000년대 초반 일본 학계에서 아시아를 바라보는 일곱 가지 접근(2003)

접근법	설명
허구로서의 아시아	허구 없이는 살 수 없으며, 허구는 반드시 현실이 된다는 것을 포함하여 여러 가지로 이미지화된 아시아
정치적·국가적 심벌로서의 아시아	일본 군국주의가 전쟁 전에 심벌로서 아시아를 사용했듯, 지금도 곳곳에서 사용. 그러나 국가적인 심벌로 사용되는 경우 매우 위험하고 여러 문제가 발생
여러 가지 것이 움직이는 장소로서의 아시아	사람, 물건, 미디어 등 여러 가지 것이 움직이는 장소로서의 아시아. 지형적인 면에서도 움직이기 쉽고, 육지와 바다가 함께 있어 다양한 네트워크가 형성되기 쉬운, 말하자면 움직이는 장소로서의 아시아
기능적 아시아	창조되는 아시아. 예를 들어 안전보장공동체, 공동의 에너지 비축을 위한 제도, FTA 구상 등 어느 부분, 어느 이슈에 대해 일종의 협력체나 제도를 만드는 것
아이덴티티로서의 아시아	음식, 젓가락, 개인-집단-국가 관계, 뿌리 관념의 중시 등 아이덴티티에 아시아가 있음
제도로서의 아시아	'공동의 집' 구상에서도 '집'은 정체성인 동시에, 아시아 내의 정체성은 한결같지 않기 때문에 제도로서 무엇인가에 의해 보장되어야 함. 유럽공동체와 같은 일종의 체제 구상 등을 포함
역사적 기억으로서의 아시아	탈냉전 속에 냉전 중 좀처럼 볼 수 없었던 어떤 종류의 역사적 기억으로서 아시아가 부상하며 전후 역사학을 중심으로 한 아시아 인식의 한계점이 명확. 전쟁 전과 다른 시점에서 재차 아시아를 읽어 들이면서 지역으로서 아시아를 작동시킬 수 있는지가 큰 과제

자료 출처: 아오키 다모쓰 외(2007: 378-383) 주요 내용을 저자가 정리

된 전후 일본의 아시아 인식의 빈곤 문제, 그에 따라 아시아라는 지역 개념을 잃어버린 것과 미일 이국간주의(二國間主義)와의 표리일체성 문제를 제기하면서 차이화 원리와 동일화 원리의 끊임없는 모순·상극 속에서 오히려 전쟁 이전 더 많은 '보물'이 있었던 것은 아닌지, 전쟁 전과 다른 시점에서 재차 아시아를 읽어 들이면서 그 '보물'에 어떠한 새로운 생명을 불어넣어 지역으로서의 아시아를 작동시킬 수 있는지가 큰 과제라고 제기한다(아오키 다모쓰 외, 2007:

381-383). 그런 점에서 미일 이국간주의, 내셔널리즘, 냉전, (서구 중심적인) 근대를 극복하고 아시아 전역에서 중층적 아이덴티티와 일원적 내셔널리즘의 딜레마에 새롭게 도전해야 할 필요를 제기한다.

아시아란 무엇인가에 대한 질문에 대한 가장 솔직한 답변은 모리 가즈코가 고백하듯 '아시아'라고 하든, '지역'이라고 하든 실은 허구이기도 하다. 아시아의 경우 각인각색으로 수백 종류의 아시아가 있으며, 앞서 〈각주 1〉에 서술한 바처럼 일본에 오면 아시아가 동아시아로 한정되어 버리는 인식 및 시야의 한계 또한 존재한다.[11] 이러한 의미에서 지역으로서의 '아시아'도 여러 종류이며, 어쩌면 중동은 '서아시아'로 이해하는 게 더 적절할 수 있다. 또한, 동남아시아는 1960년대 하나의 지역으로 이뤄진 것은 아니었지만 지난 40년간 지역의 성숙이 진행되면서 '동남아시아'라고 하면 동남아시아 10개국을 가리키게 되는 명확한 이미지가 형성되기도 했다. '동아시아'[12]라는 개념 또한 1980년대 후반 무렵 정치적·경제적 개념으로 설정되어 1997년 동아시아 외환위기를 거치면서 '동아시아 공동체' 건설 등으로 이어지는 흐름이 존재한다.[13] 이런 점에서, 지역은 만들어지고 (재)구성된다는 점은 '아시아'에서도 명확하다. 즉, 지역은 늘어났다 줄었다 하기도 하고, 새롭게 만들어지기도 하며 때로는 사라지기도 한다.

11　일본은 아시아의 내부이면서도 아시아로부터 끊임없이 벗어나고자 했던 이중 운동 속에서, 인접한 아시아는 적대·대항하는 외부인임과 동시에 서구에 대해서는 내부 세계로서 일체화를 이뤄야 할 지역이기도 했다. 그로 인해 때로는 '아시아와 일본'으로 외부인이 되고, 때로는 '아시아 속의 일본'으로 내부인이 되었으며, 그것이 또한 실체와는 별도로 '탈아' 혹은 '아시아는 하나'라는 슬로건을 낳기도 했다(야마무로 신이치, 2007: 37).

12　아오키 다모쓰는 일본의 맥락에서 '동아'에서 '동아시아'로의 이행이 간단히 이뤄질 수 없음을 지적한다. 즉, 1945년 이전 일본의 '동아' 개념은 그 전개에서 동아시아만이 아니라 남아시아, 동남아시아, 오세아니아까지 포함한, 아마도 아시아·태평양 전역이 최종적으로 구상되었던 개념이었다. 하지만 당시 당면 문제는 중국을 중심으로 파악하면서 동남아시아로 팽창시켜가는 것이었음을 제기한다(아오키 다모쓰 외, 2007: 386-387).

13　'동아시아'를 동북아시아로 한정 짓는 용례에 반해 동남아시아를 포괄하는 '지역'(region)으로서 새롭게 인식해볼 필요성에 대해서는 윤종석·최경희·이주현(2020)을 참조할 것.

이런 점에서 볼 때 역사적으로 구성되어왔고 (비)동시대적으로 진행되고 있는 다종다기한 아시아주의들을 거시적 차원에서 조망하는 것뿐만 아니라, 각 지역의 차원에서 더욱 구체적으로 살펴볼 필요가 있다. 어쩌면 거시적 차원에서 아시아의 아시아주의들이 존재해왔다면, 지역적 차원에서는 아시아(들)의 아시아주의(들)가 있다고도 할 수 있다. 때로는 연결되고 강한 상호작용과 연대의 움직임으로 이어지기도 하지만, 각 지역에 내재한 이데올로기적·물적 조건, 역사적 경험을 통해 지역의 고유한 아시아주의(들)의 방향성을 정초해내기도 한다. 하지만 이러한 작업은 매우 방대한 작업이자 보다 많은 연구가 필요한 부분이기도 하다. 우선 그 출발점으로 아시아(들)의 여러 지역 중 서아시아, 동남아시아, 동북아시아를 검토하며 '하나이면서도 여럿인 아시아'가 스스로를 주체적, 관계적으로 인식하고 담론적으로 실천해나가는 양상을 살펴보고자 한다.

다만, 지역별로 아시아를 인식하는 역사적, 현재적 수준은 매우 상이한 것도 사실이다. 서아시아 지역이 아시아에 대한 다소 모호한(때로는 희미한) 인식을 하고 있다면, 동북아시아 지역은 (동)아시아 담론 및 다종다기한 정책적·전략적 구상 등을 통해서 아시아를 선취하거나 더욱 적극적으로 개입하는 모습을 보이기도 했다. 동남아시아 지역은 반둥회의 등의 역사적 경험뿐만 아니라 지난 40년간 지역성을 고도화하고 하나의 지역으로 만들어온 역사적 경험을 가져왔고, ASEAN+N 등 여러 제도적 틀을 통해서 다른 아시아 지역들과 연관성을 맺어왔다. 지역별로 아시아가 어떠한 의미가 있는지를 구글 트렌드 등을 통해 개괄적으로 파악한 후 역사적·현재적인 실천 양상을 간략히 종합해 봄으로써 현재 아시아주의(들)의 실천 양상들을 소개해보고자 한다.

III. 서아시아: 아시아, 여전히 낯설고 머나먼 지역

1. 서아시아가 없는 서아시아

서아시아에서 아시아는 어떤 의미가 있는가? 서아시아인들은 자신들을 아시아의 일부로 여기는가? 아시아 대륙의 서쪽에 있는 아라비아반도와 지중해 연안 아랍 국가, 이라크와 이란, 튀르키예를 아우르는 지역을 가리켜 서아시아로 부르는 것은 일견 당연한 것으로 보인다. 그러나 서아시아, 그리고 서아시아와 더불어 이 지역을 가리키기 위해 널리 사용되는 근동(Near East)이나 중동(Middle East)이라는 명칭은 모두 서아시아인이 아닌 서구라는 타자에 의해 고안되고 사용되었다는 점에서 실제 서아시아인들이 가진 정체성과 지리적 인식과는 차이를 보인다(Bilgin, 2004: 26-27).

구글 트렌드는 아시아와 서아시아에 관한 서아시아인의 인식을 단편적으로 보여준다. 서아시아 최대 아랍 국가인 사우디아라비아의 경우, 2004년부터 2022년 3월까지 검색된 결과에서 가장 큰 비중을 차지하는 검색어는 이슬람(*Al-Islam*)이었으며, 중동(*Al-Sharq Al-Awsat*)과 아시아(*Asiya*), 아랍 국가(*Al-Duwwal Al-Arabiyyah*)가 각각 뒤를 이었다. 서아시아(*Gharb Asiya*)는 거의 검색되지 않았다(〈그림 1〉 참조). 아랍어로 중동을 의미하는 '알샤르크 알아우사

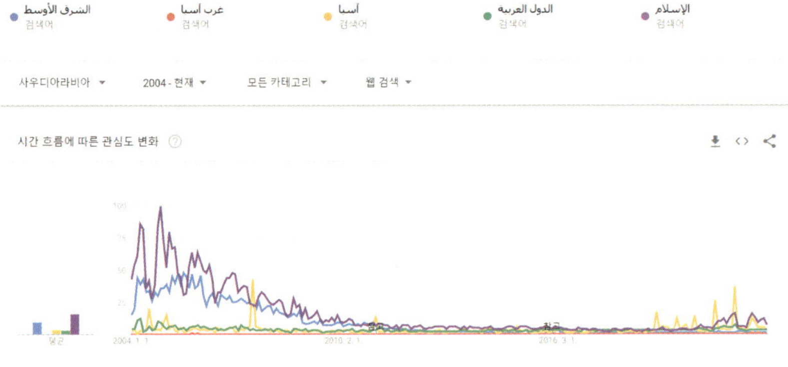

그림 1 사우디아라비아의 검색어 추이 변화(2004. 1~2022. 3)

트'가 전체 검색어에서 가장 큰 비중을 차지한 데에는 동명(同名)의 일간지가 존재하기 때문이며, 실제로 구글 트렌드 분석도 '알샤르크 알아우사트'가 지리적 범주가 아닌 일간지 이름으로 검색되고 있음을 보여준다. 한편 아시아와 서아시아라는 검색어는 아시안게임, 아시안컵, 아시아축구연맹 챔피언스리그 등 주로 스포츠 행사와 관련되어서 나타났다.

같은 기간 비아랍 국가인 튀르키예와 이란의 구글 트렌드 분석 결과 역시 사우디아라비아와 비슷한 경향을 보여준다. 이란에서는 이슬람이 중동(*Khavar Miyaneh*), 서아시아(*Gharbi Asiya*), 아시아(*Asiya*) 모두를 압도하는 비중을 차지하는 것으로 나타났으며, 튀르키예에서는 아시아(*Asya*)와 이슬람이 검색어 순위에서 상위를 차지한 반면 중동(*Orta Doğu*)과 서아시아(*Batı Asya*)는 거의 나타나지 않았다(〈그림 2〉, 〈그림 3〉 참조). 이란과 튀르키예에서 중동과 아시아는 주로 중동은행, 아시아보험회사와 같은 기업명이나 단체명과 관련되어 검색된 것으로 나타났다.

이처럼 구글 트렌드에 따르면 서아시아라고 불리는 지역에서 서아시아는 스포츠 외에는 존재하지 않는 것처럼 보인다. 중동 또한 기업과 조직, 단체 이름으로서 의미가 있을 뿐 지리적 범주로서는 크게 중요하지 않다. 서아시아인들이 자신들이 사는 지역을 서아시아도, 중동으로도 인식하지 않는다면, 그

그림 2 이란의 검색어 추이 변화(2004. 1~2022. 3)

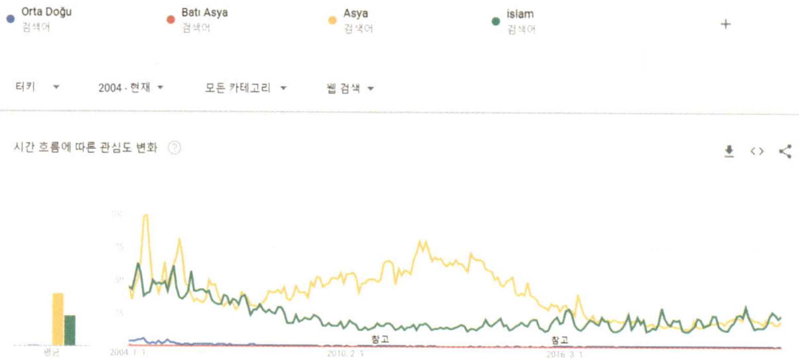

그림 3   튀르키예의 검색어 추이 변화(2004. 1~2022. 3)

들에게 의미 있는 지리적 범주는 무엇인가?

2.   이슬람의 땅에서 서아시아와 중동으로

역사적으로 서아시아 무슬림들이 세계를 구분하던 주된 기준은 종교였다. 무슬림들은 세계를 무슬림의 땅인 다르 알이슬람(*Dar al-Islam*), 즉 '평화의 땅'과 비무슬림의 땅인 다르 알하르브(*Dar al-Harb*), 즉 '전쟁의 땅'으로 구분했다(Mandaville, 2020: 353). 무슬림에게 서아시아든 북아프리카든 중앙아시아든 무슬림이 지배하는 땅은 곧 하나의 무슬림 공동체인 움마(*ummah*)의 영역이었고, 중국과 인도는 아시아라는 같은 범주로 묶이는 지역이 아닌 비무슬림이 사는 낯선 타자의 땅이었다. 아시아 대륙 서쪽의 지중해 연안 지역에서 중국까지 하나의 아시아라는 지역을 형성한다는 개념은 무슬림에게 존재하지 않았고, 인도와 중국은 유럽만큼이나 무슬림에게 낯설고 다른 지역이었다.

서아시아 무슬림들이 사용하던 지리적 구분 또한 오늘날과는 달랐다. 중세 무슬림 지리학자인 알마스우디(Al-Mas'udi)는 페르시아 지리학의 영향을 받아 세계를 페르시아, 중국과 중앙아시아 초원 지역, 인도, 아랍(이집트, 시리아, 북아프리카와 수단), 유럽, 러시아와 북유럽, 동아프리카와 아라비아반도 총 7개 지역(이클림, *Iqlim*)으로 구분했다. 알마스우디의 지리관에서 페르시아는 서아시아가 아닌 세계의 중심이었다(정진한, 2020: 199-200).

　　다르 알살람 내의 지역을 가리키는 지리적 범주와 명칭도 오늘날과는 차이가 있다. 아랍어권에서는 서아시아 지역을 가리켜 '해가 뜨는 곳' 또는 '동쪽 지역'이라는 뜻의 마슈리크(*Mashriq*)로, 북아프리카 지역은 '해가 지는 곳' 또는 '서쪽 지역'을 의미하는 마그립(*Maghrib*)이라고 불렀다. 그러나 마슈리크는 엄밀히 정의된 경계를 가진 분명한 범주가 아니었다(Held and Cummings, 2012: 9). 일반적으로 아랍인들은 이집트와 서아시아의 아랍어권 지역만을 마슈리크라고 불렀고, 이란고원 지역과 아나톨리아반도(오늘날의 튀르키예) 지역은 별도로 구분했다. 이러한 점에서 마슈리크라는 용어는 북아프리카 지역을 제외하고 이란과 튀르키예를 포함하는 서아시아 또는 중동이라는 현대의 범주와는 일치하지 않는다.

　　이처럼 현재 통용되는 서아시아 또는 중동이라는 지리적 범주는 이 지역이 가진 고유한 역사와 문화와는 차이를 보인다. 같은 언어와 종교를 매개로 서로 연결되어 있었던 아랍어권이 서아시아와 북아프리카로 구분되어야만 하는 이유는 없다. 마찬가지로 오늘날의 아프가니스탄, 투르크메니스탄, 우즈베키스탄, 타지키스탄에 해당하는 지역은 이란과 함께 튀르크-페르시아 문화권에 속했지만, 오늘날에는 중앙아시아와 서아시아라는 서로 다른 지역으로 구분된다. 중동이라는 지리적 개념 또한 서아시아 지역에 대한 서구 국가의 관심이 커진 20세기 초에 서구 지식인과 정치인에 의해 처음 고안되어 사용되기 시작했다. 이러한 측면에서 볼 때 서아시아 또는 중동이라는 범주는 이 지역의 고유한 역사적, 문화적 배경보다는 현대에 획정된 국경선에 따른 인위적 구분이라고 볼 수 있다. 바로 이러한 이유로 서아시아 또는 중동이라는 범주가 서아시아인들 사이에서는 여전히 이질적인 것으로 여겨지는 것이다.

3.　대안적 정체성 상상하기: 무슬림 공동체와 아랍 공동체

19세기 후반 이후 서아시아 지역에 대한 서구의 침투에 대응하여 서아시아 지식인들은 서아시아나 중동과 같이 서구가 일방적으로 규정한 지리적 구분을 거부하고 대안적인 지역 정체성을 구성하고자 했다. 이들은 바로 이슬람에서 고유한 정체성과 가치, 지역성의 토대를 발견했다. 대표적으로 19세기 말에 활동한 자말 알딘 알아프가니(Jamal al-Din al-Afghani)는 서아시아 또는 중동이라는 서구가 설정한 경계에 구애받지 않고 오스만 제국과 이란, 인도와 중앙아시아에 이르기까지 서구 제국주의에 위협받는 모든 무슬림이 단결해서 서구에 맞설 것을 호소했다(Mandaville, 2020: 60-62). 마찬가지로 이란 사회가 '서구중독증(Gharabzadegi)'이라는 질병에 걸려 서구화로 인해 고유한 정체성을 상실해가고 있다고 비판한 이란의 사상가인 잘랄 알레 아흐마드(Jalal Al-i Ahmad)는 서구 제국주의 세력이 이슬람 사회를 공격하고 내부에서의 해체를 시도해왔으며, 이에 맞설 수 있는 유일한 길은 이란의 고유한 신앙, 즉 이슬람이라고 주장했다(Al-i Ahmad, 1984). 이처럼 역사적으로 서아시아 무슬림을 결속하는 정체성의 토대이자 지역성의 근거였던 하나의 무슬림 공동체, 즉 '알움마 알이슬라미야(Al-Ummah Al-Islamiyyah)'라는 이상은 근대에 들어 서아시아 또는 중동이라는 서구의 기획에 저항하는 무슬림들이 고유한 정체성을 형성하는 토대가 되었다. '동쪽도 서쪽도 아닌, 이슬람 공화국'을 구호로 내건 1979년 이란 이슬람 혁명은 서구와 동양이라는 이분법적 세계관에서 벗어나 이슬람을 중심으로 결속된 독자적인 지역 정체성을 구성하고자 한 시도가 극명하게 나타난 사례였다. 혁명 이후 수립된 이란 이슬람 정권은 서아시아와 중동과 같은 외부에 의해 인위적으로 구성된 지리적 범주를 초월하여 이슬람에 토대를 둔 무슬림 공동체 정체성을 구성하고 이스라엘과 미국으로 대표되는 서구 제국주의 세력에 맞선 모든 무슬림의 단합된 저항을 촉구했다.

이슬람 이외에 서아시아인, 특히 서아시아의 아랍인들이 새로운 정체성의 준거점으로 삼은 토대는 언어와 문화를 공유하는 민족 정체성이었다. 민족주의 이념의 영향을 받은 20세기 초 서아시아 아랍 지식인 사이에서는 아랍인이 같은 언어를 사용하고 같은 문화를 가진 민족 공동체로서 통일 국가를 형성해야 한다는 인식, 즉 아랍 민족주의가 성장했다. 20세기 중반 아랍 지식인과 정치인들을 이끌었던 아랍 민족주의는 아랍 각국 정치 지도자 사이의 이해관계 차이로 인해 통일 아랍 국가 건설에는 실패했지만, 지금도 여전히 아랍 대중과 지식인들의 인식과 지역성을 구성하는 중요한 요소로서 존재하며 서 아시아 아랍인들이 가진 지역 개념에도 영향을 미치고 있다(Humphreys, 2005: 81-82).

　　아랍 민족주의의 영향력은 중동이라는 개념에 대한 서아시아의 아랍 민 족주의 지식인들이 가진 시각에서도 나타난다. 이들이 보기에 중동이라는 개 념은 아랍인을 지배하기 위해 서구가 고안해낸 지배 수단 중 하나로, 비아랍 국가인 이란, 튀르키예, 이스라엘을 포함하면서도 북아프리카 아랍 국가를 제 외하는 중동이라는 개념은 의도적으로 분열을 조장하여 아랍 통합을 방해하 기 위해 만들어진 것이다. 제1차 세계대전 이후 영국과 프랑스가 사이크스·피코 협정(Sykes-Picot Agreement)에 따라 오스만 제국의 아랍 영토를 인위적 으로 분할해 지배했다는 역사적 기억을 가진 아랍 지식인들에게 중동이라는 지리적 범주는 서구의 지배 야욕이 여전히 현재 진행형이라는 점을 일깨워주 는 개념이다. 따라서 아랍 민족주의 성향의 지식인들이 선호하는 명칭은 중동 이나 서아시아가 아닌 통일된 아랍 공동체를 의미하는 '알와탄 알아라비(*Al-Watan Al-Arabyyi*)' 또는 '알움마 알아라비야(*Al-Ummah Al-Arabiyyah*)'다(구기 연·황의현, 2021: 107).

4. 서아시아는 빠진 '아시아의 세기'

이처럼 서아시아에서는 이슬람과 아랍 정체성이 지역을 구분하는 중요한 기 준으로 자리를 잡았으며, 서아시아라는 공동의 지역 정체성은 크게 나타나 지 않는다. 이 지역의 주요 지역협력기구에는 아랍연맹 또는 이슬람협력기구 는 있지만, 서아시아축구연맹을 제외하면 중동이나 서아시아라는 이름이 붙 은 기구는 없다. 구글 트렌드 분석이 보여주듯이, 서아시아 지역에서 아시아 또는 서아시아는 주로 기업명이나 스포츠 행사와 관련되어 나타날 뿐 여전히 지역 정체성의 근거로서는 자리를 잡지 못한 상황이다. 종교와 민족 정체성의 차이를 초월하여 서아시아 국가 사이의 협력과 통합의 시도도 거의 찾아볼 수 없으며, 오히려 이슬람 국가와 비이슬람 국가인 이스라엘 사이의, 아랍 국가와 비아랍 국가인 튀르키예와 이란 사이의 대립과 갈등이 분명하게 나타나고 있다.

2000년대 이후 격화된 사우디아라비아와 이란의 지정학적 경쟁은 서아시아 지역을 친이란 진영과 반이란 진영으로 분열시켰다. 이 과정에서 UAE와 바레인과 같은 일부 아랍 국가가 이란을 견제하기 위해 이스라엘과 국교를 수립하면서 아랍 국가 내에서도 이스라엘과의 관계 정상화 문제를 두고 분열이 드러나기 시작했다. 이러한 점에서 서아시아는 세계 어떤 지역보다 지역 통합 수준이 낮다고 말해도 지나치지 않다(포셋, 2021: 387). 비록 오늘날 아랍 지역과 이란에서도 영어의 Middle East를 직역한 아랍어 단어 알샤르크 알아우사트와 페르시아어 단어 커바르 미여네(*Khavar Miyaneh*)가 방송, 출판물 등에서도 서구권에서 말하는 중동과 같은 지역을 가리키는 의미로 널리 사용되고 있지만, 지역 정체성을 형성하는 토대로서 서아시아와 중동이라는 개념은 여전히 낯설고 이질적인 것으로 남아 있다.

한편 서아시아 내에서도 '아시아의 세기', '아시아의 부흥'과 같은 인식이 존재하며, 중국과 인도 등 아시아 내 신흥 국가와의 경제 협력을 강화하려는 움직임도 나타나고 있다. '동쪽도 서쪽도 아닌 이슬람 공화국'이라는 표어를 내걸었던 이란 이슬람 정권이 미국의 경제제재에 대한 활로로써 '동쪽으로의 전환(*negah be sharq*)' 정책으로 선회하여 중국, 인도, 중앙아시아 국가와의 관계 강화를 모색하기 시작한 것이 한 예다. 튀르키예 또한 투르크 정체성을 매개로 중앙아시아 국가와의 협력 강화를 추구하고 있다. 사우디아라비아와 걸프 국가, 이란, 튀르키예 등 서아시아 국가는 아시아 지역의 경제교류와 상호 협력 강화를 위해 2002년 설립된 아시아협력대화기구(Asia Cooperation Dialogue)에 가입하기도 했다. 그러나 여전히 서아시아 국가와 다른 아시아 지역의 관계는 경제적 측면에 치중되어 있으며, 아시아의 일원으로서 공동의 정체성을 구성하는 단계까지는 나아가지 못한 상황이다. 서아시아 지역 매체에서 말하는 '아시아의 세기'와 '아시아의 부흥'에는 중국과 한국, 인도 등이 포함될 뿐, 서아시아는 빠져있다. 서아시아에서 아시아는 여전히 서아시아와는 구분되는 지역으로 남아 있다.

IV. 동남아시아에서 바라본 아시아

서구에서 바라보는 아시아, 서구에서 분석하는 아시아가 아니라 아시아인들 스스로 아시아를 인식한다는 것은 본질적으로 무엇을 위한 것일까? 다시 말하면, 아시아인들이 왜 아시아를 스스로 인식해야 하는가? 왜 인식해야 한다고 말하는가? 프랑스의 현대 사상가 루이 알튀세르(Louis Pierre Althusser)는 『이데올로기와 이데올로기적 국가장치』에서 호명과 주체성 사이의 상관성을 설명했다. '어떻게 호명되는가?'는 '어떻게 주체적으로 인식되는가'와 연관된다는 점이다. 그에 따르면, '이데올로기는 개인을 주체로 호명'하고, '이데올로기는 인간과 사회 집단의 정신을 지배하는 사고들과 표상들의 체계'이며, '호명'을 통해 개인들을 주체로 변형시키는 방식으로 활동하고 작용한다고 설명하고 있다. 이데올로기 안에서 인간은 비로소 존재하고 욕망하고 발화하며, 의식의 주체로서 이데올로기적 장치에 개입된 관습들에 맞춰 행동한다고 설명하고 있다. 결국 서구인들이 규정한, 개념화한, 설명하는 아시아와 아시아인들 스스로 규정한, 개념화한, 설명하는 아시아 사이에 나타나는 서로 다른 '주체성'이 존재하는 것이다. 그래서 아시아인들이 아시아를 스스로 규정하고 해석하는 것은 '부상하는' 아시아 시대를 위한 전제조건일 것이다. 그러나 시간상으로는 '부상하는' 아시아 시대가 먼저 호명되고, 아시아인들 스스로 '아시아'를 어떻게 규정하고 해석하는가가 뒤를 이어 전개되고 있다고 볼 수 있다. 그리고 매우 균질하지 않게 다양한 성격과 발상으로 전개되고 있다고 볼 수 있다. 즉, 앞에서 언급한 서아시아에서 아시아가 구체적으로 만들어지고 있지 않듯이 동남아시아에서는 '아시아 전체'보다는 '동남아'라고 하는 지역적 규정과 성격이 훨씬 더 활발하게 전개되고 있다는 것을 알 수 있다.

1. 동남아인들의 동남아, 아세안, 아시아 그리고 한국 키워드 구글 트렌드

2004년부터 최근까지 동남아 모든 국가의 키워드를 분석하였다. 키워드는 동남아(Southeast, 파란색), 아세안(ASEAN, 빨간색), 아시아(Asia, 노란색), 한국(Korea, 녹색) 4가지이다. 11개 국가에서 아세안이나 동남아라는 키워드는 모두 크게 변동적인 성향을 보이지 않았으며, 많이 언급되어 나타나지도 않았다. 내재적인 성격을 갖고 있기에 구글 트렌드로 어떤 성격을 분석하기에는 자기 이해적인 단어라는 것이다. 즉, 한국에서는 Korea라는 것이 트렌드적인 의미는 아니지만, 동남아에 '아시아'와 '한국'은 어떤 트렌드 변동의 의미로 해석하기에 차별화되었다. 그래서 아래의 11개국 4가지 키워드 분석을 보면, 두 가지 패턴이 나타난다.

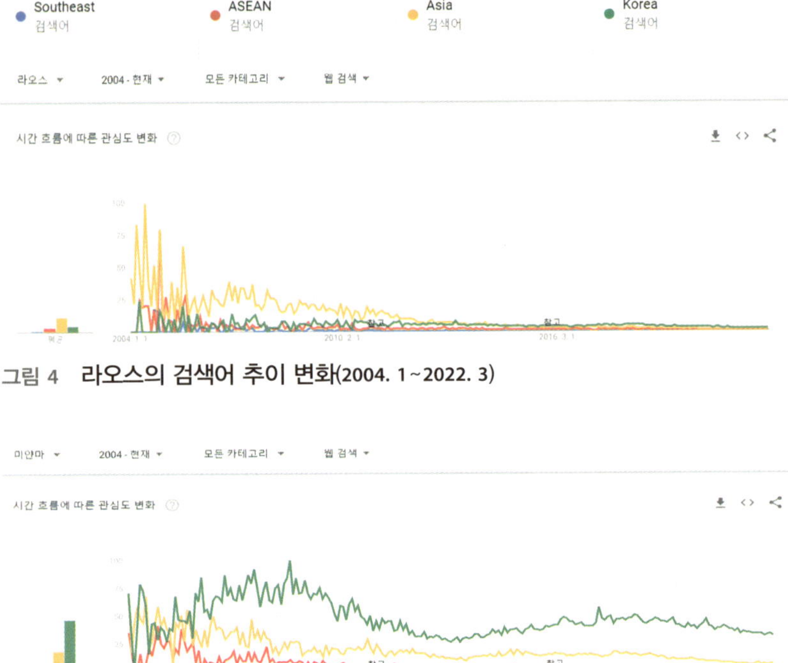

그림 4　라오스의 검색어 추이 변화(2004. 1~2022. 3)

그림 5　미얀마의 검색어 추이 변화(2004. 1~2022. 3)

그림 6　캄보디아의 검색어 추이 변화(2004. 1~2022. 3)

그림 7　베트남의 검색어 추이 변화(2004. 1~2022. 3)

그림 8　동티모르의 검색어 추이 변화(2004. 1~2022. 3)

그림 9　브루나이의 검색어 추이 변화(2004. 1~2022. 3)

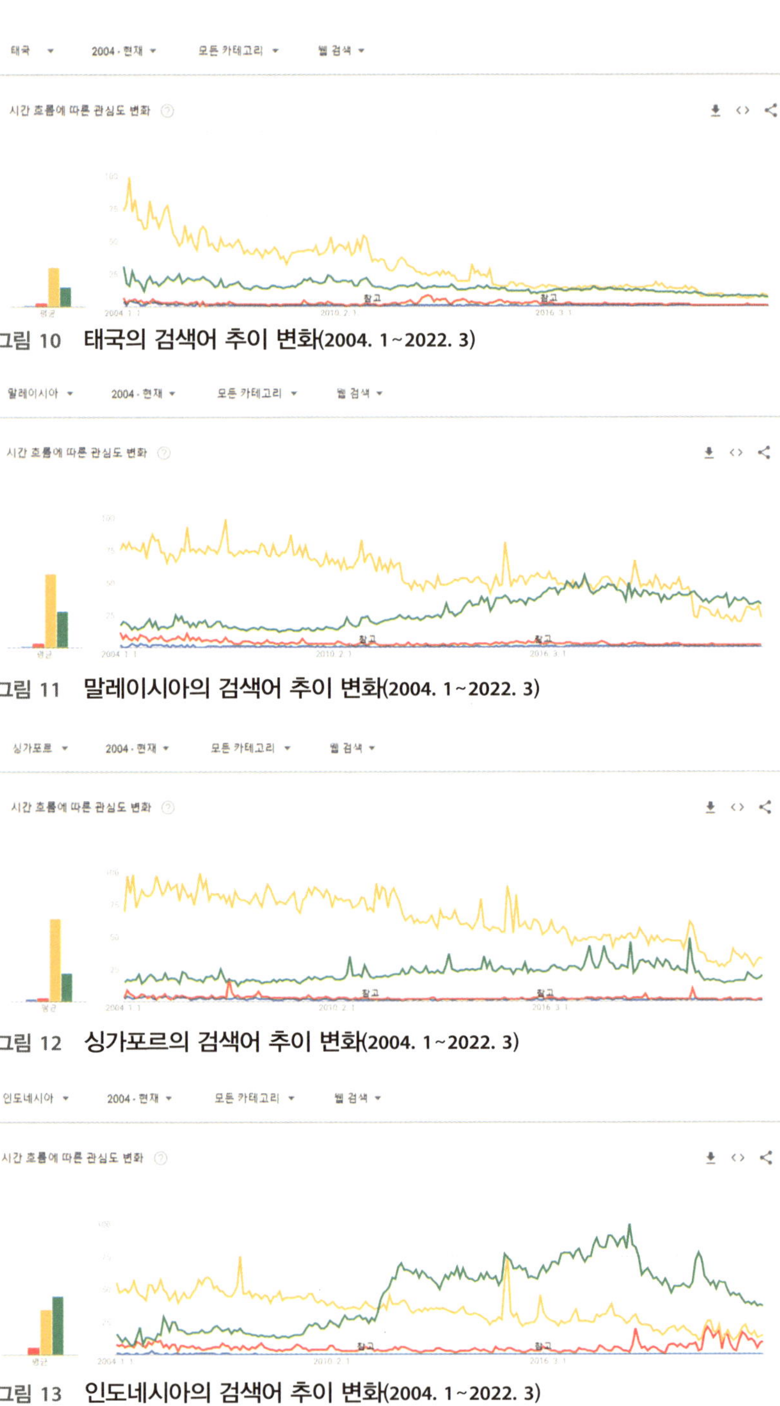

그림 10　　태국의 검색어 추이 변화(2004. 1~2022. 3)

그림 11　　말레이시아의 검색어 추이 변화(2004. 1~2022. 3)

그림 12　　싱가포르의 검색어 추이 변화(2004. 1~2022. 3)

그림 13　　인도네시아의 검색어 추이 변화(2004. 1~2022. 3)

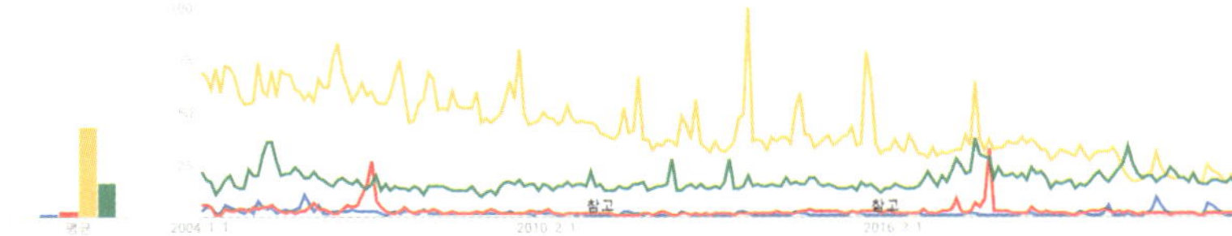

그림 14   필리핀의 검색어 추이 변화(2004. 1~2022. 3)

두 가지 패턴이란 하나는 초기 활성형이고, 다른 하나는 지속형이다. 전자의 경우 아시아 또는 한국이 2000년대 초반에 매우 높게 그 빈도수가 잡혔다가 최근에는 그 빈도가 매우 취약해진 경우이다. 라오스, 미얀마, 캄보디아, 베트남, 동티모르, 브루나이, 태국의 사례가 이에 해당한다. 후자의 경우 2000년대 초반에는 아시아 또는 한국이라는 키워드가 앞의 국가들에 비해 높지 않으면서 오히려 그 빈도가 꾸준하게 유지되는 경우를 말한다. 그중에서도 특히 말레이시아, 싱가포르가 아시아에 대한 빈도가 높게 꾸준히 나타나는 사례에 해당한다. 그리고 흥미로운 것은 인도네시아의 경우 약 2015년 이후 아시아 키워드를 제치고 한국 키워드의 빈도가 더 높게 나타나는 유일한 사례에 속한다.

2.   동남아 민족주의에 나타난 아시아에 대한 인식

동남아인들이 인식하는 아시아주의는 '아시아'가 탄생되는 역사적 과정과 긴밀하게 연관되어 있다. 즉, 역사적-지정학적 실체로서 나타난 '아시아'는 서구의 확장과 유럽의 식민주의와 제국주의에서 시작되었고, 그것으로부터 탈주하였으며, 새로운 실천이 시작되면서 만들어졌다고 볼 수 있다. 프레이(Marc Frey)와 스파코프스키(Nicola Spakowski)는 아시아인들에 의한 '아시아의 발견'은 다섯 번의 국면이 있었다고 설명한다. 첫 번째 국면에서는 아직 아시아주의(Asianism)가 형성되었다고 볼 수는 없지만, 시작단계로서 의미가 있다. 아시아의 구성(construction of Asia)은 동-서 그리고 역내 아시아 상호작용(inter-Asian interaction)의 하나의 복잡한 시스템 안에서 장착되어 탄생한 것이다. 이때 '아시아', '동양' 또는 '극동'이란 호칭은 유럽 또는 서구의 시각의 우위성에 기초하여 만들어진 것이다. 그럼에도 불구하고 동-서의 상호작용은 중요한 역할을 했는데, 서구적 지식 또는 근대화를 만들어내는 서구적 개념이 다시 '아시아의 해방', '정치, 경제 그리고 문화에 대한 자기인식'을 만들어내는 출발을 제공했기 때문이다. 두 번째 국면에서 아시아주의는 초국가주의 운동으로 나타나기 시작했다. 이 시기 초국가주의 운동은 종교적 색채를 띠며 나타났다. YMCA(Young Men's Christian Association) 운동, Theosophical Society, Buddihist Maha Bodhi Society 추구 등 영성적이며 종교적인 성격을 가졌다. 세 번째 국면에서 아시아주의는 각각의 다른 아시아 사회에서 중요하게 변형되어 나타나고 있다. '아시아'에 대한 개념은 이제 단일한 개념이기보다는 다양한 기능을 제공하게 되었다. 아시아주의가 연대를 추구하는 초국적 프로젝트로 추구되기도 하였지만, 민족주의와 패권적 욕망을 추구하는 데도 동시에 나타났다. 즉, 1930년대 일본 제국주의의 등장과 1940년대 일본의 대동아공영권이다. 네 번째 국면에서 아시아주의는 '가정된' 아시아 공동체의 다양한 요소의 하나로 만들어졌다. 이때 아시아주의는 윤리적, 문화적, 종교적 요소일 수 있었고, 지정학적 긴밀성과 공유된 역사 경험은 아시아주의를 강화시켰다. 그리고 '아시아주의'라는 지역적 또는 대륙적 기획은 전 지구적인 사회-경제적 개념인 남과 북 또는 제1세계, 제2세계 그리고 제3세계로 불리는 '세 개의 세계'로 나타나는 냉전과 관련된 개념들과 갈등하였다. 다섯 번째 국면에서 아시아주의는 더 이상 '아시아의 일치(Asian unity)'로 나타나지 않는다. 젠더에 따라 사회적 위치에 따라, 국가에 따라 아시아는 다르게 인식된다는 것이다.

이러한 5가지 단계의 아시아주의 형성에 있어서 첫 번째부터 두 번째까지가 동남아 각국에서 나타난 민족주의 탄생으로 설명될 수 있다. 버마에서 민족주의 운동은 영국 식민지 시절 반-영, 반-제국주의 운동에서 시작되었고, 대표적인 민족주의 운동단체로 YMBA(Young Men's Buddhist Association, 1906-1920), GCBA(General Council of Burmese Associations, 1920-1930), 버마연합(Burmese Association, 1930-1938), 반-파시스트 민중운동(Anti-Fascist People's Freedom League, 1945-1948) 등이 있다(Myo 2013). 이 중에서 YMBA 는 중추적인 역할을 수행했고, 그 중심에는 불교가 중요한 역할을 하였다. 프랑스 식민세력에 대한 베트남의 민족주의는 20세기 초 주로 프랑스식 교육을 받고 자란 1세대 지식층으로부터 시작되어, 좌우 계열의 다양한 민족주의 세력이 있었지만 베트남에서 최종적으로는 좌파 민족주의 계열이 우위가 되었다. 호찌민을 중심으로 좌파 민족주의 계열은 1930년 2월에 211명의 당원으로 베트남공산당을 시작해서 1975년 통일된 베트남 사회주의를 만들었다. 더 놀라운 것은 10년 동안 사회주의 경제정책을 추진하고 실패하자 바로 개혁개방정책(Doi Moi)을 추진했다는 점에서 베트남공산당은 매우 실용주의적인 입장을 취하고 있다는 것을 알 수 있다(소병국, 2020).

인도네시아에서도 20세기 초부터 민족주의 운동이 시작되었다. 인도네시아 민족주의는 크게 두 계열이 존재한다. 하나는 이슬람 세력과 다른 하나는 세속주의 세력이다. 전자는 이슬람 개혁주의 꺼움 무다(Kaum Muda, 젊은 세대) 운동으로 시작한다. 그리고 1912년 족자카르타에 무함마디야(Muham-madiyah)가 만들어졌고, 이슬람 전통주의 계열의 나흐다뚤 울라마(Nahdlatul Ulama), 그리고 자바 무슬림 바틱(batik) 상인을 중심으로 결성된 '사르깟 다강 이슬라미야(Sarekat Dagang Islamiyah)', 훗날 '사르깟 이슬람(Sarekat Islam)' 등 이슬람 단체들이 상당히 존재한다. 후자는 1908년에 만들어진 '부디우토모(Budi Utomo)'로부터 기원한다. 그리고 사회주의 사상에 영향을 받아서 탄생한 1914년 동인도사회민주연합(ISDV)도 있었고, 1921년에는 아시아 최초의 공산당인 인도네시아 공산당(PKI)도 만들어졌다. 이러한 좌파 세속주의와는 달리 우파 세속주의 민족주의 계열도 있었다. 네덜란드 유학 중인 모함마드 하따(Mohammad Hatta), 수딴 샤흐리르(Sutan Sjahris) 등이 1908년에 세운 동인도협회, 1922년 인도네시아협회(PI)가 있었고, 국내에서는 수까르노(Sukar-no)가 1925년 반둥스터디클럽을 결성하여 세속적 민족주의 운동을 시작하였다. 이들은 1928년 인도네시아 국민당(PNI)으로 모였다(소병국, 2020). 필리핀에서 독립된 민족의식은 19세기 말에 개혁 운동이 전개되면서 시작되었다. 식민본국에서 파송된 성직자와 동등한 권리를 요구하던 세 명의 필리핀 민족주의 성직자들이 처형되는 사건을 경험하면서, 필리핀 엘리트들 사이에서 민족주의 운동이 시작되었고, 민족주의자 성직자가 처형된 1872년부터 민족주의 단체 비밀결사 조직인 카티푸난(Katipunan)에 의해 무장독립 투쟁이 시작된 1896년 사이의 운동을 개혁주의 운동이라고 한다. 카티푸난의 배후로 낙인되어 처형당한 필리핀 민족주의 운동의 큰 인물이 바로 호세 리살(Jose Rizal)이었다. 리살은 문학가로서도 민족의식을 고취시키는 데 큰 역할을 하였다(김동엽, 2003).

정리하면, 미얀마에서는 불교가, 베트남에서는 사회주의 사상이, 인도네시아에서는 이슬람이 필리핀에서는 가톨릭이 민족주의 인식을 고취하는 데 크게 기여하였다고 볼 수 있다. 식민주의 시기 동남아 각국의 민족주의 의식의 형성과 고취는 동남아인들이 스스로 아시아인으로 인식하는 계기가 된 것은 분명하다. 하지만 아시아 내부에서도 아시아를 이해하는 방식이 다양화되면서 동남아인들은 1960년대에 더욱더 스스로의 길을 마련했다고 볼 수 있다.

3. 아시아·아프리카 회의와 아세안 창설에 나타난 아시아 인식

동남아시아 국가들이 뚜렷하게 '아시아인'으로서 자기 인식, 주체적 인식을 대외적으로 표명하게 된 것은 1955년 인도네시아 서부자바 반둥에서 있었던 제1회 '아시아-아프리카회의(Asia-African Conference)'였다고 해도 과언이 아니다. 일명 '반둥회의'라고 불리며, 제3세계의 탄생을 알리는 신호탄으로 역사는 기억하고 있다. 본 회의에서 채택된 '세계평화와 협력의 촉진에 대한 공동 선언(Declaration on promotion of world peace and cooperation)'의 기본 골격은 세계평화, 반식민주의, 아시아-아프리카 연대에 있었다. 냉전체제의 편입을 거부하며 비동맹주의를 따르되 제3세계 국가들의 연대를 존중한다는 것이 회의의 기본 취지이다. 반둥회의는 식민주의 지배에서 벗어난 신생 국가들의 내셔널리즘을 고립적인 것이 아니라 국제적 연대로 발전시켜 나가는 데 관심을 두고 있었다.

좀 더 구체적으로 반둥회의 때 채택된 선언문에 나타난 10가지 원칙을 보면 다음과 같다. 첫째, 기본적으로 인권 존중 및 유엔 헌장의 목적과 원칙의 존중, 둘째, 모든 국가의 주권 및 영토 통합의 존중, 셋째, 모든 인종과 민족의 동등성에 대한 존중, 넷째, 내정불간섭, 다섯째, 단독 혹은 집단적 자위권 존중, 여섯째, 집단 방위협정을 대국의 특수이익을 위해 사용하지 않음, 일곱째, 침략 및 침략의 위협, 병력 사용금지, 여덟째, 국제분쟁의 평화적 해결, 아홉째, 상호이익과 협력 증진, 열째, 정의와 국제의무의 존중이다. 현재의 시각으로 보아도 바람직한 국제질서에 대한 규범이 잘 담긴 선언문이라는 것을 알 수 있다. 특히 미국과 중국이라는 두 강대국에 의해 다시 세계질서가 좌지우지되는 현재의 국제질서를 보면서 '세계평화와 협력의 촉진에 대한 공동 선언'의 세 번째 요소인 '모든 인종의 동등성을 인정하고, 크든 작든 모든 민족의 동등성을 존중(Recognition of the equality of all races and of the equality of all nations large and small)'한다는 내용은 여전히 시대를 초월한 정신이었다는 것을 알 수 있다.

1955년 세계에 드러난 이러한 반둥회의의 정신은 1967년 아세안 출범 정신에도 그대로 투영된다. 현대 동남아시아 지역을 탄생시킨 가장 큰 동력은 식민지 시기의 경험을 극복하고 '자유롭고 독립된' 국가를 만드는 것이었고, 제2차 세계대전 이후로도 세계 및 지역적 정치작동, 냉전체제 속에서 개별 국가 차원에서 정치·경제적 문제들을 순조롭게 풀지 못하는 한계를 극복하기 위해 지역협력의 방식을 강구해 왔다. 그러한 제도적 결과가 바로 1967년 아세안(ASEAN: Association of Southeast Asia Nations)의 탄생이었다. 동남아의 많은 국가는 '독립국가'로의 전환에 장시간이 걸렸고, 식민지 시절처럼 외부 세력에 의해 좌우되는 그러한 지역이 아니라 '아세안'이라는 지역협력체를 만들면서 서로의 독립과 주권을 존중하면서 평화로운 지역을 만들자는 기본적인 합의가 존재했다. 아세안은 1967년 8월 8일 방콕에서 5개 국가 외교부 장관의 합의문, 일명 '방콕선언(Bangkok Declaration)'을 통해서 시작되었다. 방콕

선언에는 지역의 연대와 협력(regional solidarity and cooperation)을 강화하고 발전시키기 위해 상호이익에 기초하여 공동의 문제를 해결하고, '동등성과 파트너십'에 기초하여 지역협력을 증진하며, 지역의 '평화, 진보, 번영'을 추구하자는 내용이 담겨 있다. 상호의존적인 세계를 지향하며, 평화·자유·사회적 정의, 경제적 웰빙을 추구하기 위해서 상호이해, 좋은 이웃, 역사적·문화적 존중을 강조하고 있으며, 평화롭고 진보적인 국가발전을 서로 돕고, 지역의 경제적 사회적 안정을 증진하고, 국가적 정체성을 보호하기 위해서 모든 형태의 외부 세력으로부터 지역의 안정과 안보를 유지할 것을 밝히고 있다. 이 방콕선언은 그로부터 아세안 지역형성의 사상적 기초로 작동한다.

요컨대, 1955년 아시아·아프리카 회의에 참석한 전체 29개 국가 중에서 동남아 국가는 인도네시아, 캄보디아, 태국, 버마, 베트남, 필리핀, 라오스 7개 국가이다. 1955년 당시 말레이시아와 싱가포르, 브루나이가 아직 독립국가로 등장하기 전이라는 상황을 고려하면 독립된 동남아 국가는 모두 아시아·아프리카 회의에 참석한 것이다. 1955년 반둥회의 정신은 1967년 아세안 출범으로 이어졌고, 독립된 주권국가, 상호존중 받아야 할 모든 민족과 인종 등 동남아인들이 아시아에 대한 인식을 표명하였다. 이러한 역사적 흐름이 동남아 지역에 만들어질 수 있도록 한 데에는 인도네시아가 매우 중요한 역할을 하였다 (최경희, 2021). 그러한 동남아가 추구하는 아시아에 대한 인식은 자기 주체적이면서도 세계와 호흡할 수 있는 소통 가능한 규범으로 구성되었다는 것을 알 수 있다.

4. '비교아시아학'의 탄생 관점에서 본 싱가포르의 아시아주의

싱가포르 역사학자 왕궁우(Wang Gungwu)는 제2차 세계대전 이후 동남아 지역은 계속적으로 대륙 세력과 해양 세력이 충돌하는 지역이 되고 있다고 설명하고 있다. 동남아 지역이라는 지리적 명칭이 지정학적 충돌 과정에서 만들어졌고, 독립과 국가 탄생 과정에서 이 두 세력의 영향력은 깊이 있게 투영되어 나타났다. 이념·군사적으로 갈등했던 냉전체제 시기 중국과 미국, 경제·

기술적으로 갈등하고 있는 현재의 중국과 미국 사이에 동남아 지역이 놓여 있다. 그러나 왕궁우는 현재의 동남아 지역은 이전의 동남아 지역이 가진 지정학적 의미가 변화하였다고 설명하고 있다. 다시 말하자면, 이전에 동남아 지역은 서양의 관점에서 보면 '서양의 주변 지역(the edge of the West)'이고, 동양의 관점에서 보면 '동양의 주변 지역(the edge of the East)'으로 해석되었다. 그러나 대륙과 해양 세력 사이 그리고 인도양과 태평양이 교차하는 동남아시아 지역은 '대상화'와 '주변화' 지역으로서의 존재가 아니라, 그러한 과정에서 만들어지고 형성된 독특한 의미의 지역으로 탄생되고 있다고 해석하는 것이다. 즉, 동남아시아 지역을 통해 중국과 러시아로 연결되는 대륙성뿐만 아니라 두 대양 사이의 지중해(Two-Ocean Mediterranean)로서 대서양인 유럽과 아메리카는 물론 인도양과 태평양을 이어 주는 공간으로서 역할을 할 수 있다는 것이다(Ooi, 2015). 즉, 모든 문명과 공간의 교류와 교차 지역으로서 '동남아'라는 인식이 자리 잡을 수 있는 것이다. 이에 '동남아시아' 지역을 통한 아시아에 대한 인식은 전체 아시아의 관계성과 동남아 지역 내부에 존재하는 요소들 사이의 상호작용을 통한 관계성으로 해석하는 것이다.

이에 마지막으로 이러한 '아시아성'을 파악하는 학문적 시도로 싱가포르 국립대학(NUS)에 개설된 비교아시아학과(CAS: Comparative Asian Studies)를 소개하고자 한다. CAS는 2013년에 시작한 박사과정 프로그램으로 국제적인 아시아 연구를 이끌기 위한 도전이다. 아시아 내의 상호연결성(interconnectedness), 통합(deepening integration), 동학(dynamics in breath and depth) 등을 연구하고자 하는 것이다. 본 학과의 가장 큰 특징은 아시아 내의 상호연결성을 연구하기 위해 아시아 내의 지역과 문화단위를 관통하는 횡단 연구(inter-Asian connections across regional boundaries and cultural zones), 즉 지역과 문화단위가 다른 최소 2개 이상의 국가를 대상으로 비교연구를 진행하는 것이고, 현지어와 심층적인 현지조사에 기반한 연구방법(local languages and on-the-ground perspectives that only an intensive area-studies programme)을 통하여 연구 결과물을 생산하는 것을 중시하고 있다. CAS 박사과정 프로그램은 기존 NUS 내에 있는 동아시아, 동남아, 동북아 그리고 남아시아 박사과정과의 긴밀한 교과과정의 협업 속에서 '아시아를 비교할 수 있는 지역전문가'를 양산하려고 하는 것이다. 이러한 시도는 동남아가 아시아를 어떻게 인식하고 있는지를 잘 보여주는 시도라고 볼 수 있다. 최근 본 학과에서 박사학위가 나오면서 이러한 인식의 결과들이 어떤 결과들로 외화되고 있는지 추적해 볼 수 있다.

결국 '동남아인들이 아시아를 어떻게 이해하고 있는가?'라는 질문은 현재로서 최종적으로 그 내용을 정리하기는 아직 어렵다고 볼 수 있다. 다만, 싱가포르국립대 CAS 박사과정을 통해서 알 수 있는 것은 그러한 질문의 필요성에 따라 누구보다 앞서 동남아시아인들이 생각하는 '아시아성'을 추적하고 있다고 볼 수 있다. 즉, '아시아의 상호연결성', '아시아 동학의 깊이와 넓이', '아시아 통합의 다층성' 등을 연구함으로써 동남아인들이 생각하는 아시아성을 찾아가고 있다. 이로써 지형적으로는 대륙과 해양의 연결통로이자 인도양과 태평양 두 해양이 마주하는 동남아시아에 대하여 의미론적으로 다양한 해석을 전개한다거나, 주체적인 그리고 역사와 실질적 해석에 근거한 풍부한 설명을 생산함으로써 새로운 아시아 시대를 만들어가는 데 동남아시아의 역할과 타지역과의 관계성을 높여가고 있다.

V. 동(북)아시아에서 바라보는 아시아

동(북)아시아 지역은 흔히 한국, 중국, 일본을 중심으로 유라시아 대륙의 동쪽 끝에 위치한 지역을 일컫는 말로, 전통적인 중화질서, 천하체계로부터 시작하여 흥아(興亞)론에서 탈아(脫亞)론, 대(大)아시아주의, 대동아공영권, 동아시아 담론, 최근 일본이 주창한 인도-태평양 전략과 한국의 신북방·신남방 정책 등 아시아와 관련된 주요 담론 및 실천을 생산해내는 주요 지역 중 하나이다.[14]

---

14   동북아시아 지역의 지역 인식과 지역형성에 관한 자세한 내용은 다음 3부의 '동북아시아' 부

동아시아 지역에서 아시아주의를 살펴보면, 16세기 마테오 리치가 처음으로 아시아를 '아세아(亞細亞)'라는 단어로 번역하여 사용한 바가 있지만, 본격적으로는 19세기 중후반 서구 열강의 충격 이후 생겨난 매우 근대적인 개념이다. 세계사적 차원에서 동아시아 지역은 서구 열강의 제국주의·식민주의의 본격적인 침입이 가장 늦은 지역이자 지역 내 주요 국가가 서구의 완전한 식민지배에 놓인 적이 없고, 더구나 전통적인 중화질서 및 20세기 전반 역내 국가인 일본의 식민/반(半)식민의 역사적 유산이 여전히 남아 있다는 점에서 다른 지역과 아시아주의(들) 담론이 다소 상이한 측면을 보이기도 한다. 또한 일본을 시작으로 한국, 대만, 홍콩의 '호랑이들', 그 이후 중국이라는 '용의 부상'으로 이어지는 동아시아의 지역적 부상을 통해 동아시아 지역은 유럽, 미국에 견줄만한 세계 경제 3대 축으로 실질적인 실력을 갖추게 되면서 세계화와 맞물리는 아시아주의 담론이 더욱 성장할 수 있는 기반이 마련되기도 했다.

그런 점에서 한국의 대표적인 동아시아론자인 백영서의 '근대 적응과 근대 극복의 이중과제'가 제기하듯, 동아시아의 아시아주의는 (서구의) 식민/탈식민보다는 근대(성/화)와 국민국가 만들기를 둘러싸고 다양한 상상과 실천들이 벌어졌고, 근대 전통적인 중화질서에서 벗어나 서구 중심의 근대 세계를 새롭게 인식하고 수용, 저항, 적응을 거치는 과정에서 아시아와 관련된 아시아주의들이 끊임없이 등장했다.

1. 동아시아인들의 아시아 인식: 구글트렌드 등을 통한 검토

동아시아 국가 및 지식인들 수준에서 아시아 인식과 실천은 이미 방대한 연구가 존재하는데, 다른 지역과 달리 동아시아인들의 경우 지난 150여 년간의 과정을 통해 '아시아'라는 용어는 훨씬 일상적으로 쓰였다고 할 수 있다. 지역의 주요 국가인 한국, 일본, 중국의 순으로 더 자세히 살펴보자.

한국의 경우, 구글 트렌드 상에서 보이는 검색량으로 볼 때 '아시아'에 대

분을 참고할 것.

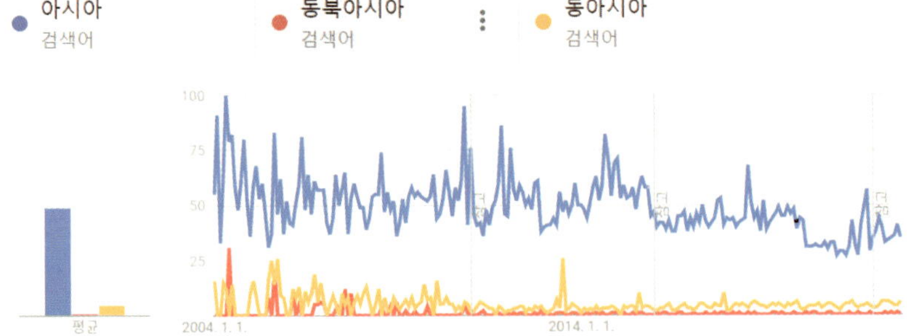

그림 15 한국의 검색어 추이 변화(2004. 1~2022. 10)

한 관심은 동북아시아, 동아시아 등 다른 용어에 비해서 압도적으로 많다. 물론 앞서 다른 지역에서 설명했듯, 이러한 검색량의 상위에는 월드컵, 축구 대회, 아시안게임 등 메가 이벤트나 '아시아'를 포함하는 일부 기업명이 드러나서 보다 세밀한 분석이 필요하기도 하다. 하지만 아시아를 가리키는 다양한 용례가 어우러지는 담론적 실천의 장(場)을 생각해 보면, 어쩌면 그 상당수의 용례 또한 아시아를 인식하고 상상하는 담론적 실천의 과정에 위치시킬 수도 있을 것이다.

하지만 여전히 한국의 대중적 수준에서 아시아에 대한 인식과 정체성은 보다 복합적·중층적이라 할 수 있다. 한 예로 서울대 아시아연구소에서 2021년 수행한 '한국인의 아시아 인식' 설문조사에 따르면,[15] 한국에서 '나는 아시아인이다'란 답변은 92.2%로, '나는 세계인이다'(78.5%)보다 높고 '나는 한국인이다'(96.3%)와 비슷하다는 점에서 한국인의 아시아 정체성은 꽤 높은 편이다. 하지만 결과 분석에 따르면 정서적인 동질감보다는 '한국인은 아시아인에 속한다'는 단순한 의미를 담고 있다고 평가된다. 한국인의 호감도 수준에서 압도적인 1위인 미국을 비롯하여 서구 국가가 상위권을 이루고, 아시아 국가는 그에 못 미치는 중위권에 머물러 있기 때문이다.[16] 한국인의 아시아 전반에

---

15 보다 자세한 결과는 김용호·김윤호(2022)를 참고할 것.

16 호감도 순위에서 중국, 북한, 일본이 최하위권에 머무르는 사실은 다른 조사와도 일관된다.

대한 이미지가 '신흥국과 저개발국'이라는 점에서, 아시아 지역공동체 건설에 대한 찬반 의견이 비슷하단 점에서, 어쩌면 한국에서 아시아는 경제적 측면에서 기회의 땅으로 인식되거나, 여전히 신뢰나 협력이 쉽지 않은 '타자'로 이해되는지도 모른다. 다만, 지역별 호감도에서 아시아인에 대한 호감도(58.2°C)가 북아메리카인(63.2°C)보다는 낮지만 유럽인(57.7°C)보다는 높으며, 다른 지역보다 아시아 지역의 개발도상국에 더 많은 원조를 제공하는 것에 찬성하는 비율(60.9%)이 반대(22.1%)보다 2배 이상이라는 점에서 향후 아시아에 대한 담론과 실천은 더욱 활발해질 것으로 기대해볼 만하다.[17]

일본의 경우, 구글 트렌드 상에서 보이는 검색량으로 볼 때 '아시아'(アジア)에 대한 관심은 동아시아, 동북아시아, 동아, 인도·태평양 등이 다른 용어에 비해서 압도적으로 많다. 물론 일본 역시 이러한 검색량의 상위에는 월드컵, 축구 대회, 아시안게임 등 메가 이벤트나 아시아를 포함하는 일부 기업명, 동아와 동북이 들어간 대학명 등이 함께 검색되기 때문이기도 하다. 그럼에도 아시아를 지칭하는 용례가 압도적으로 많다는 사실은 일본인의 사회 현실 내에서도 아시아가 여러 측면에서 자리 잡고 있음을 드러내고 있다.

일본 대중의 아시아 및 세계 인식을 한국과 비교하기 위해 일본 내각부

그림 16 일본의 검색어 추이 변화(2004. 1~2022. 10)

---

17 결과 분석에서는 아시아 지역별 호감도가 동남아인(53.7°C)이 동북아인(57.1°C)과 비슷한 수준이라는 점을 매우 고무적으로 평가하며, 이는 한국인들의 아시아에 대한 인식의 지평이 확장되고 있기 때문이라고 분석하기도 한다. 참고로 다른 아시아 지역민의 호감도는 중앙아시아인(47.9°C), 남아시아인(45.7°C), 서아시아인(43.3°C) 순으로 나타났다.

표 2 일본 대중의 주요 국가 및 아시아에 대한 인식 조사 결과(2021년) (단위: %)

응답 구분	미국	러시아	중국	한국	인도	동남아	유럽	중앙아	중동 (2020)	아프리카 (2020)
친밀감을 느낀다	88.5	13.1	20.6	37.0	51.3	71.5	71.4	22.7	31.7	28.5
친밀감을 느끼지 못한다	11.1	86.4	79.0	62.4	48.1	28.3	28.1	76.6	66.9	69.9
관계가 양호하다	91.3	20.6	14.5	18.6	74.1	–	–	–	–	–
관계가 양호하지 않다	8.5	79.0	85.2	81.1	25.0	–	–	–	–	–
관계발전이 중요하다	98.2	73.1	78.7	62.1	84.4	–	–	–	–	–
관계발전이 중요치 않다	1.5	26.4	20.9	37.4	15.0	–	–	–	–	–

자료 출처: 일본 내각부 조사 결과[18]

의 '친근감과 일본과의 관계 평가(親近感と日本との関係の評価)' 여론조사[19]를 살펴보자. 일본인의 아시아 인식은 동북아, 동남아, 남아시아 정도까지 확대되고 있고, 중앙아시아나 중동 지역까지는 아직 대중적으로는 미치지 못한다고 평가할 수 있다. 2005년 조사 결과와 비교해볼 때 동남아시아, 인도(남아시아)에 대한 친근감은 크게 상승한 점에서[20] 일본 또한 아시아 인식의 지평이 공간적으로 점차 확대되어왔음을 살펴볼 수 있다.

중국의 경우, 중국 내에서 가장 많이 활용되는 검색 엔진《바이두》에 기반한 '바이두 인덱스(百度指数)'로 2010년 이후를 살펴보면 아시아에 대한 검색량은 점차 증가하고 있고, 동아시아, 동북아시아는 상대적으로 상당히 낮은

---

18 https://survey.gov-online.go.jp/r03/r03-gaiko/2-1.html

19 여론조사는 매년 9~10월경에 실시하고 있는데, 조사 대상 지역은 시기에 따라 다소 변동이 있다.

20 '친밀감을 느낀다'는 2021년 응답은 2005년 동남아(45.4%), 서남아(26.3%)로 답한 2005년과 비교해 크게 상승했다.

21 https://index.baidu.com/v2/index.html#/

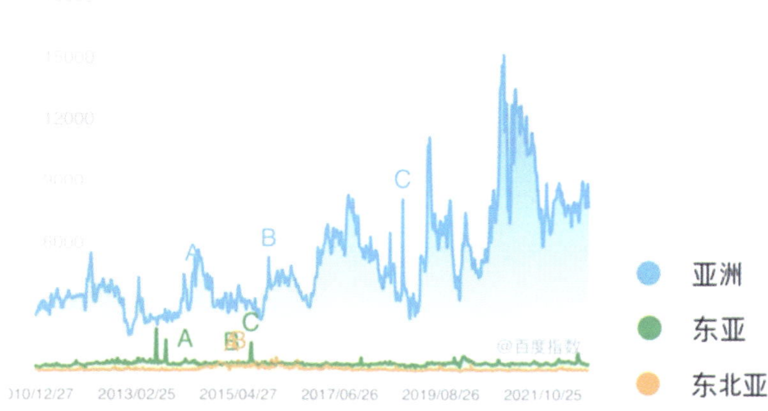

그림 17 중국의 검색어 추이 변화(2004. 1~2022. 10)

자료출처:《百度指数》[21]

편이다. 주요 검색 기사 및 연관 검색어로는 정치안보·경제 및 아프리카·오세아니아·아메리카 등 다른 지역명과 관련된 내용이 다수 보인다.[22] 중국인의 아시아 및 세계 인식을 다룬 조사는 아직 찾지 못하여 반영치 못했다.[23]

종합해 보면, 최근 한국, 일본, 중국의 아시아에 대한 관심과 인식은 동(북)아시아로부터 동남아시아, 남아시아 등으로까지 확대되어왔고, 각국 정부 및 학계뿐만 아니라 대중적 수준에서도 유의미한 정도임을 확인할 수 있다.

2. 19세기 서구 열강의 충격 이후 인식 변화: 전통 중화질서로부터 아시아로의 전환

동아시아 지역에서 아시아에 대한 인식은 아편 전쟁 이후 19세기 서구 열강의 침입이 본격화되면서 싹트기 시작했다. 아편전쟁 이후 벌어진 역사적 전개는 말 그대로 동아시아인에게는 기존 세계(관)가 붕괴하는 거대한 충격으로 다가왔다. 아편 전쟁을 거치면서 동아시아의 국제질서와 세계관은 처참히 깨졌고,

---

22 물론 '구글 트렌드'와 '바이두 인덱스' 간의 차이 때문에 부각되는 것일 수도 있다.

23 다음 개정판까지 관련 내용을 추가할 예정이다.

이에 대한 저항 및 적응, 성찰 및 반성을 거치면서 본격적인 아시아주의들이 태동하기 시작했다.

사실 아편 전쟁 직전까지 동아시아 지역은 나름의 번영기를 겪고 있었다. 중국의 경우 역사상 최대 전성기라 할 '강건성세(康乾盛世)'를 누리고 있었고, 조선은 영·정조 중흥기, 일본 또한 에도 시대 번영기를 구가해왔다. 이 과정에서 유럽인 또한 동아시아에 대한 동경의 태도를 지속해왔고, 시누아즈리(Chinoiserie), 자포네스크(Japonesque 또는 Japonism)로 대표되는 지적·문화적 영향력이 존재하기도 했다. 아울러 경제·무역의 측면에서도 차·도자기 등 동아시아 지역의 고부가가치 상품에 대한 유럽의 수요가 급증하면서 유럽의 은이 동아시아로 몰리는 일종의 '무역역조' 현상이 유럽 내에서도 커다란 문제로 드러나기도 했다. 유럽에서 지리적 위치가 가장 먼 지역이자 이러한 동경과 위협의 관념이 팽배해 있었다는 점 때문에 유럽인들이 전 세계 곳곳을 식민지배하는 와중에도 동아시아 지역은 나름의 질서를 유지해 나갈 수 있었다.[24]

하지만 아편 전쟁 이후 중국에 대한 위협론과 환상이 깨지면서 서구 열강은 동아시아 지역에 본격적으로 침입하기 시작했고, 그 결과 동아시아 지역은 서구 주도의 근대 세계체제에 편입되기 시작했다. 전통적인 중화질서의 자장에 있던 중국과 한국, 넓게 보면 일본까지도 빠른 속도로 근대(성/화)의 길목에 들어서면서 서양을 포함한 새로운 세계 인식과 자신에 대한 비판/성찰 속에 기존과는 완전히 새로운 아시아주의들이 태동하기 시작했다.

중국, 일본, 한국의 지식인들은 다양한 방식으로 세계와 아시아를 인식하기 시작했다. 중국이 초기 '중체서용(中體西用)', 동방(東方) 등으로 대표되는 중국과 세계의 이분법 속에서 기존 천하질서 및 관념의 지속에서 세계 및 아시아를 파악하기 시작했다면, 일본은 '동양'(東洋), '동아'(東亞) 등 중국과 서양을 모두 상대하면서 '아시아에 속한 일본'이자 '아시아에서 벗어난 일본'의 이

24　1817년 나폴레옹은 "잠들어 있는 사자(곧, 중국)를 깨우지 마라. 사자가 깨어나는 순간 온 세상이 흔들릴 테니"라고 언급하였는데, 2014년 중국 시진핑 주석은 중국·프랑스 50주년 기념 연설에서 "중국이라는 사자는 이미 깨어났다. 평화롭고, 온순하며, 문명적인 사자다"로 맞받아치기도 했다.

중적·모순적인 차원에서 아시아를 파악하기 시작했다. 조선의 지식인들 또한 이 과정에서 동도서기(東道西器), 개화 등 여러 움직임으로 저항과 적응의 양상을 보여주었다.

동아시아 지역에서 아시아주의의 전개 양상은 서구의 충격에 일본의 충격이 더해지는 형태로 드러났다. 일본의 빠른 근대화와 그 결과로 드러난 부국강병은 중국과 조선의 국민국가 형성을 촉진하였고, 그 결과 전통적인 중화질서 또한 빠르게 해체되기 시작했다. 그 과정에서 중국식의 전통적인 '화이(華夷)' 의식은 보다 근대적인 국가 간 관계, 국제관계의 틀로 점차 변화되었다. 그 과정에서 아시아 제국 간 연대를 주장하는 아시아주의는 당시 한·중·일 지식인에게 꽤 인기 있는 유행하는 사조였고, 시기별, 국가별, 지식인별로 다양한 흐름이 존재한다.

우선, 근대 일본의 아시아에 대한 인식은 개괄적으로 '탈아'와 '아시아는 하나'라는 이중적·모순적인 운동으로 정리해볼 수 있다. 아시아 내부에 있던 근대 일본에 아시아란 무엇보다도 국경의 확정부터 시작해서 통상·안전보장의 문제 등을 처리해가기 위한 조사연구가 필요했던 인접 공간이었다. 따라서 인접한 아시아는 적대·대항하는 외부임과 동시에 서구에 대해서는 내부 세계로서 일체화를 이뤄야 할 지역이었고, 때로는 '아시아와 일본'으로 외부인이, 때로는 '아시아 속의 일본'으로 내부인이 되어 온 역사를 이어갔다(야마무로 신이치, 2007: 37). 즉, '동양'이란 중화질서·중국 중심성을 부인하고 서양과 아시아를 이중적으로 타자화하여 자신의 정체성 및 새로운 중심성을 형성하려는 기획이기도 했다. 이른바 '흥아론(興亞論)'과 '탈아론(脫亞論)'의 이중 운동은 동아시아 지식인들과 영향을 주고받으면서 작동했지만, 국제정세의 급변동과 일본 내 국가주의적 경향의 강화 속에서 대동아공영권 개념의 상정과 태평양 전쟁을 거치면서 아시아의 상당 부분을 전쟁의 참화로 밀어 넣었다.

다음으로, 근대 중국의 아시아에 대한 인식은 아시아와의 연대를 주장하기 시작했지만, 상대적으로 포아론(包亞論)적 지향과 동아시아를 자신의 내부로 끌어안아 보려는 '구심적 시선'을 갖고 있었다(고정빈, 2009). 가장 오래된 문화

의 발상지로서 아시아를 강조하고 아시아의 연대와 통합을 강조한 쑨원의 대아
시아주의 등 아시아에 대한 보다 적극적인 사고도 존재했고, 중국 지식인에게
근대국가 수립은 일국적 과제이나 아시아 공통의 문제라는 지역적 시야도 수
반했다(백지운, 2012). 하지만 20세기 초반 중국 지식인의 범아시아주의에 스며
있는 정서는 아시아라는 '중아(中亞) 일체의식'과 중국이 아시아를 대표한다는
'아시아 대표의식'이라는 지적(고성빈, 2009)처럼 많은 한계가 존재하기도 했다.

　　마지막으로 조선의 경우, 초기 국민국가 건설이 뒤처지고 '민족적 정체
성'이 근대적 사유로 쉽게 전환되지 못하면서 '지역적 정체성'에 의존해서 근
대국가로의 전환을 이뤄야 할 형국이 전개되었다(홍정완·전상숙, 2018: 70-72).
일제 식민시기 조선 지식인층에서 '동양', '동방', '동아', '아시아'는 복합적인
층위와 성격을 갖는 용어로, 일부는 일본 지식인 및 제국주의의 기획에 동조
하기도 했다. 하지만 상당수는 다양한 영역과 층위에서 '동양', '아시아'를 둘
러싼 지식 생산을 활발히 이루었다. 대표적인 예로는 안중근의 '동양평화론',
신채호의 '동양평화론' 등 약소민족 해방운동 및 사회주의·무정부의적 담론
과 실천 차원에서 아시아주의 또한 다수 존재한다.

　　종합해 보면, 서구 및 일본의 충격 이후 동아시아의 아시아 인식은 근대
(성/화)와 국민국가 만들기의 차원에서 민족적 정체성과 지역적 정체성이 상호
연동되는 방식으로 진행되었다. 다만, 일본의 대동아공영권 등 일부 아시아주
의가 현재 커다란 성찰의 지점을 제공한다고 하더라도 1945년 이전 동아시아
의 아시아주의가 일본의 대동아공영권으로 환원되는 것은 결코 바람직하지
않다. 결과적으로 일본 제국주의의 대동아공영권 기획은 아시아의 상당 부분
을 전쟁으로 밀어 넣었지만, 이외에도 민족주의적, 무정부주의적, 사회주의적
차원에서 아시아의 연대와 통합을 상상하고 지적 실천과 교류를 이뤄왔던 역
사는 최근 새롭게 많은 조명을 받고 있다.

3.　냉전과 탈냉전 시기의 아시아 인식: 분기하는 인식에서 '(동)아시아'로?
제2차 세계대전 이후 냉전체제의 세계질서가 구축되면서 동아시아 지역은 냉

전의 최전선이자 열전(熱戰)의 전장(戰場)이 되었다. 국공내전과 한국전쟁, 진먼도(金門島) 포격과 베트남 전쟁 등을 거치면서 동아시아 지역은 미국 주도의 자본주의 진영과 소련·중국·북한 등의 사회주의 진영으로 급속히 단절되었고, 일본 제국주의의 식민과 전쟁의 유산은 동아시아 내부의 아시아주의에 상당히 부정적인 영향을 끼치기도 했다.[25] 아울러 미국은 한국, 일본, 필리핀 등 양자 동맹을 기반으로 '중심축과 바큇살'의 양상을 보이면서 아시아주의는 기존의 양상과는 다른 방향으로 전개되기 시작했다.

하지만 아시아에 대한 인식과 상상, 실천이 사라진 것은 아니었다. 냉전 시기 아시아주의는 한편으로는 냉전 구상과 결합되었고, 다른 한편으로는 '제3세계', '남반구' 등의 담론 등과도 때로는 연동되고 때로는 경합하면서 다른 아시아 지역과 연결되며 동아시아를 넘어 더 너른 범위에서 전개되었다. 대표적으로 이승만의 '자유아시아'에 대한 구상은 미국과의 양자 관계를 넘어 집단 안보와 반공 전선을 확대하려는 일종의 '아시아판 나토' 구상이기도 했고, 박정희 또한 이와 유사한 구상을 1960년대 후반에 제출한 바 있다. 중국은 아시아를 제3세계의 일부로 파악하며 비동맹 노선에 입각한 아시아주의를 표방했고, 혁명노선을 수출하고 민족해방운동을 지원하는 등 아시아 지역 내에 많은 영향력을 끼치기도 했다.

일본의 경우 전후 진보적 지식인의 차원에서 전전(戰前)에 대한 반성·성찰이 이뤄졌으며, 대표적으로 다케우치 요시미는 '방법으로서의 아시아'를 주창하며 이후 아시아주의에 많은 영향을 끼치기 시작했다. 다케우치 요시미는 '근대의 극복'이란 점을 강조하며 자아 회복의 방편으로 아시아로의 복귀를 제안했고, 서양 침략주의에 대한 저항으로서 아시아의 연대를 지향했다.

탈냉전을 전후하여 동아시아 지역의 아시아주의는 새롭게 꽃을 피우기 시작했다. 동아시아 지역의 경제적 부상과 더불어 세계화와 지역화의 흐름에 맞서 동아시아 공동체론이 모색되기 시작했고, 시민사회의 성숙 및 지방분권의 고도화 등과 동반하여 이른바 동아시아 담론이 동아시아 지역 내에서 활발

25　하나의 예로, 1960년대 이전까지 일본에서 '아시아'는 일종의 금기어처럼 되었다고 평가된다.

히 전개되기 시작했다. 특히 1997년 동아시아의 외환위기는 동북아 및 동남아 지역의 국가 지도자들에게 동아시아 공동체론을 공동 구상하고 실천하는 계기로 작동하기도 했다.

그 결과 현재까지도 동아시아 지역이 아시아 시대의 대표주자이자 아시아주의 담론의 활발한 생산지로 자리매김하고 있다. 즉, 동아시아 지역이 지정학, 지경학, 지문화적 차원에서 과거 주변부로서의 성격을 벗어나 가장 핵심적인 지역 중 하나로 거듭나면서 외부자적 시각과 내부자적 관점이 교류·긴장하는 새로운 국면, 나아가 세계질서/체계의 변동을 구성하는 힘을 갖춘 (또는 갖출 수 있는) 지역으로서 주목받고 있다.

동아시아 담론은 동아시아 지역의 비판적·진보적 지식인들을 포함한 다양한 차원에서 활발히 생산·교류되었는데, 간략히 한국 내의 흐름을 살펴보자. 동아시아 담론의 홍수 이후 최근 동아시아 담론은 '열기에서 거품으로' 다소 사그라든 것이 사실이다. 그 이유 중 하나는 동아시아 담론이 일관된 내적 원리를 지니지 않고 지향과 논리가 불분명한 채 흘러온 탓이기도 하다. 하지만 그만큼 다양한 차원과 주체의 측면에서 발화되고 논의되어왔기 때문이기도 하다. 윤여일(2016)은 동아시아 담론을 크게 문화정체성론,[26] 대안체제론,[27] 발전모델론,[28] 지역주의론[29]으로 구분하고, 동아시아 지역성이 지닌 중층성에 주목하면서도 한국의 특수한 조건에 더욱 천착해 자신의 원리성을 발

26　대표적으로 동아시아 한자문명권론, 유교문명권론, 동아시아 문학론 등이 있고, (탈)식민과 탈서구 속에서 동아시아 지역의 원형을 (재)발견하는 데 초점을 맞추고 있다.

27　대표적으로 동아시아 탈근대주의론, 동아시아 탈민족주의론, 동아시아 탈민족국가론 등 탈근대/근대를 비판하고 기존 근대질서의 전반적 위기를 강조하면서 동아시아에서 대안적 근대 찾기에 주력한다.

28　대표적으로 유교자본주의론, 동아시아 발전국가론 등 동아시아 국가 및 지역의 경제적 부상을 설명하는 요인을 동아시아 국가들의 사회적 특성(배태성)에서 찾고자 한다.

29　대표적으로 동아시아 안보공동체론, 경제공동체론 등으로 현실문제 타개를 위한 미래전망 수립에 초점을 맞추며, 구성지향적 담론이자 국가 간 협력에 주목한다.

굴해야 함을 제기한다. 궁극적으로 동아시아 담론을 어떻게 우리의 유산으로 삼을 것인가라는 질문을 통해서 '동아시아 담론의 동아시아화'라는 답변을 제출한다.

동아시아 지역의 동아시아 담론은 주로 동아시아 지역을 대상으로 하지만, 방법론과 내용상에서는 아시아와 연동되기도 한다. 개별 국가로 분열된 동아시아를 하나의 지역으로 만들기 위한 담론적 차원의 실천은 개별 국가의 민족주의/국가주의를 넘어서는 기획이기도 했는데, '공동의 집' 구상, 동아시아사 저술작업, 도쿄 여성국제전범법정(2000) 등 아시아 시민사회 운동과 연대의 흐름으로 이어지기도 했다. 아울러 '근대 극복과 근대 적응의 이중과제', '연동하는 동아시아' 등의 문제 설정은 동아시아를 넘어 아시아를 새롭게 사고할 기반을 마련해 주었다고 할 수 있다.

4. 아시아를 바라보는 새로운 인식과 실천들

최근 아시아주의를 둘러싼 각종 실천은 국가, 기업, 지식인, 대중 등 다양한 차원에서 벌어지고 있다. 과거와 다소 차이가 있다면 동북아시아 역내 국가를 넘어 아시아 지역 전역 또는 대부분으로 그 공간이 크게 확대되고 있다는 점이다. 한국 사회의 관심은 중국을 넘어 동남아로, 인도로 확장되고 있고 금융·안보·사회문화적 측면에서는 서아시아 지역에까지 의식적·무의식적으로 확장되고 있다. 일본도 아베의 '인도·태평양 구상'을 포함하여 아시아 및 세계 전략을 적극적으로 추동해오고 있고, 중국 또한 주변국 외교의 중요성을 인식하고 일대일로 등 거대구상과 아시아 전략을 연동시키는 방식으로 아시아주의를 전개해나가고 있다. 아울러 미국 또한 '아시아로의 회귀' 이후 인도-태평양 전략을 강조하고, 러시아의 유라시아주의와 신동방정책, 인도의 신동방정책 등 다양한 차원의 아시아주의들이 최근 급속하게 펼쳐지고 있다.

그 과정에서 우리는 다시금 '아시아란 무엇인가', 또는 '어떠한 아시아를 상상해야 하는가?'라는 질문에 답변을 강요받고 있는지도 모른다. 앞서 살펴본 바처럼 다양하고 복합적인 아시아를 단일한 하나의 단위로 상정해야 하는 근본적 이유는 존재하지 않는다. 하지만 세계와 국가 사이의 지역 단위로서 '아시아(들)'는 중요한 하나의 지역 범주로서 많이 활용되고 있다.

학술적 차원에서 보면 아시아의 민족/국가주의와 민족국가를 넘어서서 아시아를 새롭게 바라보려는 시도는 매우 유의미하다. 특히, '인터-아시아 문화 연구(Inter-Asia Cultural Studies)'는 1998년 대만, 한국, 일본, 중국, 인도네시아, 호주, 싱가포르, 홍콩의 미디어 및 문화연구자들을 중심으로 결성되어 국제적으로 권위 있는 *Inter-Asia Cultural Studies*라는 저널을 출간하고, 다양한 국제학술교류를 적극적으로 추진해왔다. 아시아의 다양한 형태의 지적 통합에 대한 상상력과 가능성을 모색하는 가운데, 가장 대표적으로는 '방법으로서의 아시아'론이 있다.

인터-아시아 연구를 주도한 사람 중 하나인 백원담(2021)에 따르면, 인터적 시좌는 시간적으로는 모순의 중층적 구성과 그 전화의 가능성을 읽는 개념으로 포스트 지구화를 가져왔고, 공간적으로는 '인터'라는 개념이자 관점을 취한다. 인터적 시좌란 세계에 대한 재인식과 극복지향을 해나갈 수 있는 주체의 소재와 동력을 파악하기 위한 상호참조체계의 틀을 세우고 중층적 모순을 넘어 새로운 관계성을 함께 구성해 나가는 것을 의미한다. 또한 인터적 시좌는 포스트 지구화라는 세계적인 규모의 정치 변동의 구조가 국민국가나 지역과 같은 로컬 현지에서 어떻게 작동하는가를 파악하는 공간화 실천의 양상을 드러내는 분석틀이다. 그리고 격변하는 아시아 지역에 대한 관계론적 구성과 다층적인 접근의 경로를 찾아내는 방법론이다.

VI. '새로운 아시아'를 위한 모색과 도전적 과제

현재 아시아가 부상하는 가운데 각 지역, 국가, 소단위, 지식인, 개인 차원에서

아시아를 다양하게 경험하고 인식·이해하며 실천을 이어가고 있다. 어쩌면 '아시아의 세기'를 맞아 아시아가 하나의 또는 복수의 지역으로서 끊임없이 재구성되고 때로는 분기하는 다양한 흐름 속에서 보다 실체로서 드러나고 있다고 할 수 있다.

지금은 현재 그리고 미래적으로 아시아를 바라보기 위해 '새로운 아시아'를 아시아의 소지역, 지역, 메가지역 차원에서 현재적으로 끊임없이 구성되는 역사적 산물로 이해·인식하고, 전체적인 구조적 변화뿐만 아니라 개인, 가족, 기업, 국가 등 다양한 행위자들이 상호작용하면서 끊임없이 교류와 협력, 긴장과 갈등을 반복하는 흐름을 포착할만한 인식론적·방법론적 혁신이 절실히 필요한 시점이다.

최근 아시아뿐만 아니라 전 세계적으로 아시아를 새롭게 인식·포착하고자 하는 시도는 여럿 발견된다. 이러한 흐름은 전략적·정책적 차원뿐만 아니라 학술적으로도 활발히 진행되고 있다. Inter-Asia Program, Inter-Asia Cultural Studies, 싱가포르의 Comparative Asia Program 등을 중심으로 많은 아이디어가 때로는 경합적으로, 때로는 순환·연동되며 '새로운 아시아'를 위한 모색과 포착에 적극적으로 나서고 있다.

아시아를 호명하면서도 아시아의 통합과 아시아의 연대 사이, 일부 강대국·수도 중심의 위계적 질서와 주변·경계를 포괄하는 호혜적 질서 사이, 서구 주도의 학문적 리더십과 전통·문명에 기반한 토착적 탐색 사이 등 여전히 많은 과제가 아시아와 아시아주의(들)를 둘러싸고 존재한다.

하지만 여전히 아시아는 '(재)발견' 중이고 '(재)구성' 중이다. 최근 다양한 관점에서 본 장에서 언급하지 못한 다양한 관점에서의 많은 연구가 쏟아져 나오고 있다. 지금 우리는 아시아를 어떻게 바라보고, 어떻게 인식·이해하며, 어떠한 실천을 만들어 갈 것인가. 향후 한국 및 아시아 역내·외의 상호 교류와 연구 심화를 통해 본 장의 내용은 지속적으로 업데이트될 것이다. 하지만 이 질문의 답은 우리 모두의 것임을 다시금 밝혀 둔다.

강상중 외 엮음. 이강민 옮김. 2007. 『공간: 아시아를 묻는다』. 한울. [아시아신세기 시리즈 1권]

고성빈. 2009. "중국의 동아시아담론: '포아론(包亞論)'적 사유의 전개." 『국제지역연구』 18(3), 63-109.

고스기 야스시 외 엮음. 황영식 옮김. 2007. 『정체성: 해체와 재구성』. 한울. [아시아신세기 시리즈 3권]

괴란 테르본 지음. 최종렬 옮김. 1994. 『권력의 이데올로기와 이데올로기의 권력』. 서울: 백의.

구기연·황의현. 2021. "타자화를 넘어선 서아시아 지역 정체성 형성의 여정: 이란을 중심으로." 『아시아리뷰』 11(2), 97-122.

김동엽. 2003. "필리핀 민족주의와 미군기지 철수의 재조명." 『동아연구』 45, 139-172.

김용호·김윤호. 2022. "특집(2) 설문조사: 2021 한국인의 아시아 인식 설문조사 결과 분석 - 한국인의 아시아 인식: 동북아에서 동남아로 인식의 지평 확대." 『아시아 브리프』 2(2).

모방푸 외 엮음. 최수나 옮김. 2007. 『시장: 국경을 넘나드는 정보와 경제』. 한울. [아시아신세기 시리즈 5권]

백지운. 2012. "근대 중국 아시아 인식의 문제성: 동아시아 평화공존을 위한 사상자원의 모색." 『중국현대문학』 63, 1-28.

백원담. 2021. "인터 코리나, 인터 차이나, 인터 아시아." 백원담 엮음. 『1919와 1949: 21세기 한·중 '역사다시쓰기'와 '다른 세계'』. 진인진.

보데윈 왈라번. 2016. "유럽의 오리엔트 연구 혹은 아시아학의 기원." 배항섭·박소현·박이진 책임 편집. 『동아시아 연구, 어떻게 할 것인가』. 성균관대학교출판부.

사카모토 히로코 외 엮음. 박진우 옮김. 2007. 『역사: 아시아 만들기와 그 방식』. 한울. [아시아신세기 시리즈 2권]

소병국. 2020. 『동남아시아사』. 서울: 책과함께.

아오키 다모쓰 외 엮음. 신동규 옮김. 2007. 『구상: 아시아의 새로운 시대를 향하여』.

한울. [아시아신세기 시리즈 8권]

야마무로 신이찌 지음. 임성모 옮김. 2003.『여럿이며 하나인 아시아』. 창비.

야마무로 신이치 외 엮음. 양기호 옮김. 2007.『파워: 아시아의 응집력』. 한울. [아시아 신세기 시리즈 7권]

요모타 이누히코 외 엮음. 황순희 옮김. 2007.『행복: 변화하는 생활양식』. 한울. [아시아신세기 시리즈 4권]

요시미 슌야 외 엮음. 이광호 옮김. 2007.『미디어: 언론과 표상의 지정학』. 한울. [아시아신세기 시리즈 6권]

윤여일. 2016.『동아시아 담론: 1990-2000년대 한국사상계의 한 단면』. 돌베게.

윤종석·최경희·이주현. 2020. "'지역'으로서의 '동아시아': 메가아시아적 접근의 함의."『아시아리뷰』11(2), 57-95.

정진한. 2020. "이슬람 세계관 속 신라의 역사: 알 마스우디(c. 896-956)의 창세기부터 각 민족의 기원을 중심으로."『아랍어와 아랍문학』24(2), 189-209.

최경희. 2021. "지정학적 중간국 인도네시아 외교전략: 세 번의 지정학적 단층대 충돌과 선택."『국가전략』27(3), 195-223.

포셋, 루이스. 2021. "중동의 지역주의와 동맹." 루이스 포셋 편.『중동의 국제관계: 국제관계로 본 중동의 역사와 정치』, 381-430. 서울: 미래엔

홍정완·전상숙. 2018.『함께 움직이는 거울, '아시아': 근현대 한국의 '아시아' 인식의 궤적』. 신서원.

Al-i Ahmad, Jalal. 1984. *Occidentosis*: *A Plague From the West*. Translated by R. Campbell. Annotations and Introduction by Hamid Alga. Berkeley: Mizan Press.

Bayly, Susan. 2004. "Imagining Greater India: French and Indian Visions of Colonialism in the Indic Mode." *Modern Asian Studies* 38(3), 703-44.

Bilgin, Pinar. 2004. "Whose 'Middle East'? Geopolitical Inventions and Practices of Security." *International Relations* 18(1), 25-41.

Chang, Kyung-Sup. 2014. "Asianization of Asia: Asia's Integrative Ascendance through a European Aperture." *European Societies* 16(3), 337-342.

Delanty, Gerard and Chris Rumford. 2005. *Rethinking Europe*: *Social Theory and the Implications of Europeanization*. London and New York: Routledge.

Duara, Prasenjit. 2010. "Asia Redux: Conceptualizing a Region for Our Time." *Journal of Asian Studies* 68(4): 963-83.

Frey, Marc and Nicola Spakowski. 2016. *Asianisms: Regionalist Interactions and Asian Integration*. Singapore: NUS Press.

Harald Fischer-Tiné. 2006. "Deep Occidentalism? Europe and the West in the Perception of Hindu Intellectuals and Reformers (ca. 1890-1930)." *Journal of Modern European History* 4(2), 171-203.

Held, Colert C. and John Thomas Cummings. 2012. *Middle East Patterns: Places, Peoples, and Politics*, 6th edition. Boulder: Westview Press.

Humphreys, Stephen R. 2005. *Between Memory and Desire: The Middle East in a Troubled Age*. Berkeley, Los Angeles: University of California Press.

Keenleyside, Terence A. 1982. "Nationalist Indian Attitudes towards Asia: A Troublesome Legacy for Post-Independence Indian Foreign Policy." *Pacific Affairs* 55(2), 210-230.

Korhonen. 1997. "Changing Definition of Asia." Martin W. Lewis and Karen E. WIgen, eds. *The Myth of Continents: A Critique of Metageography*. Berkeley, Los Angeles, London: University of California Press.

Mandaville, Peter. 2020. *Islam and Politics*, 3rd edition. London and New York: Routledge.

McVey, Ruth and Comrade Semaun. 1966. "An Early Account of the Independence Movement." *Indonesia* 1, 46-75.

Myo, Oo. 2013. "Who is a Burmese?: A Study of an Inherent Characteristic of Burmese National Identity." 『동남아시아연구』 23(2), 65-96.

Ooi, Kee Beng. 2015. *The Eurasian Core and Its Edges: Dialogues with Wang Gungwu on the History of the World*. Singapore: ISEAS.

Tanka, Brij. and Madhavi Thampi. eds. 2008. *Narratives of Asia: From India, Japan and China*. Sampark.

일본 내각부 조사결과

https://survey.gov-online.go.jp/r03/r03-gaiko/2-1.html

중국 〈바이두인덱스〉(百度指数)

https://index.baidu.com/v2/index.html#/

3부

아시아의 지역들

• • • • •

제8장

동북아시아: 오랜 역사와 경합하는 지역성

윤종석(서울시립대학교 중국어문화학과 교수)

I. '동북아시아'라는 지역: 익숙한 용어의 낯선 이면들

'동북아시아(Northeast Asia 또는 Northeastern Asia)'는 한국이 포함된 지역으로서 아시아의 동부 지역을 지칭하는 지리적, 문화적 개념이다. 하지만 동북아시아의 범위에 대해서는 국가별, 국제기구별로 다소 차이가 있다. 흔히 한국, 중국, 일본 세 나라를 중심으로 몽골, 북한, 홍콩, 마카오, 대만까지는 대체로 포함된다. 또한 극동 러시아 및 시베리아 지역, 네팔, 베트남 등이 포함되기도 하고, 동북아시아의 안보 및 경제와 관련해서는 미국, 러시아 등 역외 국가까지 포함되기도 한다. 동아시아(East Asia)는 한국, 중국, 일본을 중심으로 아시아의 동부 지역을 지칭하는 개념으로 많이 사용되고 있는데, 최근 동남아시아 지역까지를 포괄하는 개념으로 인식의 지평이 확대되는 추세이다.

한국 외교부는 동북아시아를 중국, 일본, 몽골, 대만을 포괄하는 지역으로 정의한다. 하지만 국제/지역질서의 차원에서 본다면 한국과 북한 등 한반도를 포함한 지역으로, 6자회담의 구성에서 보이듯 미국, 러시아 등까지도 포

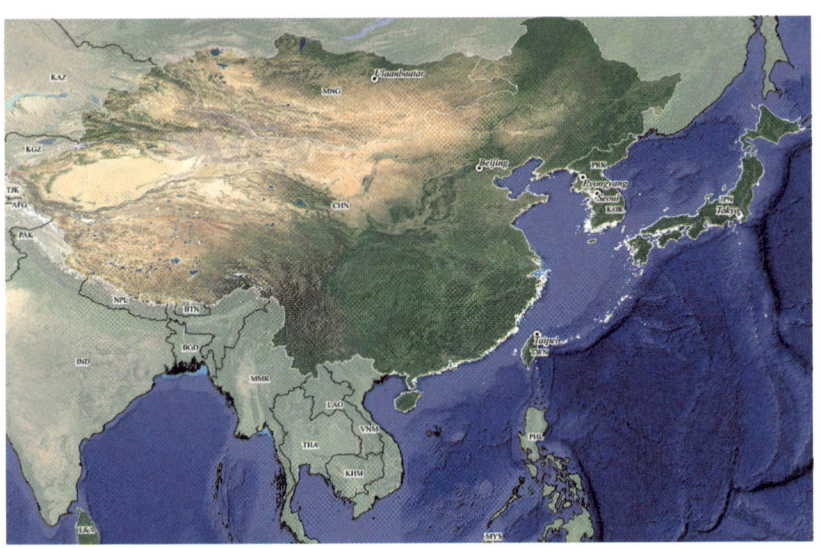

그림 1 동북아시아의 지리적 범위

동북아시아의 지리적 범위에 대해서는 다양한 논의가 있지만, 일반적으로 포함되는 국가를 범위로 하면 위 그림과 같다.

* 인구 및 경제 규모는 세계은행(World Bank)의 2021년 통계 데이터에 따름. 단, 중화민국은 정부 공식 홈페이지의 자료임

** 북한의 GDP 추계는 정확지 않으나 2016년 한국은행 계산치를 활용. 중화민국의 경우는 중화민국 자체 통계 인용

표 1 동북아시아에 포괄되는 국가 현황(2021)

공식국가명	공용어	면적 (km²)	인구* (만 명)	경제규모* (억 USD)
대한민국	한국어	100,237	5,174	17,985
조선민주주의 인민공화국	조선말	120,538	2,589	285** (2016)
일본국	일본어	377,915	12,568	49,374
중화인민공화국	중국어	9,559,841	141,236	177,341
중화민국	중국어, 타이완어, 타이완 제어	36,197	2,350	7,747**
몽골국	몽골어	1,564,116	3,329	151
중화인민공화국 홍콩특별행정구	영어, 중국어	1,104	741	3,681
중화인민공화국 마카오특별행정구	중국어, 포르투갈어	30.3	65.84	299
러시아 연방	러시아어	17,124,442	14,345	17,758
베트남 사회주의공화국	베트남어	330,341	9,817	3,623
미합중국	영어	9,836,676	33,189	229,961

자료 출처: 세계은행 및 각국 정부 공식 홈페이지 참조하여 저자가 정리

괄하는 국가 간 관계가 펼쳐지는 지역이기도 하다. 한국 입장에서 동북아시아는 한반도를 포함한 국제관계 및 남북관계의 핵심적인 지역으로 대중적, 정책적으로 가장 많은 관심을 받아온 지역이다.

동북아시아는 오랜 교류 및 갈등의 역사를 통해 하나의 지역으로 구성되어왔다. 진나라 이후 대륙에서 시작된 율령체제, 한자·유교문화 등 정치체제가 고대부터 이어져 왔고, 독자적인 오랜 전통과 문명을 지속해왔으며, 조공-책봉체제는 동북아시아 질서의 큰 축으로 자리매김해왔다. 하지만 최근 동북아시아는 개별 국가 차원이 아닌 지역 차원의 경제적 부상으로 전 세계적인 관심을 받아왔다. 일본을 시작으로 한국, 대만, 홍콩, 싱가포르 등 '네 마리 호랑이'의 경제적 부상과 최근 중국의 부상까지 이어지는 동북아시아 지역 전반의 경제적 부상은 동북아시아 지역을 유럽, 미주 지역과 함께 세계 3대 경제축으로 자리매김시켰다. 경제 규모로 세계 2위인 중국, 세계 3위인 일본, 세계 10위권인 한국이 위치하고, 1980년대는 일본이, 최근에는 중국이 미국의 세계 헤게모니를 위협할 정도로 강력하게 성장해왔단 점에서 많은 관심의 대상이 되어왔다.

하지만 동북아시아 지역은 하나의 지역으로서 인식되고 지역협력을 모색하기에 여러 난점 또한 존재한다. 서구 열강에 의한 식민 경험을 한 다른 지역들과 달리, 전통 시기의 중화질서의 유산과 20세기 전반기 일본의 식민과 침략은 지역 내 강대국에 의해 구성되었기에 지역 내 국가·민족 간 식민/피식민의 경험이 강하게 남겨졌고, 때때로 동북아시아 국가 간 우호적 관계 조성을 크게 저해하기도 한다. 또한 20세기 후반 냉전질서 속에서 자본주의 진영과 사회주의 진영으로 나뉘어 한국전쟁, 베트남 전쟁 등 냉전 속의 '열전'을 수행한 지역으로, 한국과 북한, 중국과 대만 등 분단국가의 존재는 지역 질서에서 커다란 특징이기도 하다.

현재 가장 큰 난점은 중국의 존재라고도 할 수 있다. 중국은 14억 명 이상의 인구에 대륙 국가적 규모로 인해 동북아시아 지역을 종합하는 데이터를 도출할 때 중국 변수가 지나치게 커지는 난점이 있다. 더욱이, 중국은 주변 14

개국과 국경을 맞대고 있고 주변 국가와의 인접성 및 문화적 차원에서 동북아시아, 중앙아시아, 북아시아, 동남아시아 등으로도 구분될 수 있단 점에서 항상 주의가 필요하다. 즉, 한국에서 흔히 생각하듯 중국을 동북아시아에 위치 지우는 것은 중국 입장에서는 흔히 통용되는 방식이 아닐 수도 있다는 점이다.

II. 동북아시아, 너의 이름은?

동북아시아 지역은 역사적으로 다양한 명칭으로 불려왔다. 동북아시아뿐만 아니라 극동(Far East), 동아시아로도 불리어왔고, 19세기 후반 서구 열강의 충격 이후에는 동방(東方), 동양(東洋), 동아(東亞) 등 서구와 대비되는 지역 개념으로 스스로를 부르기 시작했다. 아편 전쟁을 시작으로 서구 열강의 침입이 본격화되면서 아시아 및 세계 인식의 변화가 발생했고, 그 과정에서 중화질서가 해체되면서 스스로의 정체성을 새롭게 인식하는 과정이 발생했다. 서구 열강의 식민 지배에서 가장 늦게 남겨진 동북아시아 지역을 지칭할 새로운 이름이 필요했던 맥락 속에서 일본, 청나라, 조선의 지식인들이 상호 교류하며 동북아시아 지역의 교류와 연대를 모색하는 과정에서 새로운 지역 명칭을 발명하기도 했고, '흥아론', '탈아론' 등의 맥락에서 아시아를 대표하는 하나의 지역으로서 인식되고 상상되기도 했다. 하지만 일본 제국주의의 '대동아공영권'에서 드러나듯, 서구와의 대결 구도에서 나온 '아시아' 관념이 반드시 호혜적이고 평화 지향적인 것만은 아니라는 점에서 커다란 부정적 유산을 남기기도 했다.

'동북아시아'란 명칭은 제2차 세계대전 이후 적극적으로 활용되기 시작했는데, 냉전체제 성립 후 미국의 정치적·학술적 구획의 필요에 따라 극동에서 분석되어 왔다(윤여일, 2015: 233-234). 1960년대 미국 국무부가 세계 및 지역 전략의 변화 속에서 아시아태평양국에서 동북아시아국을 구분하고, CIA

또한 이 범례를 따르면서 한국 등에서도 동북아시아란 명칭을 활용했다(윤여일, 2015)[1]고 한다. 하지만 학술적으로는 1930년대에 이미 미국 역사학자이자 정치학자인 로버트 커너(Robert Kerner)에 의해서 개념화되고 활용되기 시작했다. 케네는 몽골고원, 중국의 동북 평원, 한반도, 일본 열도, 러시아 극동의 산악지대 등 태평양의 동부 지역을 지칭하는 개념으로 '동북아시아'를 명명한 바 있다(Narangoa, 2014).

사실 동(북)아시아라는 지역명과 지역 범위는 동(북)아시아 스스로의 주체적인 자기규정이라기보다는, 타자적이고 외생적인 산물이자 역내 단위의 역학관계에 따라 유동하는 산물이었음은 이미 널리 알려져 왔다. 넓게 본다면, 서구/서양의 발명과 대비하여 서구 또는 아시아에서 발명·발견된 타자적 개념(들)이자 침략·피침략, 서양과의 유착과 대항이란 전략적 기획으로서의 개념, 냉전체제 성립 이후 새롭게 등장하면서 다양한 표상들이 경합하는 외생적 개념이었다. 19세기 말에서 20세기 초반 일본의 동양, 동아 개념, 중국의 동방 개념은 바로 서구와 대비한 자기인식의 산물이었고, 냉전 체제성립 이후에도 미국이 구획한 지역 범위, 자본주의와 사회주의 간의 제2전선, 근대화에 뒤처진 유라시아의 변방 등을 의미하는 것이었다.

하지만 1990년대 탈냉전 시대의 개막과 빠른 세계화 속에서 유럽 및 미국 등 지역주의의 등장에 대응하고 진영을 넘어선 역내 교류·협력과 자율성이 증대되면서 '동(북)아시아'를 둘러싼 지역상은 다양한 방식으로 주조되기 시작했다. 1997년 동아시아 외환위기 극복 과정에서 동아시아 국가들은 공동의 대응을 통해 '동아시아'란 지역상을 초보적으로 마련하기도 했지만, 이후 통합되지 않는 동북아시아와 통합을 높여 가는 동남아시아로 분기되었다. 동남아시아 지역은 1999년 캄보디아의 가입을 마지막으로 동남아시아 10개국이 아세안(ASEAN)이란 지역협력의 제도적 틀을 마련하고 지역통합의 수위를

---

[1] 일본 또한 이 시기를 거치면서 외무성 차원에서 '동북아시아' 개념을 받아들이기도 했지만, 대중적으로 자주 사용되는 개념은 아니다.

높여 간 데 반해, 동북아시아 지역은 경제적 상호작용의 급속한 증대에도 정치적·안보적 협력으로 연결되지 않고 경쟁과 갈등적 관계가 동시에 증대하는 '(동)아시아 패러독스((East) Asian Paradox)(Manning, 1993; Webster, 2007)'에 빠진 채 지역통합의 길은 요원했던 것이 사실이다.

그럼에도 불구하고 1990년대 이후 동(북)아시아에 대한 새로운 인식과 상상은 일본, 한국 등에서 활발하게 이뤄져 왔다. 한국 국내에서도 1990년대 이후 '동아시아 지역'이란 질문은 '동아시아 담론'[2]의 형태로 폭발적인 관심을 받았다. 우리 스스로의 경험을 되짚어볼 성찰적인 필요뿐만 아니라 과거와 현재적 문제를 보다 주체적으로 적극적인 해결을 위한 방법의 모색이란 측면에서 동아시아 지역은 보다 적극적으로 상상·고안되고 실천·실험의 핵심적인 장으로 삼기 시작했다. 한국 내 동아시아 담론은 동아시아 지역을 단순한 지리적 범주를 넘어 지역질서, 경제권역, 문명권, 사유공간, 연대의 장 등으로 사고·상상할 수 있는 풍부한 담론장을 형성하는 데 크게 기여해 왔다(윤여일, 2016). 냉전질서의 해체와 세계화의 흐름이 개별 국가를 넘어 동아시아라는 지역(region)에 주목할 배경을 마련했다면, 1997년 동아시아 외환위기는 공동의 위기에 대응하여 역내 국가 간 실질적인 협력의 필요성을 적극적으로 제기하고 아세안+3(ASEAN+3), 동아시아정상회의 등 동아시아 지역협력의 제도화를 진전시키는 기초를 놓는 데 이바지했다. 이후 현재까지도 '동아시아 공동체'론에 관한 많은 논자가 한·중·일을 넘어 동남아시아 지역까지를 아우르는 범위에서 제도적 틀을 마련하기 위해 많은 고민을 이어오고 있다.

---

2 본 논문에서 '동아시아 담론'은 단순히 이론적·학술적 논의를 넘어, 다양한 정책과 실천의 근간을 이루는 동아시아에 대한 다양한 인식, 상상, 실천의 양태를 포괄하는 보다 광의의 의미로 사용한다.

III. 역사적 상호작용과 유산: 교류와 갈등의 오랜 역사

동북아시아 지역은 고대 이래 오랜 기간 역사적 상호작용을 통해 교류와 갈등의 역사를 겪어왔다. 국가 간 전쟁과 평화가 반복되는 과정에서 흔히 말하는 중화질서의 영향권에 오랜 기간 놓여 있었지만, 단일한 중화질서로만 환원되지 않은 다양한 측면이 존재한다. 그 과정에서 사회적으로 구성되는 동아시아 지역에 대한 연구가 국가 단위뿐만 아니라 지역 단위와 다양한 행위자들을 포함한 네트워크적 접근의 필요를 제기하는 동시에, 기존 동아시아 질서의 복고적 상상이 갖는 문제점에 대해 재인식해볼 필요를 제기한다.

최근 아시아의 세기와 더불어 다시 한번 '범아시아주의/아시아 중심주의'가 범람하고 있지만, 기존 강대국 중심의 역사 인식 및 복고적 상상에 대한 연구와 비판적 재해석의 필요성을 제기한다. '대동아공영권'이라는 일본의 전전 구상, '중화중심/복고주의'로 우려되는 중국의 일대일로 전략, 미국의 아시아로 회귀 이후의 인도·태평양 전략 등이 갖는 '아시아 중심주의'는 현실적인 국력의 문제뿐만 아니라 과거 역사를 자신의 관점에서 재해석하고 정당화하며 다른 국가에 투사한다. 하지만 시작과 종단만이 아닌 연결점들과 과정에 대한 중시, 중심이 아닌 주변부에 대한 인식과 주변으로부터의 사유·경험에 대한 관심은 역사적으로 아시아는 네트워크 지역이었음을 다시 한번 환기시킨다(두아라, 2014: 19-20). 아시아를 가로지르는 다양한 연결들이 '네트워크화된 지역(networked region)'을 구성해 왔고, 네트워크화된 지역은 제국의 힘이 아니라 그것을 구성하는 지역들의 연결에 의해 창조되었다는 점에서 동아시아 지역을 역내·외에 연결하고 있는 역사적 교류와 문명의 유산에 대해 재해석이 필요하다. 그런 차원에서 한국의 동아시아 담론의 대표적 학자인 백영서의 '연동하는 아시아', '사회인문학', '지구지역학' 등의 맥락 또한 궤를 같이한다.

전통적으로 동북아시아의 국제질서는 중화식 천하체제 또는 조공책봉체제의 틀에서 이해되어왔다. 근대 이전 청 제국을 중심으로 조선, 베트남, 류큐 등이 이 질서 내에 편입되어 있었고, 한국에서도 이에 대한 많은 논의가 이어져 왔다. 19세기 서구 열강의 위협 속에서 아시아주의가 태동한 것은 사실이며, 고유의 아시아 문명을 발견해내려는 '문명론적 아시아주의'나 황인종이 공통의 운명에 처해 있다는 '인종론적 아시아주의'가 대표적이다. 하지만 이는 이후 일본의 침략적 맹주론의 자양분이 되기도 했다(박상수, 2013)는 점에서 문제적이기도 했다.

하지만 아시아주의는 역사적 사실에 근거한 것도, 역사학의 계통에서 시도된 '동아시아 지역/세계 개념' 연구도 아니었다. 역사학 차원에서 동아시아를 하나의 '세계', '지역'으로 논한 것은 1960년 니시지마 사다오(西嶋定生)의 동아시아세계론과 책봉체제론이었고, 이후 일본을 중심으로 전근대 동아시아 국제질서에 관한 여러 연구가 이어졌다. 또한 이와 유사한 연구 경향이 1940~60년대 존 페어뱅크(John K. Fairbank)를 필두로 하는 하버드 학파의 중국적 세계질서(Chinese world order)와 조공체제론(tribute system)으로 드러나기도 했다.

니시지마나 페어뱅크의 논의는 동아시아 질서에 주목하여 중화사상을 강조하고 수직적 세계질서를 도출했다는 점에서 공통점을 가지지만(구범진, 2010: 295-296), 그 초점은 다소 상이했다. 니시지마가 고대, 중세 동아시아에 주목했다면, 페어뱅크는 청대의 동아시아 질서를 관찰하여 중국적 세계질서와 조공체제를 주장했다. 구체적으로 니시지마의 입론을 살펴본다면, 6~8세기 고대 일본에서 나타난 획기적 발전의 원동력을 규명하려는 노력에서 시작하여 동아시아 역사, 세계사 속에서 일본의 위치와 일본사를 규정하고자 했다(西嶋定生, 1962). 그리고 현재적 차원에서는 1950~60년대 전후(戰後) 일본 학계의 위기와 고민이 그 배경에 깔려있었다. 즉, 현대 아시아에 대한 일본인의 문제의식이 희박한 상황에서 유럽인이 만든 세계질서에 지배, 종속되는 바를 부정하고 아시아·아프리카 국가들과 연대하여 새로운 전환을 끌어내고자 함이었다. 이런 현실적 과제 아래에서 중국, 한국, 베트남, 일본은 유기적 연관성을 가진 지역으로 인식되었고, 이 국가들이 현대뿐 아니라 역사적으로도 근거 있는 지역 세계를 형성했다는 것이다(이성시, 2012: 58).

니시지마의 입론은 당시 일본의 위치에 대한 고민에서 시작되었지만, 지금까지도 상당히 지배적인 담론을 구성한다. 즉, 동아시아 세계는 중국, 한국, 일본, 베트남을 포함하여 중국 문명을 중심으로 형성된 자기완결적 세계이고, 완결적 문화권을 보여주는 지표는 한자 문화, 유교, 율령, 불교의 네 가지 요소를 꼽는다. 또한 공통의 문화권인 '동아시아 세계'의 형성은 중국 왕조의 정치적 권력, 권위와 밀접하게 관계된다(西嶋定生, 1970). 결국, 책봉체제라는 독자의 정치구조가 존재하고 이 구조를 매개로 중국 문화가 전파된 결과 문화권인 동아시아 세계가 형성되었음을 주장하는데, 문화권, 정치권이 일체가 된 자기완결적 세계로서 '동아시아 세계'를 이해하고자 함이었다(이성시, 2012).

그러나 현재 다시금 동북아시아와 아시아를 새롭게 이해·인식하고 상상하기 위해서는 보다 열린 접근이 필요해 보인다. 특히 기존 동아시아 질서를 중화 중심적인 단일 질서로 해석하기보다는 여러 개의 질서가 중첩적으로 존재했을 가능성이 크다는 점에서 인문학과 사회과학의 학제 간 연구는 더욱 절실히 요구된다.

동아시아 세계를 중국적 세계질서로 해석했던 니시지마의 동아시아세계론 및 책봉체제론(西嶋定生, 1962; 1970)과 페어뱅크 등의 조공체제론은 공통적으로 중화사상을 강조하고 수직적 세계질서를 도출한다. 하지만 이에 대한 비판은 이미 국내 학계에서도 다수 지적되었다.

우선, 조공-책봉의 실제 성격에 대한 반론이다. 니시지마의 동아시아세계론에 의하면 피책봉국은 항상 정치적 목적에서 입조하고 정기적인 입조를 강제당했다고 여겨진다. 하지만 실제로 피책봉국의 입조는 경제적 목적을 염두에 둔 경우가 많았고, 대부분의 조공-책봉은 부정기적으로 이뤄졌다는 점에서 상당히 가변적인데(김병준, 2010), 특히 조선의 경우가 대표적이었다. 그런 점에서 과연 중국 중심의 정연하고 수직적인 질서가 2천 년간 변함없이 지속하였다고 말할 수 있을지를 되물어볼 필요가 있다.

다음으로, 중국 중심의 일원적 질서가 존재하였다고 보기 어렵다는 지적이다. 만일 책봉체제를 통해 객관적으로 하나의 지역 세계를 규율하는 질서가 형성되었다고 인정하려면 책봉 행위에 의해 만들어진 관계가 책봉자와 피책봉자의 양자 관계뿐 아니라 다수의 피책봉자 간의 다자관계에서도 관철되었어야 할 것(구범진, 2010: 310)이나, 이러한 예는 고대, 중세, 근세에도 보이지 않는다(김병준, 2010). 예컨대, 중국 고대 역사 기록을 살펴보면 한(漢)나라와 외교 관계를 맺었다고 하여 해당 국가가 '하나의 체계' 속에 편입되어 주변 국가들끼리 상호위치가 결정된 것은 아니었고(김병준, 2010), 청(淸)나라 시기에도 조선, 류큐는 청의 피책봉국이었지만 양자 간의 외교 관계는 단절된 상태였다(후마 스스무, 2008).

또한, 중국을 중심으로 한 질서가 가장 넓은 범위에서 작동한 것은 분명하나 그것만이 유일한 국제질서는 아니었다. 한나라 및 흉노와 동시에 외교관계를 맺은 중앙아시아의 오아시스 국가들처럼 여러 국가가 중국뿐 아니라 인근의 다른 국가와 동시에 외교관계를 수립하기도 했고, 고대 한반도의 세계, 고대 북아시아 유목세계, 고대 광둥성-베트남 북부 일대 西南夷의 세계 등 개별 지역 내에는 보다 작은 국제질서와 세계관이 존재하기도 했다.

그런 점에서 하나의 국제질서가 아니라 다수의 지역 국제질서가 중층적으로 존재함을 중시해야 한다. 지역적으로 형성된 복수의 국제질서가 교집합을 형성해왔고, 각 지역 내에서는 중국과의 관계와는 별개로 자체적인 질서를 운영했음을 주의해야 한다. 각 지역질서는 지리적으로 인접한 국가를 주요 구성원으로 하며 해당 지역의 자연생태적 환경·정치·경제 등 특수한 문제를 중심으로 전개되었다. 하지만 넓은 영역을 차지하면서 동시에 지리적으로 중심에 존재한 중국을 매개로 다수의 지역질서가 연결되었기 때문에 여러 지역질서 사이에 간접적 영향을 주고받게 되었을 뿐(김병준, 2010: 62)이라는 평가는 되새겨볼 필요가 있다.

더욱이 동아시아의 지역을 중국, 한국, 일본, 베트남으로 한정하는 대신 북아시아의 유목민족이나 동남아시아 지역까지 범위를 넓히고, 이 넓은 지역 속에 다양한 질서 체제가 존재했음을 인정할 필요 또한 존재한다. 일례로, 청 제국은 우리가 익히 알고 있는 조공-책봉체제와는 다른 면모를 갖기도 했다.

청 제국의 경우 국제질서의 틀이 기존 조공체제에 속해있던 세계인 '동남의 반달'과 기존 유목세계에 속해있던 동북지방 및 번부를 포함하는 '서북의 반달' 등 이원적으로 이루어졌다. 그런 점에서 청제국의 황제는 중국의 전통적인 황제이기도 했지만 유목세계의 '대칸'이기도 했다.

그런 점에서 일원적, 중국 중심적 논리에 갇히거나 일부 지역만을 대상으로 한 동아시아세계론에 대한 비판과 반성 속에서 동아시아뿐 아니라 북아시아, 동남아시아까지 포함한 광범위한 지역을 대상으로 삼자는 주장이 나타나는 데 보다 주목하고, 추후 연구성과를 면밀히 검토할 필요가 있다.

사실 일본 학계에서도 전전(戰前)의 '동아'와 전후(戰後)의 '동아시아'가 등가관계에 있는 것은 아니며, '동아'에서 '동아시아'로의 이행은 간단히 이어질 수 없음을 지적한다. '동아'는 전쟁 전 일본에서 가장 중요한 국책적인 지역 개념인데, '동아'라는 문제를 정리하지 않고 '동아시아'라는 것을 어떻게 간단히 말할 수 있는가라는 의미이다(아오키 다모쓰 외, 2007: 386-387). 즉, 기존의 역사적 맥락에 갇히지 않는 것뿐만 아니라 그 역사적 문제와 실체에 대해서 직면해야 할 필요 또한 절실하다.

분명 지역 개념은 역사적으로 구성되고 끊임없이 시대의 요청을 받아들여 담론적·실체적으로 (재)구성되는 것이라 할 수 있다. 일본의 '동아' 개념은 그 전개에서 동아시아만이 아니라 남아시아, 동남아시아, 오세아니아까지 포함한, 아마도 아시아 태평양 전역이 최종적으로 구성되었던 개념이었다. 지금 이 책에서 이야기하는 '메가아시아'와 '아시아'들의 문제 설정은 지역 내부의 역사성과 동학을 봄과 동시에, 동아시아를 하나의 지역으로 가두지 않고 지역 간, 메가 지역적 차원의 연결성과 통합성을 본다는 점에서 한국의 주체적 시각과 글로벌 시각을 아우르는 아시아에 대한 역사적 인식과 이해, 현재적·미래적 상상과 구상이 절실히 필요하다.

IV.   다층적인 지역상: 문화정체성부터 메가 지역의 일부분까지

동(북)아시아 지역을 포괄하는 지역상은 〈그림 2〉처럼 중층적이면서도 경합적이다. 윤여일(2015: 273-275)은 한국 내에서 동아시아의 외연에 관해 세 가지 접근법이 존재해왔음을 밝힌다. 현재적 수준에서 좀 더 수정, 보완하면 아시아-태평양, 인도-태평양 등 메가-지역적 시각, 동북아와 동남아를 포괄하여 동아시아의 외연을 확대하는 지경학적 시각, 6자회담을 대표로 하는 동북아 중심의 지정학적 시각, 유교문화권에 기반한 한·중·일 3국의 지문화적 시각 등이다. 더구나 각각의 시각은 주요 국가의 정치적 기획과 이해와 긴밀한 연관을 짓는다는 점에서 경합적이고, 그에 따라서 동아시아를 포괄하는 지역 범위는 작게는 한·중·일 3국에서부터, 크게는 아시아태평양 전반까지 다양하게 상상되고 동원되어왔다.

여기서는 크게 다음의 쟁점을 확인할 필요가 있다. 즉, 동북아시아라고 불리는 지역상이 결코 동아시아라는 지역상의 하위 범주가 아니란 점이다. 동아시아 지역질서에 가장 큰 영향을 행사하는 미국이 동북아에는 속하지만, 동

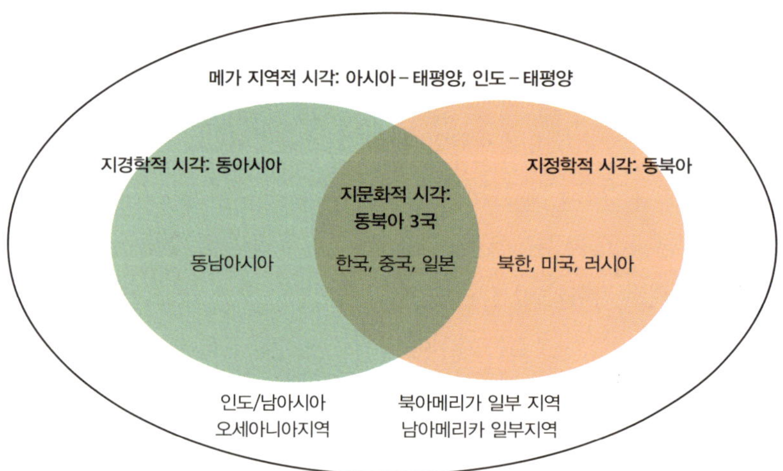

그림 2   중층적인 동아시아 지역상
출처: 윤여일(2015: 274)의 그림을 본 글에 맞게 저자가 수정·보완. 윤종석·최경희·이주현(2020)에서 재인용.

아시아에는 빠져있다. 지경학적 시각에서 동아시아가 아세안+3(ASEAN+3)으로 대표되는, 즉 동남아시아와 한·중·일 삼국 중심의 동북아시아를 포괄한다면, 지정학적 시각에서의 동북아시아는 북한, 미국, 러시아 등을 포괄한다. 더욱이 한국 정부 및 학계가 한반도 문제 또는 분단(체제)에 관심을 쏟을수록 한반도 중심성이 강조되고 동남아시아로의 외연 확대는 저해되었던 측면도 존재한다.[3]

아세안을 설립하고 지역형성의 단계를 고도화하는 동남아시아 지역에 비해 동북아시아 지역은 적어도 현재까지는 '지역성'의 차원에서 상당히 낮은 단계에 머물러 있다. 각 국가가 갖는 지역상은 자국 중심적이기 마련이지만, 한국 내 동아시아 담론이 한반도 중심적인 특징을 갖는 것은 특히 '동북아시아' 중심의 지역상으로 드러난다. 아세안+3을 비롯하여 더욱 다양한 지역격을 활용하는 동남아시아 지역에 비해 한국 주도의 '동북아시아'론은 지정학적 차

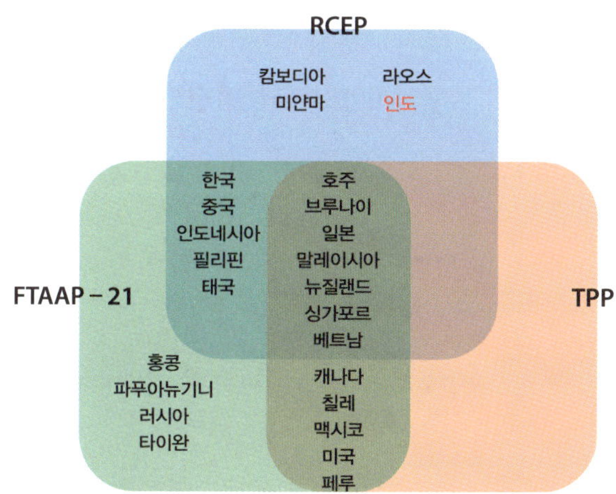

그림 3　경합하는 메가 FTA

출처: 저자 정리

* 인도는 RCEP의 대상국이었지만 현재까지 가입하지 않았기 때문에 빨간색으로 표기했다.

3　물론 한반도 중심성과 동남아시아로의 외연 확대가 양립 불가능한 것만은 아니다. 더욱 중요한 것은 양자를 연결하고 연동하는 정치적 기획 또는 학술적 상상의 부족일 수도 있다.

원에서 한반도/분단 문제 해결이란 점에 천착해 왔다.

더욱이 최근 등장하고 있는 메가지역 개념과 메가 FTA는 동북아시아를 넘어 동아시아, 메가아시아를 새롭게 인식하고 실천해야 하는 단계에 이르고 있다. 한국, 중국, 일본 간의 교역 규모는 이미 상당 수준에 이르렀고, 최근 동남아시아 지역까지 확대되는 추세가 명확히 드러나고 있다. 한편으로 경제적 측면이 지역통합의 주된 동력으로 작동하면서 RCEP, TPP, FTAAP 등 메가 FTA가 서로 경합하면서 여러 아시아 국가는 역외 다른 국가들과 서로 연결되고 있다. 다른 한편으로 미국의 '아시아로의 회귀', 일본의 아프로-유라시아 (Afro-Eurasia) 구상, 일본이 주창하고 최근 미국이 앞세우고 있는 인도-태평양 전략, 러시아의 유라시아주의와 신동방정책, 인도의 신동방정책 등은 안보와 지정학 차원에서 아시아의 각 국가와 지역을 다른 지역과 연결시키는 방향으로 나아가고 있다.

V. 경합하는 지역성: 동북아시아인가, 동아시아인가?

최근 '동북아시아'라는 명칭과 지역성은 다시 한번 새로운 전환의 길목에 놓여 있다. '동북아시아'와 '동아시아' 모두 한국, 중국, 일본 등 세 나라를 핵심으로 하지만, 그 외연은 주체와 시각에 따라 다양하다.

동북아시아의 지역성을 고도화해온 시도들은 크게는 세 가지 차원에서 존재해왔다. 첫째, 1980~90년대 동아시아 지역의 경제적 부상과 세계화, 지역화의 흐름 속에서 글로벌 생산이 동북아시아 지역에 집중되고, 이에 기반한 다자협의체들이 많이 증가했다. 동아시아의 경제적 분업의 변화와 지리적 외연 확대 속에서 중국은 '세계의 공장'으로 거듭났고, 이와 함께 인구 이동을 포함한 사회적 교류가 확산되고 크게 추동되어왔다. 둘째, 정치/안보적 측면에서 (탈)냉전의 흐름과 더불어 한반도 문제는 동북아시아 지역의 주요한 의제로 자리매김해왔다. 6자회담을 대표로 하는 한반도 문제의 해결은 한국, 북한 등

당사국뿐만 아니라 중국, 일본 등 인접국 및 지역 강대국, 미국, 러시아 등 세계 강대국과의 논의를 통해 한반도뿐만 아니라 동북아시아 지역, 나아가 세계적 차원에서의 주요 의제로 등장하고, 그 해결은 여전히 모색되고 있다. 셋째, 사회문화적 측면에서 일상적인 이동과 교류, 시민사회 차원에서의 교류 및 연대 또한 크게/많이 증가해왔다. 탈냉전 이후 최근까지 한국, 일본, 중국 문화는 활발히 교류되면서 많은 영향을 주고받아왔다. 또한 시민사회 차원에서 한국, 일본을 중심으로 동북아시아 냉전과 식민/피식민의 경험을 극복하고 새로운 인식과 실천을 모색해온 활동도 1990년대 이후 활발해졌다.

하지만 2000년대 중반 이후 동북아시아를 중심으로 한 지역성과 지역화는 동아시아 지역 전반으로 점차 확대되고 있다. 동남아시아 지역을 포괄하는 동아시아 경제의 활성화가 빠르게 추동하는 가운데, 아세안은 중국의 제1의 교역상대국이 되어왔고, 일본, 한국에서도 상당한 성장과 관심을 이끌고 있다. 더욱이 동북아시아 삼국 간 무수한 대화협력체와 채널을 가동함에도 불구하고 긴장과 갈등이 지속되고, 대중적 수준에서도 삼국 간의 비우호적인 감정이 지속되는 현실에서 '동북아시아'라는 지역명은 다시 한번 고민해볼 시점이 된 것으로 보인다.

가장 문제적인 것은 '동북아시아'라는 지역명이 사실상 한국에서 주로 사용하는 내수용 담론의 성격이 강하다는 점이다. 보다 상세히 규명되어야 할 부분이지만, 시론적으로 구글 트렌드를 통해 접근해보자. 구글 트렌드에서 보이듯 'Northeast Asia' 검색어는 주로 한국과 일부 국가에서 쓰이지만, 동북아

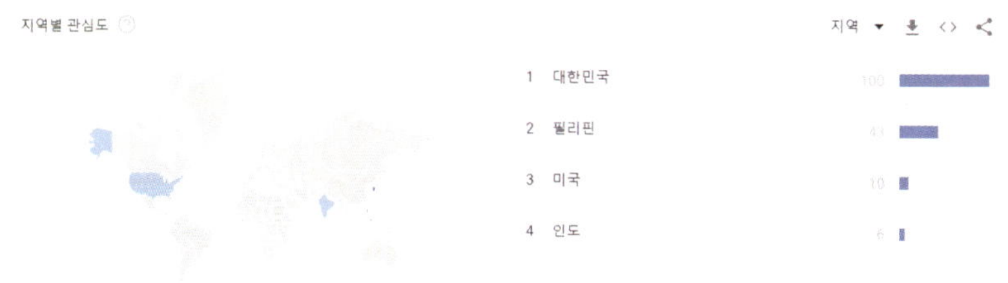

그림 4 구글 트렌드 'Northeast Asia' 검색어의 지역별 관심도

시아 지역의 다른 국가들에서는 그 활용도가 매우 적은 편이다.[4] 1990년대 동아시아 담론이 한국, 중국, 일본의 지식인 사이에서 널리 인식되고 상호 교류가 심화된 반면, 정책적·대중적으로 일본은 여전히 아시아 또는 아시아·태평양, 중국은 주변국 또는 아시아 정도로 많이 인식되고 있다.

아울러 전 세계적으로도 동북아시아의 개념은 영어인 'Northeast Asia'를 제외하면 프랑스어, 독일어, 스페인어 등의 번역어는 거의 구글 트렌드에 잡히지 않는다. 〈그림 5〉처럼 한국, 중국, 일본에서 사용하는 '동북아', '东北亚', '東北亞'와 함께 비교해보면, 2000~2010년대에 비해 현재 그 대중적 활용도가 상당히 저하된 바를 볼 수 있다.

더욱이 〈그림 6〉에서 보이듯, 한국 내에서도 '동북아시아'란 명칭은 '동아시아'에 비해 점차 그 활용도나 관심이 줄어드는 추세이기도 하다.

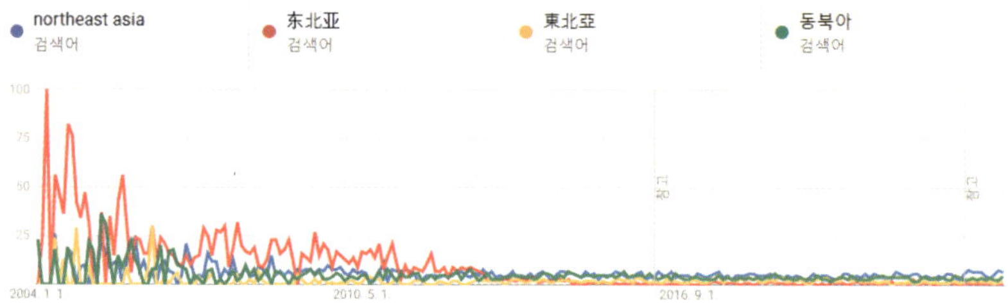

그림 5 　구글 트렌드에서 '동북아'와 관련된 전 세계 검색어 추이(2004. 1~2022. 10)

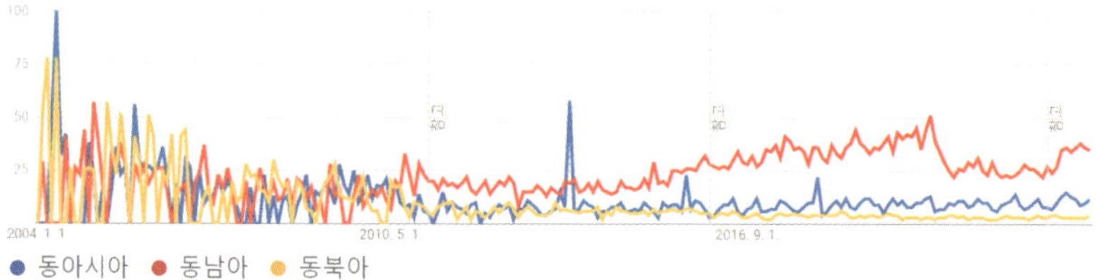

그림 6 　구글 트렌드 국내 이용자의 검색어 추이(2004. 1~2022. 10): 동아시아, 동남아, 동북아

4　보다 자세하게는 2부의 마지막 글인 '아시아에서 바라보는 아시아'에서 동아시아 관련된 절에 제시된 한국, 일본, 중국에서의 아시아 인식에 대한 트렌드를 참고하기 바란다.

그럼에도 불구하고 다음과 같은 두 가지 질문은 열려 있다. 즉 '동북아시아'라는 지역형성이 어느 정도까지 가능할 것인가의 문제와 한국 내적 차원에서 동북아 담론이 지속적으로 제기될 필요가 여전히 있다는 점이다.

우선, '동북아시아'라는 지역형성의 가능성 문제다. 지문화적 차원에서 다소 동질적인 문화권이자 지경학적 차원에서 경제교류·협력이 활발함에도 불구하고, '동북아시아'라는 지역명은 중국과 일본에서는 거의 쓰이지 않는, 한국만의 용법이기도 했다.[5] 동북아시아(Northeast Asia)라는 용법은 미국에서 정책·학술적으로 쓰인 이래 한국 내에서 유독 활발하게 제기되었다. 중국은 학술계 차원에서 동아시아 의식이 부족하다는 자성의 목소리가 존재해 왔다(왕후이, 2003; 쑨거, 2013). 특히 1997년 위기를 전후하여 중국 정부의 주변국 외교는 다자주의와 지역통합 등 지역주의 차원에서 동아시아에서도 많은 진전을 보여왔다(서정경·원동욱, 2009). 하지만 중국에 동북아시아라는 관념과 실천은 6자회담의 필요성을 제외하면 다른 지역 또는 다른 주변국 외교와 비교해 한국만큼 절대적인 수준이라고 보기는 어려웠다. 또한 일본의 경우 동아시아에 대한 상상은 탈냉전기 금기에서 풀려나 활발히 제기되었고, 한국 지식계와 지적 교류 또한 활발히 진행되었다. 하지만 일본 정부 차원에서는 태평양 국가이자 동아시아 국가라는 이중적 정체성 차원에서 '동아시아 국가'로서의 정체성이 '미일 관계를 기축으로 한 태평양 국가'로서의 정체성을 능가했다고 말하기는 어렵다. 그 결과 일본은 인도, 호주, 뉴질랜드를 포함하는 '확대 아시아', 나아가 아시아의 해양 세력과 대륙의 외곽 지역을 결집하고자 하는 거대한 전략적 차원에서 제기되기 시작했다.

다음으로, 그럼에도 불구하고 한국 내적 차원에서는 동북아시아 담론이 지속적으로 제기될 필요는 여전히 존재하기에 동아시아 담론의 외연 확대를 제한하기도 했다. 기존 동아시아 담론이 동아시아를 욕망하면서도 내재적인

5　구글 트렌드에서 검색할 경우 국제 활용 빈도는 한국이 압도적으로 높고, 그다음이 미국, 인도 순이며, 다른 국가에서는 거의 사용하지 않음을 확인할 수 있다.

한국/한반도 중심성(또는 '특권화')의 논리로 한국 지식계에만 통용되는 내수용 담론, 특히 동북아 중심적 담론으로 이어져 오며 한계를 보였음에도 불구하고, '최전선', '십자로', '중추지역' 등 한국의 지정학적 위치를 기술하는 주요 수사들은 한국의 역할 내지 거점론, 매력국가로서의 성격을 강조해 왔다(윤여일, 2015). 하지만 지역 차원에서 동북아/한반도에 대한 관심 및 국가 역량의 비대칭성, 동아시아 내 다른 국가의 수용 및 소통 가능성 측면에서 여전히 문제적이다. 근대 민족국가의 과제인 분단 극복과 한반도 평화를 통한 동(북)아시아에의 기여에 대한 강조는 현실적 필요/역할과 대안체제로서의 성격을 제기한다. 하지만 과연 한국발 동북아 또는 동아시아 담론이 한국의 실상에 근거하되 인접국 지식계와 공유할만한 동아시아적 가치를 지닐 수 있는가, 즉 동아시아화 될 수 있는가라는 질문에 대한 대답은 추후로 남겨둔다.

VI. 새로운 전환의 길목에선 동북아시아와 아시아

현재 동아시아 지역이 '아시아 시대'의 대표주자로서 부각되고 논의가 활성화되는 근저에는 세계화의 빠른 진전 속에 서구 주도의 세계질서/체계가 동요하는 과정에서 '아시아'의 현재와 미래에 대한 치열한 탐색의 과정이 놓여 있다. 즉, 동아시아 지역이 지정학, 지경학, 지문화적 차원에서 과거 '주변부'로서의 성격을 벗어나 가장 핵심적인 지역 중 하나로 거듭나면서 외부자적 시각과 내부자적 관점이 교류하고 긴장하는 새로운 국면, 나아가 세계질서/체계의 변동을 구성하는 힘을 갖추었거나 갖출 수 있는 지역으로서 주목받고 있다. 지경학적 측면에서 최근 아세안 국가들의 빠른 추격과 글로벌 산업구조의 동아시아로의 공간적 외연 확대, 지문화적 측면에서 동아시아 문화생산자로서의 역할 증대와 영향력 및 역내 상호교류의 증대, 지정학적 차원에서 한반도/대만/홍콩 문제, 남중국해 및 해양도서 영토분쟁 등 탈냉전과 탈식민, 미·중 갈등이 복합적으로 작동하는 범세계적인 관심을 끄는 사안들이 아시아 지역, 특히

동아시아를 중심으로 형성되고 있다

현재적으로 보건대, 한국에서 '동아시아 지역'이 한반도를 중심으로 한 동북아시아 지역을 넘어 동남아시아 지역으로 확장될 필요를 제기하면서, 동아시아 지역의 수평적 외연·내포와 역내·외의 정치적, 경제적, 사회문화적 상호관계를 통해 재구성되는 동아시아의 함의와 과제를 보다 적극적으로 검토해볼 필요를 제기한다. 거대하고 다양하며 분열적이기도 한 아시아를 하나의 정체성을 가진 정치체(polity)로 이해하기엔 한계가 분명해 보이는 것도 사실이나(Acharya, 2011; Subrahmanyam, 2016), 탈냉전 이후 전 지구적 질서의 변동 가운데 아시아가 하나의 지역으로서 특성을 지니는 실체로서 질적인 변모를 시작하고 있고(Chang, 2014), 이러한 변화를 포착하고 분석할 필요가 커가고 있음(신범식, 2021)에 주목한다. 특히 동아시아 지역의 급속한 경제성장과 '지역적 부상'(Cumings, 1984), 역내 교류와 연결성의 급속한 증대, 서구 강대국 중심의 양자 관계를 넘어 다자관계를 모색하는 환경 변화 등은 더 이상 서구의 눈이 아니라, 아시아 스스로의 눈으로 아시아를 바라보려는 노력과 시도의 일환으로 동아시아를 새롭게 바라볼 필요를 적극적으로 제기한다. 어쩌면 우리는 다시 한번 강하게 '왜 동아시아여야 하는가?'와 '무엇을 위한 담론인가?'(윤여일, 2016)란 근본적인 질문에 대한 답변을 준비해야 하는 과정에 놓여 있다고 할 수 있다.

참고문헌

구범진. 2010. "동아시아 국제질서의 변동과 조선-청 관계." 이익주 외. 『동아시아 국제질서 속의 한중관계사: 제언과 모색』. 서울: 동북아역사재단.

김병준. 2010. "3세기 이전 동아시아 국제질서와 한중관계: 조공·책봉의 보편적 성격을 중심으로." 이익주 외. 『동아시아 국제질서 속의 한중관계사: 제언과 모색』. 서울: 동북아역사재단.

두아라. 2014. "인류세(人類世)에서 아시아 연구의 의제." 『아시아리뷰』 4(1), 15-23.

박상수. 2013. "동아시아 근대 '아시아主義' 讀法: 系譜, 類型, 層位." 『아세아연구』 56(4), 7-38.

서정경·원동욱. 2009. "동아시아 지역주의와 중국의 대응전략." 『한국정치학회보』 43(2), 263-286.

신범식. 2021. "부상하는 메가아시아: 역사와 개념." 『아시아브리프』 1(15), 3-34.

쑨거 저. 윤여일 역. 2013. "아시아를 말한다는 딜레마." 『사상이 살아가는 법』. 돌베개.

아오키 다모쓰 외 엮음. 신동규 옮김. 2007. 『구상: 아시아의 새로운 시대를 향하여』. 한울. [아시아신세기 시리즈 8권]

왕후이 저. 이욱연 외 역. 2003. 『아시아 상상의 계보』. 창작과비평사.

윤여일. 2015. 『탈냉전기 동아시아 담론의 형성과 이행에 관한 지식사회학적 연구』. 서울대학교 사회학과 박사학위논문.

______. 2016. 『동아시아 담론: 1990~2000년대 한국사상계의 단면』. 돌베개.

이성시 저. 박경희 역. 2001. "동아시아 문화권의 형성." 『만들어진 고대: 근대국민 국가의 동아시아 이야기』. 서울: 삼인.

이성시. 2012. "일본 역사학계의 동아시아세계론에 대한 재검토: 한국학계와의 대화로부터." 『역사학보』 216, 57-80.

후마 스스무(夫馬進) 저. 정태섭 역. 2008. 『연행사와 통신사』. 신서원.

堀敏一. 1994. 『律令制と東アジア世界』. 東京: 汲古書院.

西嶋定生. 1962. "東アジア世界と册封體制—六-八世紀の東アジア—." 『岩波講座 日本歴史』 2, 東京: 岩波書店. (→ 西嶋定生. 1983. 『中國古代國家と東アジア世界』. 東京: 東京大學出版會에 재수록)

西嶋定生. 1970. "序說: 東アジア世界の形成." 『岩波講座 世界歷史』 4, 東京: 岩波書店. (西嶋定生. 1983. 『中國古代國家と東アジア世界』. 東京: 東京大學出版會 에 재수록)

Acharya, Amitav. 2000. *The Making of Southeast Asia: International Relations of a Region*. Sinpapore: ISEAS.

Chang, Kyung-Sup. 2014. "Asianization of Asia: Asia's Integrative Ascendance through a European Aperture." *European Societies* 16(3), 337-342.

Cumings, Bruce. 1984. "The Origins and Development of the Northeast Asian Political Economy: Industrial Sectors, Product Cycles, and Political Consequences." *International Organization* 38(1), 1-40.

Manning, Rober A. 1993. "The Asian Paradox: Toward a New Architecture." *World Policy Journal* 10(3), 55-64.

Narangoa, Li. 2014. *Historical Atlas of Northeast Asia, 1590-2010: Korea, Manchuria, Mongolia, Eastern Siberia*. New York, NY: Columbia University Press

Subrahmanyam, Sanjay. 2016. "One Asia, or Many? Reflections from Connected History." *Modern Asian History* 50(1), 5-43.

Webster, Timothy. 2007. "Bilateral Regionalism: Paradoxes of East Asian Integration." *Faculty Publications* 555.

• • • • •

제9장

동남아시아: 지역협력체와 정체성

최경희(서울대학교 아시아연구소 HK 연구교수)

I. 동남아시아에 대한 지역격과 지역성의 두 가지 접근

현재 동남아 지역은 인도의 동쪽, 중국의 남쪽, 호주의 북쪽 그리고 북태평양
의 서쪽을 아우르는 지역으로, 대륙부 동남아 지역에 미얀마, 라오스, 베트남,
캄보디아, 태국 5개 국가와 해양부 동남아 지역에 말레이시아, 필리핀, 인도네
시아, 브루나이, 싱가포르, 동티모르 6개 국가가 존재하고 있다. 대륙부 동남
아 지역은 히말라야산맥 및 티베트고원으로부터 이어진 아라칸(Arakan)산맥,
빌라욱따웅(Bilauktaung)산맥, 테네세림(Tenasserim)산맥, 안남(Annam)산맥과
중국대륙과 연계되어 북에서 남으로 이어진 큰 산맥에 지리적 영향을 받고 있
다. 해양부 동남아 지역은 인도양(Indian Ocean)과 태평양(Pacific Ocean) 사이
에 존재하는 반도 국가와 도서 국가로서 주요 해협과 섬들로 지형을 이루고
있다. 동남아시아 역사에는 고대 선사시대부터 이 지역에 현생인류가 존재한
흔적과 기록이 있으며,[1] 이러한 오랜 역사적 전통, 동양과 서양의 문화교류 및

---

1 동남아 선사시대 유적으로 유네스코 세계문화유산에 등재된 지역으로는 인도네시아 자바섬

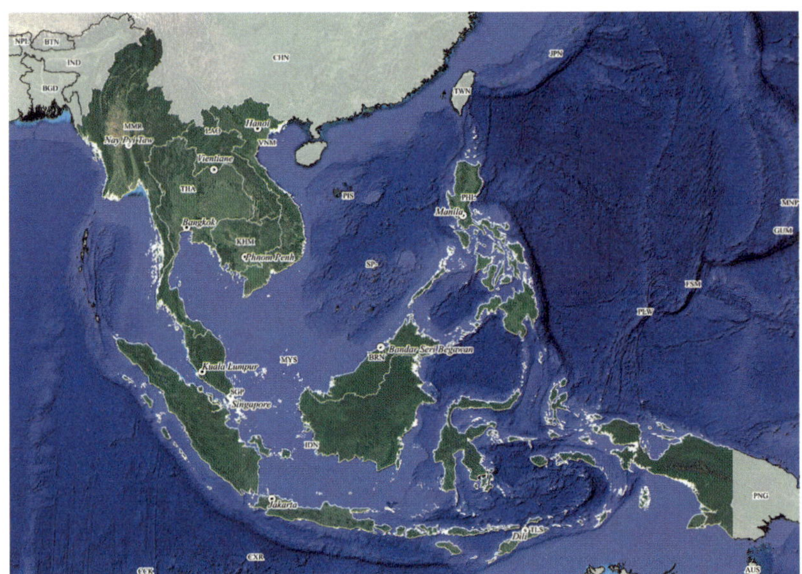

그림 1　동남아시아의 지리적 경계

교차 지역, 문화접변을 통해 독특한 역사 및 문화단위를 창출해낸 지역적 특성이 있다.[2]

　　본 글에서는 하나의 '지역(region)'으로서 '동남아시아'가 형성되는 과정에서 지역으로서의 자격을 묻는 지역격(regionhood)과 지역의 응집성을 설명

중부 북쪽 솔로 인근 지역인 상이란(Sangiran)과 태국 우돈타니주(州)의 반치앙(Ban Chiang)이 있다. 자바 상이란에서는 호모 에렉투스(*Homo Erectus*)라 불리는 초기 인류의 거주 흔적과 유골이 발굴되었고, 태국 반치앙 유적의 경우 기원전 1500년경 벼농사와 가축, 청동기 제작 기술을 아우르는 기술복합 양상을 보여준다는 점에서 유네스코 세계문화유산에 등재됐다(박장식, 2017).

2　인도네시아 서부 자바섬의 구능 파당(Gunung Padang)에서 발견된 거석문화는 기원전 5000년경에 이뤄진 것으로 추정된다. 최근 고고학적 조사를 마친 연구자들은 과학적 측정 방법을 통해 구능 파당이 고대 피라미드 건축물이었다는 암시를 발견했다고 한다. 선돌(menhir)과 고인돌(dolmen) 형태의 거석문화가 자바섬은 물론 인도네시아의 수마트라섬, 보르네오섬, 캄보디아에서도 발견된다(박장식, 2017). 동남아 선사 문화의 가장 독창적인 특징은 동손 문화(Dongson Culture)로, 청동으로 제작된 일련의 청동북이다. 청동북은 오늘날 동남아 지역으로 인식되는 거의 모든 지역에 걸쳐 분포하며(박장식, 2017), 동손 문화와 사후인 문화 – 베트남 중부와 남부에서 발전한 금속기 문화의 명칭 – 는 중국과 동남아시아의 해로 연결성을 보여주는 것이다(권오영, 2019).

하는 지역성(regionness)이란 두 가지 측면에서(Langenhove, 2011), 동남아시아를 개괄적으로 설명하고자 한다. 좀 더 구체적으로 설명하자면, 하나는 동남아시아 '지역격'을 설명하기 위해 1) 현대 동남아시아 지역 명칭의 기원과 담론적 실천 양상, 2) 역사적 상호작용과 유산이란 두 가지 측면에서 기술하고, 다른 하나는 동남아시아 '지역성'을 설명하기 위해 1) 통합을 위한 제도적 시도, 2) 지역 정체성의 정도와 문화적 공유성이라는 두 가지 측면에서 동남아시아적 특성을 기술하고자 한다.

II. 지정학적 전략 개념으로 탄생한 '동남아시아'

전통적으로 지역에 대한 관점은 지리적 유사성, 공유된 문화와 언어, 공동의 유산 등 상대적으로 고정된 변수에 초점을 맞추었다. 그러나 1960년대 이후에는 '상상되고', '사회적으로 구성된 지역'으로 새로운 지역적 접근이 이루어졌다. 그 대표적인 예가 "동남아시아 상상하기(imagining Southeast Asia)"이다(Acharya, 2000a). 그리고 이러한 상상이 동남아시아 지역에서 구체적으로 시작된 것은 바로 제2차 세계대전 이후라고 볼 수 있다. '동남아시아'라는 지역 명칭 성립과 인식 확산은 '전통시대'의 동남아와 '근대시대'의 동남아를 가르는 결정적인 계기라고 볼 수 있고, 새롭게 불리기 시작한 '동남아시아'라는 지역적 명칭에는 '지리적 위치'에 대한 인식과 '지정학적 전략'의 필요에 의해 불린 호칭 사이의 상호작용에서 자리매김한 것이라고 볼 수 있다.

유럽이 동남아에 도착하기 이전 전통시대의 동남아는 특정한 공간에 영향력을 미치고 있는 왕국과 제국의 역사로 이해하는 것이 일반적이다. 메콩델타와 현대 캄보디아 대부분의 위치, 메남(Menam) 저지대 그리고 말레이반도 해안가를 차지하고 있던 푸난(Punan, 1~6세기), 베트남의 중부와 남부 해안가를 차지한 참파(Champa, 2~17세기), 현재 미얀마 이라와디(Irrawaddy)강을 중심으로 시작하여 미얀마 전체로 성장한 바간(Bagan, 1044~1287), 말레이반도와 인도네시아 수마트라 남부를 차지한 스리비자야(Srivijaya, 7~13세기), 인도차이나반도의 끝에서 북쪽 운난(Yunnan)까지와 베트남 서쪽에서 벵골만까지를 차지한 앙코르(Angkor, 9~15세기), 인도네시아 동부 자바와 발리, 보르네오 그리고 순다 열도, 셀레베스섬과 말루쿠제도에 영향을 미친 마자파힛(Majapahit, 13~16세기), 현재의 태국 북부 지역에 있던 수코타이(Sukhothai, 1238~1350), 현재의 태국 대부분을 차지한 아유타야(Ayutthya, 1350~1767) 등이 대표적인 전통 왕조들이다(Acharya, 2000a).

이러한 전통시대의 동남아를 1960년대 이후 서구학자들이 연구하기 시작하여 걸출한 이론들을 생산하기도 하였다. 월터스(O.W. Wolter)의 만다라 개념, 타비아(S.J. Tabiah)의 은하계 정치(galactic polity), 기어츠(C. Geerts)의 극장국가(theatre state) 등이 대표적이다. 근대 민족국가 도래 이전에 동남아 전통 왕조의 특징들은 근대 이전 동남아의 지역성을 설명해 내는 중요한 근거이기도 하다. 중국인들은 이 지역을 '난양(南洋, Nanyang)' 또는 '남포(Nampo)'로, 인도인들은 '수바르나부미(Suvarnabhumi, 황금의 땅)'로, 아랍인들은 '바람 아래의 땅'으로 불러왔다(윤진표, 2020). 이러한 전통 왕조시대가 상업의 시대와 식민주의 시대를 지나오면서 제2차 세계대전 이후 신생독립국가를 기반으로 국가 간 시스템에 기초한 동남아 지역을 만들었고, 동남아시아를 '재발견(reinventing)'하기 시작한 것이다. '동남아의 재발견'이란 피셔(Fisher)의 해석에 의하면, 상업의 시대나 식민주의 시대에 불리던 "동쪽으로 확장된 인도(Further India)"나 "열대의 극동(Far Eastern Tropics)"으로 동남아를 설명하는 것이 아니라 독자적인 동남아를 설명하는 방식의 시작을 의미한다. 즉, 인도나 중국의 영향을 받은 의존적인 문화단위가 아닌 "하나의 독자적인 지역(a distinctive region)"으로 설명되기 시작하였다고 볼 수 있다(Acharya, 2000a).

그렇다면 지금 사용되는 지리적 개념인 '동남아'는 어떻게 탄생하였는가? 두 번의 단계를 거쳤다고 볼 수 있다. 첫 번째인 외생적, 형식적 명명의 단계에서 두 번째인 내생적, 실질적 명명의 단계로 변화하였다고 할 수 있다. 먼저, 이 두 단계를 설명하기 이전에 'South-Eastern Asia'란 용어의 시작은

1893년 미국인 목사 하워드 말콤(Howard Malcom)이 쓴 여행기에서 처음 등장했다고 한다. 그리고 제2차 세계대전 이후 재편된 세계질서의 하나인 '동남아시아'에 대한 학문적 언급은 1955년에 영국의 홀(D.G.E. Hall) 교수가 저술한『동남아시아사(A History of South−East Asia)』로부터 기원한다(소병국, 2020). 다음으로, 앞에서 언급한 첫 번째 단계의 경로에 대한 설명은 다음과 같다. 지정학적 개념으로 탄생한 '동남아시아(Southeast Asia)'란 태평양에서 전개된 제2차 세계대전 동안 이 지역을 부르는 개념으로 사용되기 시작했다. 태평양 전쟁이 한창인 상황에서 미국 주도의 연합군은 일본과의 격전에서 1943년 '동남아시아사령부(SEAC: South−East Asian Command)'라는 것을 만들었고, SEAC로부터 동남아시아라는 지역적 명칭이 국제화되기 시작하였다(Acharya, 2000a; Weatherbee, 2010). SEAC는 오늘날 지칭되는 동남아시아와 완벽히 일치하지는 않았다. 당시에는 미얀마, 말라야, 싱가포르, 태국 그리고 당시 지역 명칭으로 실론(Sri Lanka)이 포함되어 있었고, 점차 인도차이나 남부와 일본의 점령 범위였던 인도네시아로 확장되었다. 그러나 분명한 것은 SEAC로 시작된 동남아시아 지역 개념이 국제관계적 상황에서 전략적인 용어의 선택으로서, 과거 이 지역을 설명하고자 했던 역사적, 인류학적, 문화적 개념이던 인도 군도(Indian Archipelago), 인도네시아(Indonesia), 인도차이나반도(Indo−Chinese Peninsula), 대인도(Greater India), 리틀 차이나(Little China), 난양(Nanyang) 등과는 전혀 연관성이 없는 명칭으로 호명되기 시작하였다는 점이다. 그래서 이 지역을 지칭하는 현대의 용어인 '동남아시아'가 지정학적 전략 차원에서 탄생한 개념이라고 보는 것이다. 또한 다음 단계는 SEAC의 South−East에서 Southeast로의 변화는 '남아시아와 동아시아'라는 넓은 지리적 공간 개념에서 '동남아시아'라는 좀 더 좁은 지리적 공간을 지칭하는 것으로 구체화하였다고 볼 수 있다. 이러한 공간을 지칭하는 범주로 변화한 것은 제2차 세계대전 이후 이 공간에서 신생 독립국가들이 출현한 역사의 상호작용 과정과 연관이 있기 때문에, SEAC에서 Southeast Asia로의 전환 역시 국제정치적 맥락과 동학 속에서 탄생한 개념이다. 특히 대륙부 동남아 국가 차원에서 공산화가 진행되고, 반공산화 전략에서 '동남아시아' 지역은 다시 집중적으로 조명되었다(Acharya, 2000a).

두 번째 단계는 다음과 같다. '동남아시아'라는 지역적 명칭이 이러한 지정학적 배경에서 탄생하였지만, 그 의미가 지금까지 유지된다고 볼 수 없다. 다시 말하면, 연합군사령부에서 호명되기 시작한 지리적 명칭이지만, 그 수준에 머물러 있는 것이 아니라 동남아 지역에 존재하는 국가들은 이 지역 명칭을 그 이후의 역사 과정에서 '주체화'하였다고 볼 수 있다. 그 출발이 1967년 '동남아시아국가연합(ASEAN: Association of Southeast Asia Nations)'의 탄생에서 기원한다. ASEAN의 출범은 '동남아시아'라는 지역 또는 공간에 대해 새로운 의미를 부여하기 시작하였다고 볼 수 있다. 동남아시아의 많은 국가가 서구의 오랜 식민지로 있었기 때문에 근대 독립국가로의 전환은 그 자체로 매우 큰 의미가 있다. 그래서 글로벌 냉전이 전개되는 과정에서 이 지역에 냉전적 질서가 이식되는 것은 독립 이전의 상태로 돌아간다는 것을 의미한다고 인식했다. 즉, 식민지 시절처럼 외부적인 세력에 의해 좌우되는 지역이 아니라 서로의 독립과 주권을 존중하면서 평화로운 지역을 구축하자는 합의에 기초해서 만들어진 지역협의체가 바로 ASEAN이다.

ASEAN은 1967년 인도네시아 외교부장관 아담 말릭(Adam Malik), 싱가포르 외교부장관 라자라트남(Sinnathamby Rajaratnam), 말레이시아 외교부장관 라작(Tuh Abdul Razak), 태국 외교부장관 코만(Thanat Khoman), 필리핀 외교부장관 라모스(Narciso Ramos)가 모여서 '방콕 선언(Bangkok Declaration)'에 서명하면서 시작된 지역협력체이다. 방콕선언에는 지역의 연대와 협력을 강화하고 발전시키기 위해 '상호이익'에 기초하여 공동의 문제를 해결하고, '동등성과 파트너십'에 기초하여 지역협력을 증진하며, 지역의 평화, 진보, 번영을 추구하자는 내용이 담겨 있다. 평화롭고 진보적인 국가발전을 서로 돕고, 지역의 경제적·사회적 안정을 증진하고, 국가적 정체성을 보호하기 위해서 어떤 형태의 외부 세력으로부터도 지역의 안정과 안보를 유지할 것을 밝히고 있다. 이러한 방콕선언의 정신이 바로 아세안 지역형성의 토대가 된 것이다. 아세안은 1960년대 이 지역에서 작동했던 '냉전의 질서'에 대한 동남아 5개 신생독립국가의 독특한 반응으로 시작된 것이다. 당시 동남아 신생독립국가 모두 다양한 차원에서 미국과 소련 강대국 전략의 소용돌이 속에 노출되어 있었고, 강대국 의도에 맞는 지역조직들도 만들어지곤 하였다. 그러나 이러한 상황을 타개하면서 역외 국가들의 영향력을 받지 않는 역내 국가들 중심의 지역연합조직이 시도되어왔다. ASEAN 이전에 1961년에 출범한 동남아연합(ASA: Association of Southeast Asia)과 1963년에 출범한 마필린도(Maphilindo: Malaysia, Philippines and Indonesia, 이하 Maphilindo) 흐름 등이 그 예이다. 이러한 흐름은 웨더비(Donald E. Weatherbee)가 강조하는 '자율성을 위한 투쟁(The Struggle for Autonomy)'으로 해석되기에 충분하다.

물론 ASA와 Maphilindo 그리고 ASEAN으로 이어지는 흐름과는 달리 미국 주도의 동남아지역 협력체인 동남아시아조약기구(SEATO: Southeast Asia Treaty Organization)가 있었다. SEATO는 1954년 창설되어 1977년에 해체되었고, 당시 회원국은 미국, 영국, 프랑스, 오스트레일리아, 뉴질랜드, 필리핀, 태국, 파키스탄으로 구성되었다. 동남아 지역 국가로는 필리핀과 태국이 참여하였고, 이 두 국가는 동남아 지역의 반공산화라는 목표를 상대적으로 뚜렷이 갖고 참여한 것이 사실이다. 그러나 SEATO가 다른 동남아 국가들을 포섭하거나 확대되거나 오랫동안 유지되지 않은 것으로 볼 때 SEATO는 동남아 지역 다수 국가의 요구와 일치하지 않았다고 보는 것이 합리적이다. 동남아 지역질서가 SEATO가 아닌 ASEAN으로 새롭게 재편된 것은 동남아 지역 국가들이 글로벌 냉전질서의 지역적 이식을 선택한 것이 아니라, ASEAN을 중심으로 한 독자적인 지역질서를 구축하는 방향을 선택한 것으로 해석할 수 있다.

이러한 전략적 선택에 대한 인식과 규범은 아세안이 공표한 1971년 '동남아 평화·자유 및 중립지대 선언(ZOPFAN: Zone of Peace, Freedom and Neutrality Declaration)'과 1976년 '동남아우호협력조약(TAC: Treaty of Amity and Cooperation in Southeast Asia)' 등에서 잘 나타난다. 일단 ZOPFAN을 통해서 역내 평화를 위해 동남아 지역은 강대국에 의한 동맹체제보다는 중립지대를 지향하고 있음을 밝힌 것이고, 그리고 한 발 더 적극적으로 나아가서 TAC를 통해 무력과 갈등, 전쟁과 대량살상무기에 대한 평화적 해결을 위한 입장과 방법을 제시하였다. 또한 현재 아세안의 대외전략으로 잘 알려진 '아세안 중심성(ASEAN Centrality)'도 이러한 인식과 규범의 연장선상에서 해석할 수 있다. 아세안 중심성 개념은 2008년에 공표된 '아세안 헌장(ASEAN Charter)' 41항에 규정되어 있으며, 41항에는 아세안의 대외관계에 관한 기본원리나 원칙을 설명하고 있다. 아세안은 상호협력적인 대외관계를 적극적으로 수행하고자 하며, 이러한 대외적인 활동은 아세안 중심성에 기초한다. 그 중심성이란 지역적 협력과 공동체 구축을 위해서 역내 차원의 지역적 조정을 의미하고, 지역적 조정은 모든 회원국의 일치와 연대를 만들어가는 과정이라고 설명하고 있다. 결국 ASEAN은 역내 회원국들의 의견일치와 합의를 통해서 지역의 정치안보, 경제, 그리고 사회문화적 이익을 평화적으로 관철시키고자 하는 대외전략을 선택하고자 한다.

III.   역사적 상호작용과 유산: 식민지와 독립 그리고 탈식민주의

'지역'으로서 동남아의 신호탄은 1967년 ASEAN 출범으로 시작되었다. 하지만 ASEAN의 시작은 인도네시아, 싱가포르, 말레이시아, 태국, 필리핀 5개 국가뿐으로 브루나이, 미얀마, 라오스, 캄보디아, 베트남이 처음부터 합류하지 않은 '반쪽짜리' 성공이었다. ASEAN을 통해서 '독자적인 또는 자율적인 지역질서' 구축 추구는 1985년 브루나이와 1990년대 말 CLMV(캄보디아, 라오스, 미얀마, 베트남) 국가의 합류로 2000년대부터 실천될 수 있었다.

　아세안 회원가입 기점으로 창립 국가군과 중간 합류국 그리고 마지막 합류 국가군으로 구별되는 것 자체가 식민지와 독립, 탈식민화 과정에서의 동남아 역내 국가의 상황과 국가별 선택 그리고 국가 간 상호작용의 결과라고 할 수 있다. 본 절에서는 크게 두 그룹으로 하나는 창립 국가군과 중간 합류국 브루나이, 다른 하나는 후발 합류 국가군으로 나누어서 ASEAN 창립을 둘러싼 역사적 상호작용을 설명하고자 한다.

1. ASEAN 창립 국가들과 6번째 합류국 브루나이

ASEAN 출범은 인도네시아, 말레이시아, 싱가포르, 태국, 필리핀 5개 국가의 합의로 시작했다. 앞에서도 언급했지만, ASEAN 이전에 ASA와 Maphilindo 의 형성과정은 결은 약간 다르지만 동남아에서 지역주의 발흥과 변화를 보여 주는 흐름이다.

우선, ASA는 1961년에 만들어졌는데, ASA 창립은 말레이시아의 선택과 긴밀한 연관성을 갖는다. 말레이시아와 싱가포르는 모두 영국의 식민지로부터 탄생한 근대국가이다. 말레이시아는 1957년 영국으로부터 독립할 당시 말라야 연방(Federation of Malaya)이었다. 당시 말라야 연방 초대 총리인 툰쿠 (Tunku Abdul Rahman)의 제안으로 ASA가 만들어져서 말라야 연방, 태국, 필리핀이 회원국이 되었다. 툰쿠는 ASA를 통해서 동남아 지역이 공산화되는 것을 막기 위해 만든다는 것을 분명히 하면서도 더 중요한 기능으로 빈곤 해소와 경제적 협력을 위한 지역연합(regional association)을 지향한다고 밝혔다. 즉, ASA는 정치안보협력체보다는 온건한 지역경제협력체를 지향했다. 태국과 필리핀도 이에 동의해 참여했다. 하지만 인도네시아는 ASA가 '서구 – 지향적'이며, '반 – 공산주의 블록'의 성향이 강하다는 판단에서 합류하지 않았다 (Acharya, 2000b). ASA는 말라야 연방이 지역적 차원에서 독립국가로서의 지위를 인정받고 유지하면서 경제발전을 위한 지역적 협력을 도모하기 위해 시도된 것이다.

그 이후 말라야 연방은 1963년 사라왁, 사바, 싱가포르를 포함한 말레이시아 연방(Federation of Malaysia)으로 확대되었다. 1959년 영국으로부터 외교와 국방을 제외한 자치권을 획득한 이광요(Lee Kuan Yew)가 이끄는 싱가포르 정부는 1962년 말레이시아 연방의 하나의 주로 편입될 것을 선택하였고, 1963년 탄생한 말레이시아 연방에 하나의 주로 편입되었다. 그러나 말레이시아 연방의 정치이념, 종족 감정, 재정문제 등 복잡한 문제들이 작동하면서 싱가포르와 갈등이 증폭되었다. 싱가포르 인구분포에서 '중국계'가 다수인 반면, 말레이시아에는 '말레이계'가 다수로서 주류문화, 가치지향, 통치이념 등이 상당히 달랐다. 1965년 말레이시아 연방정부는 싱가포르를 분리시킨다는 결정을 내렸고, 말레이시아 연방정부로부터 싱가포르는 매우 열악한 상태로부터 축출된 것이다. 즉, 1965년 8월 9일 싱가포르공화국(Republic of Singapore)이라는 국명으로 최종 독립하였다. 이로써 ASEAN이 싱가포르에게 중요한 이유는 독립된 국가로서 동남아시아의 일부로 인정받게 된다는 점과 ASEAN의 창립국이 됨으로써 다른 창립국들과 동등하게 지역협력을 도모할 수 있게 되는 것이다(Acharya, 2000b). 싱가포르는 ASEAN을 통해 정치적 독립을 인정받고, 안정적인 지역 환경을 형성시키면서 동남아 최고 부유 국가를 만들었다. 싱가포르의 걸출한 지도자 이광요는 당시에도 동남아가 중국과 소련, 미국과 중국이라는 강대국 사이의 갈등지대가 될 것으로 인식하였다. 이에 강대국에 대한 동남아 국가들의 일치된 대응이 필요하다고 판단한 것이다.

말레이시아 역시 싱가포르의 판단과 다르지 않았다. 1960년대는 미국과 소련이 강대국이었지만 머지않은 미래에 중국 역시 강대국으로 동남아에 영향을 미칠 것으로 보았다. 동남아 국가들의 리더들은 신생 독립으로 안정성과 독립을 유지하기 위해 대외적인 위협에 대한 공동의 인식을 만들어갔다. ASEAN이 최종 출범되기 전에 말레이시아와 인도네시아, 말레이시아와 태국 사이에 양자 협력에 대한 합의를 맞춰 간 이후 최종적으로 5개 국가의 합의를 만들어갔다(Acharya, 2000b). 말레이시아는 싱가포르가 독립하고 13개 주로 구성된 말레이시아 연방으로 정리되었고, 지역적으로는 말레이반도의 동말레이시아, 사라왁과 사바 등의 서말레이시아로 구분된다. 종족분포는 말레이인과 동말레이시아 토착민을 합쳐서 부미푸트라(Bumiputra, 원주민)가 65%, 중국계가 27%, 인도계가 8% 정도의 비율이다. 1969년에는 말레이시아 현대 정치사에서 분수령이 된 사건인 종족 폭동이 있었다. 말레이인과 중국인 사이의 유혈사태로 500여 명의 사상자가 발생하여 계엄령이 발령되고 2년간 의회가 해산되었다. 이 결과 원주민 우대정책인 '부미푸트라 정책'이 마련되었고, 원주민에 대한 교육 및 경제적 기회가 확대되어 결과적으로 말레이인과 중국인 사이의 경제적 차이를 줄일 수 있었다. 말레이시아의 오랜 범여권 연합정부인 BN(Barisan Nasional, 국민전선)은 말레이계 UMNO(United Malay National Organization, 통일말레이국민조직), 중국계 MCA(Malaysian Chinese Association, 중국계 말레이시아연합), 인도계 MCI(Malaysian Indian Congress, 인도계 말레이시아 의회)로 구성되었고, UMNO에 20여 년간 장기적인 영향을 끼친 인물이 바로 마하티르(Mahathir bin Mohamad)였다. 하지만 아이러니하게도 독립 이후 최초로 야당으로 정권교체가 이루어진 2018년 야당의 핵심 인물도 마하티르였다. 93세의 마하티르가 이끈 야권연합 희망연합(PH: Pakatan Harapan)이 총선에서 승리한 것이다. 현재는 마하티르가 정치 일선에서 물러났지만, 야당으로 권력 교체는 이때가 처음으로 말레이시아 민주주의 역사에서 이정표적인 사건이다.

인도네시아 역시 민족국가로서의 독립 경험을 바탕으로 동남아에서 독자적인 지역질서를 추구해 온 핵심 국가이다. 인도네시아는 네덜란드(1816~1941)와 일본(1941~1945)의 식민지로부터 1945년에 독립한 신생국으로서 인도네시아공화국(Republic of Indonesia)이라는 국호로 시작했다. 1945년 독립선언 이후에도 다시 돌아온 네덜란드와 4년간 독립을 위한 혁명전쟁을 치러야 했다. 약 2억 6천만 명으로 세계에서 4번째로 인구가 많은 나라, 최대 무슬림 보유국이지만 종교의 자유가 보장되는 나라, 1만 7천 개 섬을 가진 세계 최대 도서국, 고유한 언어와 문화를 가진 300여 주요 종족으로 구성된 다문화 사회의 나라로서 '하나로' 모이기 쉽지 않은 조건을 갖고 있지만 '민족국가'로서 인도네시아는 탄생했다. 이에 인도네시아의 독립과 안정적인 정치발전은 수카르노(Sukarno) 초대 대통령을 시작으로 모든 정치 지도자에게 매우 중요한 과제였다. 초대 부통령 하타(Hatta)가 표명한 '자유롭고 독립적인 외교노선'은 그 이후로 인도네시아 외교의 기본 노선이 되었다. 이에 제1세계와 제2세계라는 갈림길에서 독자적인 제3의 길을 선택한 국가들의 첫 회의인 '아시아·아프리카 회의'가 1955년 인도네시아 반둥에서 열렸다. 앞에서도 언급한 것처럼, 말레이시아 툰쿠 총리는 인도네시아에 ASA에 들어올 것을 제안했다. 하지만 인도네시아는 ASA가 상대적으로 친서방, 반공 블록 친화성을 갖는다는 이유로 참여하지 않았다. 이렇듯 인도네시아에게는 '균형'과 '자율성 확보'가 무엇보다 중요한 대외 노선이었다. 무엇보다 1967년 ASEAN을 창립하는 과정에서 인도네시아 안팎으로 중요한 계기가 작동하였다. 하나는 1963년 말레이시아 연방의 선포로 사바와 사라왁이 말레이시아 영토가 되면서 인도네시아와 말레이시아 간에 영토분쟁으로 극적인 긴장(konfrontasi)이 고조되었다. 하지만 인도네시아는 양국의 긴장 고조를 포기하고, 지역협력을 선택했다. 다른 하나는 1965년 군부 쿠데타로 인해 수카르노에서 수하르토(Soeharto)로 권력이 변동하면서 역내 정치적 불안정성이 고조된 상황이었다. 수하르토 정부는 권력의 정당성 확보를 위해서 안정적인 지역질서를 필요로 했다. 그리고 최종적으로 인도네시아는 ASEAN을 통해서 지역 안에서 리더십을 발휘하고자 하였다(Acharya, 2000b). ASEAN 사무국이 자카르타에 있게 된 것도 ASEAN의 필요성과 중요성을 누구보다 먼저 인도네시아가 인식하였다고 볼 수 있는 지점이다. 1965년부터 1998년까지 수하르토의 지배 시기였고, 1997년 IMF 외환위기로 32년간 유지했던 수하르토 권위주의 체제는 1998년 민주화운동을 계기로 붕괴되고, 민주화 이행에 성공하였다. 1999년부터 자유로운 총선거, 2004년부터 자유로운 대통령 선거가 주기적으로 진행되면서 안정적인 민주주의 체제를 이뤄냈다. 인도네시아 정치사회의 가장 독특한 특징은 '판차실라(Pancasila)' 헌법 이념에 기초하면서 민주주의와 이슬람 가치가 양립하는 독특한 민주주의 체제를 이끌어오고 있다는 점이다.

태국은 유일하게 식민지를 경험하지 않은 나라로 유명하고, 국명은 타이 왕국(Kingdom of Thailand)이다. 1782년 라마 1세로 시작한 짜끄리 왕국은 현재 2016년 라마 10세로 등극한 와치랄롱꼰(Maha Vajiralongkorn)에게 왕권이 존재한다. 2016년에 서거한 라마 9세 푸미폰(Phumiphon Adunyadet) 국왕은 재위 기간(1950-2016)이 70여 년으로 역사적으로 유례가 없는 사례에 속한다. 태국이 식민지를 경험하지 않은 여러 요인 가운데 하나로 태국의 외교력을 설명하는데, 태국 외교를 흔히 '대나무(bamboo) 외교'라고 한다. 대나무가 바람에 따라 휘어지면서도 꺾이지 않는 것처럼, 대나무 외교가 상징하는 것은 힘의 변동에 따라 유연한 외교로 대처하는 것을 의미한다. 태국은 프랑스와 영국 사이에서도 균형외교를 지향했고, 태평양 전쟁 이후 동남아에 도착한 일본과는 동맹을 맺으며 캄보디아, 라오스, 버마에 영향력을 미쳤다. 그리고 대륙부 동남아가 공산화되는 과정에서 태국 군부는 미국과 동맹 속에서 SEATO에도 가입했다. 또한 태국은 말레이시아 제안에 ASA에도 합류했고, ASEAN 창립에도 함께하였다. 사실 ASEAN 합류 후에도 SEATO를 통해 미국과의 동맹관계를 계속 유지해왔다. 이렇듯 태국은 다른 나라와는 조금 다른 입장에서 태국의 국익 유지 및 확보를 위해서 다양한 지역협력체와 연결고리를 만들었다고 볼 수 있다. 거시적으로 1932년에 군부 쿠데타가 처음 시작되어 태국은 절대군주정에서 입헌군주정으로 변화하였고, 왕권과 군부 사이에 긴밀한 밀월관계가 형성되어갔다. 1992년 태국의 민주화 이후 최초 문민정부가 등장하고, 2001년 탁신(Thaksin) 정부의 등장과 2005년 재임도 있었다. 하지만 2006년 18번째 군사쿠데타가 재발생하였고, 2014년에는 19번째 군사쿠데타가 또 일어났다. 이후 2019년 총선도 있었다. 2014년부터 현재까지 쁘라윳(Prayuth Can-ocha) 총리가 집권하고 있다. 태국은 식민지를 경험하지 않았으나 독특한 근대화 과정을 거치면서 산업발전과 경제성장 수준에 비해 탈군부화를 이뤄내지 못한 한계를 보인다.

필리핀은 Maphilindo를 만든 국가이다. 필리핀 역시 오랜 식민지 역사를 경험했다. 스페인(1521~1897)과 미국(1898~1941), 일본(1941~1945)의 영향력 속에 있었고, 최종적으로는 미국으로부터 1946년 7월 4일에 독립한 신생 독립국가로서 국명은 필리핀공화국(Republic of the Philippines)이다. 독립 이후 미국식 민주주의가 이식된 상태에서 마르코스 체제가 등장하기 이전까지는 선거를 통해 주기적으로 정권교체가 이루어졌다. Maphilindo는 '지역적 문제에 대한 지역적 해결'이라는 뚜렷한 목적을 갖고, 같은 말레이계 전통의 세 국가인 말레이시아, 필리핀, 인도네시아가 1963년 7월 마닐라에서 인도네시아 수카르노 대통령, 필리핀 마카파갈(Diosdada Macapagal) 대통령, 말레이시아 툰쿠 총리 세 명이 모여 '정상회의' 형식으로 발족하였다. 그러나 '위대한 말레이계 가족(greater Malayan family)'이란 기치로 말레이계 국가들을 묶으려고 했던 표면적 목적보다는 미국의 영향이 컸던 필리핀에 당시 공산권 블록과 친화성을 가진 인도네시아를 유인 또는 견제하는 속내를 드러냈기에 Maphilindo는 제 기능을 충분히 하지 못했다. 하지만 필리핀 입장에서 Maphilindo는 필리핀의 지역적 정체성을 형성시키는 데 중요한 역할을 하였다(Acharya, 2000b). 1965년부터 집권하기 시작한 마르코스(Ferdinand E. Marcos)는 1969년 재선하여 1972년에 계엄령을 선포하고 1986년까지 선거를 치르지 않았다. 필리핀은 역내 공산화 반대와 국내 마르코스 정권의 정치적 안정 확보를 위해 1967년에 아세안 가입을 선택했다. 필리핀 민주화운동은 마르코스 개인 독재체제를 무너뜨리고, 1986년 동남아 민주화 이행의 첫 국가가 되었다. 그러나 필리핀 민주주의의 한계는 여러모로 지적되는데, '엘리트 민주주의' 특성으로 '가문정치'에 기반한 엘리트 주도정치, 후원−수혜관계 정치로 사회 전반에 만연된 빈곤과 불평등이 쉽게 해결되지 않는 구조적 한계를 보여주고 있다.

아세안 출범 당시 5개국과 이후 합류한 4개국 그룹과는 약간 결이 다른 국가가 있는데, 바로 브루나이이다. 브루나이는 동남아 4번째 산유국이고, 세계 9위 규모의 천연가스 수출국으로 작지만 부유한 국가이다. 국명은 브루나이 이슬람술탄왕국(Islamic Sultanate of Brunei)으로 술탄이 통치하는 절대왕권 국가이다. 즉, 브루나이는 동남아에서 가장 오랜 역사를 갖는 정통 이슬람 왕국에 기반하고 있다. 1511년 말라카 왕국이 포르투갈에게 멸망하자 말라카 상인과 일부 지배계층이 브루나이로 건너와 자리를 잡았다. 브루나이도 대항해 시대에 포르투갈, 스페인, 네덜란드, 영국의 영향을 받았고, 최종적으로는 1888년 영국령에 귀속된 이후 1984년에 영국으로부터 독립하였다. 독립하자마자 바로 일주일 후에 ASEAN에 가입한 6번째 국가이다. 브루나이의 ASEAN 가입 이유는 명백하다. 동남아 지역의 하나의 국가로서 지역적 정체성을 확보하는데 ASEAN 가입만큼 명확한 것은 없었다. 1967년에 왕으로 취임한 하사날 볼키아(Hassanal Bolkiah) 술탄이 현재까지 통치하고 있다는 점에서 안정적인 정치적 기반을 확보하고 있다고 볼 수 있다. 석유, 천연가스, 금 등 자원이 풍부한 부유국이고, 행정부, 입법부 및 사법부가 존재하나 정교일치와 이슬람 율법의 국가이념이 작동하는 독특한 권력구조를 가진 나라로서 브루나이는 동남아에서 또 하나의 독특한 정치체제를 가진 국가이다.

2. ASEAN 후발 합류 국가군과 11번째 회원국이 된 동티모르

1967년 아세안 출범 당시 미얀마, 라오스, 베트남, 캄보디아는 대륙부 동남아에 작동했던 실질적인 냉전체제의 작동으로 동참하지 않았고, 아세안에 가입하게 된 계기 역시 탈냉전 무드가 크게 작용하였다. 7번째 회원국 베트남 1995년 가입, 8번째, 9번째 회원국 라오스와 미얀마 1997년 가입, 10번째 회원국 캄보디아 1999년 가입으로 2000년대 이전까지 10개국이 모였다. 아래에서는 후발 아세안 가입 국가로서 베트남, 라오스, 미얀마, 캄보디아 순으로 독립과 탈식민화 과정 그리고 아세안 가입 과정에 대한 역사적 상호작용을 간략하게 기술하고자 한다.

베트남, 라오스, 캄보디아는 모두 프랑스 식민지였고 독립과정에서 긴밀한 상호작용을 겪었다. 식민지 개척의 유럽 내 후발주자인 프랑스는 1861년 베트남에 대한 식민주의를 시작하였고, 1883년 메콩 델타 지역까지 식민지로 확장하면서 중부와 북부 베트남에서 라오스와 캄보디아까지 합병했다. 1945년 일본 패망 이후 베트남에 다시 돌아온 프랑스와 제1차 인도차이나 전쟁, 미국과 제2차 인도차이나 전쟁을 치르면서 베트남은 1975년에야 통일된 국가로 재탄생하였는데, 현재 국명은 베트남사회주의공화국(The Socialist Republic of Vietnam)이다. 베트남 독립전쟁 과정에서 역외 국가인 미국과 중국이 관여된 것처럼, 역내 국가인 캄보디아와도 연결되었다. 통일된 베트남은 1979년 캄보디아를 침공했다. 일명 제3차 인도차이나 전쟁이다. 당시 캄보디아는 동남아 현대사에서 가장 잔인한 대량 학살을 벌인 폴 포트가 이끄는 크메르 루주 지배 시기였다. 베트남은 크메르 루주의 사령관이었지만, 폴 포트 정권에 반기를 들고 봉기를 시작한 헹 삼린을 지원하고, 폴 포트 정권을 무너뜨리기 위해 침공하였다. 이러한 이유로 캄보디아를 침공한 베트남이지만 전쟁의 여파는 베트남에 경제적으로 큰 손해로 이어지고 있었다. 이에 베트남은 1986년 도이머이(Đôi Mơi)'로의 정책 전환을 통해 개혁개방정책을 추구했다. 이는 1986년 12월 제6차 전당대회에서 채택된 것으로, 그 이후 대외정책도 전환되었다. 베트남은 냉전체제에 유지되었던 소련과 코메콘(COMECON) 관계가 탈냉전으로 불완전해짐에 따라 기존 경제관계로부터의 전환을 필요로 했다. 즉, 1980년대부터 점점 악화된 국내 경제적 상황과 탈냉전체제로의 전환이라는 외부적 환경의 변화가 베트남에 아세안 가입을 적극적으로 고려하게 만든 것이다. 베트남은 1992년 TAC에 가입한 이후 1995년 최종적으로 아세안에 가입했다. 베트남의 아세안 가입에 결정적 영향을 준 요인은 국내 경제위기 상황 극복을 통해 체제를 유지하기 위한 대외적 선택이라고 볼 수 있다(이진영, 2017). 이러한 선택의 결과는 2000년대 베트남 경제성장의 고도화로 나타났고, 안정적인 지역질서가 어떤 경제적 효과를 만들어낼 수 있는지를 보여주고 있다.

1967년 아세안 출범 당시 베트남, 캄보디아와 함께 라오스도 '정통성'에 기반한 하나의 독립국가를 이룬 상태는 아니었다. 라오스는 1949년 프랑스로부터 자치를 허용받고, 1953년 독립을 이루었지만, 독립 당시 라오스는 입헌군주정이었다. 현 라오스의 국호인 라오인민민주공화국(Lao People's Democratic Republic)은 1975년 사회주의로 통일한 베트남에 영향을 받아 그해 12월 왕정을 폐지하고 사회주의 공화국을 선포했다. 라오스의 현대정치는 베트남에 많은 영향을 받았다고 할 수 있다. 1986년 베트남의 도이머이 추진처럼 라오스도 같은 해에 사회주의 시장경제로 개혁개방정책을 추구했고, 이러한 방향성을 헌법에 명문화한 것은 2003년이다. 또한 라오스의 아세안 가입은 베트남의 선택이 긍정적인 영향을 미쳤다. 베트남이 아세안 가입을 선택한 이유처럼 탈냉전으로의 국제환경 변화와 경제적 위기극복을 달성하고자 하는 이유와 유사하다. 1992년 베트남처럼 라오스도 TAC를 비준하면서 아세안 가입 의사를 밝혔다. 하지만 베트남이 1995년에, 라오스가 1997년에 가입하게 된 차이는 라오스가 가입에 필요한 경비를 충당하는 데 시간이 필요했기 때문이다(이진영, 2017).

　　전통시대의 미얀마는 이웃 국가인 태국과 대륙 동남아를 두고 패권 싸움을 겨룰 만큼 강력한 왕조를 갖고 있었다. 이에 영국과 세 차례 전쟁을 치르고 나서야 1885년에서 식민지화되었다. 독립운동은 태평양 전쟁 동안 일본점령 하에서 아웅 산 장군에 의해 전개되었다. 1947년 2월 영국과 아웅 산은 독립을 위한 빤롱합의를 체결했다. 미얀마를 연방 체제 국가로 독립시키고 10년 후 소수 종족의 희망에 따라 독립과 자치를 허용한다는 내용에 합의했다. 그러나 1947년 7월 아웅 산은 암살당했고, 1948년 버마 연방이 탄생했다. 그로부터 빤롱합의에 기초한 미얀마의 근본적인 문제해결 방향은 무시되어왔고, 2021년 2월 군부 쿠데타가 발발한 이후에서야 다시 쟁점화되었다. 미얀마 군부는 1962년 쿠데타를 통해 집권하여 지금까지 정치권력의 핵심에 있다. 미얀마는 1997년 아세안에 가입했는데, 당시에도 미얀마는 군부가 지배하고 있었다. 이 때문에 미얀마의 아세안 가입은 국제적 비난의 대상이기도 하였다. 하지만 아세안의 판단은 지역통합을 선택했다고 볼 수 있다. 결과적으로 미얀마는 아세안 가입 이후 자유화와 민주화 이행경로로 나아가서 2011년에 모든 권력을 민간정부에 양도했고, 2015년에는 아웅 산 수 치를 중심으로 한 민주화 세력이 권력을 책임졌다. 그러나 2021년 2월 군부 쿠데타로 다시 미얀마는 아세안의 골칫거리가 되었다. 미얀마를 포함해서 아세안 많은 국가의 경제 및 정치발전 수준이 높다고 할 수 없다. 정치 및 경제의 저발전 상태는 탈식민지 사회의 구조적 취약성과 연관되어 있다. 바로 이 문제를 역내 회원국들이 어떻게 상호인식하고 있는가, 또 어떤 비전으로 이런 문제들을 해결하며 나아가려고 하는가. 이것이 아세안 회원국과 아세안지역협력체 사이에서 계속 상호 작용하면서 나아가야 하는 이유이다. 어쨌든 미얀마의 아세안 가입 동기는 서구 사회의 제재와 압박에 대한 회피전략, 아세안 방식을 통한 체제 정당성 확보, 동남아시아 지역 발전을 위한 미얀마의 적극적인 참여에 따른 선택으로 설명할 수 있다(이진영, 2017).

　　캄보디아는 1953년 프랑스령으로부터 독립했고, 독립 이후 캄보디아를 이끈 사람은 노로돔 시아누크(Norodom Sihanouk) 왕이었다. 캄보디아는 독립 이후부터 매우 복잡하고 어려운 현대사를 경험했다. 친 또는 반프랑스 세력, 친 또는 반베트남 세력, 친 또는 반중국 세력 등 캄보디아 국내 정치 세력은 극단적으로 균열된 상태였다. 이러한 캄보디아의 정치 특징은 탈식민주의 정치적 유산을 그대로 보여주고 있다. 1979년에 침공한 베트남 군대가 1991년까지 주둔하였다. 결국 스스로 문제를 해결하지 못하고, 1989년부터 시작된 유엔 캄보디아 과도행정기구(UNTAC)를 통해 새로운 정부를 만들어내는 노력을 하였다. 1992년부터 많은 인력과 자금을 동원하여 4개 정파를 무장해제시켰다. 1993년에 총선을 실시하였고, 같은 해 신헌법을 통해 시아누크를 국왕으로, 제1총리를 라나리드로, 제2총리를 훈 센(Hun Sen)으로 한 입헌군주제와 양원제라는 정치적 타협 산물을 만들어냈다. 이를 통해 캄보디아는 1953년 독립 이후 1993년에 캄보디아왕국(Kingdom of Cambodia)이라는 국호로 최초의 합법적인 정부를 탄생시켰다. 베트남과 라오스가 1994년에 아세안 가입 의사를 밝혔지만, 캄보디아는 1993년 상황으로 그해 아세안 가입을 고려할 형편이 아니었다. 그러나 오래되지 않은 1995년에 캄보디아 역시 아세안 가입을 적극적으로 고려하였다. 가난과 정치적 불안이 있는 캄보디아로서는 이 상황을 이른 시일 내에 타개할 필요성이 있었다. 게다가 아세안의 내정불간섭이나 주권존중, 평화적 문제해결 등과 같은 규범 등이 캄보디아가 아세안 가입을 선택하는데 중요한 요건으로 작용하였다. 1953년부터 1993년까지 캄보디아는 외부 세력에 의한 내정간섭으로 국내 정치 세력의 균열을 최고조로 경험했기 때문이다. 캄보디아는 1995년 TAC에 서명하였고, 1995년에 아세안 가입의사를 밝혔지만 1999년에서야 최종 승인되었다. 이 4년 동안 캄보디아와 아세안 사이에 긴장과 견해차가 있었다. 1997년 훈 센의 쿠데타 발발, 가입 논의 불발, 아세안의 캄보디아 개입에 대한 훈 센의 반대 입장 표명, 캄보디아 가입에 대한 재논의 등이 시작되고, 1998년 캄보디아 총선이 치러진 이후인 1999년에 캄보디아의 아세안 가입이 최종 승인되었다(이진영, 2017). 캄보디아의 아세안 가입 역시 불안정한 국내 경제 및 정치적 상황을 타개하고, 새로운 도약의 발판이 될 수 있는 지역 환경을 만들어내고자 한 캄보디아의 전략적 선택의 결과라고 볼 수 있다.

마지막으로 소개하는 국가는 동티모르 민주공화국(Democratic Republic of Timor-Leste)이다. 동티모르는 2011년과 2017년에 두 차례 공식적으로 아세안 회원국 가입 신청서를 제출했지만, 가입이 승인되지 않았다. 그러나 올해 2022년 11월 11일 40차 41차 아세안 정상회의에서 동티모르가 아세안 회원국으로 최종 승인되었다. 동티모르는 2002년에 인도네시아로부터 독립한 국가이다. 네덜란드는 인도네시아, 포르투갈은 동티모르를 식민지화하면서 상대적으로 이질적인 경로를 밟아오다 1975년 인도네시아 수하르토 군부는 인도네시아의 동쪽에 위치한 동티모르를 무력으로 복속시켰다. 동티모르는 독립에 대한 열망이 커서 국제사회의 도움으로 독립국가가 되었다. 최근 미국의 인도·태평양 전략과 중국의 일대일로(BRI: Belt and Road Initiative)가 경쟁하면서 동티모르는 지정학적으로 새롭게 조명받고 있다. 이러한 맥락에서 향후 11번째 아세안 회원국이 된 동티모르가 지역적 차원과 글로벌 차원에서 어떤 역할을 할지 관심이 높아진다.

IV. 지역통합을 위한 제도적 시도들: 1967년 아세안과 2015년 아세안공동체

아세안 출범을 알리는 '방콕선언'에는 '지역의 연대와 협력(regional solidarity and cooperation)'을 강화하고, 상호이익에 기초하여 공동의 문제를 해결하고, '동등성과 파트너십'에 기초하여 지역협력을 증진하고, 지역의 '평화, 진보, 번영'을 추구하자는 내용을 밝히고 있다. 상호의존적인 세계를 지향하며, 평화·자유·사회적 정의, 경제적 웰빙을 추구하기 위해서 상호이해, 좋은 이웃, 역사적·문화적 존중을 강조하고 있으며, 평화롭고 진보적인 국가발전을 위해 서로 돕고, 지역의 경제적·사회적 안정을 증진하고, 국가적 정체성을 보호하기 위해서 어떤 형태의 외부 세력으로부터도 지역의 안정과 안보를 유지할 것을 밝히고 있다. 이 방콕선언은 그로부터 동남아시아 지역형성의 사상적 기초가 된다. 첫째, 3P – 평화, 번영, 진보 – 의 기원이다. 평화, 번영, 진보 각각의 정신은 현재 정치안보, 경제 그리고 사회문화공동체로 이어져 오고 있다. 둘째, 주권국가들의 상호존중과 주권의 동등성 정신이다. 상대방의 주권을 침해하지 않는다는 정신의 표현으로 등장하였다. 셋째, 아세안 지역협력체가 개별 국가의 정치적 안정, 경제적 번영 그리고 사회적 진보를 이루는 데 매우 중요한 역할을 할 것이라는 기대와 정신의 표현이다. 즉, 방콕선언의 내용은 아세안 지역주의의 원칙과 규범을 알리는 신호탄이라고 볼 수 있다.

아세안은 1967년 외교부 장관이 모여서 방콕선언을 채택한 이후 10년이 지난 1976년에서야 정상회의를 처음 시작하였다. 이 최초의 정상회의에서 채택한 조약이 '동남아우호협력조약(TAC)'이다. TAC는 1967년에 아세안이 출범하면서 발표한 방콕선언의 내용을 발전시켜 아세안 회원국이 어떻게 서로를 이해하고 인식하는지, 지역협력의 목적과 방법이 무엇인지에 대해서 최초로 문서화해서 합의한 내용이기에 의미가 있고, TAC 핵심 내용의 일부가 '아세안 방식(ASEAN Way)'이 된 것이다. 물론 TAC가 발표되기 전에도 아세안 방식이라는 개념은 있었다. 이때 아세안 방식은 어떤 법적 강제력이기보다는 아세안 내부에서 만들어진 의사결정 방식의 문화였다고 볼 수 있다. 즉, 아세안 방법의 핵심은 '타협과 합의(consultation and consensus)'이고, 토착 말레이어로 보면 무샤와라와 무파캇(mushawara and mufakat) 정신이다. 이러한 타협과 합의가 가능하기 위해서는 서로의 선의가 확인되고, 신뢰를 쌓아갈 때만 가능한 것이다(Severino, 2001). 이러한 초기 과정을 지나오면서 TAC 내용에 기반하여 아세안 방식은 3가지 원칙으로 명료화되었다.

그렇다면 TAC는 전체 어떤 내용을 포함하고 있는가? 첫째, 모든 국가의 독립, 주권, 평등, 영토성 및 국가 정체성에 대한 상호존중의 정신, 둘째, 모든 국가가 외부적 간섭, 전복 또는 억압 없이 국가적 존재를 이끌어갈 권리, 셋째, 내정불간섭, 넷째, 평화적인 방법으로 분쟁과 차이를 해결, 다섯째, 폭력 또는 위협의 근절, 여섯째, 효과적인 지역협력 등이다. TAC에는 식민지 경험에 대한 비판적 인식이 강하게 남아 있다. 태국을 제외한 모든 아세안 회원국은 식민지로부터 독립한 신생국가이기에 '독립과 주권'을 매우 중시했고, 독립과 주권에 대한 상호존중, 폭력이 아닌 평화와 타협으로 지역협력을 추동해 내는 원리를 강한 전통으로 만들어서 지금까지 실천하고 있다. 특히 현재는 역내 아세안 회원국 사이만의 규범이 아니라 아세안과 대외관계를 수립하고 협력사업을 추진하고자 모든 파트너는 TAC를 체결해야 하는 의무를 갖고 있다. 2020년 기준으로 TAC 체결 당사국은 40개국이다. 이렇듯 아세안 방식과 TAC는 아세안을 아세안답게 만드는 가장 강력한 규범과 정신이라고 볼 수 있다.

사실 아세안은 오랫동안 세계적인 주목을 받지 못했다. 오히려 최근의 두 가지 계기 또는 두 가지 국면을 지나오면서 '분열과 갈등'이 아닌 '통합과 협력'을 선택하였다고 볼 수 있다. 첫 번째 국면이 바로 탈냉전 무드였다. 1991년 소련의 붕괴 이후 본격적으로 냉전의 강력한 벽이 무너지기 시작했다. 이러한 탈냉전 분위기에서 아세안 출범 당시의 5개국과는 상대적으로 이질적인 정치체제를 가진 국가들에 문호를 개방한 것이다. 즉, 1995년 베트남 가입, 1997년 라오스와 미얀마 가입, 1999년 캄보디아가 가입했다. 그리고 두 번째 국면은 바로 1997년 IMF 외환위기이다. 태국의 외환위기는 동남아는 물론 동북아와 글로벌 금융위기의 원인이 되었다. 동남아는 이러한 경제적 위기를 '지역적'으로 대응하는 것을 선택했다. 그리고 이 두 국면은 상호작용하면서 진행되었고, 이 과정에서 1967년에 만들어진 낡은 조직적 틀을 깨고, 새로운 조직적 틀로 전환할 것을 논의하였다. 2003년 아세안 정상회의에서 채택된 '아세안 협력선언 Ⅱ(Bali Concord Ⅱ)'에서 아세안공동체(ASEAN Community) 건설 목표를 처음으로 제시하였다. 그로부터 12여 년만인 2015년 12월 아세안공동체가 출범하였다. 2008년 공포된 아세안 헌장(ASEAN Charter)에 기반한 아세안공동체 출범은 아세안 지역주의 역사에서 또 하나의 이정표가 되었다. 현재의 아세안공동체는 각 국가의 주권존중에 기반한 정부 간 협력체 위상을 갖고 있다. 그럼에도 불구하고 정치안보, 경제 그리고 사회문화 세 공동체의 조직적 수준 및 제도화는 상당히 진전되었다고 볼 수 있다.

세 공동체의 제도화 수준을 간략하게 언급하고자 한다. 아세안에는 아세안 정상회의, 아세안 조정이사회, 아세안 공동체이사회, 아세안 사무국 등 개별 공동체를 넘어서 중앙조직적 차원의 제도들이 존재한다. 그리고 아세안 세 공동체는 각각 공동체 목적에 맞게 기능과 역할을 제도화하고 있다. 첫째, 아세안정치안보공동체(ASEAN Political Security Community)는 역내의 평화 유지를 가장 중요한 목적으로 하며, 이를 위해서 정의롭고 민주적이며 조화로운 환경을 만들어내고자 한다. 관련 회의체로는 아세안 외교장관회의, 아세안 지역안보포럼, 아세안 국방장관회의, 아세안 법무장관회의, 아세안 초국가적 범죄관련 장관회의, 동남아 비핵지대화조약 위원회, 아세안 인권위원회, 아세안 해양포럼 등이 있다.

둘째, 아세안경제공동체(ASEAN Economic Community)는 역내 통합된 경제지대를 만들어내는 과정에서 경쟁력 있는 시장, 균형적으로 발전하는 시장, 지속 가능하고 복원 가능한 시장, 세계경제의 중요한 공급 및 수요처로 기능하고자 한다. 관련 회의체로는 아세안 경제장관회의, 아세안 에너지장관회의, 아세안 농림장관회의, 아세안 재무장관회의, 아세안 광물장관회의, 아세안 과학기술장관회의, 아세안 교통장관회의, 아세안 정보통신장관회의, 아세안 관광장관회의, 아세안 자유무역지역 이사회, 아세안 투자지역 이사회, 아세안 메콩지역개발협력 등이 있다. 마지막으로, 아세안사회문화공동체(ASEAN Socio Cultural Community)는 모든 아세안 시민의 가능성을 현실화하고, 삶의 질을 개선하는 것을 중시하고 있다. 아세안공동체가 아세안 시민 모두에게 실행적이며, 아세안 시민이 참여하는 책임감 있는 공동체가 되어야 하고, 포괄·포용하는 공동체, 지속 가능한 공동체, 복원력 있는 공동체, 조화로운 공동체가 되어야 하므로 사회문화공동체의 일은 매우 다양하고 광범위하다. 관련 회의체로는 아세안 문화예술장관회의, 아세안 체육장관회의, 아세안 재난관리

장관회의, 아세안 교육장관회의, 아세안 환경장관회의, 아세안 보건장관회의, 아세안 정보장관회의, 아세안 노동장관회의, 아세안 농촌개발빈곤퇴치 장관회의, 아세안 사회복지개발장관회의, 아세안 여성장관회의, 아세안 청소년장관회의, 초국경 연무오염방지 협정회의, 아세안 생물다양성센터, 아세안 자연재해에 대한 인도적 지원조정센터, 아세안 대학네트워크, 아세안재단, 아세안 문화정보위원회 등이 있다.

아세안의 지역통합은 위와 같이 역내 회원국들을 긴밀하게 협력시킬 수 있는 다양한 제도에 기반하고 있는데, 이와는 다른 방향에서 아세안 제도의 또 하나 중요한 측면이 있다. 아세안은 역내 회원국과는 별도로 역외 국가들과 '대화상대국(Dialogue Partners)' 지위로 협력관계를 제도화하고 있다. 현재 호주, 캐나다, 중국, 유럽연합, 인도, 일본, 한국, 뉴질랜드, 러시아, 미국 등 10개의 대화상대국이 있다. 그리고 노르웨이, 파키스탄, 스위스, 튀르키예 4개국이 부문 대화상대국 지위로 있다. 모든 대화상대국과 TAC를 비준하고, 정치안보, 경제 그리고 사회문화 이슈별 협력프로그램을 운영하고 있다. 예를 들어 정치안보적 측면에서 한국과 아세안의 관계를 보면, 2004년 TAC 조약 비준, 아세안+한중일(APT), 동아시아 정상회의(EAS), 아세안 지역안보포럼(ARF), 아세안 확대국방장관회의(ADMM+) 등에 참여하고 있다. 경제적 측면에서 보면, 2019년 기준으로 무역량 1,565억 불, 직접투자 26억 불로 경제적 상호작용이 활발하게 진행되고 있고, 2010년에 FTA가 체결되었으며, 2022년부터는 역내 포괄적동반자협정(RCEP)이 발효되었다. 그리고 청년, 문화, 보건, 교육, 학자 교류 등 다양한 이슈로 여러 사회문화 협력프로그램을 가동하고 있다. 이에 아세안 세 공동체 각각의 관련 회의체는 역내 회원국뿐만 아니라 역외 대화상대국과 이슈별로 관련 협의체를 다양한 차원에서 확보하고 있기에 아세안의 제도화 수준은 상당히 높다고 평가할 수 있다.

V. 아세안 정체성: '구성 가치'와 '전승 가치'의 사회적 구성물

아세안공동체로 인해 '아세안 정체성(ASEAN Identity)은 무엇인가'가 질문되고, 아세안 정체성에 대한 내용이 구성되고, 다시 아세안공동체로 인해 아세안 정체성이 형성되는 순환의 과정을 겪고 있다. 즉, 아세안공동체와 아세안 정체성은 상호작용하고 있다. 사실 아세안 안팎으로 '아세안 정체성은 무엇인가?'라는 질문을 오랫동안 받아왔다. 2003년 발리선언 II (Bali Concord II)에서 '정체성'이라는 말이 처음으로 아세안 문서에 등장하여 사용됐지만, 구체적인 정의를 내리지는 못하고 있었다. 인도네시아는 "아세안 정체성에 관한 기술(The Narrative of ASEAN Identity)"을 구조화하기 위해 준비하기 시작했고(ASCC Editorial Board, 2020), 2020년 베트남에서 개최된 제37차 아세안 정상회의에서 이 문서가 채택되었다.

아세안 시민은 아세안공동체 시민으로서 얼마나 정체성을 갖고 있는가와 아세안 정체성의 개념 정립 자체는 연관이 있으면서도 다른 차원의 영역이다. 그리고 전자의 차원에서도 국가별, 세대별, 성별에 따라 정도의 차이가 있다. 그래서 아세안 시민으로서 정체성을 어떻게 가졌는지, 어느 정도인지는 매우 중요한 연구영역이다. 최근 한 조사에서 국가별로 다른 아세안 회원국에 대한 친밀성 조사를 진행하였다. 조사 결과, 베트남과 말레이시아가 제일 높았고, 인도네시아가 제일 낮았다. 연령별로는 젊은 세대보다는 장년층이, 여성보다는 남성이 상대적으로 높은 아세안에 대한 인식을 나타냈다(Lee and Lim, 2020). 본 절에서는 변화하는 아세안 정체성 양상에 대한 자세한 설명보다는 아세안공동체 스스로 아세안 정체성을 어떻게 설명하고 있는지를 밝히고자 한다.

아세안공동체는 "아세안 정체성은 아세안공동체를 만드는 토대가 되는 '구성된 가치(Constructed Values)'와 '전승된 가치(Inherited Values)'의 균형적 조합으로서, 사회적 구성의 산물"로 정의하고 있다. '구성(된) 가치'는 공동체의 특정 목표를 달성하기 위해 특정 사고방식을 발전시키기 위해 적극적으로 고안된 의도적 산물로서, 아세안 시민이 추구하는 가치를 말한다. '전승(된) 가치'는 동남아시아 지역 사람들에게 대대로 전래해 온 가치로서, 다양한 유형의 공동체 안에서 발전된 것으로 많은 공통점을 보이면서도 인간 상호작용의 자연적 과정을 통해서 만들어진 가치를 말한다. 이러한 '전승 가치'와 '구성 가치'의 두 가지 측면으로 구성된 아세안 정체성은 1967년 아세안 출범 이전에 동남아시아 지역 전체에 다양한 사회공동체가 만들어온 모든 무형의 자산에 담긴 가치뿐만 아니라, 1967년 이후 아세안을 통해서 새롭게 사회적으로 구성된 근현대적인 가치들을 말한다.

'구성 가치'는 아세안공동체의 세 축인 정치안보, 경제 그리고 사회문화 공동체를 움직이는 핵심적인 개념들이다. 아세안 헌장 2절에서 아세안 정체성의 구성 가치를 언급하고 있다. "존중, 평화와 안보, 번영, 불간섭, 합의와 대화, 국제법과 교역, 민주주의, 자유 규범 준수, 인권 보호와 증진, 다양성 속의 통합, 포용성, 대외관계에 대한 아세안 중심성" 등이다. 구성 가치의 첫 번째 덕목이 '존중'이라는 것도 꼭 기억하고 강조할 만하다. '전승 가치'는 아세안이 수립되기 훨씬 전에 동남아시아 국가에 존재해 온 것으로 아세안 회원국이 공유하고 있는 가치를 말한다. 동남아시아의 풍부한 전통뿐만 아니라 모든 특성, 가치 또는 공유 가치가 아세안공동체가 더 진전됨에 따라 미래의 비전과 문화의 일부가 되는 것이다.

아세안 내 문화접변의 지속적인 과정은 아세안공동체를 더욱 풍요롭게 하고 강화할 것으로 본다. 선사시대 이후의 전통, 관습, 신념은 동남아시아의 민족공동체가 혼합되어 만들어지는 과정에서 중요한 토대를 제공하고 있다. 특정 지역에서 계속 머무르며 민족을 형성한 세력도 있고, 일부는 생존을 위해 이주하기도 했다. 이주한 사람들 또한 민족 집단들 사이에서 일련의 상호작용을 하고 있다. 그 결과 민족과 문화의 문화접변 과정은 역사를 통해 계속 전승되었다. 음악, 글, 춤, 항해, 무역, 농업, 의례, 관습, 요리, 치유 관행 등이 이러한 것들이다. 가장 최근에는 아세안 내부에서 아세안의 정체성을 재확인하기 위해서 인형극과 같이 각 지역 전통 기술을 소통시키고, 이러한 문화를 보존할 기회를 마련하였다. 이러한 상호작용과 문화접변 과정은 동남아시아의 고대 왕국 시대에 동맹, 결혼, 물물 교환, 탐구, 이주, 새로운 영토 정복을 통해 계속 진행되었다. 고대 왕국부터 지리상 발견시대까지 선교사와 무역 활동, 특히 해외 상인과의 무역 활동은 인간의 상호작용과 사회구조를 변화시키는 데 촉매 역할을 하였다. 그동안 동남아는 중국, 인도, 중동 및 유럽과 같은 외래문화를 수용하였고, 힌두교, 불교, 기독교 및 이슬람과 같은 종교와 교류했으며, 다양한 전통, 관습, 믿음의 원천 등을 갖은 특정 문화권을 형성하였다. 그러나 동남아시아는 일정 기간 주변화된 지역으로 남아 있었다. 이러한 주변화된 시기동안에도 오랜 문화접변 과정을 통해 만들어진 동남아시아는 이제 새로운 문화와 문명 단위가 되었다고 아세안 스스로 진단하고 있다. 이러한 문화접변을 통해서 만들어진 동남아 문화는 높은 문화 적응 탄력성을 갖고 있을 뿐만 아니라 문화다양성에 대한 높은 존중과 힘을 갖고 있다고 진단하고 있다. 영성주의, 친족, 공동체주의, 집합주의, 관용, 겸손, 사회적 조화, 연대, 인간애 등과 같은 가치들은 동남아 고유의 문화적 요소들이다.

결론적으로 구성 가치와 전승 가치로 형성된 아세안 정체성은 바로 아세안공동체를 만드는 과정에서 또 하나의 여정을 밟고 있다. 전승 가치로 설명되는 것들이 과연 현대적인 새로운 가치들과 어떻게 작용할지, 그리고 구성 가치들은 전승 가치들을 어떻게 발전시킬지 또는 어떻게 발현될지가 남아 있는 부분이다. 그래서 아세안공동체는 스스로 '상상된 공동체'라고 언급하고 있다. 즉, 전래 가치와 구성 가치의 상호작용을 통해서 만들어지고 있는 아세안공동체는 아세안 시민들 스스로 만들어내는 새로운 '상상된 공동체'라는 것이다.

VI. 독립국가와 아세안 지역주의의 상호작용으로서 동남아시아

전통시대의 끝자락에서 동남아는 서구 세력과의 조우에서 식민지로 전락하는 역사적 굴곡을 경험했다. 하지만 계속된 노력으로 독립된 민족국가를 이루었고, 독자적인 지역 단위를 만들어 가는 역사적 경험을 수행하고 있다. 이에 동남아시아 여러 국가에 1945년 '독립을 향한 민족주의'와 '독립을 위한 지역주의'는 상호작용하였다고 볼 수 있다. 1967년 아세안 출범을 시작한 5개국과 1990년대 말 대륙부 동남아 다수 국가가 아세안에 합류한 것도 이러한 두 측면이 상호작용한 결과라고 볼 수 있다. 동남아 지역에 있는 10개 국가가 모두 아세안 회원국이 됨으로써 2000년대부터 실질적인 지역협력체 역할을 할 수 있었고, 이 힘을 바탕으로 아세안은 2015년 아세안공동체로 새롭게 재탄생하였다. 그러나 정치적 정통성이 취약한 신생독립국가들, 빈곤과 싸워야 하는 저발전 상태의 국가들, 탈식민주의 사회의 문제를 고스란히 안고 있는 국가들이 모여 있는 지역협력체인 아세안의 길과 여정은 앞으로도 그리고 미래에도 순조롭지만은 않을 것이다. 특히 최근 강대국의 경쟁으로 증폭된 불안정한 국제질서 상황에서 아세안공동체는 다시 공동의 목표를 확인하면서 앞으로의 생존전략을 모색해야 하는 시기이기도 하다.

결론적으로 본 글에서는 '지역'으로서 동남아시아 형성을 4가지 측면에서 다루어보았다. 첫째, '동남아'라는 지역적 명칭이 탄생한 지정학적 배경과 경과를 다루었고, 둘째, 식민지와 독립, 탈식민지 맥락에서 개별 독립국가와 지역협력체 형성의 상호작용을 다루었고, 셋째, 지역통합을 위한 제도적 시도로 1967년 ASEAN의 출범과 아세안공동체의 제도들을 다루었다. 마지막으로는 아세안 정체성이 무엇을 의미하는지, 아세안 정체성 형성과 지역협력체 사이의 상호관계성을 분석하였다. '지역' 형성의 중추적인 역할을 하는 아세안 지역협력체는 식민지 전후에 나타나는 영토 문제, 국내 정치세력 간 정통성 문제, 국가 간 적대의 경험, 역외 강대국에 대한 국가별 입장 차이 등 구조적인 한계를 극복할 수 있는 매우 중요한 동력이었다. 이로써 국가 간 합의를 통해 공동의 목표를 만들고 공동으로 실천하는 놀라운 경험을 수행하고 있다. 결국 동남아 지역 형성의 원동력인 '아세안공동체'는 합의된 목표와 규범, 다양한 제도와 협력프로그램을 통해 지역협력을 심화해 가면서, 독자적인 아세안 정체성에 기반한 지역 단위를 만들어 가는데 경주하고 있다고 볼 수 있다.

참고문헌

윤진표·이충열·최경희. 2016. 『아시아의 꿈, 아세안 공동체를 말하다』. 한아세안센터.

윤진표. 2020. 『현대 동남아의 이해』. 명인문화사.

이진영. 2017. "아세안 확대과정분석: 1995년부터 1999년까지 신규회원국 가입을 중심으로." 『동남아시아연구』 27권 4호, 117-159.

박장식. 2017. "선사시대 유산을 통해 본 동남아 고유 문명의 세계." 『동남아시아 문화 깊게 보기: 세계문화유산을 중심으로』. 12-27. 한아세안센터/부산외대 동남아지역원.

권오영. 2019. 『해상 실크로드와 동아시아 고대국가』. 세창출판사.

소병국. 2020. 『동남아시아사』. 책과함께.

Acharya, Amitav. 2000a. *The Making of Southeast Asia: International Relations of a Region*. Sinpapore: ISEAS.

__________. 2000b. *The Quest for Identity: International Relations of Southeast Asia*. Singapore: ISEAS.

Emmerson, Donald K., ed. 2008. *Hard Choices: Security, Democracy and Regionalism in Southeast Asia*. Shorenstein APRRC: Stanford University.

Langenhove, Luk Van. 2011. *Building Regions: The Regionalization of the World Order*. UK: Ashagte.

Lee, Hyo Won and Lim Sijeong. 2020. "Public Feelings toward ASEAN: One Vision, One Identity, One Community," *Asian Survey* 60(5), 803-829.

Weatherbee, Donald E. 2010. *International Relations in Southeast Asia: The Struggle for Autonomy*. Singapore: ISEAS. Bangkok Declaration(1967).

https://asean.org/the-asean-declaration-bangkok-declaration-bangkok-8-august-1967/ (검색일: 2021년 6월 20일)

Severino, Rodolfo C. 2001. The ASEAN Way and the Rule of Law.

https://asean.org/?static_post=the-asean-way-and-the-rule-of-law (검색일: 2021년 6월 30일)

Treat of Amity and Cooperation. https://asean.org/treaty-amity-cooperation-southeast-asia-indonesia-24-february-1976/ (검색일: 2021년 6월 30일)

The Narrative of ASEAN Identity

https://asean.org/wp-content/uploads/2021/08/The-Narrative-of-ASEAN-Identity_Adopted-37th-ASEAN-Summit_12Nov2020.pdf (검색일: 2021년 12월 12일)

ASCC(ASEAN Socio-Cultural Community) Editorial Board. 2020. "Viewpoint: Interview with Indonesia's Foreign Minister Retno Marsudi on ASEAN Identity," *The ASEAN* Issue 01. Jakarta: ASCC Department. https://asean.org/ (검색일: 2021년 12월 26일)

제10장

남아시아: 지역성의 발아와 성장 경로 추적

최윤정(세종연구소 연구위원)

I. 들어가며

인도의 시성 타고르(Rabindranath Tagore)는 전운이 감도는 1939년에 중국, 일본, 동남아시아 각지를 둘러보고 여전히 아시아에는 유럽과 같은 굶주린 민족주의(hungry nationalism)로 인한 분쟁보다는 문화적 교류와 교감이 있음을 확인한 감동을 서신에 담아 네루(Jawaharlal Nehru)에게 보냈다(Subrahmanyam, 2016: 5). 하지만 그의 조국 인도에는 이미 영국의 식민통치에서 비롯된 배타적 민족주의가 들불처럼 번지고 있었다. 그리고 식민지 시대의 갑작스러운 종료와 함께 분화된 민족과 어색하게 그어진 국경선 속에서 오늘날의 남아시아가 탄생하게 된 것이다.

남아시아는 장구한 역사와 넓은 스펙트럼의 문화적 유산, 그만큼의 다양성을 지닌 지역이다. 이 글은 남아시아의 지역성을 추적하지만 역사 앞에 머물며 세세한 이야기를 풀어내는 데 목적을 두지는 않는다. 그보다는 현시점에서 남아시아 국가 간 관계망을 분석하여 지역으로서 발전하는 경로를 추적하는 데 집중하고자 한다. 즉, 미래를 조망하는데 필요한 과거의 정보를 선택적으로 취사하고, 현재의 역동을 더 많이 담아내려고 한다.

남아시아라는 하나의 지역 단위를 상정하는 데에는 여러 관점이 있을 수 있다. 나아가 남아시아를 '지역성'을 가진 하나의 단위로 논하기 위해서는 역사·문화적인 맥락, 지리적·공간적인 맥락, 그리고 현실 정치에서 설정의 맥락 등을 종합적으로 검토해야 할 것이다. 남아시아에서 이 모든 측면이 교차하는 지점은 바로 영국령 인도라고 할 수 있다. 영국의 식민정책이 자의적인 판단으로 시작한 측면이 크지만, 시간이 흐르면서 지리적인 경계와 지역의 종족적(ethnic) 특성들을 반영한 경계선들이 형성되었고, 이후 독립국가들이 상호작용하는 현실정치의 단위로 작동하는 틀을 만들어 낸 것이 영국령 인도이기 때문이다.[1]

따라서 이 글은 먼저 역사적인 맥락에서 남아시아의 성립 배경을 영국령 인도를 중심으로 설명하고, 이후 근현대에 이루어진 역내 독립국가 형성의 역사를 다룰 것이다. 그리고 나서 현실 정치의 단위로서 작동하는 남아시아 개별 국가들 간의 상호관계의 남아시아라는 지역 차원에서 결성한 협력기구들의 발전경과를 검토함으로써 남아시아의 지역성을 종합적으로 평가하고 이를 토대로 향후 성장 경로를 전망해보고자 한다.

II. **남아시아를 만나다**

'남아시아(South Asia)'는 아시아 대륙의 남쪽 중앙 부분에 해당하는 지역으로, 주로 1947년 정치적 분할 이전의 인도 아대륙과 동일시되어 왔다(Embree and

---

1   남아시아가 공통적으로 가진 것은 영국 식민시대의 유산이다(Jalal, 2002). 서울대학교 아시아연구소 HK+ 메가아시아연구사업단 2차 심포지움(2022.1.20)에서 이와 관련하여 유익한 토론을 해주신 강성용 서울대학교 인문학연구원 교수에게 감사를 드린다.

Gluck, 2015: xvi, 631). 그러다가 영국에서 사용되던 '인도 아대륙(Indian sub-continent)'을 대신하여 1960년대 이후에 남아시아라는 용어가 비로소 보편적으로 사용되기 시작하였다. 인도 외의 주변국들에 대한 중립적인 입장을 담은 표현으로서 남아시아는 특히 '동아시아(East Asia)'에 대조되는 의미로 자주 사용되었다.

지리적으로 인도 아대륙으로서의 남아시아가 이처럼 유럽에 의해 서구의 인식 속으로 편입된 이후 구체적인 남아시아 지역에 대한 명칭과 연구는 아시아의 여타 지역과 유사하게 제2차 세계대전을 거치면서 이루어졌다고 할 수 있다. 하지만 남아시아라는 근대적 지역의 정의가 내려지기 이전에도 인도 아대륙은 일찍이 기원전 4세기경 그리스로부터 히말라야에서 코모린곶까지 단일한 문화적 전통을 공유하는 하나의 문화권으로 연구되었다.[2] 지리적으로

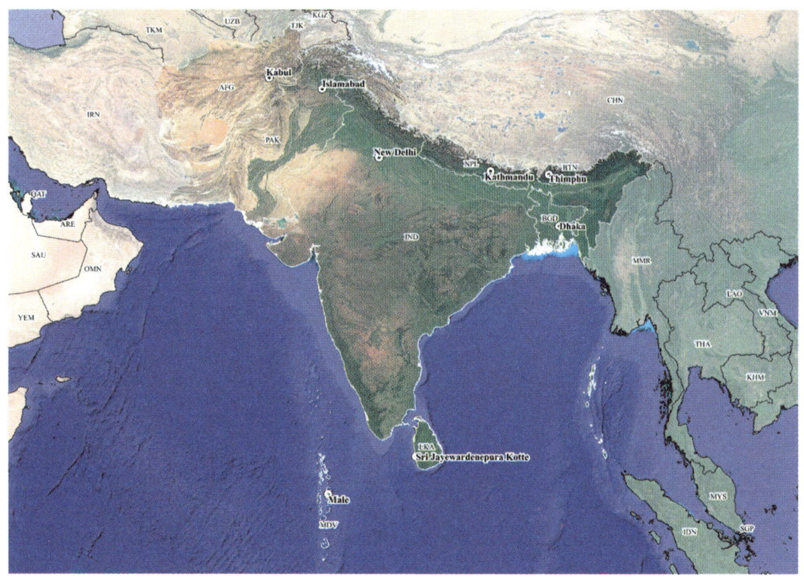

그림 1   남아시아의 지리적 경계

---

2   '인도'란 국경을 경계로 하는 현대적 의미의 국가로서의 인도가 아니라 지리적으로는 인도 아대륙, 문화적으로는 전통적인 인도문화권(Indosphere 또는 Indic cultural area)을 의미한다(이지은, 2011: 148).

는 북쪽과 동쪽으로 히말라야산맥, 남쪽으로는 아라비아해와 벵골만에 접해
있다. 아프가니스탄과 파키스탄 북부를 가로지르는 힌두쿠시산맥은 일반적으
로 인도 아대륙의 북서쪽 가장자리로 간주된다. 이처럼 거대한 산맥들은 일차
적으로 남아시아를 자연스럽게 다른 지역과 구분하는 지리적 경계가 되었고,
'다양하지만 통일된(unity in diversity)' 지역 특성이 생겨나는 데 결정적 역할을
했다(Bose and Jalal, 2004: 1-3).

현재 남아시아는 일반적으로 남아시아지역협력연합(SAARC: South Asian
Association for Regional Cooperation) 8개국인 아프가니스탄, 방글라데시, 부
탄, 인도, 몰디브, 네팔, 파키스탄, 스리랑카를 가리킨다.[3] 대부분의 연구 기관,
UN을 비롯한 국제기구 등은 남아시아 지역 단위에 상기 8개국을 포함시킨다.
경제성장, 민주주의, 빈곤 등 국제단위 비교를 하는 지표에서도 흔히 8개국은
단일 단위로 묶인다.

영국 식민시대에 인도 아대륙의 역사와 문명은 철저하게 무시되었다.[4]
영국은 식민통치 과정을 통해서 인도 아대륙 국가의 정치, 경제 및 사회의 근
간을 형성하고 발전 과정에 영향을 미쳤다. 서구 식민시대가 막을 내리면서
아시아의 역사가 돌아오게 되었으나(Mahbubani, 2009: 127), 순식간에 이루어
진 분할 결정은 인도 아대륙에 또 다른 상흔을 남겼다. 이처럼 작위적인 국경
선 획정과 분할이 낳은 식민 유산은 남아시아 각국의 정치체제와 사회를 비
교하고 대조하는데 핵심적인 요소이다(Rafiq, 2022). 탈식민지 인도, 파키스탄,
방글라데시에서 국가 건설, 통합, 재건에 대한 요구와 저항은 이후에도 계속

---

3 과거에는 미얀마, 이란 등 지리적으로 인접한 국가가 남아시아의 범위에 포함되기도 하였으나,
점차 남아시아를 SAARC 회원국으로 국한하는 추세이다.

4 동인도 회사 관리였던 제이스 밀(James Mill)은 『The History of British India』에서 인도의
문명과 지적 유산을 부정하고 원초적이고 야만적으로 묘사하면서 영국 제국의 개혁적인 행정의 필
요성을 역설하였고(재인용: Mahbubani, 2009: 128), 베버(Weber)는 힌두이즘의 가치가 남아시
아 경제성장을 방해했다고 주장하였지만, 영국 식민시대의 편견을 제거하기 위한 이후 역사가들의
노력으로 이 같은 주장은 설득력을 잃어가고 있다(Mahbubani, 2009; Morris, 1967).

이루어지고 있다. 따라서 식민지 역사에 대한 이해를 통해 현재 남아시아 국가와 사회가 직면하고 있는 사회경제적, 정치적 문제의 독특하면서도 공통적인 특징을 파악하는데 필요한 통찰력을 얻을 수 있다.

남아시아 국가들은 1919년(아프가니스탄), 1947년(인도, 파키스탄, 방글라데시는 1971년 파키스탄으로부터 분리·독립), 1948년(스리랑카)에서 1965년(몰디브)에 걸쳐 영국의 식민지배를 벗어났다. 따라서 영국의 식민 유산(British colonial legacy)을 공통분모로 하는 이들 국가의 정치 및 경제 구조는 19세기에 영국이 지배적인 역할을 했던 세계 질서 하에서 연결고리가 형성되어 있다. 특히 인도, 파키스탄, 방글라데시, 네팔, 스리랑카 등 남아시아 국가들은 오랜 기간 정치적, 문화적 역사를 공유해왔다. 또한 식민 지배로부터 독립한 이후 편차는 크지만 민주주의라는 정치체제를 향하고 있다. 하지만 독립과 함께 지역 전체가 정치적 안정과 발전에 악영향을 미치는 냉전의 무대가 되면서(Sten Widmalm, 2021) 내부 갈등과 외부 세력의 개입으로 분란이 끊이지 않고 있다.

영국의 식민지배 이전으로 거슬러 올라가 보면, 남아시아는 인더스 문명의 발상지이며 종교적으로는 힌두교와 불교의 발상지이다. 현대에는 힌두교와 이슬람교가 남아시아에서 지배적인 종교로 남아 있다. 특히 남아시아의 무슬림 인구는 약 4억 8,400만 명에 이르며, 이는 세계 무슬림의 약 30% 이상을 차지한다. 2021년 기준 남아시아는 약 18억 명의 인구 규모로 전 세계 인구의 약 25%, 아시아 전체 인구의 약 40%를 차지한다. 동아시아와 함께 세계에서 인구 밀집도가 가장 높다. 주요 인종은 인도·아리아인, 드라비다인, 티베트인이다.

냉전 종식 후 1991년 시장경제 체제를 전격 도입한 인도를 필두로 남아시아 국가들은 경제개혁을 시작하였고, 일부 국가는 괄목할 만한 성장을 거두었다. 세계화에 합류한 남아시아 지역은 브릭스(BRICS·인도), 차세대 성장국가(Next Eleven·파키스탄, 방글라데시) 등으로 주목받았고, 코로나19 발발 이전에는 빠른 경제성장 추세를 보였다. 하지만 코로나19의 영향으로 2020년 남아시아 1인당 국민 소득은 1,821달러로 2019년보다 8.8% 줄어들었고, 전체

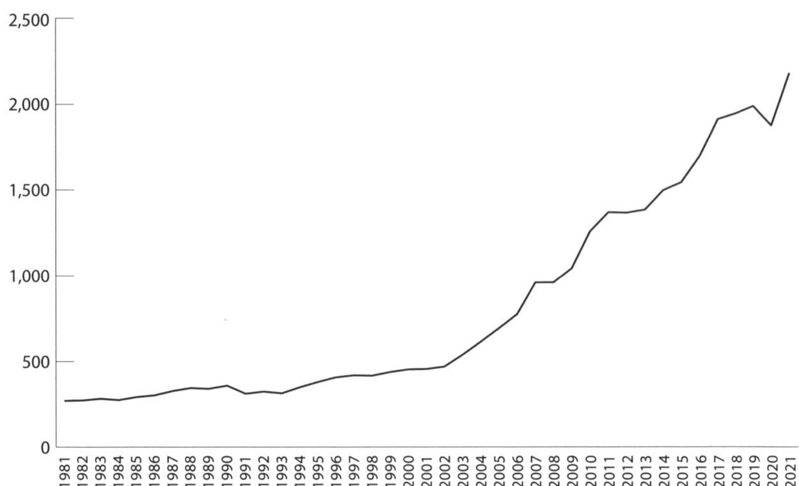

그림 2 남아시아 1인당 국민 소득 추이: 1981~2021년(단위: 달러)
출처: World Bank (https://data.worldbank.org) (검색일: 2022.11.10)

국내총생산(GDP) 규모도 감소하였다. 남아시아 국가 대부분에서 큰 폭의 투자 감소, 공급망 파괴, 인적 자본 축적에 차질이 발생하였고, 부채 수준도 급증하였다. 일례로, 남아시아에서는 빈곤층이 2020년 4,800만 명에서 2021년에 5,900만 명으로 한 해 동안 1,100만 명이 늘어나는 등 코로나19 팬데믹의 경제적 파괴력은 상당하였다.

이렇게 코로나19가 남아시아 경제에 안긴 경제적 손실을 회복하는 데는 오랜 시간이 걸릴 전망이다. 설상가상으로 세계화를 이끌었던 자유주의 진영의 글로벌 리더십과 다자체제의 회복도 요원해 보인다. 이와 같은 상황에서 코로나19 팬데믹 대응과 경제 복원을 위해 동원할 수 있는 자원에 제약이 많은 남아시아는 어떤 선택을 할 것인가. 남아시아 지역주의를 통한 공동 번영의 길을 가거나, 아니면 역내 강국에 편승 또는 헤징하면서 각자도생의 길을 찾을 수도 있을 것이다. 이 같은 갈림길에서 이 글은 남아시아 지역성의 시초부터 발전 과정을 따라가 봄으로써 남아시아의 선택에 대한 단서를 찾아보려는 시도이다.

III. 남아시아 지역성의 발아: 역사적 상호작용과 유산

남아시아 지역에서 지역성 형성에 가장 큰 영향을 미친 것은 인도 아대륙을 중심으로 발전한 고대 문명과 영국의 식민지배이다. 남아시아 지역에서는 이미 기원전 2600년경에 위대한 고대 문명 중의 하나인 인더스(Indus) 문명이 현재의 파키스탄 인더스강 하류 지역에서 발흥하였다. '모헨조다로'와 '하라파' 지역에 당시로서는 획기적인 하수 시스템, 공동 목욕장, 물탱크를 갖추는 등 상당한 수준의 도시계획을 실현한 문명이었다. 메소포타미아 등 주변 지역과의 무역도 활발한 것으로 알려졌으나 기원전 1900년경에는 거의 사라지고 말았다. 드라비다인(Dravidian)들이 주로 살고 있던 이 지역에 기원전 1500년경부터 유목 민족인 아리아인(Aryan)들이 이주하여 농경문화로 생활양식을 변모하며 서서히 정착하였다. 그들은 당시의 사회, 종교, 문화적 풍습이 집약된 찬송이나 기도문을 수록한 베다 경전(Vedic scripts)을 기반으로 힌두교의 시초와 카스트(Caste) 제도를 형성하였다.[5] 그러나 브라만 중심 시스템의 경직성과 강압성에 반기를 들고 기원전 6세기경 불교와 자이나교가 생성되어 기존 질서에 도전하며 대안으로 자리매김하기도 하였다.

남아시아에서는 인도 아대륙을 아우르는 강력한 통일왕국의 형성도 대단히 드물었는데, 기원전 321년 찬드라굽타왕이 수립한 마우리아 제국이 최초의 통일왕국이었다. 하지만 마우리아 제국 기간이나 쇠퇴 이후에도 정치 제도를 발전시키거나 언어를 통일하려는 노력도 찾아보기 어려웠다. 이런 상황에서 이후 인도 아대륙 북부와 남부 모두 수많은 소왕국이 특별한 영토 확장

---

5   현대의 연구에서는 베다 시기 인도 사회에 카스트에 입각한 집단 단위의 질서가 존재하지 않았다는 주장이 제기되고 있는데, 영국이 식민시기에 실시한 인구총조사(census)에서 인도의 현실 상황을 데이터로 파악하기 위한 기준으로 카스트를 이용한 측면이 컸던 것이 사실이다. 당시 영국인들은 인도에 대한 자료를 모으기 위해 전통사회의 식자층이었던 사제 집단(브라만)에 의지했기 때문에 이들의 관점에 따라 식민지 인도의 사회적 현실이 재구성되거나 심지어 창조되기도 하였던 것이다(강성용, 2022).

이나 통치 기반 확대의 노력 없이 수 세기 동안 존재하였다. 이처럼 인도 아대륙에는 광대한 영토를 가진 강력한 중앙집권적 국민국가의 건설이 사실상 나타나지 않았다. 종교에 바탕을 둔 '강한 사회'가 오히려 강한 국가의 건설을 막았고, 언어, 문화, 지리의 차이가 다양한 소국의 존재를 가능하게 하였다. 고대나 중세시대에 흔히 이루어진 징세와 군대 모집 등을 통해 행정 능력을 발전시킴으로써 국가 건설을 촉진한 대규모 전쟁의 부재도 원인이라고 할 수 있다.

한편 7세기에 아라비아반도에서 발흥한 이슬람교는 그 세력을 급속히 확장하여 인도 아대륙에도 진출하였다. 인도의 경제적 부흥과 서아시아의 상대적 쇠퇴로 인해 10세기 말부터 튀르크-아프간 무슬림들이 본격적으로 북부 인도를 침공하기 시작하였다. 그리고 1206년 북부 인도를 기반으로 한 델리 술탄(Delhi Sultan) 시대가 열렸다. 델리 술탄 시대는 16세기 초까지 지속되면서 인도 사회의 정치, 경제에 큰 변화를 일으켰다. 1526년 무굴의 바부르(Babur)왕에 의해 델리 술탄 시대는 종말을 고하였고, 바부르의 손자인 악바르(Akbar) 대제 때 벵갈, 카슈미르, 아프간 등을 정복하며 무굴 제국(Mughul Empire)의 전성기를 맞이하였다. 영토 확장과 함께 다양성을 존중하고 관용을 강조하는 사회적, 정치적 동화정책을 실시하며 무굴 제국은 크게 번성하였다. 무굴 시대에도 지역 지도자들이 그 지역을 담당하여 통치하고 징수된 세금을 중앙정부에 전달하는 방식을 취하면서 전통적으로 인도에서 실시되었던 간접통치를 그대로 시행하였다. 이러한 간접통치 시스템은 무굴제국을 대신하여 이후 인도 아대륙을 통치하게 될 영국에게도 답습되었다.

영국은 악바르 대제 시절인 1601년에 캘커타(현, 콜카타) 지역에 동인도회사(British East India Company)를 설립하면서 본격적으로 상업활동을 시작하였다. 무굴 제국이 약화되는 틈을 타서 영향력을 넓혀 나가던 영국은 18세기 중반 7년 전쟁에서 프랑스를 격파하면서 인도 아대륙에서 지위를 더욱 공고히 했다. 이후 18세기 말부터 19세기 초까지 군사력을 동원하여 마라타(Maratta), 하이데라바드(Hyderabad), 마이소르(Mysore) 등의 주요 왕국을 정복했고, 정복되지 않은 크고 작은 토후국들은 번왕국(princely states, 藩王國) 형태로 최소한의 내정권만을 부여받았다. 이렇게 인도 아대륙은 수 세기에 걸친 영국의 식민화 노력을 거쳐 경제적, 정치적, 전략적으로 대영제국에 가장 중요한 식민지(the Crown Jewel of the British Empire)가 되었다. 영국이 영토나 인구, 자원에서 비교도 할 수 없을 만큼 큰 인도 아대륙을 식민화할 수 있었던 데는 군사력, 행정 능력 이외에 전통적인 언어, 문화, 지리 등의 다양성으로 인해 여러 왕국으로 파편화되어 연합하지 않는 인도의 정치적 특성을 최대한 활용한 분할통치 전술이 지대한 공헌을 하였다.

영국은 섬유, 아편, 소금 등의 무역을 독점하여 막대한 이익을 거두는 한편 세금을 대량 징수하여 인도인들의 생활 기반을 파괴하였다. 그런데 이같은 영국의 인도 식민화와 지배는 오랫동안 다양성과 분절화로 통일된 정치체제를 거의 경험하지 못한 인도인들을 서서히 각성시키고, 영국이라는 강력하고 압제적인 타자(他者)에 대항하는 인도 민족의식의 성장을 가져왔다. 인도인들의 분노와 좌절은 1857년 세포이의 항쟁(Sepoy Mutiny) 또는 제1차 인도독립전쟁 등으로 알려진 '인도 반란(Indian Rebellion, 1857)'으로 표출되었다. 하지만 이를 잔인하게 진압한 영국 정부는 인도를 직할 통치받는 영국령 인도제국(British Raj)으로 전환시켰다. 한편으로 인도인들의 불만을 완화하고자 점차 인도인들에게 제한적 자치권을 부여하고 정부의 낮은 직급에서 일할 기회를 늘렸다. 인도인들의 자치권을 허용하는 만큼 원활한 통치를 위해 인도 식민화 초기부터 시행하던 힌두와 무슬림 간의 차이를 적절히 활용한 '분할통치(divide-and-rule)'를 더욱 적극적으로 추진하였는데, 이는 특히 향후 힌두-무슬림 간, 그리고 독립 이후 인도-파키스탄 간 분쟁의 불씨로 자라게 된다.

식민통치 수단인 분할통치는 종교 안에서도 세심한 계산속에서 이루어졌다. 영국은 지배의 도구로 1872년 첫 인구조사를 시작했고, 그 후 1881년부터 10년마다 정기적으로 인구조사를 실시했다(Tharoor, 2016: 191). 이 인구조사에서 식민 통치자들은 언어, 종교, 종파, 카스트, 하위 카스트, 민족 등 구획을 만들어 그 틀 안에서 인구조사를 실시하고 정기적으로 보고서를 작성했다. 이러한 범주화는 이전에는 융합하여 살았던 사람들을 편 가르고 다른 사람들

과의 이질성을 만들어내는 기제가 되었다(Tharoor, 2016: 183).[6]

1885년에 향후 인도 독립운동을 앞장서서 이끌어갈 인도 국민회의당(Indian National Congress Party)이 결성되었다. 한편 1906년에는 무슬림 리그(Muslim League)가 창설되어 무슬림들의 이해를 대변하고자 하였다. 국민회의당을 중심으로 하는 민족주의 운동의 지도자 간디 주도하에 영국의 인도 식민지배, 통치에 대한 광범위한 시민 불복종(civil disobedience), 비협조(non-cooperation) 운동이 활성화되었다. 인도 국민회의당은 이러한 운동 과정에서 비폭력(non-violence)을 강조, 실천하여 도덕적 우위를 점할 수 있었다. 인도인들이 바라는 것은 완전한 스와라지(Swaraj, 독립)였으며, 이를 주도하는 국민회의는 힌두, 이슬람 등 특정 종교나 카스트에 구애되지 않고 모든 사회그룹을 포함하는 대중적 운동 기구로 자리매김하려 노력하였다.[7] 인도인들에게 부여된 자치권은 점차 커졌고, 1937년에 치러진 선거에서 국민회의는 다수 의석을 차지하여 향후 수권 정당으로서의 자격을 각인시켰다. 하지만 무슬림 리그는 무슬림이 다수를 차지하는 지방에서조차 지역 정당에 고전을 면치 못하는 등 지위가 더욱 약화되었다. 이렇게 기대에 미치지 못하는 결과를 마주한 무슬림 지도자들 사이에서는 향후 다수 힌두인이 소수 무슬림을 지배할 수도 있다는 우려가 증폭되었다.

2차 대전 종전 직후 영국 노동당 내각은 인도에서 즉각적인 철수를 목표로 인도의 독립을 서둘러 진행하였다. 그러자 인도 아대륙에서 무슬림만의 독립국가 건설을 주장하던 무슬림 지도자들은 독립 이후 힌두 다수의 인도 아대륙에서 무슬림들의 생존과 정체성을 지켜나갈 방법을 찾아야 했다. 그 결

6　영국인들이 인구 조사를 시작했을 당시만 해도 인도에서는 힌두, 시크, 제인교도들 간의 경계가 거의 없었고, 힌두와 무슬림 집단 간에도 결혼, 축제, 음식 등 사회·문화적 관습이 공유되고 있었다는 것이 후대 학자들의 연구로 밝혀지고 있다(Tharoor, 2016: 193).

7　종교를 초월하는 세속주의 정당인 국민회의를 힌두교 정당으로 선언하고, 다카의 무슬림 귀족 군주였던 콰자 실리물라(Khwaja Salimullah)에게 1906년 무슬림으로만 구성된 정당을 조직하도록 선동한 결과 탄생한 것이 무슬림연맹이다(Tharoor, 2016: 205).

과 힌두와 무슬림은 역사적으로나 정체성 측면에서 분리된 공동체로서 살아온 두 개의 다른 민족이므로 인도 아대륙에서 각각의 민족국가를 건설해야 한다는 두 민족 이론(two-nations theory)을 주장하기에 이르렀고, 힌두-무슬림 갈등이 고조되는 가운데 무슬림 독립국가 주장이 관철되었다. 결국 영국 정부, 국민회의당, 무슬림 리그 지도자들 간의 수개월에 걸친 험난한 협상 끝에 무슬림이 다수인 펀자브와 벵골을 중심으로 발루치스탄, 신드, 북동접경지방(NEFP) 등의 지역이 따로 파키스탄으로 독립하기로 영국이 떠나기 불과 6주 전에 합의되었다. 그런데 이 결정은 벵골을 중심으로 한 지역과 나머지 지역이 천 마일 이상 인도를 사이에 두고 지리적으로 동파키스탄(후일 방글라데시)과 서파키스탄으로 분리된 채 한 국가로 독립해야 한다는 뜻이었다. 이는 결국 20여 년 후 새로운 비극과 전쟁을 야기하게 된다.

한편 당시 명목상으로만 독립적 지위를 유지하던 수백 개의 번왕국은 새로 독립한 인도나 파키스탄 중에 어느 국가의 일원이 될 것인지 선택해야만 했다. 그리고 인도 독립운동 지도자들과 영국이 독립국가 인도의 미래에 대해 치열하게 논의하고 있을 때, 이미 힌두-무슬림 간의 소요와 폭력사태로 벵갈, 펀자브 지역에서는 엄청난 수의 인명이 희생되고 있었다. 1947년 8월 마침내 영국의 유니언잭이 하강하고 인도와 파키스탄 국기가 각각 델리와 카라치에서 게양되었을 때 수천만 명이 인류 역사상 가장 큰 규모의 원치 않는 이주를 해야만 했다. 수많은 힌두인이 파키스탄 지역을 벗어나 인도로 향해야 했으며, 반대로 많은 무슬림도 고향 인도를 떠나 파키스탄으로 이동해야 했다. 이 과정에서 기아, 폭력, 질병으로 수십만 명이 목숨을 잃었다. 인구 다수가 무슬림이었지만 힌두 지배자가 통치하던 번안국 카슈미르를 두고 인도와 파키스탄은 독립과 거의 동시에 1차 인도-파키스탄 전쟁을 벌였다. 1947년의 분할은 이후 양국 국민에게 잊을 수 없는 고통과 트라우마를 남겼고, 현재까지 이어지는 양국 간의 대립과 불신의 씨앗이 되었다.

찬란한 역사와 문화유산을 자랑하는 인도 아대륙은 오랜 영국 식민지에서 독립을 쟁취하는 과정에서 인도, 파키스탄, 방글라데시, 스리랑카, 네팔, 부탄 등으로 분리되어 독립하였다. 인도-파키스탄 분할이 특히 고통스럽고 파괴적이었다. 이는 영국의 교묘한 분할통치, 종교를 매개로 공동체 간의 갈등을 조장하며 이득을 취하려는 일부 지도자들의 정치적 욕심, 중앙과 지방 간의 반목 등 여러 이유가 복합적으로 작용한 결과였다. 그 외에 인도 아대륙에서 바다로 조금 나오면 몰디브가 있다. 몰디브 역시 1200년대부터 이슬람의 영향권 아래 있었으며, 영국 식민지로 복속되었다가 1965년에 독립한다. 이처럼 남아시아는 무굴 제국에서 영국 제국의 영향권 아래 근대를 맞이하며 '국가' 개념을 형성하게 된다. 식민시대의 유산으로 남은 동질성은 남아시아를 하나의 지역으로 묶는 인식의 기초를 형성한 것이다.

IV. 남아시아 갈등의 기원과 현재

남아시아 국가 간에 국경이나 정체성을 둘러싼 심각한 갈등은 상술한 영국 식민통치의 유산이 가장 큰 원인이라고 할 수 있다. 식민주의는 직접 또는 간접적으로 영향을 미쳤다. 식민시대 영국이 이주시킨 인도 타밀족이 누렸던 특권에 대한 스리랑카 신할리즈(Sinhales)족의 원한은 독립 후 차별 정책을 촉발시켰고, 이는 다시 타밀족의 반란으로 이어졌다. 인도 내에는 파키스탄 무슬림과 거의 같은 수의 무슬림 주민들이 '소수자'로 살아가고 있다(Tharoor, 2016: 401). 이에 반해 '힌두국가'로서 정체성을 지키기 위한 인도 정부의 힌두주의가 최근 더욱 기승을 부리고 있고, 이는 주변국과의 갈등을 심화시키고 있다. IV장에서는 현재 진행형인 여러 갈등의 역사적 기원과 최근 상황을 살펴보고자 한다. 남아시아 지역의 갈등 상황에 대한 이해는 향후 하나의 지역성을 발전시킬 수 있을지 여부를 판단하는데 중요한 단초를 제공할 것이기 때문이다.

1. 인도-파키스탄: 정체성 대결의 상징이 된 카슈미르, 그리고 네 번의 전쟁

카슈미르를 둘러싸고 인도와 파키스탄은 1947년 분리독립 직후 첫 전쟁을 벌이게 되었다. 이는 카슈미르가 전략적으로나 무슬림 국가와 세속 민주주의 국가라는 양국의 정체성 대결에서 우위를 차지하기 위해서라도 결코 양보할 수 없는 지역이었기 때문이다. 같은 이유로 1965년에는 2차 인도-파키스탄 전쟁이 발발하였다.

한편 파키스탄 내부에서는 무슬림간의 갈등도 번져갔다. 종교를 제외하고는 인종, 언어, 문화, 풍습 등 어떠한 공통점도 없었던 벵골 지역 중심의 동파키스탄은 정치, 경제의 중심인 서파키스탄으로부터 혹독한 차별과 멸시를 받으면서 점차 더 많은 자치권을 요구하였다. 1970년 총선거에서는 예상을 뒤엎고 동파키스탄 기반 정당이 승리를 거두었다. 하지만 군부 지도자들이 선거 결과 인정을 거부하면서 동파키스탄 주민들은 거세게 저항하였고, 파키스탄 정부가 이를 무자비하게 진압하자 수백만 명의 난민이 접경 인도로 넘어가게 되었다. 그렇지 않아도 어려운 상황에서 동파키스탄 난민 문제까지 떠맡게 된 인도는 동파키스탄 독립을 지원하기 위한 전쟁을 결심하여 3차 인도-파키스탄 전쟁이 발발하였고, 인도군이 승리를 거두면서 동파키스탄은 방글라데시로 독립하게 되었다.

이후 파키스탄은 비대칭적인 군사적 열세를 만회하기 위해 핵무기 개발에 몰두하고, 인도도 이에 맞서면서 양국 간 핵무기 개발 경쟁이 치열하게 전개되었다. 그 와중에도 카슈미르를 둘러싼 갈등은 사그라지지 않아서 여러 차례 위기 상황이 발생하였고, 양국이 핵실험을 감행한(1998년) 직후인 1999년에는 4차 인도-파키스탄 전쟁(카길 전쟁)이 카슈미르 지역에서 발발하였다. 현재도 카슈미르를 둘러싼 긴장과 분쟁은 계속되고 있다. 특히 인도령 카슈미르에 기반을 두고 파키스탄의 후원을 받는 무장단체가 인도를 대상으로 여러 차례 테러 공격을 감행하여 2019년 2월에는 공중전까지 벌어지는 등 핵무기를 보유한 양국 간에 아찔한 위기 상황이 수 차례 벌어지기도 했다. 인도 정부가 2019년 8월 일방적인 헌법 개정으로 인도령 카슈미르 지역을 양분함과 동시에 자치권을 박탈하고 연방정부 직할로 편입시키면서 카슈미르 주민들의 반발이 거센 상황이라 양국 간에 위기 재발 가능성은 상당히 높다.

2. 인도 – 네팔: 모호한 국경선이 남긴 갈등의 후폭풍

인도–파키스탄의 갈등처럼 영국 식민지 유산으로 인도–네팔 양국 간에는 모호하게 남겨진 국경선을 둘러싼 긴장이 지속되고 있다. 특히 2019년 인도 정부가 서부 네팔과의 영토분쟁 지역인 칼라파니(Kalapani)를 인도의 일부로 표기한 지도를 발간함으로써 다시금 갈등이 증폭되었다. 지리적 특성상 인도에 둘러싸여 있고, 바다로의 접근이 불가능한 내륙국인 네팔의 경우 인도의 무역, 경제적 압력에 취약하여 최근 중국과 관계를 증대시키고 있다. 이런 가운데 동북부 지역 마오이스트 반군(낙살라이트 등)의 활동으로 골치를 앓고 있는 인도는 친마오쩌둥 정당의 영향력이 막강한 네팔과 인도 동북부 반군과의 연계를 우려하는 상황이다.

3. 인도 – 방글라데시: 수자원 분쟁이 외교 갈등으로 비화

방글라데시는 파키스탄으로부터 독립 당시 인도의 결정적 도움을 받았기에 대체로 좋은 관계를 유지해 왔다. 하지만 경제발전을 둘러싼 갈등이 불거지고 있다. 파키스탄으로부터 독립한 직후인 1972년 방글라데시는 인도와 갠지스–브라마푸트라강의 공동 관리와 협력을 위한 친선협약을 체결하였다. 그러나 인도가 국경 10km 지역에 파라카 댐(Farakka Barrage)을 건설하면서 수자원을 둘러싼 분쟁이 촉발되었다. 관련 분쟁은 외교적 노력에도 불구하고 20년 이상 계속되었다. 그러다가 1996년 친인도파인 셰이크 하시나 총리가 집권하면서 30년 효력의 포괄적 협력조약을 체결함으로써 긴장이 완화되었다. 이에 대해 반대파인 방글라데시 민족주의당(BNP: Bangladesh Nationalist Party)은 이 조약의 불공정성에 대해 계속 이의를 제기하고 있다. 또한 인도 모디 정부가 2019년 8월에 발표한 국가시민명부(National Register of Citizens of India)

최종본에서 방글라데시 독립 전쟁 전후 인근 아삼(Assam)주로 들어온 무슬림계 주민들을 누락시키는 노골적인 차별정책을 실시하면서 방글라데시와 외교적 갈등이 고조되었다.

4. 인도 – 스리랑카: 인도 – 중국 간 균형적 개방정책 추진하는 스리랑카

영국의 분할 – 통치 전략의 유산으로 1948년 독립 후 다수 신할리즈족과 소수 타밀족 간의 갈등이 증폭되었다. 그러다가 결국 1983년을 기점으로 타밀 분리독립운동은 내전 상태로 돌입하여 수많은 사상자를 발생시킨 끝에 정부군의 강경 진압으로 2009년에 종식되었다. 인도는 이 과정에서 1980년대 후반 스리랑카에 평화유지군을 파견하는 등 군사적으로도 개입하였다. 스리랑카가 인도양의 관문이라는 점에서 인도에 지정학적으로 중요하였고, 인도 남부 타밀계 주민들을 고려한 정치적 동기도 있었기 때문이다. 스리랑카는 여전히 인도에 지정학적으로 중요한 지역일 뿐만 아니라 진주목걸이 전략을 추진하면서 인도를 압박하는 중국의 일대일로 해상 실크로드의 전략 거점이기도 하다. 인도 – 중국 양대 지역 강국이 스리랑카에서 전략적 이해를 관철시키려는 경쟁은 나날이 치열하게 전개되고 있다.

5. 아프가니스탄 사태: 지역 갈등의 새로운 불씨

아프가니스탄은 험준한 지형과 다양한 종족 구성으로 인해 전통적으로 수도 카불의 중앙권력이 지방을 통제하지 못하였고, 파슈툰이 국가의 권력을 장악해 왔다. 1979년 12월 당시 친소련 아프가니스탄 정권 지원을 위해 소련이 전격 군사 개입한 것이 기나긴 아프가니스탄 분쟁의 시작이라고 할 수 있다. 소련군과 아프간 정부군에 맞서 무자헤딘이 조직되어 미국 CIA와 파키스탄 군부의 군사적, 경제적 지원을 받아 본격적인 저항을 전개하였다. 소련은 과다한 군사비 지출로 경제 상황이 극도로 악화되자 1989년에 완전히 철수하였지만, 아프가니스탄의 분쟁은 종식되지 않았다.

　　이러한 혼란 중에 1990년대 초 사우디아라비아로부터 재정적 지원을 받던 북부 파키스탄의 여러 이슬람 교육시설(madrassa)을 중심으로 철저한 이슬람 율법(Sharia)에 기반한 에미리트(Emirate) 설립을 목표로 이슬람 수니파 극단주의 무장단체인 탈레반(Taliban, 파슈토어로 '학생'이란 뜻)이 결성되어 여러 지역으로 영향력을 넓혀 갔다. 탈레반은 1996년 카불에 입성하고, 1998년에는 아프가니스탄 영토의 약 90% 이상을 통치하며 실질적인 아프간 정부의 기능을 수행하였다. 하지만 보수적 이슬람 원리주의를 실천한다는 명분으로 심각한 인권침해를 자행하였다.

오사마 빈라덴의 알카에다(alQaeda) 테러 조직이 2001년 미국에 9.11 테러를 자행하자 미국은 즉각 알카에다가 숨어 들어간 아프가니스탄을 침공하고, 알카에다에 안식처를 제공하고 비호한 탈레반 세력도 권좌에서 축출하였다. 하지만 2003년 미국 부시(George W. Bush) 행정부가 벌이는 글로벌 테러전의 전략적 관심이 이라크로 급선회하면서부터 아프가니스탄에 대한 관심은 현저히 줄어들었다. 그러자 점차 세력을 회복한 탈레반이 다시 아프가니스탄 국경을 넘어 미군을 비롯한 나토군과 아프간 정부군에 대한 공격을 감행하였다. 한편 미국의 도움으로 선거를 통해 출범한 아프간 정부는 끊임없는 부족 간 파벌 싸움과 부패, 무능으로 통치력의 한계를 드러냈고, 오히려 탈레반이 이러한 틈새를 파고들어 영향력을 확장해 나갔다.

최근 미국은 급속히 부상하는 중국에 대한 견제를 대전략의 중심에 두고 아프가니스탄에서의 철군 논의를 급속히 진행하였고, 많은 혼란과 비판에도 미군의 철군을 완료하였다. 예상보다 훨씬 빨리 카불을 다시 접수한 탈레반은 예전과 같은 강압통치를 자행하고 있다. 이에 탈레반 정권에 대한 대응과 반탈레반 세속 정부 잔존 세력과의 관계 설정 등에 있어 주변국들의 고심이 깊다. 특히 미군의 아프간 철수를 예상하지 못한 인도는 세속 정부인 카르자이(Hamid Karzai) 및 가니(Ashraf Ghani) 정부와 관계를 강화하고 수십억 달러를 투자했으나 탈레반이 정권을 탈취하는 결과를 맞이했다. 탈레반의 아프간 장악은 인도가 SAARC와의 협력을 더욱 도외시하게 만들 뿐만 아니라[8] 남아시

---

8 2021년 SAARC 의장국인 네팔은 관례대로 UN 총회 기간 중 SAARC 회의 소집을 요청하였으

아 협력의 진전에도 중대한 장애물이 될 것이다. 특히 지정학의 새로운 변수인 아프가니스탄 사태로 인해 남아시아는 인도-파키스탄 및 주변 이슬람 국가들, 나아가 아프가니스탄 정부를 암암리에 지지하는 중국 등과 새로운 갈등의 불씨를 안게 되었다.

V. 남아시아 지역협력을 위한 노력과 지역성의 향방

1. 남아시아지역협력연합(SAARC)의 발전 경과

지역성 획득을 위해서는 지리적인 인접성 외에 하나의 단위로 결합하기 위한 각 주체의 의도적인 노력이 필요하다. '지역(region)'의 어원을 거슬러 올라가면 라틴어 'rego'에서 유래하였는데, 이는 'to steer'를 의미한다. 지역은 구분 짓는(border) 지리적 개념이라기보다는 통치(governance)의 개념에 가깝다고 볼 수 있다(Van Langenhove, 2011: 1). 이를 보다 구체적으로 개념화한 '지역성(regionhood)'은 그 자체로 자연스럽게 형성된다기보다는 인접한 두 개 이상의 국가가 '지역'으로 진화하는 과정에서 얻게 되는 것이다(Van Langenhove, 2011: 97).

SAARC는 남아시아 8개국 간의 협력을 도모하기 위해 1985년에 창설된 대표적인 역내 협력기구이다. 남아시아의 경제, 사회, 문화, 과학기술 등 다양한 분야에서 교류협력 증진을 목표로 한다. 본부는 네팔 카트만두에 있으며, 회원국으로는 인도, 아프가니스탄(2007년 가입), 방글라데시, 부탄, 몰디브, 네팔, 파키스탄, 스리랑카가 있다. 창립 이래 총 18회의 정상회의를 개최하였으나, 2014년을 마지막으로 이후 한 번도 개최하지 못하여 사실상 명목상의 협의체로 위상이 낮아진 상태이다. 정상회의가 개최되지 못한 가장 큰 이유는

나 아프간을 대표하는 탈레반의 참여에 대한 합의가 이루어지지 않아 미팅 자체가 취소되었다. 제 37차 SAARC Charter Day에 셰르 바하두르 데우바(Sher Bahadur Deuba) 네팔 총리는 SAARC 목표가 실현되기 어렵다며 혼수상태인 지역협력에 활력을 불어넣자고 주문했다.

인도와 파키스탄의 반목 때문이다.

SAARC의 틀 아래서 발족된 다른 협력체로는 방글라데시·부탄·인도·네팔(BBIN)이 참여한 SAGQ(South Asian Growth Quadrangle, 남아시아4개국성장협의체)를 들 수 있으며, ADB(Asian Development Bank)의 지원으로 운송, 에너지, 관광, 환경, 교역, 민간 부문 남아시아 소지역 경제협력체인 SASEC(South Asia Subregional Economic Cooperation)이 발족되기도 했다. 아시아 내 통합을 위해 전략적으로 확장된 남아시아라고 할 수 있는 미얀마가 포함된 것은 SASEC 프로그램의 특기할 만한 점이다. 남아시아 자유무역협정인 SAFTA를 통한 지역통합, 무역 규모의 증대도 SAARC 협력의 중요한 목표 중 하나였다.

파키스탄은 2022년 1월 이슬라마바드에서 제19차 SAARC 정상회의 개최를 다시 제안했다. 과거 2016년 정상회의도 파키스탄이 개최를 추진하였으나 인도는 '대치 상황(prevailing circumstances)'을 이유로 불참했다. 그동안의 정상회담도 인도 측 거부로 무산된 것을 감안하여 파키스탄에서는 인도 모디 총리의 경우 '화상 참석'도 가능하다고 제안했지만,[9] 인도는 2014년 이후 실질적으로 개선된 것이 없다는 이유로 정상회의 제안을 일축했다.[10]

2. 남아시아 지역협력의 또 다른 변수, 인도-중국 간의 지역패권 경쟁

남아시아는 중국의 '주변외교(peripheral diplomacy)'에서 약한 고리였다. 그러나 시진핑 정부 아래 중국은 남아시아에서도 존재감을 높이고 있다. 2014년 모디 정부 출범 직후와 달리 인도가 지역 강국(local power)을 넘어 아시아 강국(Asia power)으로 자국을 투사하기 시작하면서 정작 주변지역에서의 존재감은 오히려 낮아지는 것과 대비되는 현상이다. 그리고 이는 인도에 위기감을

---

9   India Today. "Pakistan offers to host SAARC summit in Islamabad."(Jan. 3, 2022) https://www.indiatoday.in/india/story/pakistan-offers-to-host-saarc-summit-in-islamabad-reiterates-invitation-to-india-1895554-2022-01-03〉

10   The Indian Express. "No consensus on holding of SAARC summit: India." (Jan. 7, 2022). https://indianexpress.com/article/india/india-pakistan-saarc-summit-7710481

불러일으키는 요인이 되고 있다. 인도가 2014년 카트만두 정상회의를 마지막으로 SAARC 정상회의 중단을 요구한 데에는 파키스탄 외에 중국 요인이 작용했을 가능성도 있다.[11]

초기 모디 정부는 취임식에 모든 SAARC 정상을 초대했다. 중국은 이 같은 인도의 이례적인 초대를 인도가 추진하는 '강력한 지역 외교'의 일환으로 해석했다. 인도의 정책적 결정의 배경으로는 여전히 미미한 SAARC 수출 비중(5% 미만)을 높이려는 경제외교(economic diplomacy), 남아시아의 전략적 중요성에 대한 인식, 남아시아 외교에서 중국 요인에 대한 고려 등이 복합적으로 작용했을 것으로 추정된다(Panda, 2017: 119).

중국 입장에서 보면, 최근 남아시아는 중국이 세력을 키우는 데 있어 새로운 전략적 초점으로 부상하고 있다(Li Zhang, 2009; Panda, 2017: 119 재인용). 남아시아 국가는 대부분 중국과 거의 4,000km에 달하는 국경을 접하고 있다(Du Youkang. 2002: 126; Panda 2017: 119 재인용). 인도, 파키스탄, 방글라데시, 아프가니스탄 등 남아시아는 중국의 '이웃 전략(neighbourhood strategy)' 하에서 중요한 국가로 분류되고 있다. 과거 중국의 남아시아 정책을 이루는 두 가지 축은 '선린외교(good neighbour diplomacy)'와 '주변외교'로, 남아시아에서 인도와 파키스탄 간 힘의 균형을 이루도록 하는데 일차적인 목적을 두었다(Garver. 2005). 그러다가 2049년까지 현대 강국 실현이라는 목표하에 주변국 관계를 강화하는 과정에서 해양으로 가는 길목에 있는 남아시아 국가에 과거보다 큰 비중을 두게 된 것이다. 특히 중국은 2005년 11월 정식 옵서버로 SAARC에 참여하게 된 이후로, 인도와의 세력균형 차원에서 SAARC에 보다 전략적으로 접근하기 시작했다. 중국이 정식 옵서버로 합류한 다음해에 개최된 14차 SAARC 정상회담에서 리자오싱(李肇星) 외무장관은 중국과 SAARC의 협력이 지역 공동의 이해와 평화, 안정, 발전에 기여할 것이라고 강조했다.

---

11 SAARC 정상회담이 2014년 카트만두에서 개최된 이후 더 이상 개최되지 못하는 데는 인도-파키스탄 갈등뿐만 아니라 인도-중국의 지역패권 경쟁이 동시에 작용하기 때문으로 판단된다.

　　그리고 인도가 동방정책(Look East policy)과 신동방정책(Act East policy) 등을 발표하며 동남아에 관심을 두느라 남아시아에 소홀해진 시기에 중국은 영향력을 더욱 높여갔다. 그러자 인도 내에서 남아시아 국가가 아닌 중국을 SAARC 회원국으로 초대하는 것이 지역의 역학을 바꿀 수 있다는 우려가 확산되었다. 인도가 'SAARC 내 제도적 개혁' 이슈를 제기한 이유는 중국의 SAARC 가입을 막기 위한 이유였다는 평가도 나온다. 일례로, SAARC는 만장일치를 따르는데, 중국이 회원국으로 들어온다면 거부권을 행사하여 남아시아에 대한 인도의 이해관계, 인프라 개발 등에 방해가 될 수도 있다. 실제 2014년 2월 인도 외무장관인 살만 쿠르시드(Salman Khurshid)는 SAARC가 옵서버로 참여하는 파트너 국가와 관계의 성격과 방향에 대한 생각을 분명히 하고, 더 진전시키기 이전에 정책을 정의하는 것이 중요하다고 강조했다(MEA, 2014). 중국과 외교관계를 수립하지 않은 부탄 정도가 인도의 생각을 지지할 수는 있지만 대부분의 SAARC 회원국들은 오히려 중국을 SAARC 내 인도의 영향력에 대한 균형자로 인식할 가능성이 높은 실정이다.[12]

　　적어도 남아시아에서만 보자면, 인도보다는 중국의 입지가 오히려 강해지고 있다. 중국은 SAARC의 다른 옵서버 국가와는 달리 지리적 인접성뿐만 아니라 정치, 경제적 지원 등의 측면에서 신뢰할 수 있는 파트너로서 위상을 강화해왔다.[13] 남아시아의 입장에서 중국이 미국처럼 편들기를 강요하거나 EU처럼 인권, 환경 등 까다로운 기준을 요구하지 않는 점도 분명 매력 요인이다. 더욱이 최근 중국이 추진하는 일대일로는 인프라 건설이 절실한 아프가니스탄, 방글라데시, 몰디브, 네팔, 파키스탄, 스리랑카에게 무시할 수 없는 유인책이다. 인도에서 코로나19 확진자가 급증하던 시기 백신 수출을 중지하자 중

12　네팔, 스리랑카, 방글라데시와 같은 국가들은 중국의 관계 강화를 인도에 대한 헤징 전략으로 활용하고 있다(USIP, 2020).

13　오늘날 중국이 남아시아 정권의 독재화를 위해 강력한 인센티브를 제공함에 따라, 이 지역의 몇몇 지도자들은 민주주의가 아닌 다른 수단을 통해 정치적 정당성 획득을 바라면서 시진핑에 의해 시작된 권위주의의 문화적 정당성을 모방했다.

국은 이 기회를 활용하여 백신을 제공하면서 선량한 이웃의 이미지를 확산시킬 수 있었다.

더욱이 2020년 라다크(Ladakh) 갈완계곡(Galwan Valley)에서의 군사 충돌과 인도 국내에서 중국 기업의 영업활동에 대한 각종 제재로 인해 중－인 관계는 더욱 악화되고, 인도는 미국이 주도하는 반중(反中) 안보협의체인 쿼드에 한층 밀착되었다. 이처럼 인도가 역외 파트너 국가를 통한 외적 균형(external balancing)을 선택하고 주변국에 대한 관심이 약해지자 중국은 인도의 압도적인 역내 지위를 견제하고 남아시아 국가들과의 관계를 강화할 기회로 여겨 '대안적인 지역협의체'를 만들고 있으며, 일각에서는 중국판 쿼드 결성이 이미 시작되었다고 평가하고 있다(Sareen, 2020).

실제로 중국은 SAARC, 빔스텍(BIMSTEC: 벵골만기술경제협력체) 외에 인도가 포함되지 않은 지역의 새로운 협력체를 추진하고 있다(Ghimire and Pathak, 2021). 2021년 7월 중국은 왕이(王毅) 중국 외교부장이 소집하고 아프가니스탄, 방글라데시, 네팔, 파키스탄, 스리랑카 외무장관이 참석한 화상회의(2021년 4월) 결과에 따라 '중－남아시아 비상물자비축(China－South Asia Emergency Supplies Reserve) 및 빈곤구제협력개발센터(Poverty Alleviation and Cooperative Development Center)'를 출범시켰다. 여기서 인도, 부탄, 몰디브는 제외되었다.

결론적으로 남아시아 8개국이 모두 참여하는 협의체로 유일한 SAARC는 당분간 작동이 어려워 보인다. 오히려 인도와 중국 각각을 구심점으로 하여 새로 소다자 협의체가 발족되는 등 남아시아 지역 통합의 희망은 조금씩 사그라들고 있다. 중국은 특히 포스트 코로나 시대 중국을 고립시키려는 서방의 시도를 돌파하기 위해 어느 때보다 남아시아에 많은 공을 들이고 있고, 이 시도는 남아시아를 분리시키는 강력한 힘으로 작용하고 있다.

3. 지역 강국으로서 인도의 이니셔티브와 한계

인도는 지역 강대국이 될 기회가 있음에도 오히려 동방정책을 중시하며 정작 이웃 국가에 대한 외교에는 소홀했다. 최근 인도태평양 전략을 추진하며 다시 이웃 국가를 돌아보고 있으나, 이번에는 '인도양'에 방점이 찍혀서 파트너 국가의 범주가 바뀌었다. SAARC 외에도 중국은 일대일로와 AIIB(Asian Infrastructure Investment Bank: 아시아인프라개발은행)와 같이 남아시아 국가 대부분이 참여할 수 있는 프로젝트와 금융을 제공하여 인도의 존재감을 흐리게 만들고 있다. 중국의 경제적 패권은 최소한 남아시아에서는 압도적이다. 따라서 현재 남아시아에서, 또는 적어도 SAARC 차원의 지역협력에 진전이 없는 것은 인도가 주도적으로 협력을 이끌기 위한 노력도 하지 않으면서 중국의 참여를 막는 데 따른 것이라는 역내 국가들의 불만이 증가하는 상황이다.

남아시아 국가들은 SAARC를 비롯한 남아시아의 지역협력에서 인도의 역할을 기대했으나, 인도에 남아시아는 거의 언제나 후순위로 밀린 것이 사실이다. 인도를 제외한 남아시아 국가들은 인도가 SAARC와 같은 지역협의체에 우선순위를 두는 한편 중국과의 관계에서 전략적 자율성을 인정해 줄 것을 희망하였다(Poudel, 2022). 지역통합의 가장 큰 목표인 경제성장의 실현을 위해서 일차적으로 인도가 여타 국가들로부터 농산물 수입을 늘림으로써 인도와 SAARC 회원국 간 무역을 증대하는 것이 가장 효과적이라는 연구 결과도 발표되었다(Raghurampatruni, Senthil, and Gayathri, 2021).

이런 상황에서 인도는 SAARC 대신 BIMSTEC 등과 같이 파키스탄이 참여하지 않는 다른 소다자 지역협의체에 눈을 돌리고 있다. BIMSTEC은 동남아 및 남아시아 7개 국가(인도, 미얀마, 태국, 네팔, 방글라데시, 부탄, 스리랑카)로 구성된 지역 기구로, 1997년 상호 기술 교류 및 경제 협력을 위해 출범하였다. 특히 인도-파키스탄의 반목으로 SAARC를 통한 지역통합이 요원해진 이후 모디 정부는 파키스탄이 포함된 SAARC 대신 인도와 적대관계가 거의 없는 남아시아 및 동남아 국가들과 함께 경제·안보·기술·인적교류를 확대한다는 목적으로 BIMSTEC에 더 힘을 싣고 있다. BIMSTEC은 최근 남아시아 지역성의 플랫폼으로서 SAARC의 대체재로 언급되고 있다.

BIMSTEC과 더불어 환인도양연합(IORA: Indian Ocean Rim Association)과 BBIN, 메콩-강가협력이니셔티브(MGC: Mekong-Ganga Cooperation Initiative) 등은 인도가 신동방정책을 추구하기 위한 플랫폼으로 이해될 수 있다. IORA는 인도양 연안 국가 간 경제사회 분야 협력을 위한 지역협의체로, 한국도 2018년 대화상대국 자격으로 참가하였다. 회원국은 인도, 스리랑카, 방글라데시, 몰디브, 태국, 인도네시아, 말레이시아, 싱가포르, 호주, 이란, 아랍에미리트, 예멘, 오만, 남아공, 케냐, 소말리아, 탄자니아, 세이셸, 코모로, 모리셔스, 모잠비크, 마다가스카르 등 인도양 및 태평양 주변의 22개 국가이다. 그 외 코로나19 백신 공급, 글로벌 백신협의체인 Co-Win Global Conclave, SAGAR(Security and Growth for All in the Region: 지역 모두를 위한 안보와 성장), 인도-태평양비즈니스정상회의(Indo-Pacific Business Summit) 등 인도는 지역의 맹주로서 최근 적극적인 행보를 보인다. 하지만 지역 강국으로서 인도의 위상을 견고하게 세우기 위해서는 무엇보다도 주변국과의 관계에서 불신이라는 유산을 극복하는 것이 가장 큰 과제일 것이다(Crossette, 2008: 37).

4. 남아시아 지역협력 평가

인도뿐만 아니라 SAARC의 다른 모든 국가는 본질적으로 민족적, 종교적, 경제적인 국내 분쟁의 다양한 특성에 직면해 있어 정치 지도자가 지역 포럼에서 통합적 접근이 필요한 문제에 대한 적극적인 접근을 꺼리는 상황이다(Ahmed and Bhatnagar, 2008). 따라서 남아시아는 여전히 세계에서 가장 덜 통합된 지역으로 남아 있다. 남아시아 내 자유무역협정인 SAFTA가 존재하지만 제외 품목과 예외 규정으로 역내 국가 사이의 관세는 여전히 높아 SAFTA의 유효성에 대한 회의감이 커지고 있다(Weerakoon, 2010). 남아시아 국가들은 공통의 적이 없고, 지역통합을 위한 적극적인 외부 지원을 받은 적이 없다는 점 또한 남아시아 지역협력이 진척을 보이지 못하는 원인이라고 할 수 있다. 더불어 인도-파키스탄 경쟁, 아프가니스탄-파키스탄 갈등, 방글라데시-파키스탄 갈등, 인도-방글라데시 갈등, 인도-네팔 갈등 등 남아시아 국가들 사이의 분쟁과 탈레반의 재부상으로 인한 아프가니스탄 민주주의의 위기 등 남아시아 역내의 분쟁과 위기 또한 남아시아의 지역성을 위협하고 있다. SAARC에 대한 회의적인 평가는 이러한 내부 요인에서 촉발되었다고 할 수 있다. SAARC는 지역의 통합을 추구하고 남아시아의 정체성 도모를 설립 목표 중의 하나로 설정했으나, 발족 당시부터 회원국들의 합의에 따라 논쟁적인 의제를 피하고 사회와 문화 분야에 치중했다는 점에서 한계가 있었다는 평가를 받는다. 태생적인 한계로 SAARC는 남아시아 역내 분쟁과 인권 침해 상황이 발생할 때 유의미한 돌파구를 마련하지 못했으며, 각 회원국이 국내 정치를 우선시함으로써 민족주의가 심화되고 지역주의가 와해되는 상황을 방지할 수 없었다. 이는 BIMSTEC과 IORA, MGC를 비롯한 남아시아 관련 소지역 협력체들이 공유하는 약점으로, 남아시아 공동의 안보 논의가 전혀 이루어지지 못하고 있다는 점은 남아시아 지역성의 발전을 저해하는 주요 요인으로 손꼽힌다.

특히 역내 영향력이 가장 큰 인도와 파키스탄의 경쟁 관계와 갈등은 SAARC의 실패 요인으로 작용했을 뿐만 아니라 남아시아의 안정과 번영을 위협해왔다. 2016년 인도에서 테러가 발생한 후 인도－파키스탄 갈등이 다시 불거지면서 SAARC 정상회담 개최가 수년 째 불발되었다. 이후 파키스탄을 제외한 회원국들은 인도가 주도하는 BIMSTEC과 BBIN에 대해 더욱 적극적인 태도를 보여왔다. 2017년 남아시아 국가 공동 위성을 띄운 인도의 프로젝트에 파키스탄은 참여하지 않았으며, 이는 남아시아 지역성 추구에 있어 인도－파키스탄 간 갈등의 해결과 파키스탄의 참여가 여전히 큰 과제로 남아 있음을 시사한다.

종합적으로 평가할 때, 남아시아 지역성은 일관적이지 않은 방식으로 발전해 왔으며, 남아시아 국가들 사이의 전략적 이해관계가 상이함을 고려할 때 진정한 의미의 통합을 이루었다기보다는 형식적인 수준의 지역성에 머물러 있다고 할 수 있다. 동아시아에서는 역내 무역이 전체 무역의 50%를 차지하지만, 남아시아에서는 SAFTA를 발족했음에도 역내 무역이 전체 무역의 5%를 약간 넘는 수준에 불과하다는 점은 이를 잘 보여주고 있다. 여기에다가 상술한 중국의 새로운 '분할포섭(divide－and－subsumption)' 전략은 지역 분열을 추동하는 힘으로 작용하고 있다.

VI. 남아시아 지역성 발전 전망

고대로부터 남아시아 지역에 살아온 사람들 사이에 흐르는 정서적 울림은 분명히 존재한다. 그리고 이 지역 국가들간 공유하는 문화적 토양과 영국의 식민지배라는 공통의 기억은 문화와 제도 곳곳에 스며들어 있다. 그럼에도 단일지역으로 발전하는 과정에서는 많은 장애요인이 발견된다. 영국의 식민지배를 거치며 인도 아대륙에는 쉽게 제거하기 어려운 갈등이 뿌리내렸고, 취약한 정체 속에서 권력을 유지하기 위한 행정부와 군부 간의 알력은 지역 단합을 방해했다.

또한 현재 남아시아가 직면한 지역성 형성의 문제는 세계화 자체가 갖는 한계에서도 기인한다. 세계화가 촉진되던 시대 지역성은 세계화로 가는 단계로 이해되었으며(Van Langenhove and Macovei, 2010: 11), Nye(1968: v)는 지역을 민족국가와 세계 사이의 중간적 단계로 설명했다. 이와 같은 논의가 가장 활발하게 이루어진 것은 유럽의 통합이라고 할 수 있다. 그런데 미－중 갈등이 본격적으로 전개되고 세계가 진영화 되면서 세계화는 퇴색하고 있는 모습이다. 남아시아는 국가 간 반목과 갈등을 뒤로하고 하나의 지역으로 발돋움함으로써 세계화의 혜택을 얻고자 했다. 이는 1985년 남아시아 지역협의체인 SAARC가 발족된 배경이기도 하다. 하지만 번영과 평화를 가져올 것으로 기대했던 세계화가 표류하면서 남아시아의 지역성 발전의 푯대도 거세게 흔들리고 있다.

오히려 소지역주의는 갈등과 이해관계의 차이로 인해 발전하지 못한 남아시아 지역성을 위한 대안으로 떠오르고 있으며, BIMSTEC 등 파키스탄을 제외한 기구는 남아시아 내 부분적인 지역성의 등장에 대한 희망적인 신호로 읽힐 수 있다. 그러나 SAFTA의 한계가 보여주듯 남아시아 내 경제와 안보를 아우르는 지역주의는 특정 국가를 배제한 채 성장할 수 없다. 따라서 인도－파키스탄 관계 등 핵심적인 분쟁 해결은 앞으로도 남아시아 지역주의의 성패를 좌우하는 열쇠가 될 것으로 보인다. 또한 최근 아프가니스탄 탈레반의 부상은 남아시아 지역성의 발전 전망을 더욱 암울하게 만들고 있다.

결국 남아시아 정세가 안정되고 하나의 지역으로 기능하는 데 필요조건은 인도의 입장과 역할에 상당 부분 달려 있다(김찬완, 2014: 82). 남아시아 국가들은 인도의 '자비로운 패권국(benevolent hegemon)'으로서의 역할 수행을 남아시아 지역주의 발전의 핵심으로 꼽으며, 인도의 역할을 기대해왔다(Dash, 2001: 201). 인도가 파키스탄, 아프가니스탄, 스리랑카, 네팔 등 주변국과 장기적인 안목에서 협력관계를 유지하고 발전에 기여하려는 자세를 갖춘다면 이는 지역의 안정과 발전으로 이어질 가능성이 높다. 최근 모디 정부가 지역 강국으로서의 면모를 되찾기 위해 원조 제공 규모를 늘리는가 하면 파키스탄과의 관계 안정화를 위해 노력을 기울이는 모습은 고무적이다. 하지만 미-중 패권경쟁의 영향권에 들어간 남아시아에서 과거와는 달리 인도의 역할에는 한계가 있을 수 밖에 없다. 상대적으로 파키스탄의 국력이 쇠퇴하고 있지만, 여타 국가의 지렛대 역할을 하는 중국의 존재로 인해 남아시아에 인도 중심의 단극체제가 성립될 가능성도 희박하다.[14]

만약 남아시아를 하나로 아우르는 공통의 가치를 찾는다면 그것은 서구 가치의 절대성을 인정하지 않는 반서구(反西歐) 연대가 될 가능성을 생각해 볼 수 있다. 인도는 서구에서 주장하는 도덕성의 이중적 잣대에 대해 이슬람 국가들 못지않게 비판적인 시각이다(Mahbubani, 2009: 166). 최근의 사례를 보더라도 러시아의 우크라이나 침공 사태 이후 미국이 주도하는 반러 전선에 참여하지 않았고, 오히려 서방이 하나로 결집하여 러시아를 비난하는 것을 경계하고 있다. 2020년 갈완 계곡에서의 군사적 충돌 이래 평행선을 걷던 중국-인도는 2022년 3월 이례적으로 왕이 외교부장이 인도를 방문하여 중국-인도

---

14 B. Buzan and O. Waever(2003)는 남아시아 지역 안보적 측면에서 파키스탄의 상대적인 국력 약화로 인도 중심의 단극체제 등장 가능성을 제기하기도 하였다. 하지만 인도의 남아시아 지역에 대한 외교 정책은 '혼란스럽고(confusing)', '일관성이 부족하고(inconsistent)', '모순적(ironic)'이라는 비난을 받아온 것이 사실이며(Sharma, 2009: 36; Prys, 2013), 이는 주변국 외교를 강조한 모디 정부에서도 다르지 않았다.

외무장관 회담 개체를 통해 우크라이나 사태에 대해서만은 목소리를 모으는 모습을 보여주었다.

더욱이 식민통치 결과 역사의 변방으로 밀려난 인도를 비롯한 남아시아 국가들 사이에서는 서구에 대한 반감이 높다. 남아시아가 식민지 유산을 딛고, 이에 반하여 하나의 지역으로 세력화를 도모한 데에는 이 같은 반감이 크게 작용했던 터이다. 그리고 제2차 세계대전이 종료된 후에 이같은 움직임은 제3세계를 중심으로한 비동맹운동으로 이미 나타난 바 있다. 냉전 종식 이후 비동맹운동을 새롭게 전개하려는 움직임이 이어졌지만 다시금 찾아든 냉전적 대립구도 속에서 힘을 발휘하지 못하고 있는 실정이다. 만약 중국이 막강한 지역 강국으로 부상하여 영향력을 발휘하려 하지 않았다면 하나의 지역으로 발전하려는 남아시아의 시도가 성공했을지도 모른다. 하지만 20세기 중반까지 영국의 '분할통치' 아래 분열되었던 남아시아는 중국의 '분할포섭(divide-and-subsumption)' 전략 아래 다시 분열의 소용돌이에 휘말리기 시작했다. 더욱이 세계는 서구가 주도하는 민주주의, 자유, 인권과 같은 가치 아래 진영화가 가속화되면서 신냉전과 유사한 양상을 보이고 있다. 결론적으로 미중간 패권적 경쟁의 영향권으로 들어간 남아시아는 SAARC 창립 당시와 달리 복잡한 세력균형 게임으로 빠져들고 있는 것으로 보인다(Paul, 2020). 그리고 이와 같은 지역의 새로운 동학은 지리적 단위로서의 지역성보다는 추구하는 가치와 이익을 중심으로 하는 새로운 지역성의 등장을 조심스럽게 예고하고 있다.

강성용. 2022. "지역으로서의 남아시아: 지역성 발아와 성장 경로 추적." 서울대학교 아시아연구소 HK+ 메가아시아연구사업단 2차 심포지움 토론문(1월 20일). 서울대학교 아시아연구소 HK+ 메가아시아연구사업단.

김찬완. 2014. "인도의 대(對) 아프가니스탄 정책과 한계." 남아시아연구 제19권 3호, .82

김태형. 2019. 『인도-파키스탄 분쟁의 이해: 신현실주의 이론으로 바라보는 양국의 핵개발과 안보전략 변화』. 서울: 서강대학교 출판사.

신범식. 2021. "부상하는 메가아시아: 역사와 개념."『아시아리뷰』제11권 제2호, 3-34.

이지은. 2011. "남아시아연구 리뷰: 현황과 과제."『아시아리뷰』제1권 제1호, 145-469.

Ahmed, Imtiaz. 2012. "Regionalism in South Asia: A conceptual note." *Millennial Asia* 3(1), 95-103.

Ahmed, Zahid Shahab and Stuti Bhatnagar. 2008. "Interstate conflicts and regionalism in South Asia: prospects and challenges." *Perceptions*: *Journal of International Affairs* 13(1), 1-19.

Ainslie T. Embree. 2015. "South Asian History: A Cursory Review." *Asia in Western and World History*. 631-662. London: Routledge.

Arshad, Farooq and Lubna Abid Ali. 2017. "Regionalism in South Asia and Role of SAARC." *Pakistan Journal of History and Culture* 38(1).

Baral, Lok Raj. 2006. "Cooperation with Realism: The Future of South Asian Regionalism." *South Asian Survey* 13(2), 265-275.

Barrow, Ian J. 2003. "From Hindustan to India: Naming Change in Changing Names." *South Asia: Journal of South Asian Studies* 26(1), 37-49.

Bose, Sugata and Ayesha Jalal. 2004. *Modern South Asia: History, Culture, Political Economy. 2nd edition.* New York/London: Routledge. [초판 1997, Delhi: Oxford University Press].

Clémentin-Ojha, Catherine. 2014. 'India, that is Bharat…': One Country, Two Names. *South Asia Multidisciplinary Academic Journal* (10), 1-21.

Crossette, Barbara. 2008. "Indira Gandhi's Legacy." *World Policy Journal* 25(1), 36-44.

Dash, Kishore C. 2001. "The challenge of regionalism in South Asia." *International Politics* 38(2), 201-228.

Embree, Ainslie T. and Gluck, Carol. 2015. *Asia in Western and World History: A Guide for Teaching*. Routledge: New York.

Garver, John W. 2005. "China's Probable Role in Central and South Asia" *in China's "Good Neighbor" Diplomacy: A Wolf in Sheep's Clothing?* ASIA PROGRAM SPECIAL REPORT. (Jan. 2005). Woodrow Wilson International Center for Scholars.

Ghimire, Bipin and Pathak, Apoorva. 2021. "China Is Providing an Alternative Regional Framework for South Asia." *The Diplomat.* (July 30, 2021!)

__________. 2021. "China Is Providing an Alternative Regional Framework for South Asia." *The Diplomat.* (July 30, 2021). https://thediplomat.com/2021/07/china-is-providing-an-alternative-regional-framework-for-south-asia/.

Guha, Sumit. 2003. The Politics of Identity and Enumeration in India c. 1600-1990. *Comparative Studies in Society and History* 45(1), 148-167.

https://thediplomat.com/2021/07/china-is-providing-an-alternative-regional-framework-for-south-asia/ (검색일: 2021년 8월 10일)

https://www.indiatoday.in/india/story/pakistan-offers-to-host-saarc-summit-in-islamabad-reiterates-invitation-to-india-1895554-2022-01-03

India Today. 2022. "Pakistan offers to host SAARC summit in Islamabad, reiterates invitation to India." (Jan. 3, 2022).https://www.indiatoday.in/india/story/pakistan-offers-to-host-saarc-summit-in-islamabad-reiterates-invitation-to-india-1895554-2022-01-03

Jaiswal, Pramod. 2014. "The Future of SAARC is Now." *Institute of Peace and Conflict Studies*, November 4.

Jalal, Ayesha. 2002. *Democracy and Authoritarianism in South Asia*. Contemporary South Asia.

Kishore Mahbubani. 2009. *The New Asian Hemisphere: The Irresistible Shift of Global Power to the East*. (April 28, 2009). PublicAffairs: New York.

MEA 2014. 'Statement by External Affairs Minister at SAARC Foreign Ministers' Meeting held in Maldives.' Ministry of External Affairs, Government of India. (Feb. 20, 2014).

Morris, D. Morris. 1967. 'Values as an Obstacle to Economic Growth in South Asia: An historical survey.' *Journal of Economic History* 27(4). 588−607.

Panda, Jagannath P. 2018. *India−China Relations: Politics of Resources, Identity and Authority in a Multipolar World Order*. 1st Edition. Routledge Advances in South Asian Studies.

Pant, Harsh V. 2022. "As India and China Compete, Smaller States Are Cashing In." *Foreign Policy*. (Jan. 24, 2022). https://foreignpolicy.com/2022/01/24/india−china−competition−investment−sri−lanka−maldives/

Pattanaik, Smruti S. 2016. "Sub−regionalism as new regionalism in South Asia: India's role." *Strategic Analysis* 40(3), 210−217.

Paul, Aditi. 2020. "Regional cooperation in South Asia: Exploring the three pillars of regionalism and their relevance." *The Journal of Indian and Asian Studies* 1(2).

Poudel, Santosh Sharma. 2022. "Can India Lead South Asia by Example in 2022? *The Diplomat*(Jan. 7, 2022). https://thediplomat.com/2022/01/can−india−lead−south−asia−by−example−in−2022/(검색일: 2021년 8월 10일)

Prys, Miriam. 2013. "India and South Asia in the world: on the embeddedness of regions in the international system and its consequences for regional powers." *International Relations of the Asia–Pacific* 13(2), 267–299.

Rafiq, Samah. 2022. "Linear Borders, Partition and Identity in Postcolonial South Asia." *Geopolitics* 27(2), 478–500.

Raghurampatruni, Radha, M. Senthil, and N. Gayathri. 2021. "The Future Potential and Prospects of SAARC Regional Grouping: A Study." *India Quarterly.*

Sareen, Sushant. 2020. "A Quad+ with Chinese characteristics." *Raisina Debates.* ORF (AUG 01, 2020) https://www.orfonline.org/expert–speak/a–quad–with–chinese–charecteristics/(검색일: 2021년 8월 10일)

Sharma, Sheel Kant. 2011. "South Asian Regionalism: Prospects and Challenges." *Indian Foreign Affairs Journal* 6(3), 305–314.

Subrahmanyam, Sanjay. 2016. "One Asia, or Many? Reflections from Connected History." *Modern Asian Studies* 50(1), 5–43. Cambridge University Press.

USIP Senior Study Group Report. 2020. *China's Influence on Conflict Dynamics in South Asia.* United States Institute of Peace(USIP).

Van Langenhove, Luk. 2011. *Building Regions: The Regionalization of the World Order.* Routledge: London.

Van Langenhove, Luk and Macovei, Maria Christina. 2010. "Regional Formations and Global Governance of Social Policy." *The IUP Journal of International Relations*, Vol.Ⅳ, Nos.1&2, pp. 30-50.

Weerakoon, Dushni. 2010. "The Political Economy of Trade Integration in South Asia: The Role of India." *World Economy* 33(7). 916–927.

Widmalm, Sten. ed. 2021. *Routledge Handbook of Autocratization in South Asia.* London: Routledge. 4.

World Bank. 2022. World Bank Open Data. https://data.worldbank.org/(검색일: 2022년 11월 10일)

• • • • •

제11장

중앙아시아: 지역의 출현과 재형성

김효섭(서울대학교 아시아연구소 선임연구원)

I. 중앙아시아의 출현

중앙아시아 지역은 우즈베키스탄, 카자흐스탄, 키르기스스탄, 타지키스탄, 투르크메니스탄 5개국으로 구성된다. 아시아를 구성하는 하나의 지리적 단위로서 중앙아시아 지역이 출현한 것은 비교적 최근이다. 1990년대 초 소련의 갑작스러운 해체와 중앙아시아 국가들의 독립이 '지역으로서의 중앙아시아'가 태동하게 된 계기였다. 1993년 1월 우즈베키스탄의 타슈켄트에 모인 중앙아시아 5개국 정상들은 소련 해체로 인한 정치, 경제적 혼란에 공동으로 대처하고, 러시아의 정치적 영향력에서 벗어나 독자성을 확립하기 위한 방안으로 '중앙아시아(Central Asia)'를 선포하였다(Qoraboyev, 2010: 9). 소련 시절의 경제구역에 기반한 '중부아시아(Middle Asia) + 카자흐스탄'이라는 지역명을 대신하여 중앙아시아란 지역명을 사용키로 하였다.

아시아 지역은 지리와 정치, 경제, 문화, 역사적 특성 등에 따라 몇 개의 지역으로 구분한다. 동북아시아, 동남아시아, 서아시아 등으로 구분되는데,

그림 1　중앙아시아 구성 국가와 위치

출처: https://commons.wikimedia.org/

이러한 구분은 기준에 따라 지명과 지역의 범위가 달라진다. 중앙아시아 지역은 아시아 지역 중에서 지명과 지리적 범위에 대한 논란이 가장 적다. 왜냐하면 중앙아시아는 소속 국가들이 스스로 '중앙아시아'라는 지역명을 선언하면서 지정학적 무대에 등장하였고, 아시아와 세계의 다른 지역에서 그렇게 부르면서 자연스럽게 통용되었기 때문이다. 그만큼 지역명이나 지역의 범위를 규정하는 기준에 관한 논란이 적기 때문이다. 현재의 '중앙아시아라는 지역명은 1993년 1월 카자흐스탄 누르술탄 나자르바예프(Nursultan A. Nazarbayev) 대통령이 제안하고, 중앙아시아 5개국이 합의하면서 공식화되었다. 이러한 의미에서 현재 통용되는 중앙아시아 지역은 오랜 역사적 과정을 통해 형성되었다기보다 격동의 정치적 과정에서 출현하였다고 볼 수 있다.[1] 지역 내부의 공통성을 강화하고 주변 지역과 구별 지으면서 아래로부터 형성된 것이 아니라

---

[1]　물론 '중앙아시아의 출현'이 이 지역의 문화, 역사적 과정과 근원을 부정하는 것은 아니다. 중앙아시아의 기원과 역사적 형성 및 변화 과정에 대해서는 뒤에서 설명할 것이다.

위로부터 만들어졌다고 할 수 있다.

중앙아시아 지역은 지명에서 드러나듯 아시아의 한가운데에 위치한다. 동남아시아 지역을 제외하고, 동북아시아, 남아시아, 서아시아와 접하고 있다. 지리적으로는 아시아의 중심에 위치하지만 다른 지역과의 연결과 접근성은 그리 좋지 않다. 험준한 산악지대, 광활한 사막과 스텝 및 타이가 지대[2] 등으로 둘러싸여 있는 지리적 불리함과 아울러 도로, 철도, 수운 및 항공망 등 열악한 교통인프라로 인해 접근성이 낮다.[3] 바다에서 멀리 떨어진 내륙지역이라 해양으로 진출하기 위해서는 주변 국가를 통과하여 수천 킬로미터를 가야 한다. 지도상에는 사통팔달의 위치에 있지만, 아시아의 대표적인 고립 지역이다. 특히 우즈베키스탄은 인도양, 태평양 등 해양으로 진출하기 위해 최소 2개 국가를 경유해야 하는 대표적인 이중 내륙국이다.[4]

중앙아시아 지역의 인구는 약 7,500만 명으로 아시아의 다른 지역에 비해 적다. 2021년 기준으로 우즈베키스탄이 약 3,400만 명, 카자흐스탄이 1,900만 명이며, 두 국가를 제외한 나머지 3개국의 인구는 모두 합쳐서 약 2,200만 명 정도이다. 중앙아시아는 석유·가스를 비롯한 에너지 자원, 금속과 광물 등 풍부한 지하자원을 보유하고 있다. 그러나 경제발전의 수준은 아시아의 다른 지역에 비해 낮다. 석유·가스, 철광석, 석탄 및 우라늄 등 자원

---

2 중앙아시아 지역은 서쪽의 카스피해부터 동쪽으로는 중국의 서부 지역에 이르며, 북으로는 러시아의 시베리아 지역에서, 남으로는 험준한 산악과 사막이 펼쳐져 있는 이란, 아프가니스탄, 중국과 경계를 이루고 있다. 텐산산맥이 중앙아시아와 중국에 걸쳐 있고, 키르기스스탄과 타지키스탄은 '세계의 지붕'이라 일컫는 파미르고원과 접하고 있으며, 우즈베키스탄과 투르크메니스탄에는 키질쿰과 카라쿰 사막이 펼쳐져 있고, 카자흐스탄은 나무가 거의 없는 광활한 스텝을 이루고 있다 (Jelen et al., 2020: 15 – 16).

3 중앙아시아 지역의 접근성이 떨어지는 이유는 지리적 장벽과 열악한 교통 인프라 때문만은 아니다. 폐쇄적이고 억압적인 정치체제나 규제 등의 정치, 사회적 요인도 작용하였다. 특히 폐쇄적 소비에트 시대에 중앙아시아는 다른 지역과 매우 단절되었고, 독립 후 30여 년은 이를 극복하기에는 부족한 시간이었다. 중앙아시아 국가들의 낮은 정치·경제적 능력도 영향을 미쳤다.

4 전 세계 200여 개 국가 중 이중내륙국은 2개국뿐인데, 우즈베키스탄과 유럽의 리히텐슈타인이다.

이 풍부한 카자흐스탄이 경제적으로 가장 발전하였으며, 일부 국가는 1인당 GDP가 채 1,000불을 넘지 않는 대표적인 빈국이다.

인구나 경제 규모의 측면에서 중앙아시아가 아시아에서 차지하는 비중은 높지 않다. 하지만 그렇다고 중앙아시아 지역의 중요성이 다른 지역에 비해 떨어지는 것은 아니다. 중앙아시아 지역은 최근에 독립한 국가로서 국제사회에서 영향력은 높지 않으나, 지리적 위치로 인해 국제사회가 주목하는 지역이다. '신 거대게임'(New Great Game)으로 일컬어지듯 미국, 러시아, 중국 등 강대국의 지정학적 경쟁의 무대이며, '신실크로드 부활'이라는 담론에서 드러나듯이 육상교통망을 통한 유라시아 지역의 연결에서 중요한 위치를 차지하고 있다. 특히 중국의 일대일로(BRI) 이니셔티브 실현의 핵심 지역 중 하나로서 지경학적 위상도 날로 높아지고 있다.

II. 중앙아시아 지역을 바라보는 다양한 시선

1. '중앙아시아' 지명의 탄생

우리는 지도 위에 그어진 경계를 통해 국가와 지역을 구분하고 인식하는 데 익숙하다. 경계로 구분된 일정한 구역에 특정한 기호를 부여하여 다른 지역과 구분하고, 그 지역의 특성을 드러낸다. 그 기호 중 하나가 지명이다. 지명은 사회적 산물이다. 지역을 발견한 사람이 붙이기도 하고, 지리학자나 정치인들이 명명하기도 하며, 특정한 절차를 통해 공식적으로 확정하기도 한다. 이렇듯 지명은 일정한 사회적 과정을 거쳐 형성된다.

중앙아시아라는 지명도 사회적 산물이다. '지역으로서의 중앙아시아'는 최근에 출현하였지만, '지명으로서의 중앙아시아'가 처음 나타난 것은 18세기이다. 러시아와 독일 등 유럽의 지리학자와 탐험가들에게서 비롯되었다. 산업화와 근대화가 진행되고 '거대게임'이라는 지정학적 경쟁이 벌어지는 상황에서 그동안 '백지 상태의 미지의 세계(dark tabula rasa)'[5]로 알려진 아시아의 내륙지역으로 진출하면서 중앙아시아 지역은 본격적으로 알려지기 시작하였다. 이들은 당시에 주로 회자된 타타리아(Tataria)[6]와 투란(Turan)[7] 등의 지명은 서구에서 출현하고 있던 근대적 국민국가의 개념과 양립할 수 없었기에 지리적 위치와 특성에 기반한 지명을 사용하였다(Gorshenina, 2021: 932).

중앙아시아라는 지명은 독일의 지리학자 훔볼트(Alexander von Humboldt)가 처음 사용한 것으로 알려졌는데, 러시아 학자 필립 나자로프(Philip Nazarov)[8]와 게오르그 메옌도르프(Georg von Meyendorff)가 먼저 사용하였다. 이들은 러시아에서 인도와 중국 등 남쪽이나 동쪽으로 가는 길에 있다는 의미로 중앙아시아라는 지명을 사용하였다. 당시는 강대국 간 각축의 시기였지만, 지정학적 측면의 심장지대(heartland)로서의 중심 또는 중앙의 의미라기보다 한 지역에서 다른 지역으로 가는 도중에 만나는 지역으로 이동의 측면을 강조하였다(Горшенина, 2019: 97). 중앙아시아를 중간지점, 매개지대의 의미로 사

---

5 중앙아시아 지역을 '백지상태의 미지의 세계(Frank, 1992)' 또는 '지도상의 구멍(Liu, 2011)' 등으로 묘사했다고 하여 거주민, 식생 등 아무것도 존재하지 않는 사막, 황무지를 의미하는 것은 아니다. 그것은 당시 근대적 의미의 지리, 지질학적 조사가 이뤄지지 않았고, 지도 등의 근대적 기술로 표현되지 않았음을 의미한다. 이러한 '백지도 지역'을 촘촘하게 채운 공로로 러시아 근대 지리학(독일 훔볼트의 영향을 받음)의 효시로 일컬어지는 표트르 피트로비치 시묘노프(Пётр Петрович Семёнов)는 짜르로부터 '시묘노프 – 텐샨스키(Пётр Петрович Семёнов – Тян – Шанский)'라는 성을 하사받기도 하였다.

6 타타리아는 13세기에서 19세기 주로 서유럽에서 사용된 지리적 용어로 카스피해에서 태평양, 중국과 인도 사이의 지역을 일컫는다.

7 이란어 기원의 지리적 용어로 19세기에서 20세기 초 이란 인근의 지역을 지칭하는 지리적 용어로 현재의 중앙아시아 지역을 비롯해 아프가니스탄과 파키스탄 일부를 지칭한다. 타타리아에 비해 지리적 범위가 작다.

8 필립 나자로프는 러시아제국의 외교관이자 통역가로 18세기 말에 태어나 19세기 초까지 살았던 것으로 알려지고 있다. 1813년 5월 16일 중앙아시아 페르가나 지역의 코칸드에 설립된 대사관의 책임자로 임명되었으며, 시베리아 남부지역과 키르기스스탄 지역을 탐험하였다. 나자로프는 1812년에 '중앙아시아'라는 지명을 처음 사용하였다.

용하였다.

훔볼트는 중앙아시아란 지명의 유행과 대중화를 이끌었던 학자이다.[9] 그러나 훔볼트는 아시아 대륙에서의 중앙이라는 위치는 강조하였으나, 그 경계를 명확히 하지 않았다(Penck, 1930). 또한 중앙아시아란 지명에 특별한 의미를 부여하지 않았고, 특정 측면을 강조하여 지역을 설명하지 않았다. 훔볼트와 그의 영향을 받은 리히트호펜(Ferdinand von Richthofen)이 자연적 특징에 초점을 두고 '가치중립적' 차원에서 지역을 설명하였기에, 이들은 부각되는 지역의 특성에 따라 '내륙아시아(Inner Asia)'[10] 또는 '고지대아시아(High Asia)' 등의 지명을 필요에 따라 다양하게 혼용하였다.

이러한 양상은 최근까지도 서양학계에서 나타났다. 서양학계에서는 중앙아시아와 내륙아시아를 구별하지 않고, 동일 지역을 의미하는 동의어처럼 사용하였다. 다만 이러한 지명이 어느 대륙, 어느 국가에서 더 일반적으로 통용되느냐의 차이점만 있었다. 미국에서는 오언 래티모어(Owen Lattimore)의 영향을 받아 내륙아시아를 주로 사용하고, 유럽에서는 중앙아시아를 선호하였다.[11]

러시아와 중앙아시아를 비롯한 구소련 지역에서는 중부아시아(Средная

---

9 훔볼트는 『중앙아시아』(1843)에서 중앙아시아 지역의 인문과 자연환경에 관한 방대한 기록을 남겼다. 이는 이후 리히트호펜이 아시아 내륙지역에 대한 지질, 토양, 수문학, 기후, 식생 등을 분류, 분석하는데 기초가 되었다.

10 근대에 내륙아시아는 동부와 서부 지역으로 구분(Sinor, 1990; Golden, 2010 등)되기도 했다. 서부 지역은 현재의 중앙아시아, 동부 지역은 신장-위구르, 티베트 등이 해당되었다. 20세기 초 미국에서 중앙아시아 연구에 크게 기여한 래티모어(Owen Lattimore, 1962)는 현재의 중앙아시아와 중국, 그중에서도 특히 신장 지역과의 역사적, 경제적 연결성과 유사성을 강조하기 위해 주로 '내륙아시아'의 개념을 사용하였다.

11 하버드대는 'Inner Asia Center'로, 영국은 'Central Asia Center'로 사용한다. 그러나 하버드대 센터의 이름도 훔볼트에 영향을 받은 래티모어의 중앙아시아명에 기원을 두고 있다. 1990년대 이후에는 미국에도 중앙아시아센터가 설립되었고, 이후 더 큰 단위인 유라시아센터의 일부분으로 통합되는 분위기다. 따라서 이제 내륙아시아는 신대륙의 학문적 어휘이고, 중앙아시아는 구대륙의 어휘라는 주장은 점차 타당성을 잃어가고 있다(Горшенина, 2019: 6).

Азия, Middle Asia)와 중앙아시아(Центральная Азия, Central Asia)를 동시에 사용하였지만, 그 의미와 지리적 범위에서 차이가 있었다. 중부아시아는 일반적으로 카자흐스탄을 제외한 중앙아시아 4개국을 지칭하였는데, 역사적 측면에서 '투르크인들의 땅'이라는 '투르케스탄(Turkestan)과 범위가 거의 일치한다.[12]

강대국의 지정학적 경쟁이 강화되는 상황[13]에서 중앙아시아라는 지명의 의미도 점차 변하였다. 강대국들은 팽창주의적 열망에서 지명을 중요한 요소로 고려하기 시작하였다. 지명에 정치적 의지가 반영되면서 서로 다른 의미로 이해되는 '중부아시아 對 중앙아시아' 프레임이 대두되었다. 현재 중앙아시아 5개국이 '중부아시아'라는 지명을 포기하고, '중앙아시아'라는 지명을 획득한 것은 러시아의 영향력에서 벗어나 새롭고 독자적인 지역임을 천명하기 위함이었다.[14] 단순히 러시아식 지명 표기를 거부하기 위해서가 아니라, 중앙아시아라는 지명을 통해 자신들이 스스로 역사를 만들어 가는 세계(아시아)의 중심이라는 지위를 획득하고자 하는 의도에서였다. '중부아시아'가 아니라, '중앙아시아'라는 지명을 채택한 것은 러시아의 영향력에서 벗어나기 위한 일종의 정치적 행위의 결과물이라고 할 수 있다(Камынин et al., 2017). 이는 구소련의 지식인들이 서구 지식인들과 달리 '중부-중앙'이라는 프레임에 왜 그토록

12　중부아시아는 광의의 의미로는 중앙아시아, 협의의 의미로는 투르케스탄과 동의어로 사용되었다. 그러나 소련 시기에 학계에서는 중앙아시아를 서구의 내륙아시아에 해당되는 것으로, 중부아시아는 아무다리야강과 시르다리야강 사이의 '트란스옥시아나(Transoxiana)'와 그 주변 지역을 지칭하는 '서투르키스탄'으로 범주화했다(양승조, 2021: 255-256).

13　19세기 중앙아시아에 대한 관심은 매우 높았다. 아프가니스탄의 상황, 아프가니스탄과 페르시아의 관계, 이 두 나라에 대한 인도의 일상적인 정책, 반란이 일어나 히말라야 북쪽의 접근이 어려운 중국 지역 및 러시아의 중앙아시아 점령 등 정치문제가 주요 관심사였다. 그럼에도 불구하고 당시 중앙아시아라는 지명이 영국 신문에는 나타나지 않았다(Giffen, 1868: 1).

14　소련 시절 '중부아시아'는 계획경제 체제하의 소련의 경제지역에서 따온 지명이다. 소련의 21개 경제구역 중의 하나인 '중부아시아경제지역'에 카자흐스탄을 제외한 중앙아시아 4개국이 포함되었다. 따라서 중부아시아라는 지명에는 극복해야 할 소련의 잔재가 남아 있음을 의미하였다.

열정적으로 뛰어들었는지, 또한 아시아의 중심을 자국의 영토로 위치 지웠는지를 잘 보여준다(Горшенина, 2019: 97 – 99).

2. 지명과 지리적 범위에 대한 다양한 견해

1) 지리적 위치와 정치적 의도 등에 따른 다양한 지명 사용

중앙아시아 5개국이 공식적으로 '중앙아시아'라는 지명을 사용한 지 30년이 지났다. 그동안 중앙아시아라는 지명과 지리적 범위에 대한 다양한 견해가 제기되었다. 어디까지 중앙아시아인지, 어느 지역이 포함되고 어느 지역이 포함되지 않는지에 관심이 증가하였다. 이것은 신생 독립국으로 국가 건설과 지역 형성의 과정에서 당연히 제기되는 질문이었다. 더구나 인접한 국가와의 협력과 경쟁은 국가발전에 매우 중요한 요인이므로, 누가 '우리'이며 누가 '그들'인지, 어디까지가 '우리 지역'인지에 대한 질문은 자연스러운 과정이었다. 지명과 지역 범위 그리고 정체성은 협력과 경쟁의 대상, 단절과 통합의 대상을 파악하는 지표의 역할을 하기 때문이다.

중앙아시아의 위치, 경계, 범위의 문제는 자명하면서도 어려운 문제다.[15] 지역은 고정적 실체가 아니라 시간의 흐름에 따라 경계와 범위 및 지역성이 변하기 때문이다. 따라서 중앙아시아를 시간의 흐름과 상황의 변화에 따라 경계와 의미가 변화하는 '상상의 지리(또는 지리적 상상)'로 이해하는 것이 타당하다.[16] 서로 다른 지역의 범위와 경계에 대한 우리의 인식은 '지리적 상상'을 통

---

[15] 이러한 문제는 비단 오늘날의 문제만은 아니다. 19세기 중앙아시아 연구의 개척자인 훔볼트도 대륙에서의 중심 위치를 강조했지만 명확한 범위를 제시하지는 않았다. 리히트호펜도 기후 요소에 기반하여 건조기후를 지역 발생의 원인으로 보았으나, 지형학적 측면에서 건조 지역의 경계를 규정하기는 어려운 문제였다.

[16] 중앙아시아의 위치와 지리적 범위에 대한 문제는 누가 중앙아시아인들이고, 그들이 어디에 있느냐의 문제와도 연관된다. 중앙아시아인들이 거주하고 분포하는 곳이 중앙아시아 지역이고, 그 공간적 범위를 결정하기 때문이다. '우리 – 그들', '우리 지역 – 그들 지역'이라는 정체성의 구분은 지리적 상상을 통해 지역적 구분으로 나타난다(Dienner and Megoran, 2002: 36 – 37).

해 투영되고, 이러한 상상은 정치적 선택, 외부 관계와 간섭의 형태에 따라 달라진다.[17]

중앙아시아를 표현하거나 중앙아시아와 연관된 '지리적 상상'은 다양한 형태로 나타났다. 18세기 중앙아시아가 '세계 무대에 등장'[18]한 후 주로 사용되었던 중앙아시아,[19] 중부아시아, 내륙아시아,[20] 고지대아시아 외에도 최근 탈소비에트 지역(Post-Soviet Region), 중앙유라시아(Central Eurasia), 대중앙아시아(Greater Central Asia), 대중동(Greater Middle East) 등 다양한 이름으로 불리고 있다. 지역을 바라보는 시선, 기준에 따라 각기 다른 지명을 사용하고 있다.[21]

중앙아시아는 경계를 쉽게 정할 수도 있지만 깔끔하게 정리하기도 힘든

17 　중앙아시아의 지리적 범위에 대한 관심이 최근에 일어난 것은 아니다. 19세기 후반 중앙아시아 지역이 세계 강대국의 관심 지역으로 대두되었을 때, 중앙아시아의 지리적 범위와 이와 관련된 모호함이 자주 제기되었다. 로버트 기펜(Giffen, 1868: 1-15)은 인도 북서부 지역과 접하는 아프가니스탄, 아프간과 카스피해 사이의 페르시아 북서부 지역을 포함하였다. 남부 지역은 아프간과 페르시아 지역, 서부 지역은 카스피해와 우랄강, 동부 지역은 신장 지역, 북부는 서시베리아 지역을 경계로 보았다.

18 　사실 중앙아시아는 20세기 초까지 미지의 지역이었다. 19세기 후반부터 많은 탐사와 연구가 진행되었지만, 파편적 지식과 정보로 인해 그것이 누구에게서 연유하였는지 먼저 언급해야 했고, 그것에 따라 사실 여부를 받아들일 정도였다(Penck, 1930).

19 　18~19세기 중앙아시아는 중국의 서부 지역, 몽골과 내몽고, 신장, 티베트까지 포함하였으며, '러시아 영향권 하의 지역'과 '중국 영향권 지역'을 구분하기도 했다(Cummings, 2012: 13).

20 　지리적 특성을 기반으로 명명한 '내륙아시아'는 19세기 말~20세기 초반에는 문화역사적 특성을 강조하였다면, 최근에는 지리적 위치, 그중에서도 해양으로부터의 원격성을 일컫는 용어로 사용되기도 한다. 접근성, 특히 교통물류 인프라의 측면을 강조한 지리적 표현이다.

21 　고르셰니나(Gorshenina, 2021)는 중앙아시아 지역이 다양한 지명을 지니는 것은 '지리-문화 지역'으로서의 특이성이 아니라, '지역의 재발견'이라는 복잡한 역사에서 기인한 것으로 본다. 중앙아시아 지역 내부에서 통용되던 지명이 부재하거나 중앙아시아 지역의 정치적 역량이 부족하여 주로 외부에서 지명을 부여하였기 때문이다. 외부의 시각이 반영된 지명이기에 그 지역에 큰 영향력을 미치는 세력과 행위자들의 교체와 변화에 따라 지명도 변했기 때문이다. 물론 매우 많은 학자가 중앙아시아의 '문화적 특성'에 기반한 지명과 지역 범위를 규정하고 있기도 하다.

지역이다. 중앙아시아 지역이 독자적으로 존재하기도 하지만 자주 더 큰 지역에 포함되기도 한다. 이러한 측면에서 '중앙아시아를 주기적으로 분출하는 화산'(Sinor, 1977)으로 묘사하기도 하였다. 지리와 문화역사적 특성으로 한마디로 정의하기 어렵고, 경계를 명확히 자르기도 어렵기 때문이다.

2) 역사와 지역성에 기반한 지명과 그 특성

중앙아시아는 아시아 국가인가? 중앙아시아를 '아시아성'으로만 바라볼 수 있는가의 문제는 최근 중앙아시아 관련 지명에 대한 의문을 제기한다. 위치상으로는 아시아 국가이다. 그러나 중앙아시아 지역의 역사와 문화, 언어, 민족과 인구 구성 등에서 아시아성을 절대적으로 강조할 수 없다. 1860년대 중반부터 20세기 말까지 러시아 제국과 소련의 역사와 함께했기 때문이다. 그 기간에 근대적 기관, 제도, 법 등 근대국가로서의 기틀이 마련되고, 근대적 민족이 탄생하였다. 정치와 경제, 일상생활의 많은 부분에서 여전히 러시아와 구소련의 유산이 남아 있기 때문이다.[22] 이러한 측면에서 중앙아시아를 '탈소비에트 지역'으로 부른다. '중앙아시아 지역의 출현'이 소련 해체의 자연스러운 결과였고, 중앙아시아와 소비에트는 불가분의 관계였기 때문이다. 그러나 탈소비에트 지역은 중앙아시아뿐만 아니라 코카서스 3국 및 우크라이나, 벨라루스 등 동유럽 국가에도 해당한다. 그러므로 '탈소비에트 지역'이라는 지명—'지역 정체성'이라는 용어가 더 적합할 수도—은 아시아를 구성하는 부분으로서의 중앙아시아를 설명하는 데 한계가 있다.

'중앙유라시아'라는 표현도 있다. 최근 국내외를 막론하고 러시아·CIS와 아시아 내륙지역을 연구하는 학자와 연구소들에서 많이 사용하고 있다. 중앙유라시아는 아시아적 특성과 유럽적 특성이 혼재되어 있음을 드러낸다. 러시아와 소련과의 연관성을 표현하는 지명이다. '유라시아'란 용어 자체에서 러

시아와의 관련성, 러시아 기원이라는 문제에서 탈피할 수 없다. 18~19세기 러시아가 중앙아시아 지역에 진출한 이후 정치, 경제, 문화, 종교 등 사회 제반 분야에서 유라시아적 특징이 뚜렷해졌다(Artman and Diener, 2021: 137). 대개 중앙유라시아 지역은 중앙아시아 5개국을 비롯해 아프가니스탄, 파키스탄 북부, 이란 북동부, 중국의 신장, 몽골 등을 포함한다. 유네스코(UNECO)의 중앙아시아 지역 범위와 유사하다. 협의의 유라시아 지역 중에서 동유럽 지역은 제외된다(Schoeberlein, 2002). 이스마일로프와 파파바(I. Ismailov and Papava, 2010)는 중앙아시아와 코카서스 남부 3개국을 포함한 8개 국가로 보고 있다. 이 지역이 단일한 지정학적 공간을 형성하고 있는 점을 근거로 내세운다. 그러나 이러한 견해는 러시아적 관점이 지나치게 투영되었다고 할 수 있다.

중앙유라시아 지역을 정의하는 데서 연결성을 강조하기도 한다. 다른 지역과 확연히 구분되고 단절되는 지역 이미지보다 주변 지역과의 연결성과 통합성을 강조하려는 시도와 연관된다. 중앙아시아가 연결성의 중심에 위치하는 점을 부각시키고자 하는 것이다. 연결성은 단순히 교통 물류망과 같은 물리적 연결만을 의미하는 것은 아니다. 이란과 튀르크 유산이라는 문화적 차원, 튀르크-몽골의 이주와 관련된 유전학적 특성, 이슬람, 불교 및 동방정교의 전파와 확산에 관한 종교적 차원 또는 정치체제 등에서 유사성과 통일성을 포함하는 관점이다(Bruno J. De Cordier et al., 2021: 21-22).

유라시아는 유럽과 아시아 특성의 결합이라는 수평적 관점, 중층적 측면으로 보이기도 하지만, 기본적으로는 아시아적 관점이 아니라 유럽중심적 시각이라는 비판이 있다. 강대국의 관점에서 중앙아시아를 분류하려는 지정학적 시도에서 유라시아라는 용어를 사용하거나 중국의 일대일로 이니셔티브와 연관시켜 사용한다는 것이다(Cordier and Bosch, 2021: 21). 중국, EU, 러시아 등 강대국이 유라시아 지역으로 진출하거나 자신의 영향력 아래에 두기 위한 지전략을 유라시아라는 용어를 사용하여 통합적이고 객관적인 전략인 것처럼 포장한다는 주장이다. '대중동(Greater Middle East)'은 이슬람 본토와의 연결, 이란이나 인도 아대륙과의 역사문화적 유대를 강조한다(Artman & Diener, 2021: 136).

III. 역사적 상호작용과 유산

1. 페르시아 – 튀르크 이슬람 문화

1990년대 중앙아시아 국가들이 독립 후 소련 시기와 비교해서 정치와 주민들의 삶에 큰 영향을 미친 것은 종교였다. 이슬람은 중앙아시아인들에게 종교이자 생활규범이었다. 중앙아시아는 7~8세기 아랍에 정복된 후 이슬람화되었다. 지역에는 조로아스터교를 비롯한 다양한 종교와 신념 등이 존재하였으나, 아랍의 진출 이후 이슬람화되고 종교적 다원주의는 사라졌다(Shermatova and Pyo, 2019: 138).

이슬람 세계와 문화, 정치, 경제적 통합은 실크로드를 따라 교역과 경제적 연계를 통해서 뿐만 아니라 이슬람 교육 시스템을 통해서도 이루어졌다. 이슬람이 공공생활의 문화적 구성요소가 되었고, 스텝 지역과 튀르크어권 유목 부족에도 이슬람이 전파되었다. 국가뿐 아니라 가정에도 중요한 영향을 미쳤다. 이는 소련에서 독립한 후에 민족정체성 형성에서도 중요한 역할을 하였다. 이슬람으로 인해 중앙아시아 지역이 단일한 문화문명의 틀 속에 위치 지워졌다고 할 수 있을 것이다.

페르시아와 튀르크라는 언어 – 민족적 구분이 존재하였지만, 이슬람이라는 종교로 인해 중앙아시아 지역은 페르시아 – 타지크가 섞여 있는 튀르크 – 이슬람 문명권이 되었다(Байдаров, 2017).

2. 동 – 서 문화와 문물의 교류와 교역

중앙아시아는 자연환경이 다양하다. 건조한 스텝 지역과 사막 지역, 오아시스 지역과 험준한 산악지역이 인접해 있다. 다양한 자연환경에 조응하여 역사적으로 다양한 생활양식이 나타났다. 중앙아시아는 아시아의 중심에 위치하고 동 – 서 문화와 문물의 교역로이자 매개지였다. 지리적, 역사적 특징으로 인해 주변 지역의 문화와 공유하는 지점이 많다. 실크로드를 따라 문화, 언어, 종교를 수용, 전파하고 때로는 독창적인 형태로 창조하기도 하였다. 따라서 유목주의-정주화, 튀르크화, 이슬람화, 러시아화 등 다양한 역사와 문화가 중층적으로 겹치는 지역이다. '고유한 중앙아시아'라는 하나의 지역보다는 상호 연관된 하위 지역의 집합으로 이해해야 한다.

3. 문화적 다양성속의 통합성

중앙아시아 지역을 다양성 속의 통합성으로 설명할 수 있을 것이다. 그러나 이러한 다양성은 때로 주변성과 연관되어 인식되었다. 중앙아시아는 문화, 문명의 주변부 지역으로 인식하는 시각이 있다. 19세기 이래 러시아 제국과 중앙아시아 지역을 다양성 속의 통합성으로 설명할 수 있을 것이다. 러시아 제국과 소련의 영향을 받은 슬라브 문화권, 중동의 이슬람 영향을 받은 페르시아-튀르크 문화권, 몽골과 중국의 동아시아 문화권이 시대와 지역에 따라 중앙아시아의 문화와 문명에 영향을 미쳤다는 것이다.

중앙아시아는 이러한 거대한 문화문명권의 가장자리에 위치했다. 군더 프랑크(Gunder Frank, 1992)는 중앙아시아 지역을 중국과 유럽 및 중동의 문화와 제국에 영향을 주는 '주기적으로 나타나는 이주자와 침입자'들이 거주하는 '어두운 백지'로 묘사하였다(Cummings, 2012: 137). 소련의 영향을 받은 슬라브 문화권, 중동의 이슬람 영향을 받은 페르시아-튀르크 문화권, 몽골과 중국의 동아시아 문화권이 시대와 지역에 따라 중앙아시아의 문화와 문명에 영향을 미쳤다는 것이다.

그러나 이러한 시각은 식민주의 사관에 기반한 것으로 과거 중앙아시아가 아시아 지역에서 차지하는 위상과 역할에 대한 과소평가라는 지적도 있다. 중앙아시아가 세계적 사건의 중심적 역할을 한 적이 있다. 프레더릭 스타(F. Starr, 2021)는 이러한 중앙아시아의 중심성을 강조하는 대표적인 학자다. 그는 역사적으로나 지정학적으로나 중앙아시아를 중국, 파키스탄, 이란, 러시아와 같은 나라들의 뒷마당 정도로 취급하는 것은 잘못되었다고 지적하였다. 아랍과 중국의 주변부 지역이 아니며, 그들 지역과도 구별하였다.

다중언어라는 측면도 중요한 역할을 하였다. 중앙아시아 지역은 언어와 문자가 풍부한 환경이라 7세기 말 아랍 군인들이 이슬람과 아랍어를 전파했을 때 중앙아시아 관리들은 아랍어를 배웠고, 상인들은 희랍어로 번역된 작품들을 중앙아시아 지역으로 반입하였으며, 기독교 아랍인들의 번역본 등은 중앙아시아인들에게 새로운 철학과 과학에 대한 사상을 불러일으켰다. 이러한 기반으로 중앙아시아는 실크로드의 중간에 위치하여 단순한 '문명의 전파자' 역할을 한 것이 아니라 새로운 문명을 창조하고 세계사에 기여하였다. 중앙아시아는 일명 '길목문명'의 장점을 지니고 있었다(Starr, 2009: 34-38)

IV. 지역통합의 과정과 제도화

1. 지역통합의 과정

소련 해체 후 중앙아시아 지역을 통합하려는 시도는 크게 2단계로 발생하였다. 첫 번째는 1990년대 초 소련 해체와 중앙아시아 국가들의 독립과 국가형성기이며, 두 번째는 2010년대 중반 이후다.

먼저, 1990년대 초부터 2000년대 중반까지 진행된 지역통합의 움직임은 소련 해체라는 격동기 역사적 변화에 대처하기 위한 필연적인 선택이었다. 소련 시기에 중앙아시아를 비롯한 전 연방 차원에서 진행된 산업의 지역특화와 분업, 단일한 인프라-에너지 시스템, 수력 발전소와 관개망, 도로망으로 인해 중앙아시아 국가들은 매우 긴밀하게 연결되어 있었다. 이러한 상황에서 소련 전역을 휩쓴 정치, 경제, 사회적 혼란에 대처하기 위해서는 연방구성 공화국 간 협력이 절대적으로 요구되었다(Рустами, 2020; Lee et al., 2020). 특히 소련 해체와 독립국가연합 결성 논의[23]에 초대받지 못한 중앙아시아 국가들

---

[23] 1991년 12월 8일 벨라루스 '벨로베슈카야 푸샤(Belovezhskaya Pushcha, 폴란드와 국경지대에 위치한 유럽의 유일한 원시림 지역으로 휴양지이자 관광지)'에서 러시아, 우크라이나, 벨라루스 3국 정상이 모여 소련 해체와 CIS 결성을 논의하였다.

은 정상 간의 긴밀한 협의와 다양한 지역조직을 통해 위기에 공동대처하고 국가발전과 지역발전을 도모하였다.

초기 지역통합을 위한 두 가지 축은 '중앙아시아 정상회의'와 정치, 경제 분야의 지역조직 설립이었다. 중앙아시아 정상회의는 1991년 12월 13일 투르크메니스탄의 아슈하바트에서 처음 개최된 후 2000년대 중반까지 총 6차례 개최되었다(Patnaik, 2019: 155-156). 아울러 중앙아시아연합(1991), 중앙아시아경제공동체(1994), 중앙아시아협력기구(2001)를 결성하여 지역통합을 도모하였다. 그러나 이러한 통합 시도는 국가별 지향점의 차이와 지도자들의 정치적 의지 부족으로 대부분 실패하였다.

두 번째, 중앙아시아 지역의 역내 협력과 통합의 흐름은 2016년 가을부터 우즈베키스탄의 주도 아래 시작되었다. 이슬람 카리모프 초대 대통령에 이어 집권한 샵카트 미르지요예프 대통령은 그동안 고립적인 대외정책을 폐기하고 개방정책을 추진하였다. 우즈베키스탄의 전향적인 변화는 지역협력의 새로운 장을 열었다. 그동안 역내 협력의 커다란 장애물이었던 수자원 이용, 전력과 에너지 공급 및 국경 획정 문제에 대해 양자 또는 다자협의를 통해 해결하려는 의지와 노력의 결과로 지역협력은 더욱 발전하였다. 역내 교역량이 증가하고, 역내 국가 간 다양한 경제협력이 진행되었다. 우즈베키스탄은 카자흐스탄과 자동차, 농기계, 직물, 농산품 등의 생산 협력을 시작하였으며, 그동안 국경폐쇄와 교통운송망을 단절하였던 타지키스탄과도 생활가전과 건자재 분야의 협력을 추진하고 있었다. 아울러 우즈베키스탄은 키르기스스탄, 타지키스탄과 투자기금과 개발기금을 조성하여 광업, 금속, 섬유산업의 공동 프로젝트를 수립하였다(Khasanov, 2021).

그동안 중앙아시아 지역의 협력은 강대국의 지정학적 경쟁, 협력을 추진할 만한 역내 국가들의 정치, 경제적 역량 부족 등 구조적 요인과 함께 수자원 이용과 국경 미확정 문제 등으로 제대로 진행되지 않았다. 특히 수자원 문제는 첨예한 갈등의 원인이 되었다. 겨울철 전력생산용으로 수자원을 사용코자 하는 상류국(타지키스탄, 키르기스스탄)과 여름철 농업용수로 이용하려는 하류국

(우즈베키스탄, 카자흐스탄 등) 사이의 갈등은 쉽게 해결되지 않는 문제였다. 그러나 최근 국가 간 선린·우호관계가 형성되고 협력 분위기가 조성되면서 우즈베키스탄과 키르기스스탄은 7억 5천만 kWh 상당의 전력공급 협정을 체결하고, 우즈베키스탄과 타지키스탄은 수력댐 건설 사업도 공동으로 진행키로 합의하였다(Khasanov, 2021).

2. 지역통합을 위한 제도화

중앙아시아 국가들은 지역협력이 국가와 지역발전의 중요한 자산이라는 자각 속에 약 20여 년간 지속되었던 서로 간의 경쟁과 갈등을 극복하고, 협력의 분위기를 증진시키고 제도화하기 위한 노력을 하고 있다. 대표적인 것이 '중앙아시아 정상회의(Consultative Meeting of the Heads of State of Central Asia)'이다.

중앙아시아 정상회의를 주도한 국가도 우즈베키스탄이다. 미르지요예프 대통령은 2017년 11월 사마르칸트에서 개최된 '중앙아시아 안보와 지속가능한 개발 국제회의'에서 중앙아시아 정상회의 개최를 제안하였다. 정상회의는 2021년까지 총 3회 개최되었다. 제1차 회의는 2018년 3월 카자흐스탄 아스타나, 제2차 회의는 2019년 11월 타슈켄트, 그리고 제3차 회의는 2021년 8월 투르크메니스탄 아바자에서 개최되었다. 주요 의제는 경제 분야를 중심으로 국가 간 협력 증진, 공동의 문화역사 유산 개발, 코로나19 팬데믹 대응 및 아프가니스탄 사태 대응 등 역내외 문제에 대한 공동대응과 협력 등이었다.

중앙아시아 정상회의는 합의된 내용과 결과물을 차치하더라도 개최 그 자체가 중요한 의미를 지닌다.[24] 첫째, 그동안 중앙아시아 지역에 존재했던 고립주의적 경향을 탈피하고 역내 모든 국가가 참여하였다는 점이다. 소련 해체

---

[24] 코스타 부라넬리(Costa Buranelli, 2021)는 다섯 가지 측면에서 의미를 부여하였다. 간략히 설명하면, 중앙아시아 다자주의의 발전적 제도화 진행, 그동안 중립국이라는 명목하에 중앙아시아의 지역협력 과정에 참여하지 않고 거리를 두었던 투르크메니스탄의 중앙아시아 지역질서 형성 참여, 지역통합에 관한 점진적 실용주의의 길 확인, 다자 협력과 갈등 조정 잠재력 획득, 중앙아시아를 공동의 소속감과 정체성을 지닌 '공동운명의 지정학적 지역'으로의 재인식이다.

후 중립국을 선언하고 국제기구에 참여하지 않았던 투르크메니스탄도 중앙아
시아 정상회의에 적극적으로 참석하였다. 더구나 애초 키르기스스탄에서 개
최하기로 하였던 제3차 정상회의가 2021년 4월 키르기스스탄-타지키스탄
간 국경분쟁으로 인해 개최가 불투명해지자 투르크메니스탄이 자발적으로 개
최한 점은 중앙아시아 지역에서 각별한 의미가 있다. 소련 해체 후 투르크메
니스탄은 중립국을 선언(1994)하고, 그동안 국제기구에 공식적으로 참여하지
않았다. 심지어 CIS에도 정식 회원국이 아닌 옵서버 국가로 참여하였다. 그러
한 투르크메니스탄이 중앙아시아 정상회의에 공식적으로 참여하고, 무산 또
는 무한정 연기될 위기에 처한 정상회의 개최를 자처하였다는 점은 의미를 부
여할 만하다.

둘째, 협력의 수준이 국가 차원에서 지방 차원까지 확산하였다. 우즈베
키스탄, 키르기스스탄, 타지키스탄이 접하고, 국경 문제와 자원 이용 문제를
둘러싼 국가 간 갈등이 첨예한 페르가나 지역의 지방정부 간에도 협력과 협의
의 틀이 마련되었다. 접경지역 협력도 활성화되었다. 국경을 넘나드는 대중교
통 운행이 재개되고, 접경 무역이 활발해졌으며, 경제자유구역이 설치되었다.
폐쇄적 국경정책으로 인해 단절과 대립의 공간이었던 접경지역이 이제는 협
력과 통합의 공간으로 변하였다(Costa Buranelli, 2021).

셋째, 1990년대의 '열망적 통합주의(aspirational integrationism)'가 다
시 살아나고 다자협력-다자주의의 제도화로 발전하고 있다. 중앙아시아에
서 지역통합, 지역화, 지역주의의 움직임은 최근에 처음 나타난 현상이 아니
다. 1990년대 소련 해체로 인한 정치, 경제, 사회적 혼란을 극복하고 외부 위
협에 대처하기 위해 중앙아시아 국가들은 정상회의를 개최하고, 중앙아시아
국가들이 참여하는 다양한 국제조직을 결성하였다. 중앙아시아 정상들은 지
역 차원의 대처와 지역통합에 관한 논의를 진행하였다. 이를 통해 '중앙아시
아연합'(1994년), '중앙아시아 경제공동체'(1997년), '중앙아시아협력기구'(2002
년) 등을 결성하였으며, '중앙아시아 정상회의'는 2009년까지 총 6차례 개최
되었다. 그러나 2006년 중앙아시아협력기구가 러시아에서 주도하는 '유라시

아경제공동체'에 흡수·통합되면서 중앙아시아 지역에서 역내 국가들의 주도적인 통합 과정은 중단되었다. 이후 중앙아시아 국가들은 러시아, 중국 등 강대국이 주도하는 다양한 국제기구(CSTO, SCO, EAEU 등)에 가입하였지만, 이러한 국제기구들은 역내 협력이나 지역통합을 촉진하지는 않았다. 강대국을 중심으로 하는 수직적 형태, 다양한 조직의 일명 '스파게티 볼 효과'로 인해 중앙아시아 지역협력은 더 이상 발전하지 못하고(Patnaik, 2019: 154), '열망적 지역통합주의'도 사그라들었다.

이러한 상황에서 최근 개최된 중앙아시아 정상회의는 지역협력 증진과 점진적 지역통합의 전망을 밝게 하고 있다. 비록 양자주의적 경향이 지배적이고, 타지키스탄-키르기스스탄 국경분쟁을 방지 또는 해결할 수 있는 역내 다자 조절 기제가 형성되지 않았지만, 실크로드 비자 도입을 통한 중앙아시아 단일관광권 형성, 수자원 문제, 아프가니스탄 사태, 코로나19 팬데믹 공동대응 등 더디고 비공식적이긴 해도 중앙아시아 다자주의의 제도화 과정이 진행되고 있다고 할 수 있다.

3. 지역통합의 한계와 위협 요인

중앙아시아의 지역협력은 경제개발뿐만 아니라 지역의 안정을 도모한다는 측면에서는 긍정적인 발전이다. 지역협력이 더욱 증진되면 중앙아시아 지역은 이전보다 더 통합적인 지역으로 발전할 것이다. 그러나 이러한 지역협력이 가까운 시일 내 지역조직의 형태로 발전할 가능성은 그리 크지 않다. 유럽연합은 고사하고 아세안과 같은 형태의 지역조직으로의 발전은 당분간 기대하기 어렵다. 지역 자체의 내부적인 구조나 역량과 외부적인 요인이 중앙아시아 지역협력과 지역통합의 장애물이나 한계로 작용하고 있기 때문이다.

이러한 한계 요인으로 경제적인 측면에서는 여전히 소규모의 역내 교역량과 미약한 경제협력, 협력의 기반이 되는 기술과 자금 부족 및 각국의 경제 지향점, 경제전략의 차이를 들 수 있다(Lee et al., 2020). 중앙아시아 5개국 중 타지키스탄과 키르기스스탄은 경제규모가 절대적으로 작을 뿐만 아니라, 이

주노동자들의 해외 송금액이 GDP의 40%가량을 차지할 정도로 산업과 경제기반이 매우 열악하다. 나머지 3개국은 에너지를 비롯한 자원의존형 경제구조로 인해 상호보완적 경제협력이 일어나기 어렵다.

정치적인 측면에서는 다자외교 경험 부족, 낮은 수준의 정치발전과 책임감, 그리고 신세습적(neo‑patrimonial) 정치체제로 인해 지역통합으로의 발전과정에 불안정성이 증가하고 있다. 게다가 주변 국가의 안보 불안은 안정적이고 계획적인 지역협력에 장애가 되고 있다. 특히 아프가니스탄 사태로 테러와 극단주의, 마약, 난민 유입 등의 우려가 증가하고 있으나, 현재 중앙아시아 국가들의 역량으로는 이에 대응하기 어려워 러시아나 중국 등 역외 강대국에 의존하게 만든다(Costa Buranelli, 2021: 4‑5).

아울러 중앙아시아의 지역협력과 통합을 가로막는 가장 큰 장애물 중 하나가 국경분쟁과 에너지, 수자원 등 자원 이용과 관련된 갈등이다. 1920년대 소련 중앙정부의 주도로 그어진 국경선은 소련 해체 후에도 명확하게 해결되지 않은 채 30년이 흘렀고, 이는 접경국가 간 심각한 갈등을 초래하였다. 2021년 4월 말~5월 초 페르가나 지역에서 키르기스스탄과 타지키스탄의 국경을 둘러싼 무력충돌은 오랜만에 조성된 지역협력과 통합의 분위기에 심각한 위협으로 작용하였다.

또한 2022년 새해 벽두에 카자흐스탄에서 발생한 시위는 예상하지 못한 양상과 방향으로 진행되었으며, 러시아를 비롯한 외부 세력의 도움으로 간신히 진압되었다. 그러나 애초 LPG 가격 상승이 시위 발생의 도화선이 되었고, 물가 인상으로 인한 궁핍한 삶, 부정부패와 소수에 의한 부의 독점 등 구조적 문제가 결합되어 나타난 문제이기에 국민들의 반발은 언제라도 다시 발생할 것이다. 중앙아시아의 나머지 4개국도 서로 다른 국내문제를 안고 있는데, 이러한 문제는 중앙아시아 국가 간의 협력과 지원으로 해결될 가능성이 거의 없다. 이러한 측면에서 본다면 중앙아시아 지역의 통합 움직임은 지체되거나 또다시 좌절될 가능성도 있다.

V. 지역정체성과 (지정학적) 지역 형성

1. 중앙아시아 지역정체성

우리는 중앙아시아 지역을 (신)실크로드, (신)거대게임, 유라시아 심장지대, 유라시아 랜드브리지(Eurasia Land Bridge), 투르케스탄, 탈소비에트 공간 등의 용어로 정의하고 이해해왔다. 중앙아시아 지역은 지리, 역사, 민족, 정치 등의 측면에서 매우 다양하게 정의되고 있다.

중앙아시아 지역의 위치와 구성 국가들에 대해서는 비교적 이견이 없다. 그러나 '중앙아시아는 어떤 지역인가?'라는 질문에는 선뜻 답을 내리기 어렵다. 단일한 지역정체성이 있는지, 아니면 적어도 많은 사람이 공유하는 지역정체성이 존재하는지에 대해서는 회의적인 시각도 적지 않다. 사실 지역정체성을 하나의 구체적이고 명확한 정체성으로 규정하기는 쉽지 않다. 지역정체성은 발견하고 분석하는 것이 아니라 식별하고 인식하는 것이기 때문이다. 객관적으로 존재한다기보다 구성되기 때문이다. 이러한 시각에서 중앙아시아 지역정체성은 몇 가지 측면으로 구성할 수 있을 것이다(Shermatova and Pyo, 2019: 137-139).

첫째, (탈)소비에트 정체성이다. 중앙아시아 국가들을 하나로 묶는 가장 큰 공통점은 러시아 제국과 소련이라는 틀 속에서 약 150여 년을 함께 했다는 점이다. 소련은 비록 연방체제였지만 실제로는 단일국가처럼 작동하였다. 소련을 구성하는 15개 연방공화국은 주권을 지닌 독자적인 공화국이 아닌 행정편의를 위해 구분한 15개 지역이나 다름없었다. 소련이 해체되고 5개 연방 구성 주체가 독립하여 '중앙아시아'를 형성하였기에 이들 간에는 동질성, 소속감, 연대감이 매우 높았다. 소비에트라는 동일한 정치·경제체제, 언어와 교육 시스템 등으로 구성 국가들 사이에 차이점은 거의 드러나지 않았다. 러시아어라는 공용어를 통해 의사소통이 자유로우며, 소비에트 시기에 건설된 사회간접자본과 인프라 등이 여전히 중앙아시아 국가들을 연결하고 있다. 이러한 역사적 공통성은 중앙아시아 국가와 지역민들 사이에 '우리'라는 공동체 의식의 기반이 된다.

둘째, 이슬람-무슬림 정체성이다. '중앙아시아 지역의 출현'은 어쩌면 아랍-페르시아인들의 유입과 이슬람 전파로부터 시작되었다고 할 수 있다. 이슬람의 전파와 함께 다양한 종교와 신념 등 종교적 다원주의의 소멸은 다양한 부족과 민족을 연결하고 지역을 형성하는 기반이 되었다. 이슬람이 공적 행위와 개인적 생활문화의 지표가 되고, 중앙아시아 지역에 거주하는 다양한 부족과 민족의 정체성을 형성하는 데 중요한 역할을 하였다(Бартольд, 1996: 127; Shermatova and Pyo, 2019: 138).

셋째, 튀르크 문화정체성이다. 최근 '튀르크평의회(Turkic Council)'에서 '튀르크국가기구(Organization of Turkic States)'로 재편된 국제기구에 중앙아시아 4개국이 적극적으로 참여하는 것에서 드러나듯 중앙아시아 민족정체성에는 튀르크적 요소가 큰 비중을 차지하고 있다. 그러나 튀르크 정체성은 이슬람 정체성에 비해 중앙아시아인들을 하나로 결합시키기에는 한계가 있다. 중앙아시아 5개국 중 타지키스탄은 튀르크계 민족이 아니라 페르시아계 민족이기 때문이다. 그렇지만 타직인들을 '튀르크화된 페르시아인들'로 부르는 것처럼, 튀르크 문화는 중앙아시아인들의 문화와 생활에 깊이 결합되어 있다.

그러나 공동의 중앙아시아 지역정체성의 존재 여부에 대해 회의적인 시각도 존재한다. 중앙아시아는 '공동의 과거의 문화, 지역, 역사'를 지니고 있다고 일반적으로 인식되고 있으나, 그 역사적 내용이 매우 모호하고 분절적이다. 그렇기 때문에 단일한 중앙아시아 지역정체성을 언급하기 어려우며, 중앙아시아 지역정체성은 흐릿한 정체성(blurred identity)으로 규정할 수 있을 것이다(Shermatova and Pyo, 2019).

1990년대 초 국가독립, 국가형성의 과정에서 중앙아시아 지역정체성에 대한 역내 국가 간의 암묵적 인정도 사실 존재하지 않았다. 독립하는 새로운 국가는 지역에서 자신의 위치와 정체성에 대한 국가적, 국민적 동의를 필요로 한다. 국가형성, 국가발전의 목표는 국가의 운명과 관련되는 것으로 중앙아시아 5개 국가 간에 공동의 운명공동체라는 의식이 크지 않았기 때문이다(Fuller,

1994). 더 나아가 드루 글래드니(Gladney, 1990)는 중앙아시아인들은 자신들을 중앙아시아인이라고 부르지 않는다고 하였다. 중앙아시아라는 용어가 러시아에서 기인했기 때문이다. 중앙아시아인들이 규정한 것이 아니라 러시아라는 외부 세력이 규정한 정체성이기 때문이다. 이러한 측면에 대해 굴 오즈칸(Özcan, 2010: 6)은 중앙아시아라는 용어 속에는 어떤 특별한 문화적 역사적 의미도 있지 않으며, 중앙아시아인들을 중간인(in-between)으로 느끼게 한다고 하였다.

2. 지역통합을 위한 지역정체성 추구

5개 국가로 이루어진 중앙아시아는 '하나인가 아니면 다수인가?'라는 질문에 대한 답이 간단치 않다. 이 질문은 소련 해체와 중앙아시아 지역이 형성되던 그 시점부터 꾸준히 논란이 되었다. 중앙아시아 5개 국가는 서로 분리되고(Bohr, 2004; Suyunbaev, 2010), 또 결합시키는(Gleason, 1997; Tolipov, 2006) 명확한 공통점뿐만 아니라 엄밀한 차이도 존재하기 때문이다(Cummings, 2012: 4). 지역통합을 위한 노력은 공동의 지역정체성 형성과 궤를 함께한다. 지역통합은 지역 소속감의 다른 표현이며, 지역 소속감은 '자아-타자', '우리-그들'의 경계 속에서 강화되기 때문이다. '우리 지역-타지역'의 구도는 바로 지역정체성의 핵심 요소이다.

1990년대 제1차 지역통합의 시기에 지역정체성에 대한 관심도 증가하였다. 앞서 언급한 바와 같이 지역통합이 실패하였다는 점은 달리 말하면 공동의 지역정체성을 형성하지 못하였다는 점이다. 이유는 다양하겠지만 실패 원인 중의 하나를 들면, 지역통합 (노력)의 시기와 국민국가 건설 시기가 일치하였다는 점이다. 역사상 처음으로 국민국가 건설을 시도하는 중앙아시아 각국은 국민을 통합할 국가정체성, 국민정체성의 형성이 절실히 요구되었다. 국가건설 신화는 국가정체성, 민족정체성 형성을 위한 주요 기제로 사용되었는데, 국가별로 이러한 신화가 상이하였다. 때로는 사용된 신화가 국가 간 갈등의 요소로도 작용하였다. 이러한 상황에서 중앙아시아인들이 공유하는 공동의 지역정체성을 도출하는 것은 매우 어려웠다.

3. 지역통합 – 지역형성 전망

중앙아시아 역내 협력 증진은 국가 간 관계 증진뿐만 아니라 지역통합의 제도적 기반을 강화하고 있다. 앞서 언급한 바와 같이, 2018년부터 세 차례 걸쳐 진행된 중앙아시아 정상회의는 중앙아시아 지역 내 협력 증진뿐만 아니라, 지역통합의 가능성을 높이고 있다. 1990년대 초 소련에서 독립한 후 30여 년간 같은 듯하면서도 다르게 움직이고 하나인 듯하면서도 5개 국가의 개별성이 부각되었지만, 이제는 다름보다는 같음을 강조하고 있다. '지역으로서의 중앙아시아', 공동의 소속감과 정체성을 지닌 '상상의 공간'으로 변화시키고 있다.

현재 중앙아시아에서 일어나고 있는 지역통합의 움직임은 20세기 말의 통합주의와 결을 달리한다. 1990년대의 통합주의가 예기치 못한 소련의 해체와 정치, 경제적 혼란에 대처하기 위한 수동적이고 방어적인 차원이었다면, 현재 진행되고 있는 통합의 경향은 지역의 잠재력을 재고하고 지역발전을 도모하기 위한 주도적이고 능동적인 대응이라 할 수 있다.

중앙아시아 국가들은 내륙국이라는 지정학적 불리함을 탈피하기 위한 공동 협력의 필요성을 절실히 느끼고 있다. 특히 중국의 일대일로를 비롯하여 유라시아교통회랑(동-서 회랑, 남-북 회랑) 형성에 적극적으로 참여하고 있다. 소련 시대에 형성된 모스크바 중심의 경제-교통 네트워크를 극복하고 새로운 경제·교통망을 구축하는 것이 중앙아시아 지역발전에서 매우 중요하다고 인식하고 있다. 2020년 7월 우즈베키스탄 타슈켄트에서 개최된 국제회의(Central and South Asia: Regional Connectivity, Challenges and Opportunities)에 중앙아시아·남아시아 국가를 비롯해 전 세계 40여 개 국가, 30여 개 국제기구가 참여한 점에서 그 중요성이 잘 드러난다. 또한 중앙아시아 지역협력은 에너지, 운송, 가스, 수자원, 관개망의 공동 활용과 아프가니스탄 사태에 공동 대응하기 위해서도 필요하다.

역내 협력이 증진된다고 해서 중앙아시아 국가들의 외부지향적 경향이 축소되거나 사라지지는 않을 것이다. 즉, 역내 협력의 중요성에 대한 인식이 높아진다고 해서 시야를 지역 내부로만 돌리지는 않을 것이다. 러시아, 중국 등 강대국들이 만든 국제기구뿐만 아니라 지역 맹주를 꿈꾸는 국가들이 주도하는 조직에도 이전보다 적극적으로 참여할 것으로 보인다. 튀르키예가 주도하는 튀르크국가기구에 중앙아시아 4개국이 참여하고 있으며, 그동안 적극적이지 않았던 우즈베키스탄이 2022년에 튀르크국가기구 정상회의를 개최하기로 한 결정에서도 그 의지가 보인다. 또한 중앙아시아 국가들의 외부지향적 경향, 국제조직 참여는 단일한 형태를 띠지 않을 것이다. 다양한 국제조직에 중앙아시아라는 공동의 이름이 아니라 개별 국가 차원에서 참여할 것이며, 개별 국가의 이해관계에 따라 참여의 깊이와 폭도 달라질 것이다.

중앙아시아 지역의 내적 변화, '지역'으로서의 성장은 어쩌면 '중앙아시아 정상회의'와 같은 역내 기구보다도 외부와의 관계 속에서 형성될 수도 있을 것이다. 중앙아시아 국가들의 집단적 대외협력의 기본틀은 'C5+1' 형태이다. 이미 미국, EU, 중국, 일본 등과도 이러한 형태의 다자협력이 진행되고 있다. 2007년 우리나라가 중앙아시아와 협력틀로 설립한 '한-중앙아시아 협력포럼'이 대표적이다. 세계화와 지역화가 활발히 일어나고 있고, 유라시아 대륙의 동-서, 남-북의 연결이 활발하게 진행되고 있는 상황에서 중앙아시아의 지정-지경학적 위상을 십분 발휘하고, 지역과 국가발전을 도모하기 위해 'C5+1' 협력은 유력한 무기가 될 수 있다. 이러한 대외관계, 대외협력틀이 지역통합을 촉진하는 외적 기제로 작동할 수도 있다.

양승조. 2021. "19 – 20세기 초 러시아 제국의 중앙아시아 식민통치와 행정 구획의 지역별 특징". 『슬라브학보』 36권 4호, 255 – 282.

조영관. 2021. "중앙아시아의 독자적 지역협력 모색, 정상회의 출범." 다양성+Asia, 제14호. http://diverseasia.snu.ac.kr/?p=5485 (검색일: 2022.1.17)

Artman, Vincent and Alexander Diener. 2021. "Boundaries, Borders and Identities." in Rico Isaacs and Erica Marat, eds. *Routledge Handbook of Contemporary Central Asia*. 135 – 153. Routledge: London and New York.

Costa Buranelli, Filippo. 2021. "3rd Meeting of Central Asian Leaders: A Small Step Toward the Formation of a Regional Order?" *The Diplomat* (Aug. 12). https://thediplomat.com/2021/08/3rd – meeting – of – central – asian – leaders – a – small – step – toward – the – formation – of – a – regional – order/ (검색일: 2021. 11. 12).

Cummings, Sally N. 2009. "Inscapes, Landscapes and Greyscapes: The Politics of Signification in Central Asia." *Europe – Asia Studies*. 61(7), September, 1083 – 1093.

De Cordier, Bruno J. and Van Den Bosch, Jeroen J.J. 2021. "Defining and Delineating Central Asia from a European Perspective." in Jeroen Van den Bosch, Adrien Fauve, Bruno De Cordier, ed. *The European Handbook of Central Asian Studies: History, Politics, and Societies*. 13 – 38. Stuttgart: ibidem – Verlag.

Diener, Alexander C. and Nick Megoran. 2022. "Central Asia as Place". in David W. Montgomery, ed. *Central Asia Contexts for Understanding*. 36 – 51. University of Pittsburgh Press.

Fierman, William. 2009. "Identity, Symbolism, and the Politics of Language in Central Asia." *Europe – Asia Studies*. 61(7), September, 1207 – 1228.

Finke, Peter. Rita Sanders and Russell Zanca. 2013. "Mobility and Identity in

Central Asia: An Introduction." *Zeitschrift für Ethnologie* 138, 129 – 138.

Frank, Gunder Andre. 1992. "The centrality of Central Asia." *Studies in history*, 8(1), 43 –97.

Fuller, Graham. 1994. "Central Asia: The Quest for Identity." *Current History* 93(582), 145 –149.

Giffen, Robert. 1868. "The Question of Central Asia." *Fortnightly Review* 19, New Series. –July 1, 1 –15.

Golden, Peter B. 2011. *Central Asia in World History.* Oxford: Oxford University Press.

Gorshenina, Svetlana. 2021. "Toponymy of Central Asia: Proper Names or Forged Concepts?" in Jeroen Van den Bosch, Adrien Fauve, Bruno De Cordier, eds. *The European Handbook of Central Asian Studies: History, Politics, and Societies.* 929 –938. Stuttgart: ibidem – Verlag.

Isaacs, Rico and Abel Polese. 2015. "Between 'Imagined' and 'real' Nation – Building: Identities and Nationhood in Post –Soviet Central Asia." *Nationalities Papers* 43(3), 371 –382.

Ismailov, Idar and Vladimer Papava. 2010. *Rethinking Central Eurasia.* Central Asia –Caucasus Institute & Silk Road Studies Program.

Jelen, Igor, Angelija Bučienė, Francesco Chiavon, Tommaso Silvestri and Katie Louise Forrest. 2020. *The Geography of Central Asia: Human Adaptations, Natural Processes and Post –Soviet Transition.* Springer.

Khasanov, Ulugbek. 2021. "New Regionalism in Central Asia." *Valdai Discussion Club,*https://valdaiclub.com/a/highlights/new –regionalism –in –central –asia/?ysclid=la70o2c6qh832658409 (검색일: 2022.1.17.)

Lattimore, Owen. 1962. *Studies in Frontier History: Collected Papers* 1928 – 1958. London: Oxford University Press.

Lee, Juheon, Aleksey Asiryan and Michael Butler. 2020. Integration of the

Central Asian Republics: the Asean Example. *E-International Relations*, (Sep. 17). https://www.e-ir.info/pdf/87705 (검색일 : 2022.1.17.)

Olmos, Francisco. 2019. "State-building myths in Central Asia." *The Foreign Policy Centre* (October 1) https://fpc.org.uk/state-building-myths-in-central-asia/ (검색일: 2021.10.7.)

Patnaik, Ajay. 2019. "Regionalism and Regional Cooperation in Central Asia." *International Studies*, 56(2-3). 147-162.

Penck, Albrecht. 1930. "Central Asia." *Geographical Journal* 76(6), 477-487.

Qoraboyev, Ikboljon. 2010. "Around the Names of Regions: The Case of Central Asia." *UNU-CRIS Working Papers*. http://136.243.24.189/bitstream/handle/123456789/1117/SSRN-id1689110.pdf?sequence=1&isAllowed=y (검색일 : 2022.1.17)

Saidmuradov, Akhman and Ekaterina Puseva. 2010. "The Greater Central Asia Concept in U.S. Foreign Policy in the Central Asian Region." *Central Asia and the Caucasus*, 11(3). 102-108.

Sally N. Cummings. 2012. *Understanding Central Asia: Politics and Contested Transformations*. London and New York: Routledge.

Schoeberlein, John. "Setting the Stakes of a New Society." *Central Eurasian Studies Society*. https://www.centraleurasia.org/wp-content/uploads/2018/04/Vol.1_no.1_perspectives_CESR.pdf (검색일: 2022.1.17)

Shermatova, Sayyora and Pyo Nari. 2019. "Analysis of Central Asian Regional Identity: Unit in Diversity."『글로벌정치연구』12권 1호, 133-158.

Sinor, Denis. 1990. *The Cambridge History of Early Inner Asia*. Cambridge and New York: Cambridge University Press.

Starr, Frederick. 2008. "In Defense of Greater Central Asia." Policy Paper, September. Central Asia-Caucasus Institute Silk Road Studies Program, https://www.silkroadstudies.org/resources/pdf/SilkRoadPapers/2008_09_PP_Starr_Greater-Central-Asia.pdf (검색일 :

2022.1.17.)

____________. 2009. "Rediscovering Central Asia." *The Wilson Quarterly*, Summer, 33 –43.

Байдаров Э. 2017. *Культурно-цивилизационные основания для региональной интеграции в Центральной Азии*. Июнь 21. *CAAN*, https://www. caa-network.org/archives/9492 (검색일 : 2022.1.17)

Бартольд, В. 1966. *Восточноиранский вопрос*. Соч., Том 7. М.: Наука.

Горшенина, Светлана М.. 2019. *Изобретение концепта Средней/ Центральной Азии Между: наукой и геополитикой*. Central Asia Program.

Камынин, В. Д., Лазарева, Е. В., Лапенко, М. В., Лямзин, А. В. 2017. *Центральная Азия на рубеже XX –XXI веков: политика, экономика, безопасность*. Издательство Уральского университета.

Рустами, Сухроб. 2020. "Центральная Азия-несложившаяся интеграция." *CAAN*, Jun. 4, 2020. https://www.caa –network.org/archives/19909 (검색일 : 2022.1.17)

Толипов, Ф. 2015. "Пять государств или один регион? Национально-региональный дуализм в Центральной Азии." *Проект экспертной группы CAPG*. Almata club.

제12장

서아시아: 통일성 속의 다양성

구기연(서울대학교 아시아연구소 HK연구교수)

황의현(서울대학교 아시아연구소 선임연구원)

I. 서아시아: 문명의 요람, 문화의 교차로, 다양성의 땅

서아시아 지역은 일반적으로 아시아 대륙에 위치한 아랍 국가인 시리아, 레바논, 요르단, 팔레스타인, 이라크, 아라비아반도의 사우디아라비아, 아랍에미리트(UAE), 쿠웨이트, 바레인, 카타르, 오만, 예멘, 그리고 비(非)아랍 국가인 튀르키예, 이스라엘, 이란으로 구성된 지역을 말하며, 이 지역을 일컬어 중동(中東)이라고 부르기도 한다. 서아시아는 이라크의 메소포타미아 문명. 이란의 페르시아 문명 등 유구한 고대 문명이 발전한 오랜 역사를 가진 지역이자 유일신교인 유대교, 기독교, 이슬람교의 발원지이기도 하다.

서아시아의 특징 중 하나는 종교적·민족적·언어적 다양성이다. 유대인이 다수인 이스라엘을 제외한 서아시아 국가는 무슬림이 인구의 대다수를 차지하며, 이스라엘에도 이슬람을 믿는 아랍계 이스라엘인들이 상당수 있다. 서아시아 무슬림의 대부분은 이슬람 수니파에 속하나, 이란과 이라크, 바레인에서는 시아파 무슬림이 다수이다. 레바논과 같이 인구 상당수가 기독교도인 나라도 있으며, 이집트, 시리아, 이라크와 이란에도 종교 생활의 자유와 정치적 권리를 인정받는 기독교도 공동체가 존재한다. 민족적, 언어적으로는 아랍어를 사용하는 아랍인과 페르시아어를 사용하는 이란인, 튀르키예어를 쓰는 튀르키예인 외에도 쿠르드어를 사용하는 쿠르드인이 중동의 최대 소수 민족 집단으로서 튀르키예, 시리아, 이라크, 이란에 살고 있다. 한편 아라비아반도의 걸프만에 접한 걸프 국가에서는 남아시아와 동남아시아, 아프리카에서 온 외국인 이주노동자가 전체 인구 중 상당 부분을 차지한다.

유럽과 아시아, 아프리카 세 대륙이 교차하는 지점에 위치한 지리적 특성으로 인해 서아시아는 역사적으로 다양한 문명 사이 접촉과 교류가 일어나는 문명의 교차로였다. 이러한 특성으로 인해 역사적으로 서아시아는 다양한 민족 집단이 유입되고 정착하는 지역이었다. 그 결과 오늘날 서아시아에서는 아랍인, 페르시아인, 튀르키예인, 쿠르드인과 같이 각자 고유한 언어와 문화를 가진 민족 집단이 공존한다. 종교적으로는 이슬람이 지배적이지만 유대인과 다양한 종파에 속하는 기독교도 등 서아시아가 이슬람화하기 이전부터 살아오던 종교 집단도 오늘날까지 여전히 남아 있다.

건조한 기후와 같은 환경적, 지리적 특성은 서아시아 지역의 역사와 생활양식에 영향을 미친 핵심적인 요인이라고 할 수 있다. 비가 많이 내리지 않는 환경적 요인으로 인해 서아시아 지역에는 농사를 짓기에 적합한 땅이 부족하며, 사람들은 강과 호수, 지하수가 저장된 대수층(帶水層) 등 수원지(水源地)에 접한 지역에 주로 정착했다. 메소포타미아와 이란고원과 같이 농사를 지을 수 있는 지역에서도 부족한 강수량으로 인해 강물과 지하수를 경작지로 끌어오는 관개 시설이 필수적이었고, 이는 문명의 발전으로 이어졌다. 한정된 지역에 많은 사람이 정착하면서 인구가 밀집된 도시가 나타났고, 관개 시설을 유지하기 위해 많은 노동력을 효과적으로 관리할 필요성은 체계적이고 정교한 행정 체제를 갖춘 국가가 발전하는 원동력이 되었다. 한편 경작이 어려운 주변부에서는 가축을 몰고 이동하며 생활하는 유목 집단이 나타났다. 유목 집단은 정주 도시 문명과 교역하거나 충돌하는 등 다양한 방식으로 관계를 맺어왔다. 정주 도시 문명과 유목 집단 사이의 다양한 관계 양상은 서아시아 역사를 특징짓는 중요한 요인 중 하나이다(Held and Cummings, 2014: 60–62).

서아시아 각국은 서로 다른 정치체제와 경제구조, 사회적 환경을 가지고 있으면서도 민주화, 경제성장, 보수적인 종교적 규범과 현대적 변화 사이의 긴장과 같은 공통의 문제에 직면해 있다. 서아시아 국가 대부분은 공화정을 표방하고 선거와 의회, 정당정치와 같은 민주적 제도를 갖추고 있으나, 이스라엘을 제외한 국가들에서는 국민의 자유와 권리가 완전히 보장되는 실질적 민주화에 이르지 못한 상황이다. 제한된 정치 참여와 권위주의 체제에 대한 불만은 2009년 이란의 녹색운동, 2011년 튀니지에서 시작되어 이집트, 리비아, 예멘, 시리아, 바레인으로 확산된 '아랍의 봄(Arab Spring)'과 같은 민주화와 정치적 자유를 요구하는 대대적 시민운동으로 이어졌다. 한편 사우디아라비아, UAE, 쿠웨이트, 바레인, 카타르, 오만과 요르단은 왕정 체제로 국왕과 왕실이 정치적 실권을 독점하고 있으며, 입법부는 존재하지 않거나 그 권한이 매우 제한적이다. 안정적인 민주화는 아랍의 봄을 겪은 국가나 그렇지 않은 국가 모두에게 아직도 풀리지 않는 과제로 남아 있다.

이슬람은 서아시아 지역 정치에서 중요한 위치를 차지한다. 보수적인 이슬람 해석을 추구하는 와하브(Wahhab)파가 통치 이념으로서 자리를 잡은 사우디아라비아, 종교 지도자가 국가 전권을 장악하고 이슬람법에 따른 통치를 추구하는 이슬람 공화정을 표방하는 이란에서는 엄격한 이슬람 규범이 사회를 통제한다. 사우디아라비아와 이란 외에도 이슬람주의 정당이 집권한 튀르키예와 같이 여러 서아시아 국가에서는 보수적인 종교적 가치와 윤리에 따른 사회 건설을 목표로 하는 이슬람주의 정치 세력이 영향력을 행사하고 있다. 선거와 정당 활동 등 합법적 수단을 통해 제도권 정치에 참여하는 이슬람주의 정치 세력 외에도 알카에다와 이슬람 국가(IS) 조직과 같이 폭력적 수단을 통해 이슬람법이 집행되는 이슬람 국가 건설을 추구하는 이슬람 극단주의 조직의 위협은 현재 서아시아가 직면한 도전 중 하나다.

경제적으로도 부유한 걸프 산유국과 비산유국 사이에는 큰 차이가 있다. 걸프 산유국들이 석유에서 창출한 막대한 부를 바탕으로 높은 국민 소득을 달성하고 정치적 안정을 유지하는 반면, 제조업을 바탕으로 경제성장을 이룬 튀르키예나 첨단 산업에서 두각을 드러내는 이스라엘과 같은 예외적 사례를 제외한 아랍 비산유국들은 독립 이후 경제 개발과 산업화 정책의 실패로 인해 정부 재정 부족과 취약한 산업 기반에 따른 저개발, 빈곤, 실업 문제를 안고 있다(Cammett and Diwan, 2019). 권위주의 체제 아래에서 권력자와 경제인 사이의 결탁과 유착으로 나타나는 만연한 부패 역시 서아시아 경제성장을 저해하는 요인이며, 내전에 시달리는 시리아와 예멘은 전쟁으로 심각한 경제난과 빈곤 위기에 처해 있다. 한편 걸프 산유국 외에도 이라크와 이란 또한 풍부한 원유 자원을 지닌 주요 산유국이지만, 이라크는 이슬람 극단주의 조직의 위협, 효율적인 정치적 리더십의 부재, 정치 지도자들의 부패로 인해 여전히 전쟁의 여파에서 회복되지 못했으며, 이란은 원유 수출을 금지하는 미국의 경제제재로 인해 그 경제적 잠재력을 충분히 발휘하지 못하는 상황이다.

II. 서아시아 또는 중동: 지리적 범주의 기원과 함의

1. 모호한 경계를 가진 지역

서아시아라는 지리적 범주는 모호한 경계를 가진다. 서아시아를 러시아나 중앙아시아, 남아시아와 구분하는 경계는 무엇이며, 서아시아를 정의하는 특성은 무엇인지에 대한 합의는 존재하지 않는다. 이란 또는 튀르키예와 접한 캅카스 3개국(아르메니아, 아제르바이잔, 조지아)은 지리적 기준에서는 서아시아에 속한다고 볼 수 있지만, 기독교도가 다수인 아르메니아와 조지아를 이슬람이 지배적인 서아시아 국가와 같은 지역권으로 분류하는 경우는 많지 않다. 하지만 아르메니아나 조지아와 마찬가지로 아랍 국가나 이란, 튀르키예와 종교적·민족적으로 다른 이스라엘은 서아시아로 분류된다. 캅카스 3개국은 서아

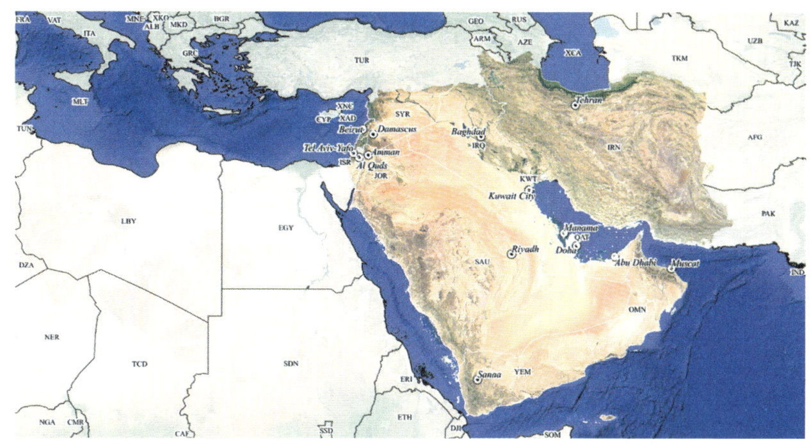

그림 1 서아시아 국가와 이집트

출처: Wikimedia Commons

시아에 포함되지 않지만 이스라엘이 서아시아로 분류되는 이유는 무엇인가? 튀르키예와 같이 튀르크 민족권에 속하고 이란과 같이 시아 이슬람권에 속한 아제르바이잔이 종교적, 언어적으로 다른 아르메니아와 조지아와 함께 캅카스 3개국으로 묶이는 기준은 무엇인가?

서아시아와 함께 널리 통용되는 중동이라는 범주 역시 그 정의가 모호하기는 마찬가지다. 중동은 서아시아의 아랍 국가에 튀르키예, 이란, 이스라엘을 아우르는 지역을 가리키는 명칭으로 사용되지만, 때로는 캅카스 3개국까지 포함하기도 한다. 북아프리카의 5개 아랍 국가(모로코, 알제리, 튀니지, 리비아, 이집트)는 중동과 별개 지역으로 분류되기도 하지만, 서아시아 국가와 함께 중동·북아프리카(MENA: Middle East and North Africa)라는 명칭 아래 하나의 지역으로 묶이기도 한다. 이란과 문화적으로 가까운 아프가니스탄은 때로는 중동 국가로, 때로는 남아시아나 중앙아시아 국가로 분류되기도 한다. 어떤 국가가 중동에 속하며 어떤 국가가 중동에 속하지 않는지를 정의하는 분명하고 합의된 기준은 존재하지 않는다.

이러한 모호성은 서아시아 또는 중동이라는 지리적 개념이 중동 사람들, 즉 내부인이 아니라 타자인 서구 지식인과 정치인들에 의해 자의적으로 구성되었기 때문이다. 중동이라는 지역은 서구의 정치적 이해관계와 필요성에 따라 구성되었다. 따라서 지역에 대한 서구의 관심이 어느 쪽을 향하느냐에 따라 지역을 정의하는 방식이 달라지기도 했다. 중동이라는 용어는 20세기 초 영국의 해상 패권 유지에 중요한 지역을 가리키기 위해 처음 고안되었고, 서구의 지정학적 이익을 무엇으로 정의하느냐에 따라 중동 지역의 범주 또한 달라졌다(Bilgin, 2000: 15-20).

2. 오리엔탈리즘과 중동

에드워드 사이드(Edward Said)는 서구가 비서구권을 열등한 타자로 규정하고 서구의 우월성을 주장하기 위해 형성된 특정한 관점과 담론 체계를 오리엔탈리즘(Orientalism)이라고 정의했다(사이드, 2017). 특히 서구가 자신의 우월성을 증명하기 위해 비교 대상으로 이용한 비서구 사회는 서구에서 가장 가까운 타자, 즉 중동이었다. 중동은 그 지리적 경계와 범주뿐만 아니라 문화적, 사회적 특성마저도 서구에 의해 정의되고 규정되어왔으며, 오리엔탈리즘이 그 핵심에 있었다. 사이드는 19세기와 20세기 초 서구 지식인들의 기록에서 나타나는 중동에 대한 시각을 토대로 오리엔탈리즘에 관한 논의를 펼쳤다. 하지만 중동을 서구와는 본질적으로 다른, 변하지 않고 다양성이 존재하지 않는 사회로 보는 오리엔탈리즘은 아직도 남아 있다.

오리엔탈리즘에 따른 관점에서 중동은 합리성, 이성, 자유, 현대성으로 특징되는 서구와 구분되어 광신, 폭력, 억압, 후진성이 지배하는 사회로 간주되며, 문화적 차이가 중동과 다른 지역 사이에 존재하는 본질적인 차이라고 설명된다. 특히 이슬람이 중동을 보편적이고 세계적인 흐름에서 벗어난 예외적 지역으로 만드는 가장 중요한 요인으로 지목된다(엄한진, 2011: 186-187). 이러한 관점에 따르면 코란의 가르침이 바뀌지 않듯이 이슬람 역시 바뀌지 않으며, 이슬람의 지배를 받는 중동 사회 역시 변화하지 않는다. 마찬가지로 모든 무슬림이 코란을 같은 방식으로 읽듯이 이슬람은 모두 같은 형태를 띠며, 이슬람의 지배를 받는 중동 지역 역시 모두 같은 특성을 공유한다.

이뿐만 아니라 이슬람은 본질적으로 자유주의, 민주주의, 세속주의와 같은 근대적 또는 서구적 가치에 적대적인 종교로 간주되며, 독재, 갈등, 극단주의의 성장, 억압된 여성의 지위, 개인의 자유와 인권에 대한 탄압과 같은 중동 사회의 다양한 문제를 초래하고, 중동이 보편적인 발전과 진보의 흐름을 거부하게 만드는 근본적 원인으로 상정된다(엄한진, 2011: 188 – 189). 이러한 관점의 대표적인 예로 새뮤얼 헌팅턴(Samuel Huntington)이 제시한 '문명의 충돌' 이론이 있다. 헌팅턴(2016)에 따르면, 서구 문명과의 본질적인 차이로 인해 이슬람 문명은 서구화를 거부하며 결국에는 서구 문명과 충돌하게 된다.

그러나 오리엔탈리즘은 변화하지 않는 문화적 특징이 중동의 모든 현상을 결정짓는 요소로 가정한다는 점에서 일차원적인 분석이라는 한계를 가진다. 세계 다른 지역과 같이 중동의 무슬림 사회 역시 역사에 걸쳐 사회적, 정치적, 경제적 변화를 경험해왔으며, 중동에서 나타나는 여러 현상 또한 이러한 변화의 결과이자 역사적 유산의 산물이다. 이슬람 예외주의 역시 마찬가지다. 무슬림들이 코란을 이해하고 해석하고 실천하는 방식은 무슬림들이 놓인 환경에 따라 변화해왔고, 또 다양한 방식으로 나타났다. 무슬림들은 코란을 해석하는 올바른 방법이 무엇인지, 올바른 종교적 규범이 무엇인지, 이상적인 무슬림 사회는 어떠한 형태와 모습을 취해야 하는지의 문제를 두고 논쟁해왔으며, 이 질문들에 대해 다양한 견해와 해석을 제시해왔다. 이러한 점에서 이슬람은 하나의 고정된 형태가 아닌 여러 해석과 관점의 집합이라고 할 수 있으며, 중동 사회가 직면한 모든 문제를 설명하는 유일한 원인도 아니다.

III. 이슬람의 등장과 서아시아의 역사적 변화

1. 서아시아의 아랍화와 이슬람화

문명의 교차로에 위치한 서아시아 지역은 역사적으로 많은 민족이 거쳐 간 땅이다. 메소포타미아 문명과 페르시아 문명의 발상지였던 서아시아 지역은 알렉산드로스 대왕의 정복 이후 그리스 문화권에 편입되었다. 이후 지중해에 접한 지역은 로마 제국과 로마 제국을 계승한 비잔틴 제국의 영토가 되었고, 이란고원과 메소포타미아는 페르시아의 지배를 받았다. 두 제국에 의해 분할된 서아시아 지역은 지중해 연안의 그리스 - 로마 - 기독교 문화권과 이란고원과 메소포타미아의 페르시아 문화권으로 나뉘었다.

서아시아 지역의 역사는 7세기 예언자 무함마드와 이슬람의 등장으로 전환점을 맞이한다. 아라비아반도의 유목민으로 수많은 부족으로 분열되어 있던 아랍인들은 이슬람이라는 새로운 종교 아래 결속해 북아프리카에서 이란에 이르는 광활한 지역을 정복했다. 오랜 전쟁으로 약화된 서아시아의 두 거대 제국인 비잔틴과 페르시아는 아랍인의 침공을 효과적으로 저지하지 못했다. 비잔틴 제국은 아나톨리아반도를 제외한 서아시아 영토 거의 전부와 북아프리카를 잃어버렸고, 페르시아 제국은 멸망해버렸다. 아랍인이 시리아, 이라크, 이란고원 등 서아시아 지역을 점령하기까지는 단 50년도 걸리지 않았다. 한편 아랍인들이 가져온 새로운 종교인 이슬람이 서아시아 지역의 기존 주류 종교였던 기독교와 조로아스터교를 점차 대체해가기 시작했다. 7세기에 시작된 아랍화와 이슬람화는 아랍인과 무슬림이 다수를 차지하며 하나의 아랍 - 이슬람 문화권으로 통합된 현재의 서아시아를 만들어냈다.

서아시아의 아랍화는 지역에 따라 서로 다른 속도로 전개되었다. 아라비아반도와 근접해 이슬람의 등장 이전부터 아랍인이 상당수 살고 있던 시리아와 이라크 지역은 아랍인들이 집단으로 이주해 새로운 도시를 세워 정착하면서 빠르게 아랍화가 진행되었다. 시리아와 이라크 지역의 아랍화는 우마이야 칼리프조의 칼리프인 압둘 말리크(Abdul Malik, 685~705 재위)가 아랍어를 제국의 공용어로 지정하고 기존에 행정 언어로 사용되던 그리스어, 아람어 등을 아랍어로 대체하면서 가속화되었다. 비아랍인은 관료로서 계속 일하거나 이슬람으로 개종해 사회 주류 계층에 편입되기 위해서는 먼저 아랍 부족의 피보호자, 즉 마왈리(*mawali*)가 되어 아랍어와 아랍 문화를 받아들여야 했고, 이는 비아랍인이 점차 아랍인으로 동화되는 변화를 가져왔다(Hoyland, 2015: 159).

반면에 험난한 지형으로 인해 아랍인들의 지배가 완전하지 않았고, 이주 역시 소규모로 이루어진 이란고원 지역에서는 아랍인들이 기존의 페르시아 문화를 대체하지 못하고 오히려 페르시아 문화에 동화되었다(Hoyland, 2015: 214–215). 이란 지역이 이슬람화한 이후에도 현지 군소 왕조들은 페르시아 문예 전통을 후원하여 페르시아 문화 발전을 이끌었다. 그 결과 오늘날까지 이란은 수니파 아랍인이 다수를 차지하는 지역과 구분되는 독자적인 언어와 문화, 정체성을 가지고 때로는 사우디아라비아를 필두로 하는 수니파 국가와 갈등하는 대상으로서 시아 무슬림 국가로 존재한다.

한편 이슬람화는 아랍화와는 다소 다른 양상으로 전개되었다. 페르시아 지역의 조로아스터교는 페르시아 제국의 국교로서 국가의 보호를 받아 성장할 수 있었지만, 귀족적 성격의 교리로 인해 대중 사이에는 널리 뿌리내리지 못했다. 대중적 기반이 취약했던 조로아스터교는 페르시아 제국의 멸망으로 보호자를 잃어버리자 급격하게 세가 약화하였다. 결국 이란은 다른 서아시아 지역보다 빠르게 이슬람화가 이루어졌다. 반면에 시리아 정교회, 이라크의 네스토리우스 교회는 이슬람 등장 이전부터 비잔틴 제국의 국교인 칼케돈 교회와 대립하며 국가 권력으로부터 독립된 사회적 기반을 지니고 있었고, 그 덕분에 아랍 무슬림의 지배 아래에서도 오랫동안 고유한 정체성을 유지할 수 있었다(Hoyland, 2015: 161). 아랍 정복자들 또한 비무슬림에게 부과되는 인두세(지즈야, *jizya*) 수입을 얻기 위해 개종을 강제하지 않았다. 현재에도 다양한 교회에 속하는 기독교도들은 시리아, 이라크, 레바논, 이란 등지에 살고 있다. 이처럼 지역에 따른 아랍화와 이슬람화 수준의 차이는 이슬람과 아랍어가 지배적인 위치를 차지하면서도 종교적, 민족적 다양성이 유지되는 서아시아 사회의 특징을 만들어냈다.

2. 새로운 이슬람 문명의 형성

서아시아의 이슬람화는 역사의 단절을 가져온 사건이 아니었다. 서아시아의 이슬람 문명은 많은 부분에서 이슬람 이전 서아시아 지역의 문화적, 종교적 전통을 이어받았다. 우선, 이슬람은 서아시아의 기존 유일신교인 유대교와 기독교를 계승한 종교이다. 이슬람에서 예언자 무함마드는 새로운 종교를 창시한 최초의 예언자가 아닌 유대교와 기독교의 예언자를 계승하는 최후의 예언자로 여겨진다. 코란 역시 완전히 새로운 경전이 아닌 유대교의 토라와 기독교의 복음서를 완성하는 최종적인 계시로 간주한다. 유대인과 기독교도의 교리, 신앙, 전승을 인용하고 언급하며 때로는 비판하기도 하는 코란은 이슬람이 종교적 공백이 아니라 유대교와 기독교 전통의 영향력이 존재하는 지역에서 나타났음을 시사한다. 서아시아를 정복한 이후 무슬림들은 유대인 및 기독교도와 접촉하는 과정에서 무슬림으로서 고유한 종교적 정체성을 형성해 나갔다. 이처럼 이슬람은 서아시아의 고유한 유일신 전통이라는 역사적 흐름의 한 부분이자 종교적 환경의 산물이었다(Berkey, 2003: 60; Hodgson, 1977a: 103–104).

비아랍인의 개종 또한 이슬람 문명을 이슬람 이전 서아시아 문명과 연결한 요소이다. 비아랍인의 개종을 통해 아랍인의 신앙이었던 이슬람은 다양한 종교적, 문화적, 민족적 배경을 가진 사람들을 아우르는 보편 종교로 확대되었을 뿐만 아니라 서아시아의 다채로운 종교적, 문화적 전통 위에 토대를 둔 새로운 형태의 문명 또한 나타날 수 있었다. 비아랍인 개종자들을 통해 그리스-로마와 페르시아의 문화적 전통이 무슬림에게로 전파되었고, 이는 이슬람권에서 대대적인 번역 운동과 지적 발전을 촉발시켰다. 비아랍인 무슬림, 또는 비무슬림 학자들이 번역한 그리스 철학, 논리학, 과학 연구는 무슬림 철학자들과 신학자들이 고유한 이슬람 철학과 신학을 정립하고 자연과학자들이 새로운 과학적 성취를 쌓는 토대가 되었다. 중동의 대표적인 역사서인 역사서설(歷史序說)로 통칭되는 『무깟디마(*Muqaddimah*)』에서 이븐 할둔은 "이슬람권 학자들은 대부분 페르시아인이다"라고 단언할 정도로(이븐 할둔, 2003: 507–510) 페르시아인들은 무슬림들에게 필요한 전승을 보존한 전승학 및 문법학을 비롯한 종교학 발전에 중요한 역할을 하였다.

한편 이슬람으로 개종한 페르시아인 관료들은 이슬람 이전 페르시아의 전통적인 왕권 사상과 관료제 전통을 흡수하여 이슬람 신앙과 결합해 이슬람 통치 이론을 구성했고, 제국의 통치 이념으로 삼았다. 흔히 아랍－이슬람 문화의 대표적인 상징으로 여겨지는 『아라비안나이트』 또한 그 기원이 본래 인도에서 시작되어 페르시아로 전파된 이야기 모음집이었다는 점은 이슬람 이전 서아시아 지역의 다채로운 문화가 어떻게 아랍－이슬람 문화로 흡수되었는지를 보여주는 사례다.

11세기에는 아랍인과 페르시아인이 주도하던 이슬람 문명에 새로운 참여자가 등장한다. 바로 중앙아시아 지역에 살던 튀르크 유목민이다. 튀르크 유목민은 이슬람으로 개종한 이후 칼리프 제국의 용병으로서 서아시아 지역으로 진출하기 시작했다. 11세기에는 셀주크 가문이 이란과 이라크를 지배하는 셀주크 왕조를 세우면서 튀르크인은 아랍인과 페르시아인에 이어 서아시아의 주요 민족으로 부상한다. 셀주크 제국이 비잔틴 제국의 영토였던 아나톨리아반도까지 영토를 확장하고 튀르크 유목민들이 이주하면서 아나톨리아 지역의 튀르크화·이슬람화가 촉발되었다. 이러한 점에서 무슬림이 다수를 차지하는 현대 튀르키예 공화국의 기원은 11세기까지 거슬러 올라간다고도 할 수 있다.

튀르크인이 서아시아에 가져온 가장 큰 변화는 바로 정치 및 사회 질서의 변화였다. 튀르크인의 진출 이후 서아시아 지역에서는 튀르크계 군사 엘리트들이 권력과 군사력을 장악하고, 아랍인과 페르시아인은 종교, 학문과 행정 분야를 담당하는 이원화된 사회 질서가 형성된다. 아랍인과 마찬가지로 튀르크인 또한 페르시아 관료제 전통을 흡수해 국가를 통치했고, 이는 튀르크 군사 지배자들이 오스만 제국과 이란의 사파비 페르시아 제국과 같은 서아시아의 거대 제국을 건설하는 토대가 되었다. 아랍인의 종교와 페르시아 문화를 받아들이고 튀르크계 언어를 사용하는 군주들이 다스리는 독특한 지배 구조는 11세기 이후 20세기 오스만 제국이 해체될 때까지 서아시아 지역에서 유지되었다(Hodgson, 1977b: 54).

아랍인과 페르시아인, 튀르크인은 같은 무슬림 공동체의 일원이라는 종교적 정체성을 공유하면서도 각자 고유한 언어와 문화적 정체성을 유지하며 통일성 속에 다양성이 유지되는 서아시아의 특징을 형성해왔다. 아랍인들은 예언자 무함마드를 배출한 민족이자 코란의 언어인 아랍어를 사용하는 민족이라는 자부심을 가졌고, 피르도우시(Firdousi)와 같은 페르시아 시인들은 이슬람 이전으로 거슬러 올라가는 유구한 페르시아 문명의 이야기를 노래하며 페르시아 정체성을 표현했다. 튀르크인들은 용맹한 전사이자 군인으로서 이슬람의 보호자라는 정체성을 구성했다. 이슬람은 이처럼 서로 다른 세 민족이 각자의 문화적 특성을 유지하면서도 서로 소통할 수 있는 토대로서 공통의 규범 체계와 문화적 상징을 제공했다.

3. 이슬람과 기독교, 서아시아와 서구: 문명의 충돌인가?

기독교와 유대교, 이슬람 세 종교가 함께 존재하는 종교적 다양성의 땅인 서아시아는 흔히 종교 간 충돌과 갈등으로 점철된 지역으로 그려지곤 한다. 이러한 해석의 중심에는 이슬람을 폭력적이고 타 종교에 배타적인 종교, 즉 '한 손에는 칼, 한 손에는 코란'이라는 말로 대표되는 종교로 바라보는 시각이 있다. 이에 따르면 이슬람은 무력과 강압을 통해 확산하였으며, 무슬림은 서아시아의 종교적 소수자, 특히 기독교도를 탄압하고 박해해왔다. 그러나 1,300년이 넘는 오랜 세월에 걸친 무슬림과 비무슬림의 관계가 탄압과 박해라는 단순한 도식으로 설명될 수 있을까? 실제 역사는 무슬림과 비무슬림의 관계가 한 단어로는 쉽게 정의될 수 없는, 복합적이고 다양한 요인에 따라 변화해왔음을 보여준다.

7세기 이슬람이 처음 서아시아에 등장한 이후 무슬림은 유대인, 기독교도와 때로는 평화적으로 공존하고, 때로는 갈등하기도 했다. 박해를 피해 메카를 떠나 메디나에 정착하여 최초의 무슬림 공동체를 세웠을 때 무함마드는 메디나의 유대인들을 공동체의 일원으로 받아들이고 보호를 약속한 협약을 체결하기도 했고, 무슬림을 위협한 메디나의 유대인 부족을 강제로 추방하거나 학살하기도 했다. 아랍인들을 약탈자, 폭도, 학살자로 묘사한 기독교도도 있었던 반면 아랍인들이 기독교 신앙을 존중하고 교회와 성직자를 보호했다고 기록한 기독교도도 있었다(Penn, 2015: 60-61). 일부 법학자들은 무슬림의 땅에서 모든 교회와 유대교 회당을 파괴할 것을 촉구했고, 다른 법학자들은 이미 건설된 교회와 회당은 보호를 받아야 한다고 주장했다(Ward, 1990: 415-416). 오스만 제국은 제국 영토 내 기독교도들의 법적 권리와 자치권을 인정했지만, 기독교도와 유대인은 무슬림과 완전히 같은 지위에 있지 않은 딤미(*dhimmi*)로서 여러 불평등과 차별 대우를 받는 집단이기도 했다(이은정, 2019: 37).

무슬림과 기독교도 사이의 종교 전쟁으로 그려지곤 하는 십자군 전쟁 또한 실제로는 더욱 복잡했다. 전쟁 초기 무슬림들은 십자군의 침공 동기가 종교적 목적에 따른 것으로 생각하지 않았다. 심지어 십자군이 침공하던 당시 이집트와 팔레스타인 지역을 다스리던 무슬림 왕조인 파티마 왕조는 십자군이 공통의 적인 셀주크 왕조에 맞서 협력할 수 있는 동맹이 될 수 있으리라고 기대하기도 했다(Abu-Musher, 2010: 55-56). 십자군 전쟁이 장기화된 이후에도 무슬림들은 십자군 및 기독교도와 다양한 관계를 맺었다. 기독교도에 맞선 지하드, 즉 성전(聖戰)을 외치는 종교 지도자들도 있었고, 다른 무슬림 군주와 맞서 싸우기 위해 기독교도 십자군 영주와 동맹을 맺는 무슬림 군주들도 있었다(말루프, 2004: 114-117).

코란 역시 무슬림과 타 종교인의 관계에 관해서 절대불변의 분명한 원칙을 제시하지 않는다. 코란은 '불신자'들이 이슬람을 받아들일 때까지 투쟁할 것을 명령하는 동시에 종교에는 강요가 없다고 말하며, 유대인과 기독교도를 비난하는 동시에 같은 유일신을 믿는 '경전의 백성'으로서 권리를 인정하기도 한다. 상반되는 코란 구절은 무슬림 법학자들이 무슬림과 비무슬림의 관계에 관해 서로 다른 해석을 제시하는 근거가 되었다. 이처럼 무슬림과 비무슬림의 관계는 절대불변의 종교적 원칙이 아니라 상황과 환경에 따라 영향을 받으며 다양한 모습을 취해왔다.

서구와 이슬람권의 관계가 본격적으로 악화하기 시작한 시점은 오스만 제국과 페르시아 등 서아시아 제국이 약화하고 영국, 프랑스, 러시아 등 서구 세력이 서아시아 지역에 군사적, 정치적, 경제적으로 침투하기 시작한 19세기와 20세기 초였다. 서구 제국주의 세력의 위협은 서아시아 무슬림들 사이에서 위기감을 야기했고, 이는 서구 및 기독교권이 무슬림을 위협하고 있다는 인식으로 발전했다. 무슬림들의 두려움은 제1차 세계대전에서 패배한 오스만 제국이 해체되고 시리아, 요르단, 레바논, 팔레스타인, 이라크가 영국과 프랑스의 보호령으로 전락하면서 현실화되었다. 페르시아 역시 명목상으로는 독립을 유지했으나 실제로는 영국과 러시아의 개입에서 벗어나지 못한 상황이었다. 이러한 상황에서 서구의 위협에 직면한 다른 비서구권 사회와 마찬가지로 시리아, 이라크, 이란 등 서아시아 지역에서도 서구에 맞서 주권과 독립을 추구하는 민족주의 이념이 성장했다.

서구가 제기하는 도전은 정치적 영역에 국한되지 않았다. 자유주의, 입헌주의, 개인의 자유와 시민 평등과 같이 서구에서 태동한 근대적 가치관과 이념도 함께 서아시아 사회에 전파되었다. 이에 서아시아 지식인들은 새로운 가치와 고유한 문화와 정체성 사이에서 균형을 유지할 방안을 모색하기 시작했다. 가장 큰 과제는 바로 인권, 자유, 평등과 같은 새로운 가치관과 이슬람의 전통적 해석 사이에서 조화를 이루는 것이었다. 그 해결책은 다양했다. 자말 알딘 알아프가니(Jamal al-Din al-Afghani)와 무함마드 압두흐(Muhammad Abduh)와 같은 무슬림 사상가들은 이슬람의 진정한 가르침은 합리성과 이성에 있다고 주장하며 근대적 변화에 적응할 수 있는 방향으로 이슬람의 재해석을 촉구했다. 이란에서는 입헌주의, 의회정치와 이슬람이 양립할 수 있다고 본 종교 지도자들이 입헌군주제 도입을 위한 투쟁을 주도했다. 한편 튀르키예 공화국의 초대 대통령인 무스타파 케말 아타튀르크(Mustafa Kemal Atatürk)와 이란의 군주 레자 샤(Reza Shah)는 전면적인 세속화와 서구화를 통해 튀르키예와 이란을 발전시키고자 했고, 이와 달리 서구화와 세속화를 서구 제국주의와 동일시하여 전면 거부하고 이슬람의 가르침에 따른 사회 질서와 윤리를 철저하게 지키려는 움직임도 나타났다(Mandaville, 2020).

새뮤얼 헌팅턴은 '문명의 충돌'이라는 개념을 제시하며 서구와는 본질적으로 다른 문명인 이슬람권은 필연적으로 서구와 서구가 표방하는 근대적 가치에 적대적이라고 주장했다. 그러나 오늘날 서아시아와 서구 사이에 존재하는 대립은 두 문화 사이의 본질적인 차이에서 비롯된 결과라기보다는 서구 식민지배와 제국주의, 독립 이후 서아시아 각국에 들어선 독재체제와 같은 역사적 배경에서 기인한 결과에 더 가깝다고 할 수 있다. 입헌주의, 자유주의, 세속화와 같은 이념과 가치관은 서구 식민지배 아래에서 서아시아 사회에 이식되었다. 서구화와 세속화는 권력과 경제적 혜택을 독점한 소수 엘리트 계층 내에 국한된 변화였고, 그 변화의 결실을 누리지 못한 다수 대중은 소외감과 박탈감, 불안과 반감, 고유한 문화와 정체성을 상실해버릴지도 모른다는 위기감만 느꼈을 뿐이었다(Humphreys, 2005: 42). 이러한 역사적 경험은 20세기 중반 이후 서구에 맞선 투쟁을 명분으로 권력을 잡은 서아시아 각국의 독재 정권에 서구와 관련된 사상과 이념과 가치관을 서구 제국주의의 잔재로 규정하고 탄압할 구실을 주었다. 이란의 호메이니, 이라크의 사담 후세인 등 서아시아의 독재자들은 서구에 대한 적의와 반감을 정권에 대한 대중적 지지를 동원하고 권력을 정당화하는 수단으로 이용했다.

19세기 말과 20세기 초 서아시아와 서구 사이의 상호작용은 변화한 환경 속에서 이슬람의 역할과 위치는 무엇인지, 이슬람과 근대성 사이의 관계는 무엇인지, 서아시아 사회가 나아가야 할 방향은 무엇인지에 관한 질문을 남겼고, 서아시아 사회는 지금도 이 질문에 대한 답을 찾아가는 과정에 있다.

IV. 하나의 무슬림 공동체, 하나의 아랍 공동체

이슬람은 서아시아의 유일한 종교도 아니고, 서아시아의 정치와 사회를 결정하는 유일한 요인도 아니다. 그러나 이슬람은 서아시아의 독특한 지역 정체성과 문화적 형태와 떼어놓을 수 없는 관계를 맺고 있는 것도 사실이다. 서로 다른 언어와 문화를 가진 아랍인, 페르시아인, 튀르크인 세 민족이 1,000년이 넘는 역사에 걸쳐 문화적 영향을 주고받으며 공통의 문화권을 형성할 수 있었던 배경에는 바로 공통의 종교, 이슬람이 있다. 서아시아 어디를 가도 쉽게 찾아볼 수 있는 모스크의 첨탑, 예배를 드리는 사람들과 같은 물리적이고 가시적인 경관에서부터 이슬람의 교리와 가르침에 따른 사회적 규범, 가치관, 법체계에 이르기까지 이슬람은 서아시아의 다양한 민족이 각자의 고유한 정체성을 유지하면서도 문화적 차이를 초월하여 서로 소통하고 교류할 수 있는 토대와 서아시아만의 고유한 특색을 형성하는 데 큰 영향을 미쳤다.

이슬람은 또한 공동체가 나아가야 할 올바른 방향에 관한 공통의 지침을 제공하여 무슬림 공동체에 일정 정도의 동질성을 부여했다. 예언자 무함마드의 시대가 이슬람의 가르침이 완전하게 실현된 황금기라는 역사적 기억을 공유하는 서아시아 무슬림들은 황금기의 재현이라는 동일한 목표를 추구해왔다. 비록 이상적인 사회가 지니는 구체적인 모습과 이를 실천할 방안에 관해서는 다양한 관점이 존재했지만, 공통의 역사적 기억과 이상은 다양한 환경과 배경에 사는 무슬림들을 결속하는 토대가 되었다(Hodgson, 1977a: 71-72).

이슬람과 함께 서아시아에 확산된 아랍어 또한 서아시아 지역의 공통어로서 다양한 민족 간 상호 교류를 가능하게 한 수단이었다. 코란은 아랍어로 계시되었고, 예언자 무함마드와 그의 교우들의 전승 또한 아랍어로 보존되었기에 아랍어는 코란과 예언자의 가르침을 해석하기 위한 언어로서 이슬람 신앙에서 핵심적 위치를 차지했다. 아랍어를 모어로 사용하지 않은 페르시아어와 튀르크어 화자들 또한 아랍어로 코란을 읽고 예배를 드렸다. 아랍어의 영향력은 종교적 영역에만 국한되지 않았다. 중세 유럽의 라틴어, 동아시아의 한문과 마찬가지로 서아시아에서는 아랍어가 지적 활동을 위한 언어였다. 이슬람권을 대표하는 많은 페르시아계, 튀르크계 학자는 그들의 모어뿐만 아니라 아랍어로도 글을 남겼다. 이 과정에서 아랍어는 다른 언어에 큰 영향을 미쳤고, 오늘날까지도 페르시아어와 튀르키예어 같은 서아시아 지역의 주요 언어에서는 아랍어에서 기원한 어휘와 표현이 많이 사용되고 있다. 한편 이슬람

이전부터 발전한 문예 전통을 가지고 있던 페르시아어는 이슬람 이후에도 아랍어와 함께 서아시아 지역의 고등 문화 언어로 사용되었다. 튀르크계 언어 또한 군사와 정치 지배자들의 언어로 중요한 위치를 차지하면서 아랍어 역시 페르시아어와 튀르크어의 영향을 받았다.

19세기 이후 서아시아가 직면한 변화 속에서 이슬람에 토대를 둔 서아시아의 전통적인 정체성 인식은 현대적 이념의 토대로 새롭게 변화하기 시작했다. 서구 제국주의 세력의 서아시아 침투는 하나의 무슬림 공동체, 즉 움마(*ummah*)에 관한 전통적 관념이 모든 무슬림이 단결해 서구 제국주의에 맞서 투쟁해야 한다는 범(汎)이슬람주의로 전환되는 계기가 되었다. 당시 서아시아 국가들은 유럽에 의해 탄생하거나 국경선이 다시 그어졌다(프롬킨, 2015: 34). 민족주의가 유입되고 무슬림의 맹주를 자처하던 오스만 제국이 여러 국민국가로 해체된 20세기에도 문화적, 언어적 차이를 초월하여 서구에 맞서기 위해 무슬림이 단결해야 한다는 이상을 품은 무슬림은 여전히 존재한다. 이러한 이상은 이스라엘 – 팔레스타인 갈등, 소련의 아프가니스탄 침공, 발칸 분쟁, 이라크 전쟁과 시리아 내전 등 무슬림과 관련된 세계 각지의 분쟁과 현안에서 서아시아 무슬림들이 연대 의식을 드러내는 토대가 되기도 했다.

범이슬람주의는 또한 서아시아의 이슬람 극단주의 무장조직에 테러 행위를 정당화하는 수단을 제공한다. 서구와 미국을 적으로 규정하고 모든 무슬림에게 성전에 참여할 것을 촉구하는 알카에다, 20세기 이후 형성된 서아시아의 국민국가 체제를 전면 부정하고 칼리프가 다스리는 하나의 무슬림 국가 건설을 추구하는 IS와 같은 이슬람 극단주의 무장조직은 범이슬람주의가 폭력적 극단주의와 결합한 예시라고 볼 수 있다.

자유주의, 사회주의, 아랍 민족주의와 같은 세속적 이념이 발전과 진보에 대한 서아시아 사람들의 기대를 충족시키지 못했음이 드러난 1970년대 이후에는 서구화와 세속화에 맞서 이슬람의 순수한 가르침에 따른 사회 질서를 회복해야 한다는 이념, 즉 이슬람주의가 중요한 정치 운동으로 떠올랐다(Voll, 2013). 특히 친미 성향의 팔레비 왕조 치하에서 급격한 세속화와 서구화를 경험한 1960년대와 70년대 이란에서는 지식인을 중심으로 서구화와 외세의 개입에 반발하는 움직임이 나타났다. 서구화를 질병, 즉 '서구중독증(*gharbzade-gi*)'으로 묘사하고 서구로부터의 해방을 위한 이념적 토대를 이슬람에서 찾은 잘랄 알레 아흐마드(Jalal Al‒e Ahamd), 전통적인 시아 이슬람을 혁명과 저항을 위한 이념으로 탈바꿈시킨 알리 샤리아티(Ali Shariati)가 대표적인 예다. 이들의 사상은 1979년 이슬람을 중심으로 반서구, 반제국주의를 표방한 이란 이슬람 혁명의 이념적 토대를 제공했다(구기연 외, 2021: 110‒117). 한편 이란의 종교 지도자 아야톨라 호메이니(Ayatollah Khomeini)는 이슬람의 가르침이 온전히 실현되는 국가와 사회 건설을 위해서는 종교 지도자가 통치해야 한다는 벨라야테 파키(*Velayat‒e Faqih*)라는 정치 이론을 제시했고, 이는 혁명 이후에 종교 지도자가 국정 전반을 통제하는 이란의 독특한 통치체제가 수립되는 배경이 되었다(Mandaville, 2020: 258‒266).

이슬람주의 이외에 20세기 서아시아 정치에서 중요한 의미를 가진 이념은 아랍 민족주의였다. 20세기에 들어 서구 민족주의의 영향을 받은 아랍 지식인들은 언어와 문화, 역사를 공유하는 아랍인이 하나의 민족 공동체를 구성한다는 아랍 민족주의 이념을 제시했다. 민족주의의 영향으로 20세기 초부터 아랍인 내에서는 오스만 제국의 지배계층인 튀르크인을 아랍인과는 다른 언어와 정체성을 가진 민족적 타자라고 보는 인식이 성장하기 시작했고, 이는 1차 세계대전이 발발한 이후인 1916년 메카의 통치자 샤리프 후세인(Sharif Hussein)이 이끄는 아랍 군대가 영국의 지원을 받아 오스만 제국에 맞서 봉기를 일으키면서 구체화되었다(Milton‒Edwards, 2018: 63‒67). 영국은 후세인에게 봉기의 대가로 통일 아랍 국가 건설을 약속했지만, 1차 세계대전이 끝난 이후에는 오스만 제국의 아랍 영토를 시리아, 이라크, 요르단, 팔레스타인 등으로 분할했다.

아랍 지역이 신생 국민국가로 분열된 이후에도 통일 아랍 국가 건설을 향한 열망은 사라지지 않았다. 아랍 민족주의는 또한 종교보다는 언어적, 문화적 동질성을 강조하며 서구 제국주의에 맞선 아랍의 단결된 투쟁과 통일 아랍 국가를 지향하는 세속적 이념으로서 아랍 무슬림뿐만 아니라 기독교도 사이에서도 지지받았다. 통일 아랍 국가 건설이 아랍인이 추구해야 하는 불멸의 사명이라는 목표를 제시하며 바트당(Ba'ath Party)을 조직한 시리아의 미셸 아플라크(Michel Aflaq)와 같이 기독교도 지식인들도 아랍 민족주의의 성장에 기여했다. 아랍 민족주의에 대한 대중적 지지는 1950년대 서구 지배에서 독립한 이집트, 이라크, 시리아에 아랍 민족주의를 표방하는 군부 정권이 수립되는 토대가 되었다. 특히 이집트의 가말 압델 나세르(Gamal Abdel Nasser)는 독립 이후에도 영국이 관할하던 수에즈 운하를 국유화하고, 미국과 소련의 지원을 받아 영국과 프랑스, 이스라엘 연합군을 격퇴하는 데 성공하면서 아랍 민족주의의 영웅으로서 아랍 각지에서 지지를 받았다(로건, 2016: 433).

그러나 압델 나세르의 주도 아래 1958년 이집트와 시리아가 결성한 아랍연합공화국(United Arab Republic)이 양국 정치인 사이의 분열과 경쟁으로 1961년에 해체되며 통일 아랍 국가의 열망이 좌절되었다. 이집트와 시리아, 요르단으로 구성된 연합군이 이스라엘에 패배한 1967년 3차 중동전쟁은 아랍 민족주의를 표방하던 아랍 각국 정권에 대한 환멸과 실망을 불러일으켰고, 이는 결국 아랍 민족주의가 정치적 영향력을 상실하는 계기가 된다(Humphreys, 2005: 63). 한때 아랍 민족주의의 맹주였던 이집트가 1979년 이스라엘과 평화 협정을 체결한 것은 반(反)이스라엘 투쟁을 중심으로 결속되어 있던 아랍 국가 간의 연대가 깨어졌음을 상징적으로 보여주는 사건이었다. 아랍 국가의 협력과 단결을 외치는 목소리는 여전히 존재하지만, 아랍 민족주의가 정치적 영향력을 상실하고 개별 국가의 이익이 아랍 민족 전체의 대의보다 우선시되고 있다는 점은 이집트에 이어 요르단(1994년)뿐만 아니라 UAE, 바레인, 수단, 모로코(2020년)까지 이스라엘과 평화 협정을 체결하면서 더욱더 분명하게 나타났다.

V. 갈등과 분열 속 요원한 서아시아 지역통합

서아시아 지역의 대표적인 지역협력기구로는 서아시아 및 북아프리카의 22개 아랍 국가로 구성된 아랍연맹(Arab League), 아라비아반도의 걸프만 연안 6개 국가(사우디아라비아, 쿠웨이트, UAE, 바레인, 카타르, 오만)로 구성된 걸프협력회의 (GCC: Gulf Cooperation Council)가 있다. 그러나 이슬람과 공통의 문화적 토대, 범이슬람주의와 아랍 민족주의와 같은 통합을 지향하는 이념의 존재에도 불구하고 서아시아의 정치적, 경제적 통합 수준은 여전히 미약하다. 오늘날 서아시아에서는 공통의 역사적, 문화적, 종교적 토대 위에 통합을 이루기 위한 노력보다는 국가 간의 이해관계와 정치적, 경제적 상황 차이에 따른 차이와 대립이 두드러지게 나타나고 있다.

이스라엘–팔레스타인 갈등은 서아시아 지역 분열을 초래하는 문제 중의 하나이며, '중동의 화약고'라는 수식어를 가질 만큼 아직도 풀리지 않은 지역 갈등의 핵심이다. 이집트와 요르단, UAE와 바레인이 이스라엘을 주권 국가로 인정한 이후에도 여전히 많은 서아시아 국가는 이스라엘을 공식적으로 인정하기를 거부하고 있고, 시리아와 이란은 이스라엘을 국가가 아닌 '시온주의 점령세력'으로 지칭하고 공공연히 적대시하고 있다. 레바논의 주요 정치 세력이자 친이란 성향의 무장조직인 히즈볼라(Hizbollah), 팔레스타인 저항조직인 하마스(Hamas)와 이스라엘 사이의 충돌도 현재진행형이다. 한편 1993년 체결한 오슬로 협정을 통해 상호를 인정하고 평화 정착에 합의한 이스라엘과 팔레스타인 자치정부 사이에도 이스라엘의 서안 지구(West Bank) 내 유대인 정착촌 건설 문제, 예루살렘 영유권 문제를 둘러싼 갈등이 여전히 진행 중이다. 아랍 국가와 이스라엘 사이의 대립 구도는 2020년 UAE와 바레인이 이스라엘과 아브라함 협정 체결 및 국교를 수립하면서 새로운 국면에 진입했다. 아랍 국가 내에서 이스라엘과의 관계 문제를 두고 분열이 나타나기 시작한 것이다.

이스라엘과 일부 아랍 국가 사이의 관계 변화는 2003년 이라크 전쟁과 이라크 정권교체 이후 고조된 사우디아라비아와 이란 사이의 지정학적 대립과 관련되어 있다(칼쿨리, 2021: 450). 사우디아라비아와 이란 사이에서 균형추 역할을 하던 이라크에 이란과 가까운 시아파 정권이 수립되면서 중동 지역의 세력 판도가 이란에 유리하게 기울었고, 이는 사우디아라비아를 필두로 아랍 수니파 국가가 이란의 세력 확장에 대응하기 위해 결속하는 상황을 조성했다. 중동 각국 정세에 혼란을 촉발한 2011년 아랍의 봄은 사우디아라비아와 이란 간 지정학적 경쟁을 더욱 고조시키는 요인으로 작용했다. 두 국가는 중동 내 영향력을 확대하고 상대를 견제하기 위해 정치 격변으로 혼란에 빠진 시리아와 예멘에 개입해 대리전(proxy war)을 펼쳤다. 시리아에서는 이란과 이라크, 레바논 등의 친이란 무장조직이 아사드 정권을 지원하고, 예멘에서는 사우디아라비아와 UAE가 예멘 중앙정부를 도와 후티 반군을 격퇴하기 위해 참전했다. 친이란 무장조직을 통한 이란의 중동 내 영향력 확대는 이란을 최대 안보 위협으로 보는 걸프 국가 지도자들의 위기의식을 자극했고, 이는 UAE와 바레인이 중동 내 이란의 최대 적국인 이스라엘과 국교를 수립해 반(反)이란 진영을 구축하는 행보로 이어졌다(스미스, 2021: 558).

아랍과 이스라엘, 아랍과 이란, 이스라엘과 이란의 대립뿐만 아니라 공통의 언어와 문화, 정체성을 공유하는 아랍 국가 사이에서도 통합과 협력을 위한 노력은 큰 결실을 거두지 못했다. 아랍연합공화국이 이집트의 압델 나세르와 시리아 정치 지도자 사이의 갈등으로 해체된 사례에서 드러나듯이, 아랍 통일 국가를 추구하는 아랍 민족주의의 영향력이 정점에 달했던 1950년대와 1960년대에도 아랍 지도자들은 국가 간 정치적 이해관계 차이로 통일 아랍 국가 건설에 실패한 바 있다. 1970년대와 1980년대에는 이라크와 시리아의 바트 정권이 아랍 민족주의 이념의 주도권을 두고 서로 경쟁했다. 1970년대 이후 아랍 민족주의의 영향력이 퇴색하고 국민국가 정체성과 개별 국가의 이익이 아랍 민족의 대의보다 중요한 위치를 차지함에 따라 통합의 동력은 더욱 약화되었다. 이로 인해 오늘날의 아랍연맹 또한 구체적이고 가시적인 협력 성과를 거두지 못했을 뿐만 아니라 아랍 국가 사이의 갈등과 분쟁 해결에서도 큰 영향력을 발휘하지 못하는 상황이다. 팔레스타인 문제, 시리아 내전과 같은 서아시아 지역의 주요 사안에 대한 아랍 각국의 정치적 관점 차이와 걸프 산유국과 아랍 비산유국 사이의 현저한 경제적 격차 등은 아랍 국가 사이의 정치적 협력과 경제적 통합을 가로막는 요인이다.

현재 서아시아 지역에서 가장 실질적인 협력이 이루어지는 지역협력기구로는 GCC를 꼽을 수 있다. 걸프 6개국은 문화적 동질성, 왕정 체제, 석유 의존 경제, 이란이라는 역내 강대국의 위협에 대한 대응 필요성 등 여러 공통점을 바탕으로 서아시아 내 다른 국가들보다 비교적 쉽게 긴밀한 협력과 통합 수준을 구축할 수 있었다. GCC는 회원국 간 국경 개방과 회원국 국민과 물자의 자유로운 왕래 보장, 공동 방위군 조직, 공동시장 출범 등 경제와 군사를 포함해 다방면에 걸쳐 통합 수준을 강화해왔다.

그러나 GCC 역시 회원국 사이의 정치적 입장 차이에서 자유롭지 않다. 특히 2011년 아랍의 봄 이후 카타르와 다른 GCC 회원국 사이의 대립이 심화되었다. 이집트와 튀니지, 리비아에서 집권한 이슬람주의 정치 세력을 지원하고 이란과 우호적 관계를 구축해 대외적인 영향력을 확대하려는 카타르의 행보는 이란과 이슬람주의 정치 세력을 걸프 왕정의 생존과 지역 안보를 위협하는 요인으로 보는 사우디아라비아와 UAE, 바레인의 반발을 야기했다. 양측 간 긴장과 갈등은 2017년 사우디아라비아·UAE·바레인이 카타르와 단교를 선언하고 국경을 봉쇄하면서 최고조에 다다랐다. 카타르 단교 사태는 서아시아에서 통합 수준이 높은 것으로 여겨지던 걸프 지역에서도 국가 간의 정치적 입장 차이가 분열과 갈등의 원인으로 작용함을 보여준다(레그렌치, 2021: 622–623).

VI. 다양하고 복잡한 결을 지닌 서아시아 지역

이슬람, 중동, 혹은 아랍으로 통일성 혹은 단일화된 지역으로 인식하는 타자의 눈과는 달리 서아시아 지역은 다른 어떤 아시아 지역보다도 다양하고 복잡한 결을 지닌 지역 단위이다. 앞에서 살펴본 바와 같이 문명과 문화의 발상지이자 보고이지만, 동시에 '종교'를 앞세운 갈등을 가장 많이 품고 있는 지역이기도 하다. '이슬람' 역시 다양한 형태로 존재한다. 현재 서아시아에서는 다양한 형태의 이슬람이 경쟁하고 있으며, 각 국가는 권력을 키우기 위해 종파를 도구로써 이용하기도 한다. 아랍의 봄은 '아랍'이라는 정체성이 가진 언어와 소통의 힘을 보여주기도 하였지만(포셋, 2021: 389), 다양성은 여전히 서아시아 지역의 역동성을 표현하는 가장 큰 특색이다.

아랍의 봄 이후 서아시아 지역은 민주화 투쟁과 내전, 지역 내 불안정으로 여전히 혼란스러운 상황이다. 하지만 예멘 및 시리아에서 평화적 정권 이양을 촉구하는 등 아랍의 봄에 대한 아랍기구들의 초기 대응을 긍정적으로 평가하는 시각도 있다. 실제로 GCC, 아랍연맹 그리고 이슬람 협력기구의 지지로 국제기구의 개입에 정당성을 부여했다는 점(포셋, 2021: 414－420)에서 앞으로 지역 공동체로서 더욱 발전된 행보를 기대해 본다. 또한 서아시아에 대한 지역 분쟁과 지역주의의 위기라고 보는 시선들이 언제나 서아시아 자체만이 아닌, 미국을 비롯한 중국, 러시아, 유럽 강대국들과의 이해관계가 복잡하게 엮여 있다는 점을 간과해서는 안 된다.

서아시아의 지역성을 바라보는 관점을 좀 더 확장하고, 유연하고 다각적인 차원으로 접근하는 것이 무엇보다도 중요하다. 이에 서아시아의 역사를 뒤흔든 '아랍의 봄'을 통한 시민들의 행위성에 대한 보다 깊은 연구들이 이루어져야 한다. 튀니지, 이집트, 이라크, 레바논, 이란의 광장에서 시민들의 함성이 그치지 않고 있으며, 각 국가와 사회는 이미 얼굴 없는 혁명을 경험하고 있다. 사회적 안정과 평화의 길은 여전히 요원해 보이지만, 분명 서아시아의 시민들은 저항의 목소리를 멈추지 않을 것이며 자신들의 광장을 언제든 다시 가득 메울 수 있을 것이다.

참고문헌

구기연·황의현. 2021. "타자화를 넘어선 서아시아 지역 정체성 형성의 여정: 이란을 중심으로."『아시아리뷰』11권 2호, 97-122.

레그렌치, 마테오. 2021. "걸프 지역의 국제 관계." 루이스 포셋 편.『중동의 국제관계: 국제관계로 본 중동의 역사와 정치』, 605-645. 서울: 미래엔

말루프, 아민. 김미선 역. 2004.『아랍인의 눈으로 본 십자군 전쟁』. 서울: 아침이슬.

사이드, 에드워드. 박홍규 역. 2007.『오리엔탈리즘』. 서울: 교보문고

스미스, 찰스. 2021. "아랍-이스라엘 분쟁." 루이스 포셋 편.『중동의 국제관계: 국제관계로 본 중동의 역사와 정치』, 515-568. 서울: 미래엔

엄한진. 2011. "아랍세계 논의의 특징과 오리엔탈리즘 전통."『아시아리뷰』1권 1호, 171-195.

이은정. 2019.『오스만 제국 시대의 무슬림-기독교인 관계』. 서울: 민음사.

칼쿨리, 마리나. 2021. "중동과 안보: 2003년 이라크 전쟁 이후 폭력의 정지." 루이스 포셋 편.『중동의 국제관계: 국제관계로 본 중동의 역사와 정치』, 430-466. 서울: 미래엔

포셋, 루이스. 2021. "중동의 지역주의와 동맹" 루이스 포셋 편.『중동의 국제관계: 국제관계로 본 중동의 역사와 정치』, 381-430. 서울: 미래엔

포셋, 루이스. 백승훈 외 역. 2021.『중동의 국제관계: 국제관계로 본 중동의 역사와 정치』. 미래엔.

헌팅턴, 새뮤얼. 이희재 역. 2016.『문명의 충돌』. 파주: 김영사.

Abu-Musher, Maher Y. 2010. "Fāṭimids, Crusaders and the Fall of Islamic Jerusalem: Foes or Allies?" *Al-Masāq* 22(1), 45-56.

Berkey, Jonathan. 2003. *The Formation of Islam: Religion and Society in the Near East*, 600-1800. Cambridge: Cambridge University Press.

Bilgin, Pinar. 2000. "Inventing Middle East? The Making of Regions through Security Discourse." In Bjørn Olav Utvik and Knut S. Vikør, ed. *The Middle East in a Globalized World: Papers from the Fourth Nordic Conference on Middle Eastern Studies*. Oslo, 1998. Bergen: Nordic

Society for Middle Eastern Studies.

Cammett, Melani and Ishac Diwan. 2019. "The Political Economy of Development in the Middle East." In *The Middle East*, 15th edition. 269-306. Thousand Oaks: CQ Press.

Held, Colert C. and John Thomas Cummings. 2012. *Middle East Patterns: Places, Peoples, and Politics*, 6th edition, Boulder: Westview Press.

Hodgson, Marshall G. S. 1977a. *The Venture of Islam, vol.1: The Classical Age of Islam*. Chicago: University of Chicago Press.

__________________. 1977b. *The Venture of Islam, vol.2: The Expansion of Islam in the Middle Periods*. Chicago: University of Chicago Press.

Hoyland, Roberg G. 2015. *In God's Path: The Arab Conquests and the Creation of an Islamic Empire*. Oxford: Oxford University Press.

Humphreys, Stephen R. 2005. *Between Memory and Desire: The Middle East in a Troubled Age*. Berkeley, Los Angeles: University of California Press.

Mandaville, Peter. 2020. *Islam and Politics*, 3rd edition, London and New York: Routledge.

Milton-Edwards, Beverley. 2018. *Contemporary Politics in the Middle East*, 4th edition, Cambridge and Medford: Polity.

Penn, Michael Philip. 2015. *Envisioning Islam: Syriac Christians and the Early Muslim World*. Philadelphia: University of Pennsylvania Press.

Voll, John O. 2013. "Political Islam and the State." in John L. Esposito and Emad El-Din Shahin, ed. *The Oxford Handbook of Islam and Politics*, Oxford: Oxford University Press.

Ward, Seth. 1990. "A Fragment from an Unknown Work by Al-Ṭabarī on the Tradition 'Expel the Jews and Christians from the Arabian Peninsula (And the Lands of Islam)'." *Bulletin of the School of Oriental and African Studies* 53(3), 407-420.

제13장

데이터로 보는 아시아의 지역들

심우진 · 허정원 · 박선영 (서울대학교 아시아연구소 HK 연구교수)

I. 빅데이터 시대의 지역학

우리는 손 하나 들어 올리는 것도 디지털 정보로 기록되는 빅데이터 시대에 살고 있다. 정보통신기술의 발전은 다양한 정보가 실시간으로 기록될 수 있는 발판을 마련했고, 이들 정보의 상업적 이용은 본격적인 빅데이터 시대를 열었다. 그에 따라 국제기구나 국가기관에서 제공하는 공공데이터뿐만 아니라 SNS, 미디어 등을 통한 데이터도 쉽게 찾아볼 수 있다. 빅데이터 시대에서는 빠르고 다양하게 생성되는 대량의 데이터 속에서 유의미한 정보를 찾아내고 새로운 지식과 가치를 발굴해가는 것이 매우 중요하다.

이러한 디지털 흐름에 따라 지역연구에서도 데이터를 이용하는 방법론 활용이 증가하는 추세이다. 이미 국제기구, 개별 국가, 지역공동체, 민간 기업 등 여러 주체가 국가와 지역에 대한 다양한 데이터를 수집하여 활용하고 있으며, ICT 기술의 발달로 이러한 데이터를 일반인들도 사용할 수 있게 됨으로써 지역연구에서의 활용도도 증가해왔다. 또 설계와 수집에 큰 비용이 소요되는 기존의 정량적 데이터베이스와는 달리 대량의 정형 혹은 비정형 데이터가 공간적 경계를 넘나들며 생산되는 빅데이터는 지역연구에서 새로운 방법론의 가능성을 의미한다(유성민, 2015; 조남경, 2019).

기존의 지역연구는 주로 질적방법론으로 접근해 왔다. 데이터를 이용한 변수 중심의 실증분석 방법인 양적방법론이 상대적으로 거시적인 특징을 갖기 때문에 지역에 대한 깊은 맥락적 이해를 추구하는 지역연구에 있어서는 적합하지 않다는 견해가 있었기 때문이다(김경수, 2006). 그러나 지역연구 영역에서 양적방법론에 대한 부적합하다는 의문은 양적방법론 자체에 대한 의문이라기보다는 지역성을 탐구하기에 적합한 양적으로 많고 촘촘한 지역 데이터를 활용하기에 기획과 수집에 막대한 비용이 소요되고 연구자가 직접 수집하기 어렵고 가용 데이터의 범위가 지극히 한정되어 있기 때문이다. 또한 지역연구자들은 깊이 있는 연구를 통하여 지역의 독특성과 맥락성에 대한 통찰을 얻는 것을 목적으로 하기에 대상 지역에 대한 비교연구의 필요성이 그동안 비교적 낮게 평가되어 왔다. 그러나 하나의 국가나 지역연구의 결과만 제시하기보다 비교연구 방법을 통하여 단일 사례로부터 관찰한 연구 질문의 중요성과 논지의 타당성을 높이고 궁극적으로 사회과학 이론의 발전에도 기여할 수 있다는 점에서 지역연구의 방법론을 택하는 것은 의미가 있다(신재혁, 2019).

그러므로 이 장에서는 데이터를 이용해서 아시아 각 지역의 개관을 살펴보려고 한다. 여기에서 활용한 데이터는 World Bank의 World Development Indicators(WDI)이다. WDI는 World Bank에서 공식적으로 확인된 국제 정보를 수집하여 만든 지표 모음으로 세계(Global), 지역(Region), 국가(Country) 스케일로 데이터를 제공한다.

그러나 World Bank에서 구분한 세계 각 지역은 이 책에서 다루는 그것과는 매우 다르다. 아시아 지역만 보면 World Bank는 아시아 각 지역을 주변 지역과 함께 묶은 'East Asia and Pacific', 'Middle East and North Africa(MENA)', 'South Asia', 'Europe and Central Asia' 등으로 구분하고 있어 아시아 각 지역을 독립적으로 파악할 수 없다. 또한, 이 책의 지역 구분과 같이 아시아를 5개 지역으로 파악하는 UN의 UNdata 같은 경우에도 이란을 남아시아로 분류하고 있어 제공하는 지역 스케일 데이터를 그대로 활용할 수 없다.

표 1 아시아 지역의 지표

지표	남아시아	서아시아	동남아시아	중앙아시아	동북아시아
Total population(2020)	1,856,882,402	345,593,994	668,455,318	75,146,919	1,625,734,211
Population growth(%, 2020)	1.15	1.56	0.99	1.81	0.18
Population density (individuals per sq km, 2018)	389.22	55.46	151.71	19.07	140.57
Urban population(2020)	647,723,163	256,071,968	334,171,142	36,294,465	1,050,820,148
Life expectancy(2019)	71.6	75.87	73.22	71.16	79.42
Fertility rate(population, 2019)	2.48	2.53	2.23	3.06	1.57
Crude no. of deaths under 5(2019)	1,405,945	136,813	278,300	34,015	143,098
Surface area(sq.km, 2018)	5,135,269	6,394,490	4,507,346	4,003,256	11,764,156
Forest area(sq.km, 2020)	897,786.90	365,630.30	2,074,763.50	130,105.20	2,714,030.50
Terrestrial protected land (sq.km, 2018)	349,661.39	288,365.90	586,970.80	163,326.93	1,853,748.06
Freshwater withdrawals (billion cubic meters, 2017)	926.44	239.51	505.75	127.34	711.34
Energy use(million kgoe, 2014)	975,225,000,000	857,686,902,000	555,008,000,000	110,016,448,000	3,793,193,033,000
CO2 emissions(kg, 2018)	2,770,040,000,000	2,380,650,000,000	1,598,300,000,000	422,600,000,000	12,089,920,000,000
Electric consumption (KhW, 2014)	1,194,186,000,000	1,149,559,000,000	788,392,000,000	185,774,000,000	6,950,429,000,000
GDP(US$, 2019)	3,597,252,024,123.45	3,426,384,249,072.94	3,171,963,970,104.31	303,978,103,605.51	21,512,569,838,791.70
GDP per capita(US$, 2019)	1,959.53	278,528.80	133,446.07	4,118.20	13,256.79
GDP growth(annual %, 2019)	4.67	−1.52	5.71	5.26	2.02
Military exp(US$, 2020)	90,099,505,442.27	138,862,995,207.29	38,699,486,265.00	1,940,786,469.72	347,300,351,728.73
Mobile cellular subscriptions (population, 2020)	1,553,342,292.00	370,487,625.00	665,032,979.00	58,564,000.00	1,985,383,118.00
Agriculture, forestry, and fishing, value added (% of GDP, 2019)	18..02	3.81	10.64	11.04	5.31
Imports of goods and services (% of GDP, 2019)	19.2	21.7	50.59	30.05	19.76
Exports of goods and services (% of GDP, 2019)	17.12	21.4	55.51	28.38	21.75
Gross capital formation (% of GDP, 2019)	28.05	22.2	25.83	30.81	38.06
Individuals using the internet (individuals, 2020)	7,671,650.00	193,751,780.72	316,182,945.62	15,911,131.74	1,055,644,714.02
Merchandise trade(US$, 2020)	−162,842,000,000.00	94,419,000,000.00	114,699,000,000.00	2,222,000,000.00	554,031,000,000.00
Personal remittances, received (US$, 2020)	147,132,035,582.91	17,771,961,930.04	75,173,096,057.34	11,964,818,495.86	32,215,727,393.10
Foreign direct investment (US$, 2020)	−43491844200.77	2,308,606,069.17	−113,870,643,073.75	−8,610,132,526.89	164,958,175,610.82
Net official development assistant(US$, 2019)	15,359,920,089.72	24,450,559,478.76	4,969,289,926.53	2,051,489,940.64	−124,159,988.40

출처: https://databank.worldbank.org/source/world−development−indicators

그러므로 이 장에서는 World Bank의 국가별 데이터를 이 책의 지역 구분에 맞게 재구성하여 지역별 데이터로 만들었다. 이 과정에서 비율 단위 데이터는 해당 연도의 절댓값으로 환산 후 지역별 합을 구한 뒤 다시 비율로 다시 계산하였다(〈표 1〉).

II. 데이터로 본 아시아 지역들

1. 아시아 지역의 인구와 사회

UN 인구국(Population Division)의 추계에 따르면 2019년 현재 아시아 인구는 약 45억 명으로 전 세계 인구(77억 명)의 약 58%를 차지한다. 아시아 지역별 인구는 동북아시아(약 16억 명)와 남아시아(약 18.4억 명)가 전체 아시아 인구의 76%를 차지한다. 그런데 동북아시아와 남아시아의 인구는 상당 부분 중국과 인도 인구로, 각각 동북아시아 인구의 86%인 13.9억 명, 남아시아 인구의

그림 1 아시아 지역의 인구와 사회

74%인 13.5억 명으로 역내 인구 추이는 대부분 이 두 국가의 변화로 설명된다. 따라서 아시아 지역별 인구를 분석할 때 이슈에 따라 중국과 인도의 인구를 분리하는 것이 역내 다른 지역의 현상을 파악하는 데 도움이 된다(〈그림 1〉).

남아시아와 동북아시아의 현재 인구는 비슷하다. 하지만 인구증가율은 동북아시아가 0.23%(중국은 0.46%)인 반면에 남아시아가 1.15%(인도는 1.04%)로 크게 높아, 점차 남아시아가 동북아시아 인구를 크게 앞지를 것으로 생각된다. 인구성장률은 다른 지역에 비해 높지 않지만, 이미 인구 규모가 크기 때문에 남아시아의 인구 증가는 당분간 계속될 전망이다. 반면 중앙아시아와 서아시아는 인구성장률이 각각 1.75%와 1.63%로 1이 넘지만 전체 인구수가 적어 실질적인 인구 증가는 크지 않을 것으로 보인다.

남아시아는 인구밀도 역시 가장 높은 지역이다. 인도는 인구밀도에도 큰 비중을 차지하는데, 제곱킬로미터당 410명이 넘는 사람이 살고 있다. 인도를 제외한 남아시아 나머지 지역의 인구밀도는 제곱킬로미터당 250명으로 중국의 인구밀도 145명을 웃돈다. 동남아 지역의 인구밀도도 제곱킬로미터당 145명으로 중국과 같다. 중앙아시아는 남아시아와 비슷한 면적이지만 인구밀도는 훨씬 낮아 제곱킬로미터당 18명, 중국을 제외한 동북아시아는 99.5명이다.

해당 지역의 경제 발전 수준을 반영하는 기대수명 역시 지역별 차이가 있는데, 중국을 제외한 동북아시아는 82세, 중국은 77세이다. 인도와 남아시아는 69세로 가장 낮다. 동남아시아와 중앙아시아는 72세이고, 서아시아는 75세이다. 5세 미만 아동의 사망률은 경제발전 수준과 보건의료 역량의 차이를 더 민감하게 보여준다. 5세 미만 아동의 사망자 수는 인구 천 명당 인도 36.3명, 남아시아 54.9명으로 중국 8.5명, 동북아시아 6.3명과 비교하면 큰 차이가 있다. 한편 동남아시아의 5세 미만 아동 사망자 수는 인구 천 명당 25.2명, 서아시아는 20.7명이다.

도시 거주 인구를 살펴보면 동북아시아에서는 10억 명가량이 도시에 거주하고 있는데, 이는 절대 인구수가 많기 때문이다. 도시 거주 인구수는 중앙아시아가 3천4백여 명으로 가장 작고, 중국은 8억 2천여 명, 인도는 4억 6천

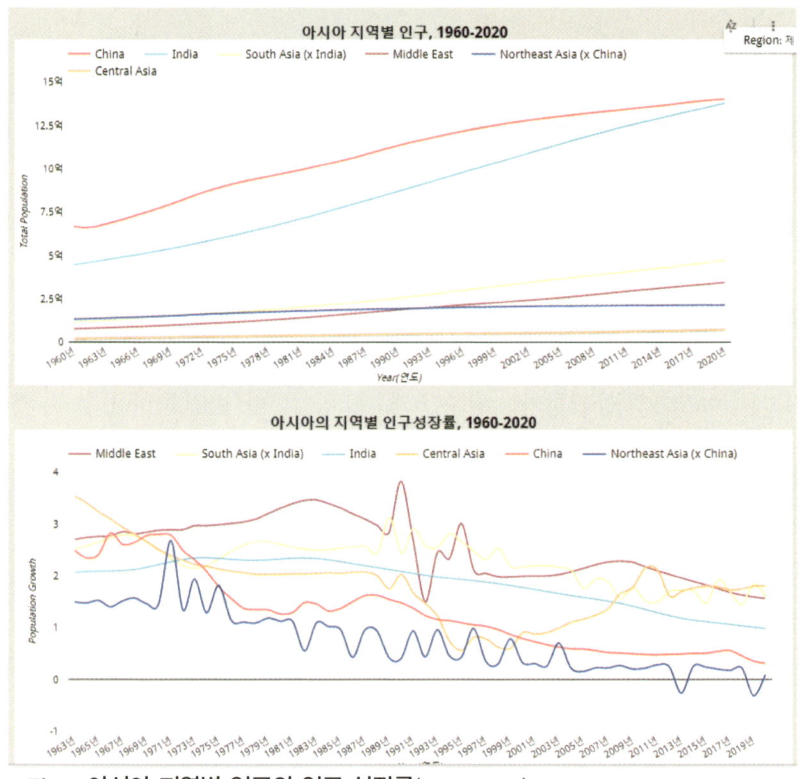

그림 2　아시아 지역별 인구와 인구 성장률(1960~2020)

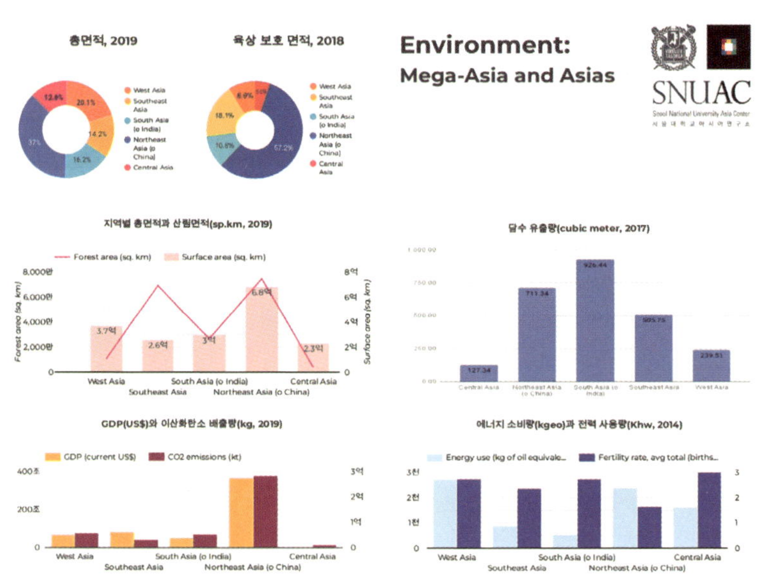

그림 3　아시아 지역의 자연환경

여 명, 서아시아는 2억 4천여 명, 남아시아는 6억 1천여 명, 동남아시아는 3억 2천여 명이 도시에 거주하고 있다. 전체 인구로 보면 동북아시아와 남아시아가 비슷한 규모이지만, 동북아시아 인구의 62.7%, 남아시아의 34%의 사람들이 도시에 거주하고 있다. 서아시아는 전체 인구의 73.6%가 도시에 거주하고 있어 중국을 제외한 동북아시아 85.4% 다음으로 도시에 거주하는 인구 비율이 높다.

2. 아시아 지역의 자연환경

아시아 5개 지역의 면적은 2018년 기준 동북아시아(11,764,156km²), 서아시아(6,394,490km²), 남아시아(5,135,269km²), 동남아시아(4,507,346km²), 중앙아시아(4,003,256km²) 순으로 동북아시아가 압도적으로 큰 면적을 차지하고 있다. 그러나 이는 국토의 크기가 9,600,013km²로 서아시아, 남아시아, 동남아시아, 중앙아시아보다 큰 중국의 존재에 기인한다. 중국은 동북아시아 면적의 약 82%를 차지한다. 중국을 제외한 동북아시아의 면적은 지역별 면적이 가장 작은 중앙아시아의 약 반 정도에 그친다. 그런데도 중국을 제외한 동북아시아의 GDP는 서아시아, 남아시아, 동남아시아, 중앙아시아 등 다른 지역보다 더 높게 나타난다.

지역별로 산림이 차지하는 면적은 2020년 기준 동북아시아(2,714,030.5km²), 동남아시아(2,074,763.5km²), 남아시아(897,786.9km²), 서아시아(365,630.3km²), 중앙아시아(130,105.2km²) 순으로 넓게 나타난다. 동북아시아는 다른 지역들에 비해 산림이 가장 넓게 분포하지만, 원 면적과 비교하면 산림은 약 23%에 그친다. 반면 동남아시아는 원 면적 대비 산림면적이 약 46%에 달한다. 동남아시아의 경우 적도 부근에 위치해 연중 덥고 남동 무역풍과 북동 무역풍이 수렴하여 형성되는 열대 수렴대(ITCZ: Intertropical Convergence Zone)의 직접적인 영향으로 강우량도 많다. 이러한 기후적 특징은 동남아시아에 열대우림이 넓게 분포할 수 있는 환경을 제공하며 섬이 많은 동남아시아의 지형적 특징은 개발을 더디게 만들어 열대우림을 유지할 수 있게 한다. 그러나 개발을 위한 무분별한 산림 벌채와 매년 대규모로 겪는 산불 피해 등으로 동남아시아의 산림면적은 빠른 속도로 줄었다. 그 결과 1990년대까지 아시아 지역 중 가장 넓은 면적을 자랑했던 동남아시아의 산림은 2000년대에 들어서 꾸준히 넓어지던 동북아시아 산림면적에 역전당하게 되었다. 아시아 지역별 산림 분포는 〈그림 4〉에서도 확인할 수 있다.

아시아 지역별 담수 유출량은 2017년 기준 남아시아(9,264억 m³)〉동북아시아(7,113억 m³)〉동남아시아(5,057억 m³)〉서아시아(2,395억 m³)〉중앙아시아(1,273억 m³) 순서로 파악된다. 남아시아는 아시아 지역 중 담수 유출량이 가장 많은 지역으로 수자원이 풍부하다. 이는 남아시아 북쪽에 자리한 히말라야산맥의 영향으로 보인다. 빙하가 녹은 물인 융빙수가 꾸준히 공급될 뿐만 아니라 남아시아 몬순이 높은 히말라야산맥에 가로막혀 강제 상승하면서 대량의 강우를 쏟아내기 때문이다. 반면 중앙아시아의 경우 맑은 날이 많고 강수량이 적은 대륙성 기후의 영향과 전체 면적의 약 80%를 차지하는 사막으로 인해 담수 유출량이 가장 적게 나타난다.

2018년 기준 지역별 이산화탄소 배출량 순서는 GDP 순서와 동일한 동북아시아(12,089,920,000t)〉남아시아(2,770,040,000t)〉서아시아(2,380,650,000t)〉동남아시아(1,598,300,000t)〉중앙아시아(422,600,000t) 순으로 나타났다. 지역별로만 살펴보면 중앙아시아를 제외한 모든 지역에서 이산화탄소 배출량이 꾸준히 증가해왔다. 특히 동북아시아 지역은 나머지 네 지역을 모두 합한 것보다 더 많은 이산화탄소를 배출하는데, 이 중 85%는 중국이 차지한다. 중국을 제외한 동북아시아 지역의 이산화탄소 배출량은 2000년대 초반부터 2010년대 후반까지 비슷한 수준을 유지하지만, 이 시기 중국은 폭발적인 경제성장과 함께 이산화탄소 배출량도 급증했다. 이러한 모습은 남아시아 지역에서도 발견된다. 인도는 이산화탄소 배출량이 기록된 이래 꾸준히 증가하여 2010년대 중반 이후 중국을 제외한 모든 아시아 국가와 지역들보다 많은 이산화탄소를 배출했다. 하지만 인도를 제외한 남아시아 지역은 일정 배출량을 유지해왔다.

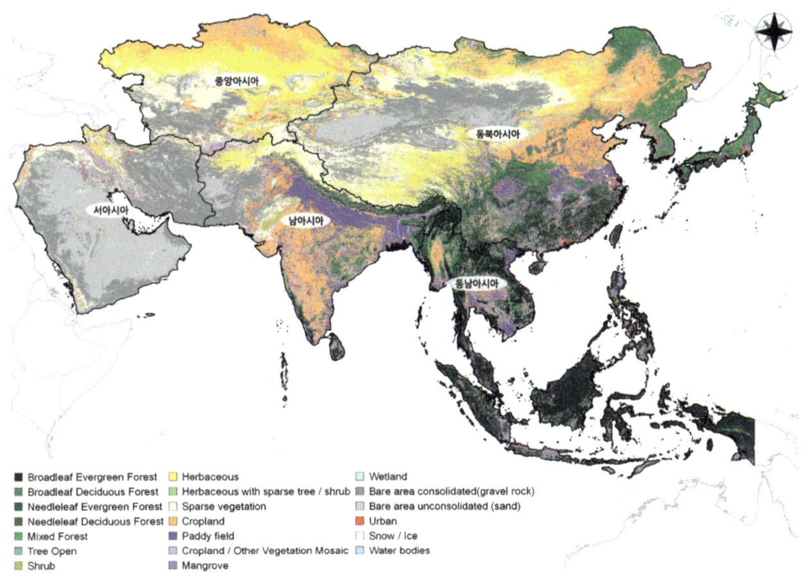

그림 4   아시아 지역의 토지피복도

그림 5   아시아 지역의 경제

3. 아시아 지역의 경제

아시아 5개 지역의 경제 부분은 총 12개 지표를 지역별로 분류하여 비교하였다.
12개의 지표는 GDP, 1인당 GDP(GDP per capita), GDP 성장률(GDP growth),
수출량(Imports of goods and services), 수입량(Exports of goods and services),
국방비(Military expenditure), 모바일 사용량(Mobile cellular subscriptions), 농
업·임업·어업의 부가가치 수준(Agriculture, forestry, and fishing, value added),
총자본형성 비율(Gross capital formation), 개인 인터넷 사용량(Individuals using
the internet), 상품거래 수준(Merchandise trade), 개인송금수령금액(Personal
remittances, received), 외국인 투자금액(Foreign direct investment), 개발지원 금
액(Net official development assistant)이다. 이 같은 12개 지표를 중심으로 아시
아 5개 지역에 관해 설명하면 다음과 같다(〈그림 5〉, 〈표 1〉).

아시아 5개 지역의 GDP는 2019년 기준 동북아시아($21,512,569,838,791.
70), 남아시아($3,597,252,024,123.45), 서아시아($3,426,384,249,072.94), 동남아
시아($3,171,963,970,104.31), 중앙아시아($303,978,103,605.51) 순이며, 이 중 동
북아시아가 압도적으로 높은 수준이다. 1인당 GDP(2019년 기준)는 서아시아
($278,528.80), 동북아시아($13,256.79), 동남아시아($133,446.07), 중앙아시아
($4,118.20), 남아시아($1,959.53) 순으로 서아시아가 가장 높다. GDP 성장률
(2019년 기준)은 동남아시아(5.71%), 중앙아시아(5.26%), 남아시아(4.67%), 동북
아시아(2.02%), 서아시아(−1.52%) 순이며, 이 중 동남아시아가 가장 높은 수준
으로 나타났다.

동북아시아는 경제활동이 활발한 지역인 만큼 GDP는 아시아 지역 중
가장 높은 21조 5천억 달러이며, 1인당 생산량($13,256.79)은 가장 낮은 남아
시아에 비해 6배 이상의 수치를 나타낸 지역이다. 그러나 GDP 성장률(2.02%)
은 서아시아 지역 다음으로 낮은 수준이지만 규모에서는 낮다고 판단할 수 없
다. 동남아시아는 경제 부분에서 아시아 5개 지역 중에 탁월한 특징을 나타
내고 있는데, GDP는 남아시아, 서아시아와 비슷한 수준으로 3조~3조 5천억
달러이다. 하지만 GDP 성장률에서는 가장 높은 수치(5.71%)를 나타내고 있

어 지난 GDP에서 높은 수준으로 성장하고 있는 것을 알 수 있다. 그리고 1인당 GDP($133,446.07)는 동북아시아, 서아시아 다음으로 두 번째로 높은 수준이다. 남아시아의 GDP는 3조 6천억 달러로 아시아 지역 중 동북아시아에 이어 두 번째로 높지만, 인구 규모를 고려한 1인당 생산량($1,959.53)은 2,000달러에 미치지 못해 아시아 지역 중에서는 가장 낮은 수준이다. 남아시아 국가들의 2019년 현재 GDP 성장률(4.67%)은 다른 지역과 비교해 볼 때 중간 수준이다. 서아시아의 GDP는 남아시아, 동남아시아와 비슷한 수준으로 3조~3조 5천억 달러로 나타났다. 하지만 GDP 성장률에서는 5개 지역 중에 가장 낮은 수치(-1.52%)를 나타내고 있어 지난 GDP에서 감소된 것으로 보인다. 반면, 1인당 GDP 수준($278,528.80)은 동남아시아보다도 높아 가장 높은 수준으로 나타났으며, GDP가 비슷한 남아시아와 동남아시아에 비해 월등히 높은 것을 알 수 있다. 중앙아시아의 GDP는 3천억 달러로 아시아 5개 지역 중 가장 낮은 규모이지만, 1인당 생산량은 2,000달러가 안 되는 남아시아의 2배 이상($4,118.20)으로 높게 나타난 지역이다. 또한 경제성장률(5.26%)은 가장 높은 동남아시아(5.71%)와 비슷하게 높은 수준으로 발전하고 있는 지역임을 알 수 있다.

2019년 기준의 지역별 수입량과 수출량(수입량/수출량)을 보면, 동남아시아(50.59/55.51%), 중앙아시아(30.05/28.38%), 서아시아(21.7/21.4%), 동북아시아(19.76/21.75%), 남아시아(19.2/17.12%) 순으로 동남아시아가 가장 높게 나타났다. 동남아시아 지역에서 가장 눈에 띄는 지표는 수입(50.59%)과 수출(55.51%)로, 동북아시아(수입 19.76%, 수출 21.75%)의 2배 이상이며 아시아 지역 전체에서 가장 높은 수치를 나타내고 있어 동남아시아 지역의 경제가 다른 지역보다 활발했음을 방증한다. 반면, 남아시아 지역은 수입(19.2%)과 수출(17.12%) 현황이 다른 지역보다 가장 낮은 상황을 보여주고 있다.

국방비는 2020년 기준으로 동북아시아($347,300,351,728.73), 서아시아($138,862,995,207.29), 남아시아($90,099,505,442.27), 동남아시아($38,699,486,265.00), 중앙아시아($1,940,786,469.72) 순으로 지출하였다. 서아시아 지역은 동

북아시아 다음으로 국방비 비용 지출이 많다. 이것은 서아시아의 정치, 경제, 국방 상황을 보여줄 수 있는 데이터 중의 하나라고 볼 수 있다. 동남아시아 지역의 국방비는 중앙아시아 지역 다음으로 낮을 뿐만 아니라 동북아시아, 서아시아, 남아시아에 비해서도 매우 낮은 수준이다.

아시아 지역의 산업구조를 볼 수 있는 지표인 농업·임업·어업의 부가가치 비율은 2019년 기준으로 남아시아(18.02%), 중앙아시아(11.04%), 동남아시아(10.64%), 동북아시아(5.31%), 서아시아(3.81%) 순이며, 이 중 동남아시아가 가장 높은 수준이다. 남아시아에서 가장 특징적인 지표는 농업·임업·어업의 부가가치 수준(18.02%)이 가장 높은 수치로 나타난 것이다. 이것은 남아시아에서 1차 산업에 종사하는 비율이 다른 지역에 비해 많은 것을 보여준 것이라고 할 수 있다. 남아시아 다음으로 중앙아시아의 농업·임업·어업의 부가가치 수준(11.04%)이 높은 것은 이 지역 역시 1차 산업 중심으로 산업구조가 이루어져 있음을 시사한다. 반면, 서아시아 지역의 특징적인 지표는 5개 지역 중에 농업·임업·어업의 부가가치 수준(3.81%)이 가장 낮은 수치로 나타난 것인데, 이는 자연환경(기후, 토양, 강수량 등)의 영향으로 볼 수 있다(〈그림 7〉).

휴대전화 가입자(2020년 기준)는 동북아시아(1,985,383,118명), 남아시아(1,553,342,292명), 동남아시아(665,032,979명), 서아시아(370,487,625명), 중앙아시아(58,564,000명) 순이다. 휴대전화 가입자는 동북아시아 지역이 가장 많고, 남아시아가 그다음이며, 중앙아시아는 다른 지역에 비해 현저히 낮은 수준인 것을 확인할 수 있다.

개인 인터넷 사용량(2020년 기준)은 동북아시아(1,055,644,714.02명), 동남아시아(316,182,945.62명), 서아시아(193,751,780.72명), 중앙아시아(15,911,131.74명), 남아시아(7,671,650.00명) 순으로 나타났다. 이 지표는 동북아시아가 다른 지역에 비해서 월등하게 높은 수준이다. 반면 남아시아 지역은 인터넷을 사용하는 개인 인구가 가장 적은데, 이는 정부 차원의 인터넷 인프라 형성이 다른 지역에 비해 늦은 것으로 짐작할 수 있다.

외국인 직접 투자(2020년 기준)는 동북아시아($164,958,175,610.82)가 가장

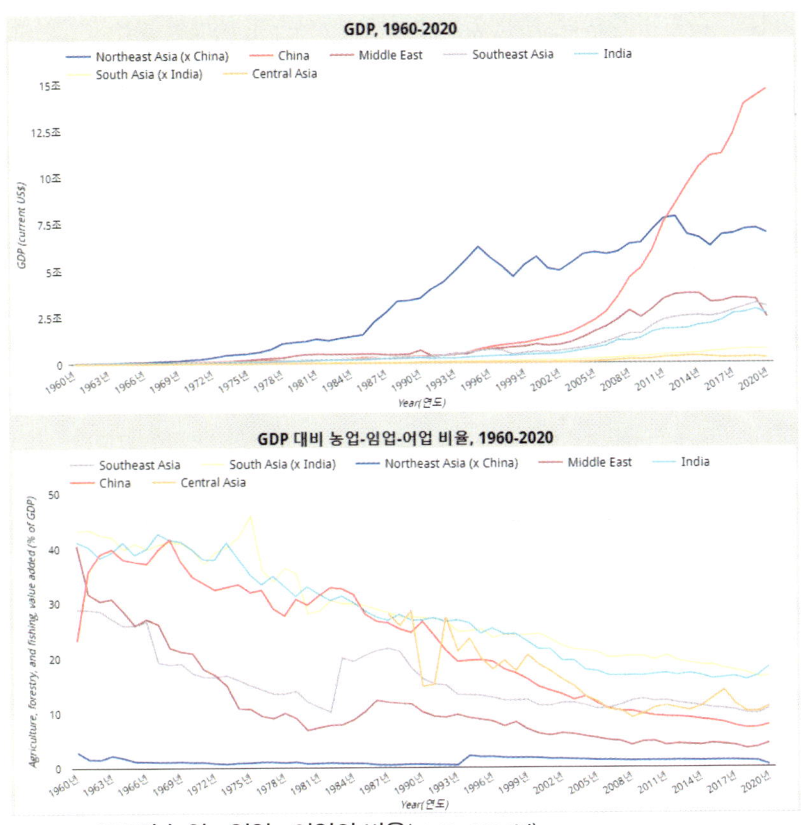

그림 6   GDP와 농업 · 임업 · 어업의 비율(1960~2020년)

많고, 그 뒤를 이어 서아시아($2,308,606,069.17), 중앙아시아($−8,610,132,526. 89), 남아시아($−43,491,844,200.77), 동남아시아($−113,870,643,073.75) 순이다. 이외에 다른 지표들을 보면, 동북아시아 지역은 2020년 기준 총자본형성비율 (38.06%)과 상품거래량($554,031,000,000.00) 지표가 다른 지역에 비해 월등하게 높은 수준을 보여주고 있다.

이와 같이 12개 지표를 통해 5개 지역을 살펴보았다. 지역별로 보면, 남아시아는 농업 · 임업 · 어업의 부가가치 수준이 5개 지역 가운데 가장 높고, GDP, 총자본형성비율, 개발지원금액 3개 지표에서는 두 번째로 높은 수준이지만, 모든 경제부분에서는 중하위권 수준이다. 서아시아는 5개 지역 중에 개발지원금액이 다른 지역에 비해 가장 높은 수준이고, 1인당 GDP, 휴대전화

가입자, 수출량, 수입량, 개인 송금 수령금액에서는 두 번째로 높은 수준이며, 전체 경제부분 지표는 중상위권 수준이다. 동남아시아는 GDP 성장률, 수출량, 수입량이 5개 지역 중에 가장 높고, 개인 인터넷 사용량, 상품거래수준, 외국인 투자금액이 두 번째로 높은 수준이다. 모든 지표가 중간 수준으로 경제, 사회, 환경에서 안정적으로 발전하고 있는 지역으로 볼 수 있다. 중앙아시아는 5개 지역 중에 가장 높은 수준을 보이는 지표는 없지만, GDP 성장률과 휴대전화 가입자에서 두 번째로 높은 수준이다. 그 외 거의 모든 지표에서 하위권으로 가장 낮은 수준인데, 그만큼 앞으로 발전 가능성이 많은 지역이기도 하다. 동북아시아는 GDP, 1인당 GDP, 휴대전화 가입자, 총자본형성비율, 개인 인터넷 사용량, 상품거래수준, 개인송금수령금액, 외국인 투자금액에서 가장 높은 수준을 보이는 지역으로 아시아 5개 지역 중에 경제, 정치, 사회 모든 분야에서 가장 역동적으로 발전하는 지역으로 볼 수 있다.

III. 지역연구에 있어 양적 데이터의 활용

본 장에서는 데이터를 활용한 지역연구의 적용 가능성을 탐색하고자 한다. 앞서 I장에서 살펴본 바와 같이 폭발적으로 증가한 빅데이터를 생산, 집적, 분석할 수 있는 정보기술의 발전은 질적 연구 중심의 지역연구에도 새로운 가능성을 제시한다. 특히 코로나19로 인구와 물자의 직접적인 이동이 어려워진 상황에서 많은 데이터를 수집하고 분석하여 아시아 지역의 다양한 역동을 미시적·거시적 층위에서 연구하여 정책에 반영하는 증거 기반 연구의 필요는 어느 때보다 절실하다.

지역연구에서 양적 데이터를 사용하면 서로 다른 국가와 지역에 대한 비교분석이 가능하여 해당 지역의 특성을 보다 객관적으로 이해할 수 있으며, 한 지역에서 관찰된 현상을 다른 지역에 적용하여 이론적 일반화를 꾀할 수 있다는 점 등에 유용하다. 이러한 강점에도 불구하고 지역연구에 적합한 양적 데이터의 빈곤, 특히 국가 단위의 데이터 외에 다양한 층위의 데이터를 구독하기 어려워 지역연구에 있어 양적 데이터의 활용에 어려움이 많았다. 하지만 최근 IoT 등 스마트 도시를 기반으로 한 데이터, 소셜 미디어와 가상공간을 중심으로 한 자연어 데이터가 생산 처리될 수 있는 기술적 기반이 마련되어 활용 가능성은 한층 커졌다. 양적 데이터를 활용한 지역연구로 두 가지를 시도하고자 한다. 첫째, 아시아 지역 동향 지수의 개발이다. 아시아 지역을 대상으로 한 수많은 국가 단위 지표를 수집하여 지역 단위의 데이터베이스를 계산하여 제시하고 주제에 따라 관련 빅데이터와 결합하여 지역 변화에 민감하게 포착하는 데이터세트를 구축한다. 둘째, 국가의 경계를 넘나드는 지역분석이 가능한 데이터베이스를 구축하여 현재 국가 단위의 데이터로 포착되지 않는 다양한 지역의 문제를 드러내고 분석하고자 한다. '초연결시대'라 불리는 현대에 이르러 사람의 이주와 이민은 과거처럼 단선적이거나 일회적인 사건이 아니라 이주와 이민이 여러 번 반복되거나 여러 지역에 걸쳐 사슬처럼 연쇄적으로 발생하기도 한다. 이러한 빈번한 사람들의 이동으로 개별 국가와 지역의 다양성 수준은 극도로 높아졌으며, 이주민의 통합성과 원주민의 수용성은 수용 사회의 사회적 신뢰와 집합적 효능성에 결정적인 영향을 미치는 것으로 알려져 있다. 다양성을 모니터하고자 하는 대부분의 인종과 종교, 언어 다양성 데이터는 국가 단위로 작성되어 있다. 그런데 최근 여러 가지 다양성 지표를 로컬 단위로 수집하여 지도에 표출하려는 시도들이 출현하였다(ex. Ethnic Power Relations data, 〈그림 7〉, 〈그림 8〉).

인종이나 종교 다양성은 대체로 fractionalization index 방식으로 계산된다. 이것은 단순히 한 지역에 몇 가지의 인종 혹은 종교가 존재하는가가 아닌 특정 인종이나 종교의 크기까지 고려하는 개념으로 한 지역에서 무작위로 두 명을 선택할 경우 그 두 명의 인종이나 종교가 같을 확률로 표현된다. 한 국가 내 10가지 인종이 존재하는데 대신 한 인종이 95퍼센트를 차지하고 나머지 9개 인종이 단지 5퍼센트에 불과하다면 이 지역의 인종 다양성 지수는 낮다. 반면 어떤 지역에 두 개의 종교만 존재하는데 그 두 종교를 따르는 사람이

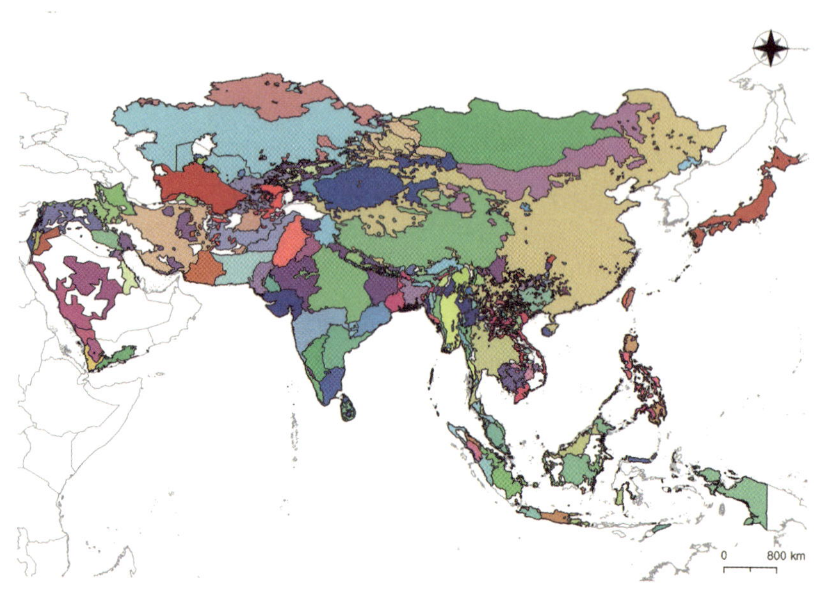

그림 7　아시아의 인종 다양성 데이터(Ethnic Power Relations data)

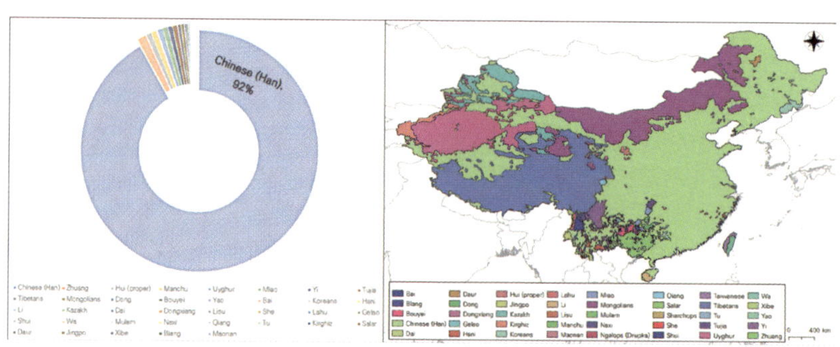

그림 8　중국의 민족구성(左)과 민족분포도(右)

정확히 반반이라면 상대적으로 종교 다양성이 높은 것으로 볼 수 있다. 그런데 EPR 데이터에 근거하여 국가 단위로 인종 다양성을 분석하면 중국의 경우 인구의 대부분이 한족으로 구성되어 있기에 인종 다양성이 낮은 국가에 속한다. 그런데 중국의 남서쪽인 남중국해 지역과 베트남, 라오스, 미얀마 접경지역을 살펴보면 많은 소수민족이 분포하고 있음을 알 수 있다(〈그림 8〉). 이 지역의 민족 간 갈등과 역학이 주변 지역에 영향을 미치고 있는 것을 알 수 있다. 이처럼 지도 기반의 데이터를 바탕으로 데이터를 줌인, 줌아웃하여 주제에 맞는 지역을 선정하고 그에 적합한 데이터를 추출하면 지역의 동학을 이해하는데 이로운 면이 있다.

참고문헌

김경수. 2006. "지역학의 정체성과 방향성." 『세계지역연구논총』 24권 1호, 5 – 25.

신재혁. 2019. "싱가포르는 왜 민주화되지 않는가?: 비교연구 방법을 활용한 지역연구." 『동남아시아연구』 29권 2호, 161 – 191.

유성민. 2015. "IoT와 빅데이터 기술 연계 플랫폼 조사." 『한국정보기술학회지』 13권 2호, 19 – 25.

조남경. 2019. "질적, 양적 연구를 넘어? 사회복지 빅데이터 연구방법의 모색." 『한국사회복지학』 71권 1호, 7 – 25.

제14장

메가아시아의 부상과 아시아의 미래*

신범식(서울대학교 아시아연구소 부소장)

I. 아시아 세기의 도래

아시아가 세계무대의 중심으로 떠오르고 있다. 이미 20세기 중·후반부터 개진된 21세기는 아시아의 세기가 될 것이라는 예측은 크게 빗나간 것 같지 않다(Chow and Chow, 1997). 세계에서 아시아의 비중은 무시할 수 없게 되었는데, 특히 경제적 측면에서 중국과 인도라는 세계 경제성장의 두 중심, 그리고 이들과 긴밀하게 상호작용하는 아시아 국가들은 그 전체로서 이미 세계의 중심이 되었다.

하지만 아시아는 너무 넓고, 너무 다양하고, 너무 분열적이고, 너무 큰 발전의 격차가 있어서 하나로 포착하기에는 많은 난제가 있다. 혹자는 아시아를 "지리적 우연(geographical accident)"이라고 언급하기도 했다(*Economist* 2009/

<hr>

* 　본 장은 다음의 졸고를 바탕으로 작성되었다. 신범식. 2021. "부상하는 메가아시아: 역사와 개념." 『아시아 리뷰』 11권 2호, 3 – 34.

4/8). 이 거대하고 다양하며 분열적인 아시아를 하나의 정체성을 가진 정치체 (polity)로 이해하기에는 한계가 분명해 보이는 것도 사실이다(Acharya, 2011; Sanjay, 2016).

그런데 '아시아'라는 용어를 둘러싼 개념사적 전개 과정을 검토해 보면 흥미로운 점을 발견할 수 있다. 유럽의 아시아에 대한 위협 인식 요소가 결부되어 유럽에서 확산되어 온 이 용어는 제국주의 시기 유럽에 의한 위협 인식의 확산과 그에 대응하는 아시아인들에 의해 확산하면서 아시아적 연대성을 강화하는 개념적 보따리의 역할을 감당했다. 탈냉전 이후 부상하는 아시아에 대한 서구의 위기의식 및 아시아의 새로운 자의식과 함께 어우러지면서 아시아 전체를 아우르는 시각의 필요성을 요청하게 되는 복잡한 뉘앙스를 내포한 개념으로 전화되어 왔다.

이 글에서는 특히 탈냉전 이후 지구질서의 변동 가운데 아시아는 하나의 지역으로서의 특성을 지니는 질적인 변모를 시작하고 있으며, 이러한 변화를 포착하고 분석할 필요가 커가고 있음을 주장한다. 이 같은 아시아의 변화를 설명하기 위하여 우선, 아시아라는 용어의 기원과 전화 과정을 개념사적으로 검토하여 아시아 개념이 지니는 전체로서의 함의를 밝히고, 21세기 부상하는 아시아를 하나의 전체로 이해하기 위한 새로운 틀로서 '메가아시아(Mega‑Asia)'라는 개념의 필요성을 검토하고, 지역으로서 메가아시아 개념이 지니는 이론적 및 실천적 함의를 고찰해 보고자 한다.

II. 아시아의 담론적 실천의 세 물결

1. 제국주의 시기의 아시아 인식

잘 알려져 있듯이 아시아라는 명칭은 "오리엔탈리즘"적 기원을 가진다(Said, 1978). 그런데 유럽이라는 '주체'가 아시아라는 명칭으로 부른 이 타자에 대한 인식의 뉘앙스는 시기에 따라 변화해 왔음에 주목할 필요가 있다. '아시아'라는 용어의 기원은 기원전 5세기경 고대 그리스에서 시작된 것으로 알려져 있다. 그리스 역사학자 헤로도토스는 보스포루스(Bosporus) 해협 너머 현재의 아나톨리아(Anatolia) 및 그 너머 페르시아 제국의 영역을 지칭하기 위해 이 용어를 사용하였다. 이후 현재 유럽인들에 의해서 이 용어는 유럽의 동방에 위치한 영역을 부르는 용어로 일반화되었다.[1] 하지만 유럽과 아시아의 범위와 경계는 명확히 정의되기 어려웠으며, 특히 이 용어는 강성하고 광대하며 많은 인구를 지닌 동방에 대해 상대적으로 약하고 협소하며 인구도 적은 유럽이 느끼는 위협감과 오랜 시간 결부되어 있었다(Saaler and Szpilman, 2011: 12).

아시아라는 용어가 현 동아시아에 도달한 것은 긴 시간이 흐른 16세기경 제수이트(Jesuit) 선교사들에 의해서였으며, 17세기 초 마테오 리치(Matteo Ricci)가 제작과정에 관여한 중국의 세계 지도에 '아세아(亞細亞)'라는 용어가 등장하였다. 그러나 이 용어는 19세기 중반 아편 전쟁에서 중국이 패배한 이후 서구 세력을 아시아 공통의 위협으로 인식하게 된 아시아의 지식인들과 정치인들에 의해서 제기된 아시아의 연대 의식 속에서 확산되었다. 결국 유럽의 아시아에 대한 제국주의적 침탈과정에 대한 반작용으로 자신들의 공유된 역사, 밀접한 문화적 연계, 장구한 외교적 관계, 교역 그리고 공동의 운명 등과 같은 공통점을 통합적으로 묶어내기 위해서 사용되었다(Saaler and Szpilman, 2011: 13-14).[2] 지금도 그러하듯이 당시에도 광대하고 다양성 충만한 아시아를 정의하기란 쉽지 않았다. 그렇지만 유럽의 위협에 대한 공통의 인식이 확산하면서, 그리고 아시아적 연대를 강화하려는 의도를 공유하면서 아시아라는 용어가 채택되고 그에 기반한 아시아적 정체성이 형성된 것으로 보아야 할 것이다. 이처럼 아시아에서의 아시아에 대한 이해는 그것이 지칭하는 대상으로서

---

1   지역을 명명하는 행위의 폭력성과 아시아 명명의 유럽적 콘텍스트에 대해서 Acri et al(2019, 21-34) 참조

2   가령, 안중근이 인종 연대에 기초한 동양 평화의 성취 필요성과 이를 위해 일본의 "탈아(脫亞)"를 비판하며 "입아(入亞)"에 입각한 역할을 강조했던 동양평화론 역시 유럽에 대한 아시아의 위협 인식에서 기인하고 있다고 볼 수 있을 것이다(손열, 2015: 54).

의 아시아 전체를 묶어 보려는 이념이나 운동으로서의 의미를 강하게 내포하고 있었으며, 아시아는 그 용어의 기원 상 '하나의 전체'로서의 아시아라는 의미를 내포하고 있었다.

그렇지만 아시아는 진정한 의미에서 하나의 '지역(region)'[3]이 되지는 못했다. 19세기를 통해 아시아는 서구의 시선에 의해 대상화된 수동적 객체로서, 그리고 무력에 의해 구획되고 조각나 제국주의적 침탈의 대상으로 전락하였다. 일찍부터 역사 속에서 유럽과 조우하며 경쟁해 온 근·중동[4], 세계를 제패한 영국을 위시한 유럽 세력들이 구축한 해양 네트워크와 식민 제국주의에 의해 일찌감치 포획된 해양아시아[5], 그리고 대륙 세력 러시아와 청(靑)의 각축에 해양 패권국 영국이 벌인 '거대게임(Great Game)'이라는 충돌 과정에서 역사의 뒤안길로 사라진 중부아시아(Middle Asia)[6] 등 아시아는 강대국의 세력 팽창과 각축에 의해 여러 조각으로 분할되었다. 유럽이 아시아를 지배한 기간은 아시아의 장구한 역사에서 그리 긴 시간이 아니었다. 하지만 서유럽에서 기원한 근대 국제질서 및 생활양식의 팽창에 의해 아시아의 다양한 '전통'이

---

3 일반적으로 지역(region)이란 지리적 인접성을 바탕으로 자연적·인문적 현상들이 유기적 상호작용을 통해 밀접하게 결합된 지리적 공간을 의미한다. 시간의 변화, 사회적 과정을 거치면서 지역 내 제반 현상들의 상호작용이 약화되고 유사성이 사라지면 지역은 해체 또는 분화되기도 한다. 반대로 자연적이거나 인위적인 긴밀한 상호작용의 증가로 여러 개의 지역이 하나의 지역으로 통합되기도 한다.

4 이 지역을 지칭하는 용어로 영국 학계에서 오리엔트(Orient)라는 용어를 사용하였지만, 차차 유럽과의 지리적 거리에 따라 근동(Near East), 중동(Middle East), 극동(Far East)이라는 방식으로 지역을 구분하는 명칭을 사용하기도 하였다.

5 요즘 명칭으로 이 범주에 속하는 지역으로는 남아시아와 동남아시아가 해당될 것이다.

6 해양 세력으로 세계적 패권을 구축해 나간 영국은 대륙에서 팽창하던 러시아의 해양 진출을 저지하기 위하여 동유럽 방면에서는 크림전쟁, 중앙유라시아 방면에서는 아프간 충돌, 그리고 동아시아 방면에서는 거문도 점령사건과 같은 대립을 통해 러시아를 견제하였다. 특히 인도와 아프간 지방을 두고 벌어진 충돌을 '거대게임(Great Game)'이라 부르며, 이 거대게임의 여파로 실크로드 문명의 핵심적 역할을 감당해 온 중부유라시아의 제국 중가르(Jungar)가 동서로 분열되어 각각 청과 러시아에 의해 점령당하는 상황이 발생한다.

변혁되는 과정은 질적으로 밀도 높은 고통의 시간으로 채워져 있었음은 분명
하다.

2. 냉전기 비동맹운동과 저항적 아시아주의

양차 세계대전을 지나며 아시아에서는 많은 신생 독립국이 등장하였지만, 지
역으로서 아시아의 의미는 부각되지 못하였다. 2차 세계대전이 끝나고, 미국
과 소련을 축으로 하는 진영이 형성되면서 냉전이 시작되었다. 그러나 아시
아에서는 한쪽 진영에 속하기를 거부하는 비동맹운동(Non-Alignment Move-
ment)이 전개되었다. 냉전 시기 미-소 대립 구도의 틈바구니에서 아시아 국
가들은 강대국의 편 가르기를 거부하고 비동맹의 깃발 아래 자체의 정체성을
찾기 위해 노력하게 된 것이다.

사실 비동맹운동의 주요한 계기가 된 사건은 한국전쟁이었다. 일본의 식
민지에서 독립 이후 미국이 접수한 남한과 소련군이 진주한 북한으로 갈린 한
반도에서 한국전쟁이라는 비극을 한 민족이 겪는 모습을 목도하면서 아시아
국가들은 진영 논리에 휩쓸리는 것이 얼마나 위험한지를 깨닫게 되었고, 이러
한 위기감은 냉전의 구조에 대한 강한 거부감으로 발전하면서 아시아 국가들
의 연대 필요성을 자극하게 되었다. 한쪽 진영에 속하는 것을 거부하고 아시
아 국가들이 연대하는 비동맹 운동은 이렇게 촉발되었다(권헌익, 2013).

이에 1954년 인도의 네루와 중국의 저우언라이 수상이 만나 평화 5원칙
을 발표하고, 콜롬보 회의를 개최했으며, 이러한 노력은 1955년 반둥회의로
구체화되었다. 반둥회의에는 아시아와 아프리카의 신생 독립국 29개 국가가
모였으나, 사실상 아시아 국가들이 주축이 된 아시아 연대로 볼 수 있다. 이러
한 과정에서 적어도 아시아의 엘리트들은 아시아 용어를 통하여 하나로 묶일
수 있는 하나의 지역으로서의 의미를 강화했으며, 이는 아시아가 하나의 전체
로서 아시아인들 가운데 자리 잡게 되는 중요한 계기가 되었다.

그러나 이후 중국과 인도의 국경분쟁, 나세르의 아랍연방 형성 실패 등
으로 1964년 예정되어 있던 제2차 반둥회의는 개최되지 못하였으며, 비동맹

운동은 사실상 끝이 났다. 그렇지만 비동맹그룹에 속한 아시아 국가들은 1970년대 초 그 저항의 목표를 신국제경제질서(NIEO)의 수립을 요구하는 유엔(UN)에서의 투쟁과 연관하여 정초하면서 점차 반(反)제국주의, 반(反)식민주의, 반(反)냉전의 노력을 아시아주의의 주요 내용으로 발전시키게 되었다. 하지만 이런 노력은 탈냉전의 소용돌이 속에서 그 동력을 상실하였으며, 소련이 붕괴하며 냉전은 끝을 맺었다.

정리해 보면, 냉전기의 분열적 국제정치 구도 하에서 아시아가 하나의 지역으로 자기를 규정하고 반제국주의, 반식민주의, 반냉전을 내용으로 하는 '아시아주의'를 발전시키게 되었지만, 아시아를 지역화하려는 노력이나 연대가 구축되기에는 역부족이었다. 하나의 지역으로서의 아시아가 지역격을 다시 확인할 수는 있었지만 아시아의 지역성을 고도화할 수 있는 지역화의 동력은 아직 아시아에서 발현되지 못하였다.

3. 탈냉전기 새로운 아시아 담론의 형성

탈냉전 이후 세계질서의 변동은 주권적 국민국가 중심의 체제를 넘어선 세계화와 지역화라는 새로운 변화의 동인을 강화하였고, 아시아에도 영향을 미쳤다. 이런 맥락에서 아시아를 하나의 지역으로 인식하고 정의하기 위한 담론과 "아시아의 세기"에 관한 논쟁이 시작되었고,[7] 지리적 인접성에 기초한 "자연경제구역(Natural Economic Territory)"[8]과 같은 역사적 상호작용의 패턴을 복원하려는 아시아 국가들의 지역주의적 노력이 강화되었다. 이런 과정은 아시

---

[7]　1988년 덩샤오핑이 라지브 간디 수상과 만난 자리에서 진정한 아시아 세기의 도래는 선진국 일본과 아시아의 네 마리 용의 발전만으로는 충분치 않으며, 아시아 인구의 대부분을 차지하는 중국과 인도 그리고 주변국의 발전 없이는 불가능하다는 입장을 피력하였다(Subrahmanyam, 2015: 5–6). 하지만 탈냉전 이후 상황은 급변해 갔으며, 2000년대 들어 인도와 중국은 빠른 경제개발 성과를 바탕으로 이 두 나라와 더불어 아시아 전체는 세계경제의 주요 축으로 부상하였다.

[8]　"자연경제지역"(Natural Economic Regions) 내지 "자연경제구역"(Natural Economic Territories)에 관한 논의는 Dryer(1915)와 Scalapino(1995) 참조

아에 대한 사고에 있어서 유럽과 아시아를 주-객의 관계로 보는 시각을 점차 변화시켜 갔다(Nandy, 1998; Korhonen, 2002: 104-6).

이런 아시아에 대한 시각의 변화는 오리엔탈리즘에 대한 비판적 성찰에 따른 서구적 인식의 변화로부터 촉발되었다. 특히 아시아 국가들에 의한 근대화의 성공신화는 유럽인들의 아시아에 대한 인식을 더욱 빠르게 변화시켰다(Franc, 1998; 임현진, 2016: 17-21). 오래된 아시아가 주체적 근대화를 이룰 수 없는 어떤 존재였다면, 새로운 아시아는 그것이 가능할 뿐 아니라 어쩌면 넘어설 수도 있는 존재로 상상되기 시작하였다. 이런 새로운 아시아의 세기에 대한 담론은 아시아의 부상에 대한 서구의 경이와 우려가 복잡하게 얽힌 반응의 일환으로 확산되었던 것이다(김경동, 2011: 46-48). 이러한 변화는 아시아인들의 아시아에 대한 인식도 변화시켜 갔으며, 범(凡)아시아적 사고를 확대해 갔다(Duara, 2002: 63-101; Frey and Spakowski, 2016; Subrahmanyan, 2016). 하지만 아시아인들이 새로운 아시아를 상상하기 위해서는 보충물이 필요했다. 이는 유럽의 선진적인 근대화를 가능하게 만들었던 사회적 관계 및 제도와 그 기저에 깔린 문화적 유산의 등가물을 다양한 경로의 "아시아적 발전모델"(Berger and Hsiao, 1988; Eisenstadt, 1998)과 그것의 기저에 놓인 "아시아적 전통이나 가치"(Fukuyayma, 1998; Bell and Hahm, 2003)에서 찾으려는 노력으로 이어졌다.

그렇지만 이러한 노력은 아시아 국가들의 개별적 이슈로 취급되어 왔을 뿐, 아시아를 하나로 상상하는 원천이 되지는 못했다. 사실 기존 아시아에 대한 연구는 교류사나 개별 국가사에 치중되어 있었으며, 지역사에 대한 본격적 연구는 거의 없다. 그나마 개별 국가사 연구도 서구와의 관계사에 집중되어 있다. 이러한 아시아의 자기 인식의 현실에 대한 반성은 이후 다양한 학술적 시도로 표출되었다.[9] 한편 대만의 첸콴싱(Chen Kuan-Hsing, 2010) 등이 주장

---

9   특히 아시아 지역사를 '연결'과 '네트워크'의 관점, 교류사 및 지구사의 맥락에서 해명하기 위한 노력이 집중적으로 이루어졌다. 이런 노력으로는 Milner(1997), Abalahin(2011), Lieber-

하는 "방법으로서의 아시아(Asia as Method)"는 탈제국주의, 탈식민주의, 탈냉전의 과제를 강조하였다. 그것은 결국 냉전 시기 강화된 미국의 아시아에 대한 과도한 영향력으로부터의 해방을 주장하는 것으로, 이는 전간기 일본 지식인 타케우치 요시미(Takeuchi Yoshimi)의 아시아적 가치나 연대에 의존하는 범아시아주의 담론을 다시 소환하려는 시도와 다름없어 보인다(Subrahmanyan, 2016: 7). 이러한 노력은 현재도 진행 중이지만, 탈냉전 이후 30년여간 지구화와 지역화가 빚어낸 변화를 경험하고 있는 범아시아주의의 성과를 구체적으로 포착하는 데 크게 성공적이지 못했다.

그럼에도 불구하고 21세기 들어 새로운 아시아를 연구할 수 있는 변화된 환경이 가시화되고 있다. 이것은 한편으로는 지구화가 추동해 온 변화의 유산이 지속되는 가운데, 다른 한편으로는 지구화의 신화가 무너지면서 새로운 지구적 변환이 진행되고 있는 양면적 상황 속에서 아시아가 상호 연결되고 있는 현실 가운데 배태되었다. 애그뉴(Agnew, 1994)와 브레너(Brenner, 2004)가 적절히 지적하였던 "영토성의 함정"(territorial trap)이나 "방법론적 국가주의"를 넘어, 지구사 속에서 아시아를 재규정하고자 하는 노력도 시도되고 있다. 세계화(gobalization)는 지역의 특수성을 전제한 전(全) 지구적 통합이란 의미에서 세방화(glocalization)와 다름없다(조지형 외, 2010: 51). 동시에 다양한 층위에서 강화되고 있는 지역주의적 맥락 속에서 아시아를 자리매김할 필요성은 더욱 커가고 있다. 아시아의 다양한 지역주의에 대한 실증적 연구들은 아시아가 더 이상 국가들로 나누어져 파편화된 존재로만 존재하는 것이 아니며, 다양한 초국경 소지역들이 지역주의적 협력을 시도·성취해 가고 있다는 점을 보여주고 있다(Chen, 2005).

특히 고무적인 점은 아시아인들이 아시아를 정의하려는 노력이 본격화되고 있으며(Duara, 2010; Stotle, 2012), 그동안 축적해 온 아시아 근대화의 경험을 '하나의 아시아(One Asia)'를 상상하는 기반으로 인정하기 시작했다는 것

---

man(2003, 2009), Singh(2014) 등을 참조

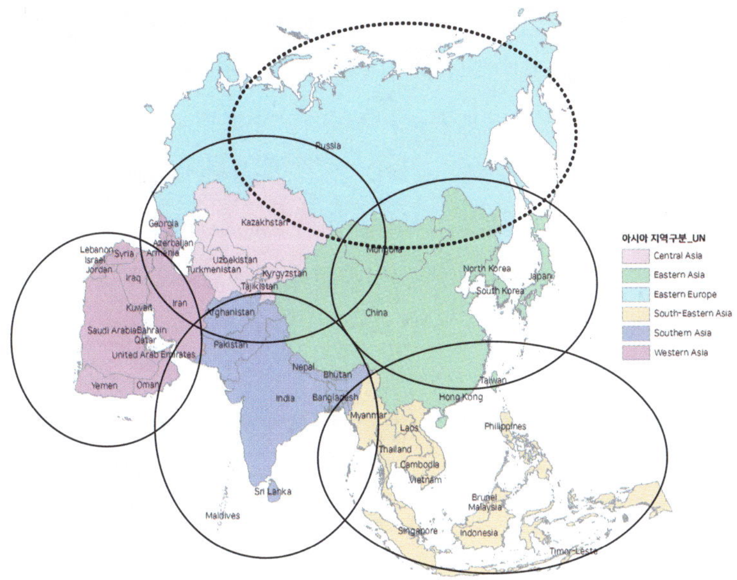

그림 1 아시아의 지역들

이다. 장경섭(2014)은 이를 "세계화로서의 아시아의 아시아화" 현상으로 주목
하면서, 체계적이고 유기적인 상호관계와 역사적·거시적 맥락에서의 공통성
이 부각되고 있는 흐름은 아시아 국가들 사이의 정치·군사적 갈등에도 불구
하고 경제·사회·문화적 차원의 유기적 통합을 촉진하면서 유럽에 견줄 수 있
는 아시아가 형성되고 있음을 주장하였다. 아시아에서도 하나의 아시아를 구
성해 가는 내적 동력이 축적되고 있다는 것이다. 과거 중국이나 인도 등 거대
제국의 귀환으로 상상되는 복고적 시각을 넘어 역사적 실체이자 미래지향적
과제로서 '새로운 아시아'에 대한 이해에는 이제 아시아적 시각이 점점 더 중
요해지고 있다. 유럽에서 그랬듯이(Delantly, 1995), 이제 아시아인들에 의한
"새로운 아시아(New Asia)"의 '발명(invention)'이 가능한 시대가 도래한 것이다.
이러한 인식 및 담론은 하나의 메가지역으로서 아시아, 즉 '메가아시아'를 상
상하는 기반이 되고 있다.

　〈그림 1〉에서 보듯이 메가지역으로서 아시아는 몇 개의 지역들로 구성되
어 있다. 이미 서구와 미국 그리고 러시아에 의해 구획된 아시아의 대표적 지

역으로는 서아시아, 중앙아시아, 남아시아, 동남아시아 그리고 동북아시아가 있다. 서방 세력의 상업적이며 전략적인 이해에 따라 구획된 '아시아들(Asias)'은 수동태로 시작되었지만 새로운 방식으로 자기를 재규정하려는 노력을 시작하였으며, 탈냉전 이후 적극적으로 서로를 연결하면서 새로운 아시아를 구성해 나가고 있다. 19~20세기에 아시아를 서구에 대한 대칭적 개념으로 설정하여 타자, 객체, 타지역 등을 대상화하여 설명해 온 인식틀은 그 관찰자의 시선에 내재한 주–객의 관계를 상정했던 것이 사실이다. 하지만 스스로를 규정하는 아시아인들의 인식이 성장하면서 그러한 주–객의 구분 및 그 관계 맺기의 양식은 바뀌어 가고 있다. 아시아인들은 서구적 개념으로서의 '지역'과 그 명칭을 수용하였지만, 이제 주체적으로 그것을 새롭게 규정하기 시작했다. 최근 아시아 여러 지역의 변화는 '아시아들'이 하나의 지역으로서의 지역격(re-gionhood)을 획득하는 수준을 넘어 그 지역성(regionness)을 고도화해 가고 있음을 보여주고 있다.

이와 관련하여 필자는 변화하는 아시아의 상황 속에서 아시아 내 다양한 주체들의 상호작용을 종합적으로 이해하는 틀로서 아시아를 메가지역으로 조망하는 시각이 필요하다고 확신한다. 거대지역으로서의 새로운 아시아는 상이하면서도 공통의 역사적 경험을 가진, '여럿이면서 동시에 하나인 지역'으로 발전해가고 있다. 따라서 아시아를 권역 단위라는 '부분' 또는 그 합으로 파악하는 시각을 넘어 '메가아시아', 즉 아시아 '전체'를 하나의 단위로 설정하고 개념적이며 현상적으로 규명하는 시각을 본격적으로 발전시킬 필요가 있다.

III. '메가아시아' 형성의 동력

1. 중국 부상으로 인한 국제정치 동학과 구조의 변화

최근 들어 '아시아'를 메가지역(mega–region)으로 포지셔닝하는 담론적 실천이 늘어가고 있으며, 특히 이를 뒷받침할 만한 물적인 교류와 실천이 급속히 증대되고 있다. 이러한 배경에는 중국의 부상이 자리 잡은 것이 사실이다. 중국의 비약적 발전에 힘입어 세계의 공장이자 소비지로서 아시아의 중요성이 증대되었고, 2020년 세계경제에서 아시아가 차지하는 비중은 절반을 넘어서고 있다. 2008년 미국발 금융위기가 세계경제위기로 비화되는 과정에서 주목받은 나라는 중국이었다. "중국이 세계를 구원할 수 있는가?"(Elliot, 2009)라는 질문과 함께 중국에 대한 세계의 이목이 집중되었고, 결국 'G2' 시대의 도래가 선언되었다. 중국의 부상과 함께 아시아의 상승이 가져올 미래에 대한 유익한 결과에 대한 기대도 함께 피력되었다(Mahbubani, 2008).

하지만 이러한 중국의 부상에 의해 채색된 아시아 미래에 대한 전망이 모두 긍정적인 것만은 아니다. 중국의 부상이 필연적으로 수반할 미국과의 경쟁에 대한 많은 우려가 제기되고 있다(Hardy, 2020). 현재의 아시아는 미-중 전략경쟁이 고조되면서 그 주된 경쟁지로서 더욱 주목받게 되었고, 아시아의 전략적 중요성은 한층 높아지고 있다. 미-중 전략경쟁이 빠른 시간 내에 어느 일방의 압도적 우위라는 결론이 나기까지 일정한/상당한 시간이 걸릴 것으로 보이는데, 그 사이에 양측이 자기 세력을 모아 결집하려는 자기편 모으기 게임은 고도화되고 있는 아시아의 연결성(connectivity)에 부정적인 영향을 끼칠 가능성이 크다. 그리고 설혹 아시아에서 미국의 일정한 후퇴가 현실화된다고 하더라도 "중국 중심성"에 의해 규정될 아시아의 미래에 대한 고민은 미국은 물론 아시아 내부에서도 심심치 않게 표출되고 있다(Ikenberry, 2008; Chung, 2016; 이병한, 2016 등). 첸콴싱이 언급한 "방법으로서의 아시아"가 지향하는 탈제국주의, 탈식민주의, 탈냉전의 21세기적 전략은 결국 서구, 특히 미국의 영향력을 아시아로부터 덜어내는 전략으로 이해해 볼 때, 만약 그것이 성공적이 되면 미국의 빈자리를 메우게 될 강대국으로는 당연히 중국이 꼽힌다. 하지만 중국이 중심이 된 아시아의 미래[10]는 또 다른 의미에서 분열적일 수밖에 없을

---

10 페어뱅크(J. Fairbank, 1968)가 소개한 방식의 천하질서(天下秩序)에 대한 연구는 최근 중국 학자들에 의하여 한층 더 적극적 의미를 띤 패도론(覇道論)으로 제시되기도 했다. 옌쉐퉁은 2013

것이다. 아시아를 분열시키고 고립시켰던 기존 서구의 전략으로부터 탈피와 극복이 필요하지만, 동시에 아시아 내 압도적 영향력을 지닌 중국 일방주의에 기초한 아시아 질서의 재편이 가져올 수 있는 분열과 위험에 대비하고 아시아 보편의 공영(共榮) 전략을 담을 수 있는 그릇을 준비해야 한다.

또한 지구적 세력구도를 이해하는 틀의 변화에도 주목해야 한다. 기존에 유럽, 북미, 동아시아라는 세계경제의 3대 축(軸)을 중심으로 지구적 세력 배분을 논의하던 시각은 최근 축 사이의 연결에 주목하는 시각으로 대체되고 있음에 주목할 필요가 있다. 이러한 시각의 변화는 네트워크적 사고의 출현으로부터 기인한 바가 크다. "장소의 공간(space of places)"을 중심으로 이해되어 왔던 인간 활동에 대한 인식은 이제 "흐름의 공간(space of flows)"을 중심으로 연결과 이동 및 흐름의 틀 속에서 파악되는 인간 활동에 대한 이해로 대치되어 가고 있다(Castells, 1996). 이른바 네트워크의 시대가 도래한 것이다.

2. 신대륙주의 및 신해양주의 메가트렌드

미시적 인간 활동에 대한 시선을 거시적으로 확대하여 축과 축의 연결이라는 관점에서 볼 때 현재 아시아에서 두 연결 링크가 주목받고 있다. 하나는 미국과 일본의 북미 축과 동아시아 축을 연결하려는 '신해양주의' 노력으로, 환태평양경제동반자협정(TPP: Trans-Pacific Strategic Economic Partnership) 등과 같은 제도의 건축 노력의 형태로 표출되고 있다. 다른 하나는 중국과 러시아가 추진 중인 동아시아와 유럽을 연결하려는 '신대륙주의' 노력으로, 대(大)유라시아(Greater Eurasia) 정책이나 일대일로(BRI: Belt and Road Initiative) 정책의 형태로 구현되고 있다. 이 두 흐름은 상호보완적인 성격을 가지기도 하지

년 자신의 저서 『歷史的 慣性』에서 중국의 GDP가 2023년에 미국을 앞지를 것이라고 예상하면서, 미-중 양강 체제의 정착을 예견하기도 했다. 적극적으로는 아시아에서 중국이 중심이 된 신천하질서의 형성 가능성에 대한 예측들도 제기되었다. 천하질서와 조공체계, 그리고 동아시아의 미래 질서에 대해서는 Kang(2010), Perdue(2015), Park(2017), Kang(2020) 등의 논의 참조

만, 미-중 간 전략경쟁의 고조는 이 두 흐름을 상호 경쟁적이며 배타적인 관계로 몰아가고 있는 것으로 보인다. 이런 견지에서 인도-태평양 전략은 중국의 전략에 대한 견제의 성격과 더불어 아시아·태평양 지역 구상의 확장된 버전으로 이해되기도 한다. 이러한 강대국 중심의 구상과 각축에 대하여 아시아 각국은 개별 국가의 이익뿐만 아니라 아시아 각 지역이 지닌 구도에 따라 신중하게 반응하고 있으며, 유럽 또한 이 과정에 대해 관망세를 벗어나 적극적으로 반응하고 있다.

그런데 이런 '신대륙주의'와 '신해양주의'의 동학이 만들어낼 아시아의 미래와 관련하여 이를 미국과 중국이 주도하는 배타적인 흐름으로 규정하거나 그에 편승하려는 입장을 비판적으로 검토할 필요가 있다. 유라시아 대륙을 관통하거나 그 해안을 따라 장기간 작동해온 다양한 교류의 네트워크는 특정 제국에 의해서 만들어지고 유지된 것으로만 봐서는 안 된다. 역사 속에서 제국은 교류의 네트워크를 구축하거나 확장하기도 했지만 파괴하기도 했다. 전체로서의 연결과 흐름의 네트워크는 도리어 상호보완적인 지방과 도시가 근접성과 상호보완적 교류의 압력에 의해 짜인 링크들의 구성물에 가까웠다고 보는 것이 옳을 것이다. 최근 주목받고 있는 유라시아 대륙 내의 신대륙주의적 연대 및 교류 통로의 구축은 중국이나 러시아 같은 특정 강대국의 정책적 노력만이 아니라 역내 국가들과 지방들의 노력에 의해서도 구성되고 있음에 주목해야 한다(Cooley, 2012).

아시아 해양에서의 교류는 이미 잘 짜인 해상운송 네트워크를 따라 원활히 작동되어 왔으며,[11] 제국주의 유럽 세력팽창의 주요 통로가 되었다는 것은 주지의 사실이다. 이처럼 지경학적 네트워크로 작동해 온 해상운송 네트워크의 틀 위에 최근 안보적 의미를 강화하려는 인도·태평양 전략은 지역적 부담으로 작동할 가능성이 높다. 이런 의미에서 신해양주의는 대륙과 해양의 연결을 위한 새로운 접합점들이 개발되고 연결되는 과정과 깊은 연관을 가지고 발

---

11   해양아시아 네트워크에 대한 개괄적 연구로 모모키 시로(2012)와 권오영(2019) 참조

전할 수 있음에 주목해야 한다. 이와 관련해서는 동-서 연결축의 연결 못지 않게 남-북 연결축의 구축이 더욱 중요해지고 있는 상황에 대한 이해가 중요하다. 아시아의 대륙과 해양을 관통하는 동-서 기간(基幹) 축선에 대한 제국의 영향력은 그 분절적 링크의 존재와 기능을 전제로 하며, 동시에 새롭게 중요성을 더해가고 있는 남-북 소축선에 대한 관리는 아시아 지역의 통합과 역내 국가 간의 협력에 크게 의존할 수밖에 없다. 결국 흐름과 연결과 네트워크라는 관계적 접근법의 부상은 아시아를 연결된 하나의 전체인 '메가아시아'로 이해할 필요성을 높인다.[12]

메가아시아는 아시아 내 존재하는 다양한 지역들이 신대륙주의나 신해양주의와 같은 지구적 및 지역적 동학을 통하여 상호 연결됨으로써 구성되는 거대한 상호작용의 네트워크라고 정의될 수 있다. 두아라(Prasenjit Duara)는 육상 및 해상 실크로드의 예에서 보듯이 역사적으로 아시아는 네트워크 지역이었음을 강조한다(두아라, 2014: 19-20). 대륙 유라시아의 실크로드나 해양아시아의 무역 네트워크에 의해 형성된 거대한 네트워크로서 이 메가지역은 역사 속에서 제국에 의해 지원을 받기도 했지만 파괴되기도 했다. 아시아를 가로지르는 다양한 연결들은 "네트워크화된 지역(networked region)"을 구성해왔으며, 네트워크화 된 지역은 제국의 힘이 아니라 그것을 구성하는 지역들의 연결에 의해 창조된 것이다. 혹자는 메가아시아는 실체가 있다고 보기 어려우며 아직 상상의 단계 또는 담론의 수준에서만 존재한다고 주장할 수도 있을 것이다. 그러나 다층적인 네트워크에 의해 연결된 아시아의 이 거대한 구조는 통합된 유럽과는 다른 방식으로 형성되고 있는 아시아의 메가지역으로서 이미 출현한 것으로 보아야 한다.

---

12 이처럼 아시아를 하나의 전체로서 이해하고 그 특성을 네트워크적으로 파악하여야 할 필요성에 대한 시론적 연구로는 손정렬 외(2018) 참조

3. 간지역적 및 초지역적 동학의 증대

또 다른 메가아시아 형성의 동력은 지역 내 및 지역 간 연결성과 협력이 양적·질적으로 증대되는 현상에서 기인한다. 대표적으로 동남아시아의 경험을 돌아볼 필요가 있다. 동남아시아에서는 아세안(ASEAN)을 통해 발전시켜 오면서 축적한 지역주의의 경험이 있다. 한동안 아세안은 말만 무성하고 제도적으로는 결실이 없는 '담화장(talking shop)'이라는 비난을 받았다. 하지만 비난의 대상이었던 '아세안 방식(ASEAN way)'의 상호작용은 긴 시간을 통하여 동남아시아의 지역주의를 점진적으로 발전시켰고, 아시아의 지역 형성 과정에서 지역 담론이 소통되는 방식이 유럽의 그것과 어떻게 차별화되는지를 잘 말해 주고 있다. 그뿐만 아니라 이 같은 경험은 동남아시아 지역 내 통합적 경험에 머물지 않고 있다. 오래전 아시아에서 자연스럽게 그랬듯이 동남아시아는 동북아시아와 연결되고 있다. "아세안+3"과 같은 대화틀은 지역협력의 계기를 마련하기 어려웠던 동북아시아의 주요 3국(한, 중, 일)이 지역주의적 모멘텀을 아웃소싱하는 기회를 제공하였고, 이는 동아시아 전체를 아우르는 동아시아정상회의(EAS)의 출범으로 연결되었다. 동아시아 내 각축을 벌이고 있는 다양한 동아시아 지역주의의 구상들은 상호 경쟁하면서 새로운 지역주의의 기틀을 형성해 가고 있다(Yeo, 2019).

그뿐이 아니다. 동남아시아는 남아시아 그리고 서아시아까지 연결되고 있다. 사실 미국이 전략적 목적으로 동남아시아조약기구(SEATO)를 추진하기 전까지 동남아시아와 남아시아의 구분은 뚜렷하지 않았다. 가령, 반둥에서 열린 아시아-아프리카 일환으로 열린 동남아시아 총리회의에 인도, 파키스탄, 미얀마, 인도네시아의 총리가 함께 모인 것에 대해 아무도 이의를 제기하지 않았다. 하지만 지금은 남아시아와 동남아시아가 아시아 내의 다른 지역이라는 데 대해 큰 이견이 제기되지 않을 것이다. 그런데 이제 동남아시아는 미얀마를 고리로 아세안고속도로, 범아시아철도망, 복합운송망체계 등의 인프라를 통해 연결되고 있으며, 벵골만기술경제협력체(BIMSTEC)를 비롯해 아세안-인도 대화나 아세안-러시아 대화 등을 통해 간지역주의(inter-regionalism) 및 초지역주의(trans-regionlaism)적 연계를 강화해 가고 있다(ADBI, 2013).

이런 간지역주의적 시도와 성과는 동남아시아에서만 일어나고 있는 것은 아니다. 이런 흐름은 서아시아와 중앙아시아, 중앙아시아와 남아시아, 중앙아시아와 동북아시아의 연결에서도 관찰된다. 중앙아시아의 지전략적 위상은 아시아의 여러 지역을 연결하는 린치핀의 역할을 하는 데서 발견된다. 중국횡단철도(TCR) 경제회랑의 구축은 일대일로 사업의 핵심축이며, 남북으로는 아프가니스탄의 평화정착과 개발을 목표로 중앙아시아와 남아시아를 연결하려는 다양한 인프라 구축 프로젝트가 진행되고 있다. 물론 '중앙아시아+N' 형식의 다양한 대화를 통해 다양한 초지역적 연계를 위해 노력하고 있다. 이처럼 아시아 지역들이 서로 연결됨으로써 구축되는 메가아시아가 현실 속에서 작동되고 있는 지점이 바로 이런 간지역적(inter-regional) 내지 초지역적(trans-regional) 동학에서 발견되고 있다.

그런데 아시아 지역들은 아시아 내에서만 연결되는 것은 아니다. 아시아 지역들은 다양한 링크들을 통하여 세계의 다른 지역들과 연결되어 있다. 따라서 메가아시아의 작동과 변화를 적절히 이해하기 위해서는 메가아시아를 구성하는 아시아들에 대한 이해 못지않게 메가아시아가 세계와 어떻게 작동하는가에 대한 이해도 중요하다. 간지역주의 및 초지역주의적 동력뿐만 아니라 지구화를 추동하는 다양한 가치사슬의 형성과 변용, 그리고 지구적 수준에서 벌어지고 있는 이동과 흐름 동학에 대해서도 주목할 필요가 있다. 미주나 유럽으로부터 투사되는 힘과 협력의 동력이 어떻게 아시아 지역들에 영향을 미치며, 메가아시아의 동학이 아프리카나 대양주로 어떻게 확산하는지에 대한 이해는 메가아시아를 이해하는데 필수적인 작업이 될 것이다.

이와 관련하여 한 가지 지적할 부분이 있다. 아직 큰 주목을 받는 것은 아니지만, '북아시아(North Asia)'에 대한 이해이다. 〈그림 1〉에서 점선으로 표시된 부분은 기존 UN 구분에 따르면 동유럽에 해당하는 러시아의 영토이다.

하지만 러시아는 '신동방정책'[13]을 통하여 러시아 극동 지방을 아시아 일부로 편입시키기 위해 진력 중이다. 이러한 노력은 최근 들어 러시아의 대(大)유라시아 정체성을 강조하는 인식과 접목되면서 일부에서는 2018년 발다이클럽 보고서 이후 "러시아의 아시아화(Asianization of Russia)"를 주장하기도 한다(Khanna, 2019: 81‒91). 더구나 북극항로의 상용화가 진행되면서 이것이 지구적 물류체계에 미칠 영향에 대한 논의가 진행되고 있는데, 이는 메가아시아의 동학을 한층 강화해 나갈 수 있는 동학으로 주목할 필요가 있다. 이러한 러시아와 북극 지역에서의 변화는 메가아시아의 미래에 커다란 영향을 미칠 수 있다. 필자는 이러한 변화를 메가아시아의 틀 속에서 포착해 내기 위해서 이 지역을 '북아시아'라는 지역 개념으로 포착해 나갈 필요가 있다고 주장한다. 명명(naming)하는 행위가 가지는 한계에도 불구하고, 비록 '북아시아'는 널리 사용되는 용어는 아니지만, 이 개념은 메가아시아의 구성은 물론이고 그것이 세계와 함께 연결되어 가는지 이해하며 앞으로 그 구조적 변화를 상상하는데 대단히 유용한 개념이 될 수 있을 것이다.

IV. '메가아시아의 현재와 미래

앞서 설명했듯이 지역을 정의하는 것은 쉽지 않은 작업이다. 위의 논의에 따르면 '지역'은 소속감, 동질성 및 정체성을 바탕으로 사회적·역사적 과정과 사회적 실천(social practices)을 통하여 형성된 '운명공동체' 같은 존재로 이해할 수 있다. 따라서 지역의 형성 과정은 크게 "담론적 실천"에 의해 명칭이 확산·공유되는 과정과 더불어 그것을 구성해 나가는 주체들 사이의 "상호작용의 제도화" 과정에 의해 결정된다. 최근 초지역적 스케일의 관점에서 중국의 일대일로를 이해하려는 노력(Sum, 2018)은 이러한 확장된 지역 또는 메가지역 개

---

13   러시아의 신동방정책에 대해서는 Park(2020) 참조

넘에 대한 논의와 관련하여 많은 시사점을 가진다.

이런 견지에서 볼 때 메가아시아는 분석적 개념으로서의 지역으로 포착될 수 있을까? 메가아시아에 대한 담론의 기원은 아시아주의(Asianism) 내지 범아시아주의(Pan-Asianism)에 대한 논의에서 찾을 수 있을 것이다.[14] 이미 언급한 바와 같이 아시아의 개념 자체가 서구로부터 유입되어 아시아에 확산하였으며, 19세기 중반 서구 열강의 침탈과정에 놓인 공동운명체로서의 아시아라는 정체성이 일찍이 형성된 것으로 볼 수 있다. 따라서 인식과 담론의 실천 수준에서 아시아의 지역격화(regionification)는 19세기에 시작된 것으로 볼 수 있다. 이 시기 역사적이며 지리적 실체로서 아시아에 대한 비전은 크게 유럽과의 관계 속에서 형성된 것이며, 다양성의 틀을 넘어서는 개념적 틀로서 자리 잡아가게 되었다(Frey & Spakowski, 2016: 3-5). 물론 이러한 정체성이 이후 연속적으로 발전해 온 것은 아니지만, 이는 아시아인들의 의식 속에 느슨한 연대감으로 유지되었다. 아시아가 하나라는 의식은 유럽과의 관계에 대한 대칭적 및 비대칭적 인식에서 나타나는 특정 구도에서 드러난 현상이며, 담론적 실천의 수준에서 획득된 아시아의 지역격이 제도적 수준의 고도화로 연결되기에는 다른 객관적 조건의 성숙이 필요했다.

메가아시아의 본격적인 창발(emergence)은 1980년대 아시아의 경제적 부상 과정과 깊이 연관된다. 지구적 자본주의의 본격적 확산은 1970년대 급격한 세계 무역의 성장이 제공한 아시아의 성장이 1980년대 "동아시아의 기적"과 같은 성과로 결실되면서 시작된 것으로 보아야 할 것이다. "동아시아 네 마리 용"의 성공 신화는 글로벌한 생산 네트워크의 구조하에서 아시아가 차지

14　아시아주의란 아시아의 담론적 구성, 그리고 그것들과 관련된 정치적, 문화적, 사회적 실천으로 정의될 수 있다. 아시아의 역사적 기원과 전통 그리고 정치·문화적 통합의 비전들을 모색하면서 아시아주의는 다양한 아시아 내 지역들과 국가들이 공유하고 있는 공통점과 공유관심에 초점을 맞춘 모든 개념, 상상들, 과정들을 담아내는 개념적 틀이 될 수 있다. 따라서 아시아주의는 현상에 대한 설명의 틀이면서 동시에 실천을 위한 동력의 틀이 될 수 있다(Frey, 2016: 1-2). 이런 의미에서 메가아시아 담론 역시 아시아주의의 일환으로 이해될 수 있을 것이다.

할 수 있는 위상과 기능의 의미를 재평가하게 했으며, 아시아의 경제적 성공은 "동아시아" 담론에서 점차 "중국 – 인도"(Chindia) 담론에 대한 관심으로 아시아주의의 동력을 전환해 갔고, 결국 "중국의 부상"에 대한 담론으로 연결되었다(Spakowski, 2016: 211 – 216). 물론 1997년 아시아 금융위기와 같은 고비가 있었지만, 아시아 전체의 경제적 부상은 이제 부정할 수 없는 현실이 되었다. 이 거대한 아시아적 상호작용의 구조는 독립적 개별 국가나 몇몇 국가의 이름으로 환원될 수 있는 수준을 넘어섰으며, 그 거대성으로 인한 파악의 난점에도 불구하고 자명한 현상이 되었다. 지구주의와 지역주의의 상호작용으로 엮어진 아시아 상호작용의 구조는 메가아시아를 논의하는 창발의 과정으로 이해되어야 할 필요가 커가고 있다. 이 창발의 과정은 긴 시간에 걸쳐 서서히 시작되었지만, 탈냉전 이후 자본주의적 발전의 추동력에 따른 지구화의 영향과 지역주의의 대응으로 나타난 지역화, 간지역주의, 초지역주의의 활성화를 통하여 임계점을 지나면서 거대구조의 출현이라는 양질전화의 급속한 변화가 진행 중인 것으로 볼 수 있다(Acri, 2019). 이러한 창발 과정과 그것을 추동하는 힘을 이해하기 위해서라도 메가아시아 개념은 조작적으로 정의되고 그 분석적 효용을 고도화할 수 있도록 그 내용이 채워져 나갈 필요가 있다.

　메가아시아를 이해하기 위해 중요한 개념인 '메가지역'을 형성하는 동력과 관련하여 지구화와 지역주의적 전환에 대해서 콜더(Kent Calder)의 "초대륙"에 대한 논의는 시사하는 바가 크다(Calder, 2019). 콜더는 유럽과 아시아를 아우르는 유라시아 초대륙이 21세기 들어 새로운 통합의 과정에 들어갔으며, 이 과정이 꾸준히 진전되고 있다고 본다. 유라시아가 지니는 풍부한 자원과 대륙적 연속성, 2008년 지구적 금융위기 이후 형성된 미시적 권력의 무게중심 이동, 소련 붕괴 이후 유라시아의 구조적 변동, 지구적 거버넌스의 분배적 지구주의로의 전이 등과 같은 현상이 유라시아 초대륙의 형성을 설명하는 배경이 된다. 이런 배경을 바탕으로 유라시아의 초대륙적 통합 과정을 추동하는 핵심적 동력은 연결성(connectivity)으로 보고 있으며, 특히 중국이 추동하는 연결 프로젝트를 강조하고 있다.

하지만 콜더의 논의는 다음과 같은 유의점을 간과하고 있다. 그는 신대륙주의의 근간을 유라시아 에너지 자원을 둘러싼 쟁탈전과 그 운송프로젝트의 경쟁성과 연결성에서 찾으려 했던 그의 전작(Calder, 2012)에서 보여준 입장에서 한발 더 나아가 유라시아 초대륙을 중국의 프로젝트로 환원해서 이해하려는 모습을 보인다. 하지만 메가아시아는 연결성으로 포착되는 유라시아 초대륙적 네트워크 보다 훨씬 더 '지역'으로서의 성격을 강하게 지니는 개념이다. 또한 메가지역을 구성하는 메소지역의 동학과 소지역주의의 동학에 대한 이해도 필요하다.[15] 이러한 메가지역으로서 메가아시아의 특성을 이해하기 위해서는 다음과 같은 변화에 주목할 필요가 있다.

첫째, 아시아 전역에서 나타나는 저변의 변화이다. 메가아시아에서도 연결성에 기초한 이동과 흐름의 개념이 중요하다. 연결성을 통해 사람, 물자, 이념이 이동하고 긴밀한 상호작용을 벌이게 된다. 그런데 메가아시아에서 중요한 것은 이것이 초지역적 상호작용의 수준에서만 진행되는 것이 아니라 아시아의 지역들과 지역 내 소지역들의 활성화, 그리고 지역 간 및 소지역 간 연결이 동시에 진행되는 다층적 과정으로 나타나고 있다는 점이다. 이 같은 중층적 지역화 과정에 대한 이해를 결여한 콜더 류의 거대지역에 대한 매핑은 자칫 메가아시아라는 현상을 중국 등과 같은 강력한 특정 세력의 기획으로 환원시킬 위험을 내포한다. 메가아시아는 탈경계화와 재경계화 등을 내포하는 통경계적이며 초경계적 상호작용과 같은 복잡한 동학의 결과물이란 점에 주목할 필요가 있다.

둘째, 지역주의적 동력에 대한 이해이다. 흔히들 아시아에서 유럽과 같은 지역주의는 불가능하다는 숙명론적 회의주의에 동조하기도 한다. 하지만 아시아의 지역주의는 유럽의 그것과는 다른 방식으로 발현되고 있음에 주목할 필요가 있다. 아래로부터의 압력이 위에서 발현되는 과정은 미묘하지만 급

---

15 메가지역(mega-region)과 메소지역(meso-region)의 동학에 대한 시론적 연구로는 Pettai(2005) 참조

작스럽기까지 하다. 이 과정에서 역내 강대국의 역할이 많은 주목을 받지만, 그에 못지않게 역내 국가들의 상호작용이 중요하다. 특히 아세안의 사례에서 보이는 바와 같이 지정학적 중간국들의 연대와 같은 지역 국가들의 이니셔티브에 대한 연구는 아시아 지역주의를 이해하는 데 필수적이다. 이들의 지역형성을 위한 연대를 향한 노력과 제도화를 위한 다양한 전략은 아시아적 지역주의와 그 결과로써 메가아시아 네트워크의 형성 과정을 이해하는 데에 있어서 중요한 역할을 감당하게 될 것이다.

셋째, 강대국 전략과 지역형성을 위한 제도적 각축이 가져오는 한계이다. 잘 알려져 있듯이 미국, 일본 등과 같은 해양 중심의 국가들이 인도-태평양 전략이나 쿼드 플러스(Quad+) 전략으로 메가아시아의 해양주도성을 유지해 보려는 전략은 중국의 일대일로(BRI)나 러시아의 유라시아경제연합(EAEU)과 같은 대륙 중심의 설계와 대립하고 있을 뿐만 아니라, 지역 국가들을 자신의 세력권에 편입시키려는 환태평양경제동반자협정(TPP/CPTPP)이나 인도·태평양경제프레임워크(IPEF) 및 역내포괄적경제동반자협정(RCEP)은 아시아 지역 경제구조에 대한 미-중 전략경쟁의 각축을 대표하는 기구로 비치고 있는 것이 현실이다. 이것은 메가아시아가 거대지역으로 형성되는데 일정한 허들처럼 작용할 가능성이 높다. 하지만 이러한 지역주의는 결국 역내 국가들의 연대와 협력을 통하여 개방된 지역주의로서의 특성을 학습해 갈 수밖에 없을 것이다. 미-중 전략경쟁의 구도하에서 일방이 타방을 압도하기까지 상당한 시간이 필요할 것이며, 이 과정에서 지역 국가들은 강대국에 의한 자기편 모으기 게임에 의해 휘둘림을 당하기보다 연대를 통한 중층적 지역 네트워크를 포괄하는 메가아시아적 협력의 틀을 구성해 나갈 가능성에 더 주목하게 될 것이다.

넷째, 거대동력(mega-trend)의 형성이다. 아시아 전역을 범위로 진행 중인 메가아시아의 동학은 강대국의 지구적 전략과 역내 국가들이 가세하는 지역적 동학에 의하여 그 형이 결정될 가능성이 크다. 하지만 그 내용은 역내 국가들뿐만 아니라 지방과 도시 그리고 기업과 민간이 주도하게 되는 저변의 상호작용에 의하여 채워질 수밖에 없다. 최근 들어 특히 주목해야 할 부분은 간

지역주의 및 초지역주의 협력 및 통합 지향성이 출현하여 그 속도를 더해가고 있다는 점이다. 이에 더하여 최근 활발하게 논의되고 있는 북극항로의 출현 가능성은 간지역주의와 초지역주의를 넘어서는 메가아시아 형성의 동력으로 주목해 관찰해야 하는 지점이다. 닫혔던 대륙이 열리면서 재구축되고 있는 신실크로드 및 유라시아 생산·가치사슬의 등장을 추동할 신대륙주의, 전통적 해양 교역네트워크의 질적인 변화를 통한 메가지역적 연결을 추동하는 신해양주의, 그리고 서서히 열리고 있는 북극시대의 도래는 메가아시아의 미래가 한 시기 유행이 아니라 지구적 트렌드로 자리 잡게 될 높은 가능성을 웅변하고 있다. 이 거대한 동력은 코로나19 팬데믹 사태라는 사상 초유의 도전 앞에 다소 위축될 가능성도 있다. 하지만 지구화에 대한 일정한 제동력이 계속해서 작동할 것이라는 예상에 비하여 팬데믹 시대에 지역적 수준의 협력 필요성은 더욱 높아가고 있으며, 지역적 수준의 상호작용의 새로운 패턴을 구축하기 위한 노력은 이전보다 더욱 치열해질 것이라는 예상이 점점 힘을 얻고 있다. 이러한 상황은 신대륙주의와 신해양주의를 포괄하는 범아시아주의 내지 거대아시아주의를 자극하면서 메가아시아의 실체화를 더욱 추동하게 될 것이라는 예상에 힘을 실어주고 있다.

V. 맺음말

아시아의 시대가 도래했다. 2020년을 기점으로 아시아는 19세기 이래 처음으로 세계경제 규모의 절반 이상을 차지하게 된 것으로 알려졌다. 아시아의 경제적 급성장, 지역 내 통합 증대, 중국과 인도 등 주요국의 슈퍼파워로의 부상과 글로벌 거버넌스 내 영향력 증대 등은 21세기를 '아시아의 세기', '아시아의 시대'로 명명할 기반을 제공한다. 부상하는 아시아에 대한 세계적 관심이 미-중 전략경쟁이라는 틀 속에서 표류하는 지금, 동북아시아를 벗어나 동남아시아, 중앙아시아, 서아시아, 남아시아 등 아시아 전체를 아우르는 확장적이고 역동적인 아시아와 관련하여 학술적이며 전략적인 접근의 노력을 구체화할 도전에 나설 필요가 있다. 현재 아시아는 지역연대를 꿈꾸는 상상력의 공간 및 세계경제의 활력의 거점이라는 자부심의 공간으로서 지역 내, 지역 간 긴밀한 인적·물적 자원의 흐름과 교류를 통해 스스로 자기 구성의 과정을 경험해가고 있다. 따라서 아시아 지역을 국가별, 지역별로 분리하지 않고 비교지역연구의 관점을 견지하되 메가지역으로 파악하는 새로운 아시아의 지도 그리기가 필요하다. 이것이 아시아를 국가나 지역 단위의 '부분'으로 파악하는 시각을 넘어 메가아시아, 즉 아시아 전체를 하나의 연구단위로 설정하고 개념적이며 현상적으로 규명하는 시각이 요청되는 이유이다.

따라서 메가아시아는 현재적/분석적이면서 동시에 미래지향적/실천적 개념으로 이해되어야 한다. 메가아시아 연구는 '부상하는 메가아시아(emerging Mega–Asia)'를 개념화하고 이론화함으로써 그 존재의 인식적 기반을 탐구하는 작업과 함께 이 과정을 가속화하고 아시아인들에 의한 아시아의 공생적 구조를 구현해 나가는 실천적 전략과 정책을 구체화하는 것을 목표로 해야 할 것이다. 이러한 메가아시아의 개념에 기초한 아시아 미래에 대한 전략의 설계는 제국의 동력이 아니라 간지역주의, 초지역주의, 소지역주의 그리고 중간국 연대와 같은 아시아적 특성을 지닌 탈제국적 '아시아주의'를 주요한 축으로 구성해 갈 수 있을 것이다.

21세기 아시아에서 일어나고 있는 중요한 변화의 요체는 기존 역사적 경험을 기반으로 범아시아적 인식의 기반을 가진 아시아가 지구화와 지역주의의 결과 추동된 동력에 의하여 하나의 거대한 전체로 연결되고 있다는 점이다. 이렇게 연결되고 구성되어 가는 메가아시아가 아시아의 미래이다. 다가올 미래에 대한 역사적 혜안은 과거를 반추하기보다 역사적 미래 구상을 상대화하는 역사적 예측을 통해 포착해야 한다는 코젤렉(R. Koselleck)의 조언이 새롭게 다가온다(Koselleck, 1985: 39–40; 손열, 2015: 54). '지역'으로서의 아시아 또는 지역적 상호작용 및 그 결과로 형성되는 실천적이며 역사적 공간으로서의 아시아를 탐구할 때 우리는 '메가지역으로서의 아시아'에 주목해야만 그 변화의 실체와 미래적 의미를 포착할 수 있다. 따라서 우리는 아시아의 지역적 상호작용, 집합 및 관계를 국가적, 초국가적, 지구적 맥락 속에서 재구성하고 고찰해 봄으로써 아시아 지역주의가 추동하고 있는 메가아시아의 미래가 무엇인가를 상상하고, 미래지향적 실천의 준거를 발견해야 할 것이다.

참고문헌

권헌익. 2013. 『또 하나의 냉전』. 민음사.

김경동. 2011. "아시아란 무엇인가?: 인식과 정체의식." 『아시아리뷰』 1권 1호.

김명섭. 1996. "서유럽 집단안보체제의 기원: 대서양주의와 범유럽주의 간의 갈등을 중심으로." 『국제정치논총』 36권 2호.

손열. 2015. "동아시아의 꿈: 1894년과 2014년 지역질서 건축." 『아시아리뷰』 4권 2호.

손정렬 외. 2018. 『네트워크로 바라본 아시아: 사회과학적 관점에서』. 서울대학교출판문화원.

신범식. 2001. "러시아: 유라시아주의와 아틀란티스주의 사이에서." 『역사비평』 2

이병한. 2016. 『반전의 시대: 세계사의 전환과 중화세계의 귀환』. 서해문집.

임현진. 2016. 『아시아의 부상, 문명의 전환인가』. 서울대학교출판문화원.

장경섭. 2014. "아시아의 아시아화: 이론적·방법론적 함의." 한국사회학회 사회학대회 논문집(2014. 1).

조지형, 김용우 외. 2010. 『지구사의 도전』. 서해문집.

프라센짓 두아라. 2014. "인류세에서 아시아 연구의 의제." 『아시아리뷰』 4권 1호..

Abalahin, Andrew. 2011. "'Sino-Pacifica': Conceptualizing Greater Southeast Asia as a Sub-Arena of World History." *Journal of World History* 22(4), 659-691.

Acharya, Amitav. 2011. "Asia is not One: Regionalism and the Ideas of Asia." *ISEAS Working Paper: Politics and Society Series* 1, 1-24.

Acri, Andrea et al., ed. 2019. *Imagining Asia(s): Network, Actors, Sites*. Singapore: ISEAS Publishing.

ADBI(Asian Development Bank Institute). 2013. *Connecting South Asia and Southeast Asia*.

Agnew, John. 1994. "The Territorial Trap: The Geographical Assumptions of International Relations Theory." *Review of International Political Economy* 1(1), 53-80.

Bell, Daniel and Hahm, Chaibong. 2003. *Confucianism for the Modern World*.

Cambridge: Cambridge University Press.

Berger, Peter and Hsiao, Michael H. 1988. *In Search of an East Asian Development Model*. New Brunswick, NJ: Transaction Books.

Brenner. N. 2004. *New State Spaces: Urban Governance and The Rescaling of Statehood*. New York: Oxford University Press.

Calder, Kent E. 2019. *Super Continent: The Logoc of Eurasian Integration*. Stanford. CA: Stanford University Press.

__________. 2012. *The New Continentalism: Energy and Twenty-First-Century Eurasian Geopolitics*. Yale University Press.

Castells, M. 1996. *The Informational Age: Economy, Society, and Culture. Vol. 1: The Rise of the Network Society*. Blackwell.

Chen, Kuan-Hsing. 2010. *Asia as Method: Toward Deimperialization*. Durham, London: Duke University Press.

Chen, Xiangming. 2005. *As Boders Bend: Transnational Spaces on the Pacific Rim*. New York: Rowman and Littlefield Publishers, Inc.

Chung, Jae Ho. 2016. "The Rise of China and East Asia: A New Regional Order on the Horizon?" *Chinese Political Science Review* 1, 47-59.

Cooley, Alexander. 2012. *Great Game, Local Rules: The New Great Power Contest in Central Asia*. New York: Oxford University Press.

Delantly, G. 1995. *Inventing Europe*. Palgrave MacMillan.

Dryer, Charles R. 1915. "Natural Economic Regions," *Annals of the Association of American Geographers* 5.

Duara, Prasenjit. 2002. "The Discourse of Civilization and Pan-Asianism." In Roy Starrs, ed. 2002. *Nations under Siege: Globalization and Nationalism in Asia*. New York: Palgrave MacMillan.

__________. 2010. "Asia Redux: Conceptualizing a Region for Our Time." *Journal of Asian Studies* 68-4, 963-83.

EIR Special Report. 2014. *The New Silk Road Becomes The World Land-Bridge*. EIR News Service Inc.

Eisenstadt, Shmuel N. 1998. *Comparative Civilizations and Multiple Moderni-*

ties. 2 Vols. Leiden: Brill.

Elliot, Michael. 2009. "Commentary, Into the Unknown." *Times*(August 10, 2009).

Fairbank, John King, ed. 1968. *The Chinese World Order: Traditional China's Foreign Relations.* Cambridge, Mass.: Harvard University Press.

Frank, Andre G. 1998. *ReOrient: Global Economy in the Asian Age.* Berkeley: University of California Press.

Frey, Marc. and Nicola Spakowski, ed. 2016. *Asianisms: Regionalist Interaction and Asian Integration.* Singapore: Nus Press.

Fukuyama, Francis. 1988. "Asian Values and Asian Crisis." *Commentary*, February.

Ikenberry, G. John. 2008. "The Rise of China and the Future of the West: Can the liberalsystem survive?" *Foreign Affairs* 87(1).

Kang, David C. 2010. *East Asia before the West: Five Centuries of Trade and Tribute.* New York: Columbia University Press.

__________. 2020. "International Order in Historical East Asia: Tribute and Hierarchy Beyond Sinocentrism and Eurocentrism." *International Organization* 74.

Khanna, Parac. 2019. *The Future is Asian: Commerce, Conflict, and Culture in the 21ˢᵗ Century.* New York: Simon & Schuster.

Korhinen, Pekka. 2002. "Changing Definitions of Asia." Asia Europe Journal 10-2: 99-112.

Koselleck, Reinhart. 1985. *Future Past: On the Semantics of Historical Time.* Cambridge: The MIT Press.

Langenhove, Luk Van. 2011. *Building Regions: The Regionalization of World Order.* Ashgate.

Mahbubani, Kishore. 2008. *The New Asian Hemisphere: The Irresistible Shift of Global Power to the East.* New York: Public Affairs.

Milner, Anthony and Deborah Johnson. 1997. "The Idea of Asia." In John Ingelson, ed. *Regionalism, Subregionalism and APEC.* Melbourne:

Monash Asia Institute.

Nandy, Ashis. 1998. "A New Cosmopolitanism: Toward a Dialogue of Asian Civilizations." In Chen Kuan-Hsing, ed. *Trajectories: Inter-Asia Cultural Studies*. New York: Routledge.

Park, Jungho. 2020. "Development of the Russian Far East in 20 Years of the Putin Era: Seeking New Directions for Deepening Cooperation between Korea and Russia." *World Economy Brief* 10(35).

Park, Saeyoung. 2017. "Long Live the Tributary System! The Future of Studying East Asian Foreign Relations." *Harvard Journal of Asiatic Studies* 77(1).

Paasi, Anssi, John Harrison, and Martin Jones, ed. 2018. *Handbook on the Geographies of Regions and Territorries*. Edward Elgar Publishing Limited.

Paula K. Chow and Gregory C. Chow. 1997. *Asia in the 21st Century: Economic, Socio-Political, Diplomatic Issues*. Singapore, London: World Scientific.

Perdue, Peter C. 2015. "The Tenacious Tributary System." *Journal of Contemporary China* 24(96), 1002-1014.

Pettai, Vello. 2005. "The Study of Meso-Area and Mega-Area Dynamics: Methodological and Empirical Considerations." In Kimitaka Matsuzato, ed. *Emerging Meso-Areas in the Former Socialist Countries: Histories Revived or Improvised?*. Sapporo: Slavic Research Center, Hokkaido University.

Saaler, Sven and Christopher W. A. Szpilman, ed. 2011. *Pan-Asianism: A Documentary History. Vol.* 1: 1850-1920. New York: Rowman & Littlefield Publisher, Inc.

Saaler, Sven and Christopher W. A. Szpilman. 2011. "The Emergence of Pan-Asianism as an Idea of Asian Identity and Solidarity, 1850-2008." In Saaler and Szpilman, ed. *Pan-Asianism: A Documentary History. Vol.* 1: 1850-1920. New York: Rowman & Littlefield Publisher,

Inc.

Said, Edward. 1979. *Orientalism*. New York: Vintage Books.

Scalapino, Robert A. 1995. "Ntural Economic Territories in East Asia: Present Trends and Future Prospect." In Korean Economic Institute of America, ed. *Economic Cooperation and Challenges in the Pacific.* Washington DC: KEI.

Singh, Upinder and Paul Pandya Dhar, ed. 2014. *Asian Encounters: Exploring Connected Histories.* New Delhi: Oxford University Press.

Stolte, Carolien and Harald Fischer-Tine. 2012. "Imagining Asia in India: Nationalism and Internationalism(ca 1905-1940)." *Comparative Studies in Society and History* 54(1).

Storms, M., Cams, M., Demhardt, I. J., and Ormeling, F., ed. 2019. *Mapping Asia: Cartographic Encounters Between East and West.* Springer.

Subrahmanyam, Sanjay. 2016. "One Asia, or Many? Reflections from Connected History," *Modern Asian History* 50(1), 5-43.

Sum, Nagai-Ling. 2018. "The Production of trans-regional scale: China's 'One Belt One Road' imaginary." In Paasi, Anssi, John Harrison, and Martin Jones, ed. 2018. *Handbook on the Geographies of Regions and Territorries.* Edward Elgar Publishing Limited. 428-443.

Toro Hardy, Alfredo. 2020. *China versus the US: Who will Prevail?* World Scientific Publishing Co.

Yeo, Andrew. 2019. *Asia's Regional Architecture: Alliances and Institutions in the Pacific Century.* Stanford, CA: Stanford University Press.

Introduction to Mega-Asia Studies:
History, Perspective, and Method

Edited by Beom-Shik Shin and Sung Hee Ru

ZININZIN

2023